国家重点研发计划项目资助（2018YFC1505306）

公路滑坡防治
关键技术及典型案例

主　编　吴明先
副主编　李　涛　刘卫民　姜献民　赵　冬

人民交通出版社股份有限公司
北　京

内 容 提 要

本书从公路滑坡防治典型案例出发，分析了不同类型滑坡的成因机理，提出了公路滑坡防治的关键技术。全书共分为13章，前2章主要介绍了滑坡的基本定义、特征、分类及危害，简要说明了公路滑坡勘察方法、防治技术及进展；后11章通过总结公路工程建设过程中不同类型滑坡防治勘察设计经典案例，系统分析了公路滑坡防治的关键技术。

本书是一本适用公路滑坡防治实际工作的实用参考书，对从事滑坡防治工作技术人员具有明确的指导意义，对公路滑坡防治科研和教学也有明显的借鉴价值。

图书在版编目(CIP)数据

公路滑坡防治关键技术及典型案例 / 吴明先主编
. — 北京 : 人民交通出版社股份有限公司, 2021.11
ISBN 978-7-114-17592-3

Ⅰ.①公… Ⅱ.①吴… Ⅲ.①公路路基—滑坡—防治—案例 Ⅳ.①U418.5

中国版本图书馆CIP数据核字(2021)第174940号

Gonglu Huapo Fangzhi Guanjian Jishu ji Dianxing Anli

书　　名：**公路滑坡防治关键技术及典型案例**
著 作 者：吴明先
策划编辑：邵　江　尤晓暐
责任编辑：陈力维
文字编辑：尤晓暐
责任校对：刘　芹
责任印制：张　凯
出版发行：人民交通出版社股份有限公司
地　　址：(100011)北京市朝阳区安定门外外馆斜街3号
网　　址：http://www.ccpcl.com.cn
销售电话：(010)59757973
总 经 销：人民交通出版社股份有限公司发行部
经　　销：各地新华书店
印　　刷：北京建宏印刷有限公司
开　　本：787×1092　1/16
印　　张：16.5
字　　数：393千
版　　次：2021年11月　第1版
印　　次：2021年11月　第1次印刷
书　　号：ISBN 978-7-114-17592-3
定　　价：58.00元

编写委员会

主　编：吴明先

副主编：李　涛　刘卫民　姜献民　赵　冬

编　委：吴臻林　雷　英　朱冬春　尉学勇　于　晖

祝　建　蔡庆娥　李小兵　刘　洋　王　鹏

雷　杰　雷曙辉　文和鹏　赵建林　怀　超

车　晶　孙　钊　李永勤　刘树林　尚　迪

冯兴亮

前言

公路作为服务经济、服务社会、服务公众的重要载体，是综合交通运输体系的主骨架，在我国国民经济社会发展中具有极其重要的地位。但是，建设在自然环境中的公路工程，必然受到通过地区地形、地貌及地质环境的制约，极易遭受滑坡、崩塌、泥石流等地质灾害的威胁。公路在建设期间，不可避免开挖边坡，破坏山体自然平衡，形成工程滑坡；公路在运营期间，受地震、暴雨影响或长期的自然环境作用也会诱发滑坡灾害。

滑坡灾害灾发性和破坏性强，每年都造成了巨大的经济损失和人员伤亡。根据自然资源部发布的全国地质灾害通报统计，我国滑坡灾害造成的年损失约为72亿元~108亿元，约占整个地质灾害造成年损失的36%。滑坡对公路的危害主要表现在损毁公路、阻断交通、推移桥墩、造成行车事故和人员伤亡。因此，公路工程技术人员非常重视公路滑坡灾害的防治工作，从地质选线到综合防治、从风险评估到应急预警、从被动治理到科学防控，都留下了交通人孜孜以求的身影。

作为我国交通建设的排头兵，中交第一公路勘察设计研究院有限公司（以下简称一公院）近70年来在国内、国外承担了大量的公路建设项目。如国内的川藏公路，西汉高速公路，十天高速公路，沪陕高速公路，重庆奉节至云阳、奉节至巫溪高速公路；国外的阿尔及利亚东西高速公路，中巴公路等。在上述公路工程建设期间，均遇到了不同规模的滑坡灾害。一公院专业技术人员沉着应对，积极开展滑坡防治勘察设计工作，积累了丰富的实践经验。同时，一公院先后承担了交通运输部“公路重大地质灾害监测与控制技术研究”“自然灾害综合风险公路承灾体普查技术指南”以及参与了科技部重点研发计划——“特大滑坡应急处置与快速治理技术研发”等多项滑坡灾害重大项目研发工作，在滑坡勘察与监测、预防性养护与快速修复加固、防治与应急处治技术等方面开展了一系列研究工作，建立了公路滑坡灾害调查—监测评估—应急及防治的完善技术体系，奠定了在全生命周期内公路滑坡灾害一体化解决方案的行业领先地位。

本书由一公院资助编写。全书共分为13章，前2章主要介绍了滑坡的基本定义、特征、分类及危害，简要说明了公路滑坡勘察方法、防治技术及进展。后11章通过总结一公院在公路工程实施过程中不同类型滑坡防治勘察设计经典案例，系统分析了公路滑坡防治的关键技术，对公路前期研究阶段辨识的大型滑坡（群）提出了工程绕避技术；对潜在滑坡提出了预加固技术；对震区滑坡、富水滑坡、岩质滑坡、采动滑坡分别提出了个性化的防治技术；对滑坡防治综合治理、卸载反压等方法明确了应用基础和约束条件；对公路运营期间出现的滑坡提出了应急处治、协同组织、动态治理、永临结合等关键技术；针对国外公路工程出现的滑坡，也考虑到当地防治理念和规范标准要求的差异，因地制宜推荐了易被当地认可的防治技术和方法。

现代土力学创始人太沙基曾经说过："一个具有详尽文献的案例应当受到十个具有创新性理论一样的重视"。本书从一公院公路滑坡防治典型案例出发，分析了不同类型滑坡的成因机理，提出了公路滑坡防治的关键技术。目的在于总结一公院在滑坡防治中积累的经验和教训，展望新世纪的高新技术，促进地质与工程有机结合，工程技术与信息技术有机结合、生产与科研有机结合，与时俱进，加强创新，为我国公路滑坡防治做出新的贡献。

本书由吴明先主持撰写，李涛、刘卫民、姜献民、赵冬统稿，参加本书撰写的还有以下人员：吴臻林、雷英、朱冬春、尉学勇、于晖、祝建、蔡庆娥、李小兵、刘洋、王鹏、雷杰、雷曙辉、文和鹏、赵建林、怀超、车晶、孙钊、李永勤、刘树林、尚迪、冯兴亮等。

在本书编写过程中，得到了一公院赵永国、汪晶、张明波等专家的指导和帮助，喻林青、余波、崔建恒、徐克逊、柏发田、夏旺民、黄强盛、岳永利、张敏静、路勋等专家对本书提出了宝贵的意见和建议，并得到了国家重点研发计划项目资助（2018YFC1505306）。此外，人民交通出版社股份有限公司对本书的顺利出版给予了大力支持，在此一并表示感谢。

本书是一本适用公路滑坡防治实际工作的实用参考书，对从事滑坡防治工作技术人员具有明确的指导意义，对公路滑坡防治科研和教学也有明显的借鉴价值。但是，限于编写人员的水平经验和认识局限，书中难免有错误和不当之处，敬请专家和读者批评指正。

编　者

2021 年 7 月

目录

第1章　公路滑坡概述

1.1　滑坡定义及要素

滑坡是指一定自然条件下的斜坡,受河流冲刷、地下水活动、地震及人工切坡等因素的影响,部分岩土体在重力的作用下,沿着一定的软弱面或者软弱带,整体或分散地顺坡向下并且以水平位移为主的变形现象。滑坡俗称"走山""垮山""地滑""土溜"等,其变形机制是某一滑移面上剪应力超过了该面的抗剪强度。

滑坡的主要要素包括滑坡体、滑动面(带)、滑坡床、滑坡周界、滑坡壁、滑坡洼地、滑坡台阶、剪出口、滑舌、滑坡鼓丘和滑坡裂缝(包括拉张裂缝、羽状裂缝、鼓胀裂缝及扇状裂缝)。滑坡平面、断面上要素特征如图1-1、图1-2所示。各要素特征简述如下。

(1)滑坡体:滑坡发生后与稳定坡体脱离而滑动的部分岩体或土体,也称为滑体。

(2)滑动面(带):滑坡体下滑时与不动体间形成的分界面,一般呈光滑镜面,多有擦痕(图1-3、图1-4)。滑坡滑动时在滑动面以上形成的一层软弱带,称为滑动带。滑动带由于滑坡滑动剪切揉皱,结构基本破坏,揉皱严重,厚度在毫米至数米之间,变化较大,黏土颗粒含量较多,含水率较其上、下土层高,软弱,多呈可塑或软塑状。由于受滑体滑动力与滑坡床阻滑力一对剪切力偶的作用,在滑动带中常形成由张扭性和压扭性结构面构成的网状裂缝,有时在压性结构面上也形成擦痕。

(3)滑坡床:滑动面以下稳定、不动的岩土体,对多层滑坡而言,为最深层滑动面以下的岩土体。

(4)滑坡周界:滑坡体与其周围不动体在平面上的分界线,它圈定了滑坡的范围,在大型滑坡体内它可以是不同滑动块体的界线。

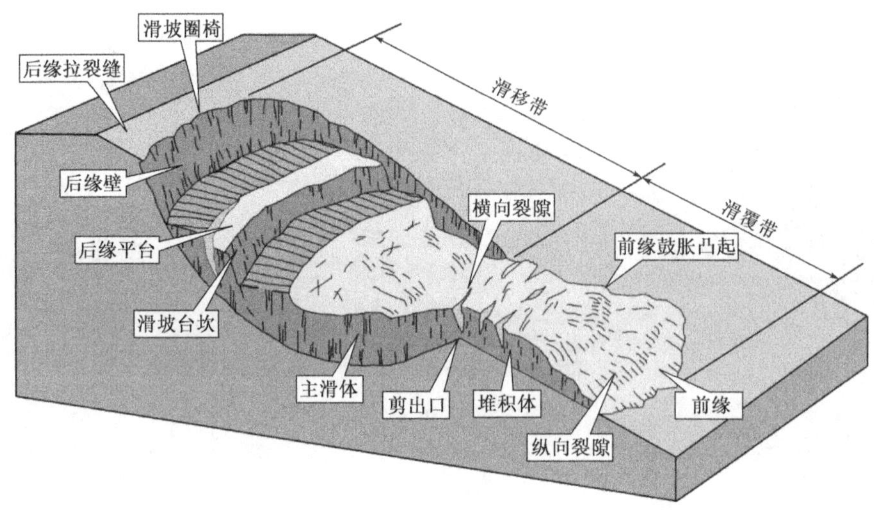

图 1-1　滑坡要素

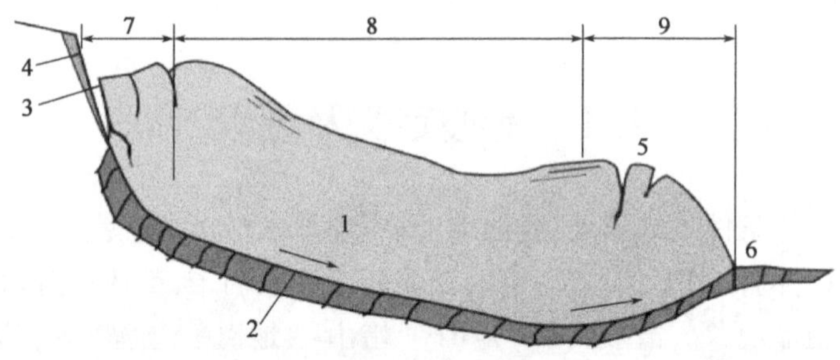

图 1-2　滑坡断面示意图

1-滑坡体;2-滑动带;3-滑坡主裂缝;4-滑坡壁;5-鼓胀裂缝;6-滑坡舌;7-牵引段;8-主滑段;9-抗滑段

图 1-3　滑动擦痕

图 1-4　剪出口擦痕

(5)滑坡壁:滑坡体上部与不动体脱离的分界面露在外面的部分,高数米至数十米,特大型滑坡也有高百米以上者,坡度为55°~80°,形态似壁状,在平面上多呈圈椅状。岩质滑坡中,滑坡壁也有呈直线或折线状,其中最上部高陡部分称为主滑壁(图1-5),两侧称为侧壁。发生不久尚未坍塌的滑坡壁上常留下清晰的滑动擦痕。

(6)滑坡洼地:滑坡滑动后,滑坡体与主滑壁之间拉开成沟槽或陷落成"地堑"状,相邻土楔向山反倾形成的四周高、中间低的洼地。

(7)滑坡台阶:滑坡体在滑动中因滑动次序和速度的差异而形成的错台,滑坡后部较宽大的平台称为滑坡平台,有时该平台向山内缓倾形成反向坡,也称反坡平台。滑坡台阶是滑坡的典型地貌特征,尤其沿弧形面旋转滑动的滑坡,该特征更为明显。

(8)滑坡剪出口:滑动面最前端与原地面相交而剪出的破裂口(图1-6)。在滑坡剧烈滑动之前表现为地面隆起、翘出,或建(构)筑物被剪断,剧烈滑动之后常被埋入滑坡体之下。

图1-5 滑坡后壁

图1-6 滑坡剪出口

(9)滑坡舌:滑坡体从滑坡剪出口滑出后伸入沟、堑、河道或台地上形似舌状的部分。由于滑动面反翘或滑坡体前部受阻,该部分常形成垂直滑动方向的一条或数条土垅,称为滑坡鼓丘。

(10)滑坡裂缝:滑坡滑动体与不动体之间形成的地表开裂。滑坡裂缝除了用于圈定滑坡周界,还可用于判定滑体厚度,当滑坡后缘裂缝陡直、滑体中裂缝少、地面较规整时,一般为中、深层滑坡;当滑体后缘裂缝顺坡倾斜、滑体中裂缝密集、地面零乱破碎时,一般为中、浅层滑坡。

根据滑坡裂缝形成时力学性质的不同,滑坡裂缝可分为拉张裂缝、剪切裂缝、鼓胀裂缝等。拉张裂缝位于滑体后部,为滑坡体下滑而张开的长数十米至数百米、方向与滑坡壁大致平行的裂缝(图1-7),其中与主滑坡壁重合的一条称为主裂缝。剪切裂缝发生在滑坡体两侧剪切裂缝尚未贯通之前,因动体与不动体间相对位移剪切而形成的呈羽状(雁行状)排列的裂缝,也称为羽状裂缝(图1-8)。鼓胀裂缝发育在滑坡体下部因下滑受阻挤压隆起形成的鼓丘上,方向垂直于滑动方向。扇状裂缝则为滑坡体下部因下滑受阻而形成的顺滑动方向的压张裂缝,在滑坡主轴部位大致平行滑动方向,两侧呈扇状分布,是抗滑段受挤压的标志。

需要说明的是,前述滑坡要素是指一个发育完整滑坡所表现出的特征。实际工程中,滑坡或因发育不完全,或因结构复杂相互干扰而缺失某些特征,很少具备完整而清晰的要素特征,此时需要根据具体的地质条件和滑坡力学属性分析判断那些尚不明确的要素特征。

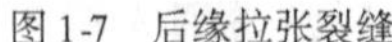

图 1-7　后缘拉张裂缝

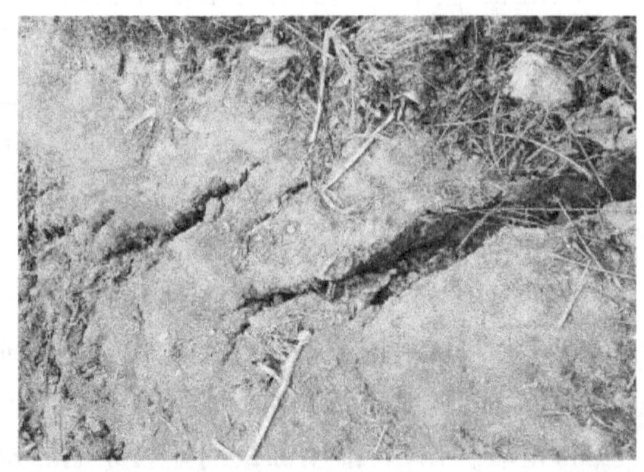

图 1-8　羽状剪切裂缝

1.2　公路滑坡分类

根据滑坡体的物质组成、形成原因及滑动形式等因素，可将滑坡划分为不同的类型。《公路滑坡防治设计规范》采用两个层次的分类方案：第一层次按照滑坡体的组成物质作为分类标志，反映滑坡体的主要性质特点；第二层次按照滑坡体积、滑动面埋藏深度（滑体厚度）和滑动形式等分类，反映滑坡某一方面的特性。

（1）根据滑坡体的主要物质组成，按表 1-1 进行分类。

滑坡按主要物质组成分类　　表 1-1

类型	亚　类	特 征 描 述
土质滑坡	堆积土滑坡	除膨胀土、黄土、填土等特殊土之外，发生在第四系地层各种成因土层中，包括风化残积土，由一般土质组成滑坡体；滑动面多位于软弱土层中或基岩顶面
	膨胀土滑坡	发生在含有膨胀土的地层中；滑动面多位于膨胀土活动区深度范围
	黄土滑坡	发生在各时期黄土地层中，由黄土构成滑坡体；滑动面位于黄土层间界面或基岩顶面
	填土滑坡	发生在路堤或人工弃土堆中；滑动面可位于填土内部、老地面或基底以下松软层中
岩质滑坡	破碎岩体滑坡	发生在构造破碎带或严重风化带的破碎岩体中
	层状岩体滑坡	发生在具层状结构的岩体中；滑动面位于层面或软弱结构面
	块状岩体滑坡	相对完整的块状岩体沿构造节理或断层产生的组合式滑动

（2）堆积土滑坡可根据土的性质和物质组成，按表 1-2 进行分类。

堆积土滑坡分类　　表 1-2

类　型	主 要 特 征
黏质土滑坡	发生在非膨胀性的黏质土层中；滑动面多为高含水率、软弱的高塑性黏土层
砂质土类滑坡	由砂质土、粉土组成

续上表

类　　型	主 要 特 征
碎石土类滑坡	由碎石土、块石土组成；滑动面多为层中高含水率、软弱的黏性土夹层
风化残积土滑坡	发生在残积土、全风化土、砂土状强风化层中，滑动面多为风化界面、软弱夹层、原生或次生结构面等

(3)层状岩体滑坡可根据滑动面与岩体结构面的组合关系，按表1-3进行分类。

层状岩体滑坡分类　　表1-3

类　　型	主 要 特 征
顺层滑坡	沿顺坡倾向的层面或软弱带滑动
切层滑坡	由平缓或反倾层状岩体构成，滑动面切割岩层层面；常沿顺坡倾向的一组软弱面或结构面(带)滑动

(4)根据滑坡体积大小，按表1-4进行分类。

滑坡按体积分类　　表1-4

滑坡类型	小型滑坡	中型滑坡	大型滑坡	巨型滑坡
滑坡体积 V(m^3)	$V \leqslant 4 \times 10^4$	$4 \times 10^4 < V \leqslant 30 \times 10^4$	$30 \times 10^4 < V \leqslant 100 \times 10^4$	$V > 100 \times 10^4$

(5)根据滑动面埋藏深度(滑体厚度)不同，按表1-5进行分类。

按滑动面埋深分类　　表1-5

滑坡类型	浅层滑坡	中层滑坡	厚(深)层滑坡
滑动面埋深 H(m)	$H \leqslant 6$	$6 < H \leqslant 20$	$H > 20$

(6)根据滑动力学特征，按表1-6进行分类。

滑坡按滑动力学特征分类　　表1-6

滑 坡 类 型	主 要 特 征
推移式滑坡	中后部岩土体变形失稳后，挤压推移前缘产生滑动
牵引式滑坡	前缘段岩土体发生滑动后，使后缘岩土体失去支撑而滑动

(7)根据发生时间，按表1-7进行分类。

滑坡按发生时间分类　　表1-7

滑 坡 类 型	主 要 特 征
新滑坡	新近发生滑动
老滑坡	全新世以来发生滑动
古滑坡	全新世以前发生滑动

在国外，滑坡是一个很广泛的概念，用来描述土、岩石和有机物在重力作用下沿着边坡向下的滑动，涵盖了国内的崩塌、泥石流、蠕滑等类型。

20世纪90年代，国际工程地质学会滑坡委员会建议采用伐尔纳斯(Varnes)的滑坡分类作为国际标准方案，按运动类型将斜坡破坏分为崩塌(falls)、倾倒(topples)、滑动(落)(slides)、侧向扩离(lateral spreads)和流动(flows)5种基本类型，这5种基本类型可以互相组合,组成更复杂的复合移动类型。在此基础之上,该分类体系结合物质材料组成和前面的5种基本类型组合成15种滑坡类型,具体见表1-8。伐尔纳斯的滑坡分类体系实际上综合了斜坡变形、破坏和破坏后的后续运动,明显增加了滑坡分类的准确性。

国际工程地质学会滑坡委员会建议采用的滑坡分类　　表1-8

破坏模式		物质组成		
		基岩	工程土	
			粗粒土	细粒土
崩塌		滚石	碎屑崩落	土崩落
倾倒		岩石倾倒	碎屑倾倒	土倾倒
滑动	旋转滑动	岩石转动滑坡	碎屑转动滑坡	土质转动滑坡
	平移滑动	岩石块体滑坡	碎屑块体滑坡	土质块体滑坡
侧向扩离		岩石扩离	碎屑扩离	土扩离
流动		岩石流(深部蠕动)	泥石流(土蠕动)	泥流(土蠕动)
复合移动类		两个或两个以上主要运动形式的组合		

1.3　公路滑坡特征

公路滑坡指影响和威胁公路工程建设和运营安全的滑坡灾害,除常规滑坡外,还包括滑塌、坍塌、路基滑移等。滑塌是指上覆岩土体在重力作用下,沿着某一浅层软弱面或裂隙面发生的下滑现象。滑塌与滑坡的区别是滑塌体厚度不大,主要发生在坡体浅表层,常呈现牵引式破坏模式。坍塌是介于滑坡与崩塌之间的边坡破坏形式,多发生在土质边坡上,其力学机制仍是剪切破坏,破坏沿土体中安全系数最小的弧形面发生,破坏后可能还会产生新的破坏面或破裂面而再次发生坍塌。路基滑移是指路基下边坡在车辆荷载、地表水、地下水及坡脚河流冲刷等因素的影响下,沿路基内部填挖交界面等人工结构面发生的使路基剪切破坏的滑动现象。路基滑移后,路基局部高程明显低于设计高程或其他部位高程,路面出现圆弧状裂缝,防撞设施及挡墙等防护设施发生明显下沉和倾斜,严重影响公路的正常使用功能。

公路滑坡有其独有的特点,其滑出方向绝大多数是垂直或近似于垂直路线走向,极少部分是斜交于公路路线。另外,公路工程建设活动是主要的诱发因素,即在公路建设过程中,因路堑开挖形成边坡,使得原始地形地貌发生改变,打破原有坡体的平衡,出现工程滑坡或者诱发古滑坡(老滑坡)复活。从公路滑坡的统计结果可知,约有50%的滑坡是由于工程建设引发的工程滑坡,约30%的滑坡是在工程建设中复活的古滑坡,其余约20%的滑坡是在勘察设计中已经发现而路线无法绕避的滑坡。

1.3.1　形态特征

1)平面形态特征

公路滑坡发生后,平面上一般呈现一定的几何形状(图1-9),常见有以下几种:

(1)簸箕形:滑坡上部呈圈椅状或马蹄状,下部张开呈簸箕状。它是大、中型土质滑坡常见的形态，尤其是黄土滑坡更为典型。

(2)舌形：上部小，下部大，呈上薄下厚的长条形，中部高两侧低，形似舌状。它是沿古沟槽堆积的坡、洪积物滑坡的常见形态。

(3)椭圆形：滑坡上下宽度相差不大，且均呈弧形，似椭圆状。它是均质土滑坡，特别是黏性土和填土滑坡常见的形态。

(4)长椅形：后缘滑坡壁较平直，不呈弧形，滑坡顺滑动方向的长度小于垂直滑动方向的宽度，形态上呈横向展示，似长椅。这种形态多见于黏性土沿基岩面滑动的滑坡。

(5)倒梨形：因受地形限制滑坡的上部宽阔而下部出口处窄小，形成缩口形，似倒置的梨形，它多为沟槽上游堆积物滑坡的形态。

(6)牛角形：因受地形或古沟槽形态控制，滑坡的平面形态呈似牛角状的曲线形，上小下大，因而滑动过程中有一定旋转，在曲线外侧可形成挤高的“翻边梗”。

(7)平行四边形：受岩体中层面或结构面的控制，滑坡的平面形态呈平行四边形，它多为岩石顺层滑坡的形态，其滑动面或为层面、大节理面，或为两组节理的组合面。

(8)树叶形：由于滑坡滑速高，滑距大，滑体常冲出滑床而似树叶平铺在前方开阔地上。

(9)叠瓦形：也称阶梯形。在复杂滑坡区由于受地质条件控制可形成多级滑坡，上下级之间一级套一级呈叠瓦状，或上级覆盖在下级的后缘，或下级滑坡后缘切割上级滑坡的前缘。秦巴山区十天高速公路28合同段滑坡以及重庆奉节至云阳高速公路挖断村滑坡均属于该类型。

(10)复合型：复杂的滑坡区，可以形成多个滑坡并列，也可以形成多条、多级、多层滑坡的复合结构。如一个大滑坡体中的多层滑动面滑动，大滑坡体内的次级小滑坡滑动。典型的复合型滑坡有重庆奉溪高速公路澜湾子滑坡、樟木镇至友谊桥段滑坡群等。

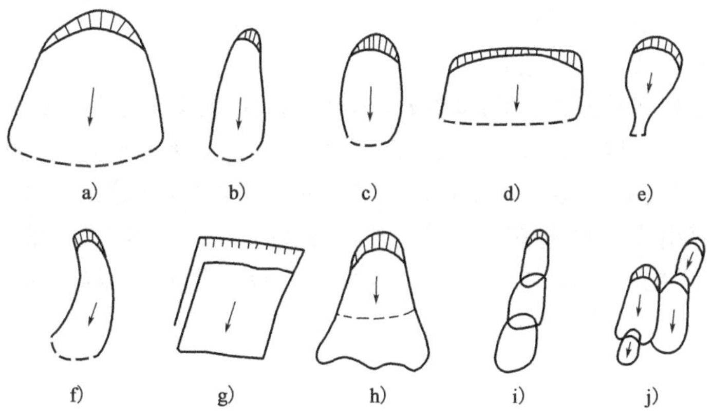

图1-9　滑坡平面形态特征分类

a)簸箕形；b)舌形；c)椭圆形；d)长椅形；e)倒梨形；f)牛角形；g)平行四边形；h)树叶形；i)叠瓦形；j)复合型

2)纵面形态特征

依据滑坡滑动面的形态，可分为圆弧形、直线形、折线形、连续曲线形和复合型5种典型滑坡纵断面。

(1)圆弧形：滑动面为圆弧面或螺旋曲面。它的形成主要受控于坡体内的最大剪应力面。

滑坡发生前在坡脚附近出现应力集中，剪应力超过该部位土体的抗剪强度造成坡体蠕动，坡顶则产生拉力破坏出现张拉裂缝，一旦滑面中段全部出现剪应力大于土体的抗剪强度，滑坡将发生整体滑移。由于滑动面为圆弧形，所以以旋转滑动为主，在有地下水活动的情况下，滑动面的一部分常位于地下水位的波动线上，因为此处土体强度更低，这类滑坡多出现在均质土（黏土或黄土）坡和强风化的破碎岩质斜坡上。

（2）直线形：滑动面为一直线。它常常是地质上先期已经存在的软弱结构面，如岩层层面、构造面（如断层错动面、大节理面、片理面等）、基岩顶面的剥蚀面、不整合面、老地面、不同成因的堆积（坡、崩、洪积）面等。常见有三种情况：

①堆积物（包括坡积、崩积、洪积物及人工堆积物）沿下伏的平直的基岩顶面、老地面或不同成因的堆积面滑动。

②较坚硬的岩层（如砂岩、石灰岩等）或互层岩层沿下伏软弱岩层（如泥岩、页岩、泥灰岩等）或层间错动带滑动。其后缘破裂面符合走向与层面走向一致的张裂面，或一组 X 节理面，所以呈直线形或折线形。

③半成岩地层，如第三纪末或第四纪初形成的河、湖相地层，如昔格达层，层面非常平缓（倾角仅5°左右），因含有遇水易膨胀的矿物（如蒙脱石等），强度低，上覆岩层沿下伏受水软化的岩层滑动，后缘破裂面或为构造节理面，或为主动土压破裂面。

（3）折线形：滑动面为若干个平直面的组合。它可以是基岩顶面的剥蚀面、不同成因和成分的堆积面，也可以是基岩中层面或构造结构面的组合面，是最常见的滑动面形态。

（4）连续曲面型：滑动面为倾向沟谷等临空面的上陡下缓逐渐变化的软弱岩层或层间错动带，常常是向斜的一翼，形成大型或特大型岩石顺层滑坡。

（5）复合型：在同一滑坡中，可能包含圆弧滑面、直线滑面、折线型滑面或属软岩挤出性的变形，因此滑坡剖面形态上呈现多种组合形式，即复合型滑坡纵断面形态（图1-10）。对分级分块复合型滑坡的典型特征，分述如下：

①多级滑坡，受控于基岩顶面的形状或岩体结构和构造，多见于阶梯状的山坡上。

②多层滑坡，一个滑坡中包含有多层滑动面，成因和性质类同或各异，如在一些大型堆积层滑坡和破碎岩石滑坡中，只要有多个可形成滑动面的软弱层存在就可能形成多层滑坡。

③多层、多级牵引式滑坡，即多级台阶的滑坡，特别是后部滑体压盖于前级滑块的滑壁者，几乎每级滑坡平台下的主滑带均不连续，与陡倾的后缘滑带分开，前、后级间变形有着密切关系。

图1-10　复合型滑坡纵断面形态示意图

a）多级滑坡；b）多层滑坡

3）横断面形态特征

在垂直滑动方向的横断面上滑坡的特征也取决于滑动面的形态特征，类型也是多种多样的。其中最为常见的为槽弧形，滑动面为基岩顶面的古沟槽，滑体上部凸出，呈现所谓“反置地形”，许多堆积物沿古沟槽的滑动属于此类。平槽形如黄土沿下伏基岩剥蚀面滑动，其侧壁或沿构造节理面、或沿侧向 X 节理面。岩石滑坡的滑动面或为层面，或为构造错动面（其侧壁受构造破裂面控制），或为临空面。多层滑面的情况，除了基岩顶面古沟槽外，在不同时期、不同成因的堆积面上也形成了滑动面。复合型的横断面形态，或为两个沟槽形滑坡的复合，侧壁互相交叉；或为大小各异，有先后滑动次序的不同，也可形成多条滑坡。

4）后缘形态特征

滑坡后缘形态比较独特，滑坡滑动之前，表现为一条或数条张拉裂缝，或局部下错。一旦滑坡发生大的滑动，在其后部常出现滑坡壁、滑坡洼地和反坡平台。滑坡洼地的成因为滑体滑移下错时与后壁不动体间拉开较大裂缝，滑体后部产生主动土压破坏填充此裂隙，故形成向山的反倾裂缝带和陷落洼地。反坡平台的形成原因其一是滑体的旋转，其二是后部陷落填塞裂隙对前部的推挤。在岩石顺层滑坡的情况下，由于滑体相对完整，后部除少量坍塌外，常形成宽大的沟槽并露出滑床。

不同厚度的滑坡，后缘呈现不同的形态特征。浅层小型滑坡，由于下错高度小，滑移距离短，只出现小的陷落带（裂缝密集带）；厚层大型滑坡，下错高度达数十米，在滑坡壁下常形成宽而深的滑坡洼地，其外侧形成宽缓的反坡平台。

5）前缘及剪出口形态特征

滑坡前缘及剪出口特征指滑坡前部由于受临空面的控制，常常形成抗滑段的多条帚状剪出口（新形成的滑动面）。此外，由于抗滑段受阻，在强大的滑坡推力作用下，前部被挤压，地面隆起开裂，形成鼓胀裂缝和垂直滑动方向的鼓丘。在岩石顺层滑坡的情况下，在抗滑段常因受挤压而形成岩层褶曲。

滑坡的剪出口位置是研究和防治滑坡重点关注的问题之一，因为它涉及滑坡危害范围的大小和治理的难易，如铁路、公路、厂房、渠道等工程设施是局部破坏，还是同滑坡体一起滑移。剪出口位置高，滑坡可能滑出距离远、危害范围大，诸如许多高速远程滑坡；剪出口位置低于侵蚀基准面或人工开挖面，虽滑动距离不大，但有可能使整个工程设施一起滑动。在较大的河流两岸的不同高程上分布着许多古老的自然滑坡，它们的剪出口多与相应的阶地高程或剥蚀面高程相一致，显然它们是河流不同时期形成的。Ⅰ、Ⅱ、Ⅲ级阶地后缘的滑坡，因失去形成时的冲刷条件，若无新的影响因素，一般处于稳定状态，因其年代久远，外貌变得不甚清楚。而处于现代河床岸边和漫滩上的滑坡，由于河流冲刷作用，常处在活动状态，或暂时稳定状态，外貌清晰。由人类工程活动造成的滑坡不论是古老滑坡的局部或整体复活，还是新产生的滑坡，其剪出口位置常与人工开挖的基面相对应，或在基面以上剪出，或在基面以下一定深度剪出，这取决于地层结构、地下水的聚积和开挖后坡体应力的变化。

1.3.2　坡体结构及破坏模式

坡体结构是坡体内岩土体的分布和排列顺序、位置、产状及其与临空面之间的关系，是滑坡形成的地质基础，主要控制了滑动面（带）的位置和形状。

在研究坡体结构时,通常将其分为均质或类均质斜坡、层状体斜坡、块体状斜坡三种类型。在滑坡防治研究中,重点研究可能形成滑动面(带)的地层和层位,因此将层状结构进一步划分为近水平层状结构、顺倾层状结构、反倾层状结构,见表1-9。

坡体结构类型与变形破坏模式　　表1-9

结构类型		主要特征	主要变形模式	破坏模式
均质或类均质结构		均质的土质或半岩质斜坡(包括碎裂状或碎块状体斜坡)	蠕滑—拉裂	旋转式滑坡或滑塌
层状结构	近水平层状结构	岩层倾角<10°	蠕滑—压致拉裂	平推式滑坡、旋转式滑坡
	顺倾层状结构	岩层倾角≥10°	滑移—拉裂、滑移—弯曲、弯曲—拉裂	顺层滑坡、块体滑坡
	反倾层状结构	岩层倾向坡内,倾角≥10°	弯曲—拉裂(浅部)、蠕滑—拉裂	崩塌、切层旋转式滑坡
块状结构		—	滑移—拉裂	—

1)均质或类均质结构

类均质结构是指构成坡体的岩土体近似于均质体,其变形破坏不受层面或构造结构面控制,而受坡体内应力分布、变化以及土体强度的控制,如黏性土、黄土、岩体的全强风化残积层和各种成因的堆积体(含人工堆填土)等。滑坡的滑动面在该类土中破坏模式为圆弧滑动,属于此类坡体结构的滑坡类型主要有以下5种。

(1)黏性土滑坡。

黏性土滑坡是指由第四纪各种成因的黏性土(也包括少量第三纪黏性土)组成滑体的滑坡,黏性土一般分布于长江流域及以南地区、山西地区,主要由蒙脱石、伊利石、高岭石等黏土矿物组成,因而具有吸水湿胀、失水干裂的特点,对斜坡稳定极为不利。另外,在我国的许多盆地中,膨胀土较为发育,其黏粒含量高达50%~70%,主要为伊利石和蒙脱石矿物,亲水性强,遇水膨胀,强度大幅度降低,极易发生滑坡。有时路堑边坡高仅2~3m,也发生滑坡,饱水情况下边坡坡率放缓到1:4仍不能稳定。黏性土滑坡主要特征如下:

①受控于黏性土性质,黏性土滑坡具有牵引性、浅层性、间歇性、水敏性、结构性、季节性和体积小、多次滑坡与成群分布的特性。黏性土边坡开挖后往往形成沿土岩界面、黏性土内部的同生滑面、母岩结构面的滑坡,滑面形态可呈圆弧状、直线状或折线状。

②黏性土滑坡形态上多具有"宽扁形"特点,即滑坡的宽度大于主轴长度。坡体变形后若不能及时进行治理,则会不断发生渐进式的牵引变形,造成滑坡范围不断扩大。

③黏性土具有明显的干湿效应,坡体水分蒸发收缩时多形成具有一定深度和宽度的土体裂隙。这种收缩具有竖向和横向两种形态。由于自重压力的作用,在一定深度后黏性土就不会产生裂缝的延伸,裂隙深度在自然状态下多小于5.0m,故坡体稳定性受大气影响明显且滑面较浅。当然,黏性土也会出现深层滑动,但深层滑动往往更受控于坡体中存在的原生结构面配套组合形成的贯通性结构面。

④黏性土含水率较低时强度较高,但含水率升高时强度大幅度衰减且基底吸力降低,土体

重量增加，直接影响坡体的稳定性。因此，黏性土边坡若不能在开挖后及时对坡面进行防护，就应立即进行土工膜覆盖等临时坡面防护，防止新暴露于大气中的黏性土在卸荷、干湿作用下产生裂隙。

（2）黄土滑坡。

黄土是多孔隙、高含碳酸盐的第四纪沉积物，在我国北方分布广泛。由于质地相对疏松、多孔，水敏性强，垂直裂隙发育，在降雨、地震和不合理的工程扰动、农业灌溉等作用下，极易引起滑坡灾害。

西北地区新近堆积的 Q_3 和 Q_4 黄土，以粉粒为主，垂直裂隙和孔隙发育，具钙质胶结，垂直渗透系数远大于水平渗透系数。尽管该地区降雨量不大，但水很容易下渗到黄土底部的相对隔水层而停积，从而软化其底部黄土，使其胶结强度大大降低而易于滑动。另外，当路堑开挖于黄土层内时，易出现从坡脚附近剪出的滑坡。当黄土堆积于高阶地上形成黄土台塬时，在台塬边缘常形成以冲、洪积的相对隔水的砂黏土层为剪出口的弧形滑动。还有一些黄土是覆盖在古老的变质岩上，基岩顶面倾斜向临空面，地下水在基岩顶面集中，尤其当基岩顶面呈凹槽形有利于地下水聚积时，常形成黄土以基岩顶面为剪出口的滑坡。黄土滑坡多具有以下主要特征：

①滑坡的滑动规模较大，滑动距离远，往往具有多区、多层、多级滑动的特点。黄土水敏感性高，坡体稳定性受水影响明显，黄土滑坡常成群分布；黄土滑坡的后缘多呈圈椅状，并多有陷穴分布；由于垂直节理发育，错落型黄土滑坡较多。

②我国黄土分布区多有活断层分布，造成上覆黄土地层不断受到活断层改造，历史上多次强烈地震造成的黄土滑坡灾害相当严重。地震力形成的巨大水平力对斜坡黄土具有抛射和摇动作用，甚至发生液化，从而使黄土力学强度大幅度降低，形成了相当数量的近水平、远距、高速滑坡。

③非正常的暴雨或连续降雨造成大量地表水沿垂直裂隙或大孔隙渗入黄土，不但形成水压力加大坡体下滑力，也使坡体中的软弱层富水形成软弱易滑带，从而为滑坡的发生提供了有利条件。在水的作用下，黄土滑坡有时会发生滑距很远的塑性流。此外，冬季黄土坡面冻结，有利于地下水在坡体内积存，春融气温升高时，冻土解冻消融造成坡体含水率迅速增大且坡体力学性质降低，从而引发黄土滑坡。

④黄土区多为干旱半干旱地区，不合理的水利、灌溉造成坡体中潜水面不断升高形成的浸润面成为坡体的软弱面，继而导致斜坡区滑坡成群分布，这在宽广的黄土塬边缘斜坡具有典型的特征。不合理的工程开挖形成临空面，造成坡体支撑力度减弱。不合理的工程加载破坏斜坡的力学平衡，也可能诱发滑坡的发生。

（3）堆积土滑坡。

堆积土滑坡是指由坡积、崩积、洪积、残积等各种成因组合而成的土、石混杂物构成滑体的滑坡，所含石块可小至碎石、大至漂石。堆积土滑坡是自然界分布最广的一种滑坡，多出现在山区沟谷两岸以及河谷缓坡地带。最常见的是在峡谷缓坡地带由崩坡积物构成的堆积土滑坡，其次在陡崖崖前缓坡上的坡崩积物中和沟口的洪积物中，也可产生堆积土滑坡。

①堆积土滑坡后缘常为基岩陡壁，陡壁下方有一或大或小的缓斜坡，斜坡坡脚多半遭流水冲刷。

②堆积土的成分复杂多变，结构比较疏松，透水性较强，堆积土滑坡中常储存有较丰富的地下水。

③堆积土滑坡滑面主要沿基岩顶面以及不同时期、不同成因的堆积土界面滑动。

④堆积土滑坡常可随开挖深度的加大而向下发展。

(4)堆填土滑坡。

随着社会的快速发展，出现了大量各种形式的堆填土工程。如由碎块石土、砂卵石土、粉土或黏性土等填料组成且不含杂物的素填土工程；含有一定量的建筑、工业或生活垃圾与废料的杂填土工程；由吹沙等人工水力作用形成的冲填土工程；按不同控制标准压实形成的人工场地或路堤工程等。堆填土滑坡根据其成因可分为以下6类：

①由于填方体下部的软弱地层没有有效处治，下伏软弱地层在上覆填土的重力作用下发生挤出变形而形成堆填土滑坡。

②填方体上覆于较陡的自然或人工斜坡，由于未有效处理堆填土与下伏斜坡的界面，堆填土沿下伏斜坡发生滑坡。

③由于前缘受河流冲刷，堆填土发生牵引式滑坡。

④堆填土后部有较好的地表汇水条件，由于未有效处理被堆填土阻断后的坡后地表汇水，地表水渗入堆填土而形成滑坡。

⑤由于填方体前部的支挡工程抗滑力度不足导致堆填土滑坡发生。

⑥填方体设置于老滑坡上部形成加载造成老滑坡复活，从而诱发填方滑坡发生。

(5)破碎基岩滑坡。

该类滑坡主要分布在断层破碎带或几条断层交汇处，岩体受构造作用严重破碎，节理裂隙密集，层面已不起控制作用，而是构造面控制坡体变形。坡体内的岩层已类似均质结构，主要破坏模式为顺构造面滑动或旋转式滑动。

2)层状结构

(1)近水平层状结构。

近水平层状结构主要指岩层产状不大于10°的坡体，斜坡稳定性相对较高，但坡体卸荷裂隙发育、差异风化严重或下浮软弱地层时可能会产生斜坡病害，如某些黄土层、河湖相沉积的黏土层(膨胀土层)、四川省西南部分布的昔格达层、青海省龙羊峡附近分布的共和组地层，以及其他近水平产状的砂、页、泥岩地层等构成的坡体。尽管岩层面倾向临空面只有几度，但由于特殊的岩性和坡体结构，软弱的泥质岩层强度低，相对隔水，在地下水作用下容易形成软弱面而使上覆岩体滑动。另一类是厚层硬岩如砂岩、石灰岩等构成斜坡的主体，而在斜坡脚附近下伏了软弱的泥岩、页岩、黏土岩等，由于其强度低，受水软化，在上覆岩体重压下发生塑性流动，从而发生软岩挤出型滑坡。

(2)顺倾层状结构。

顺倾层状结构是指坡体倾斜方向与层状岩土体的倾向接近或大体一致的边坡。如斜坡上堆积的不同时期的黄土层，斜坡脚附近不同时期堆积的崩积、坡积、洪积层，以及各个地质时代地壳运动造成的倾向临空面的岩层，特别是软硬相间的岩层。顺倾层状坡体结构的变形和破坏，与地层岩性、岩土体结构、地形地貌、水文地质特征和人类工程活动密切相关。顺层边坡的开挖破坏有多种模式，这些破坏模式主要与边坡岩体结构、地层岩性以及岩体结构与开挖面的组合关系等有关。张倬元等将顺层岩质边坡的变形破坏模式总结为蠕滑—拉裂、滑移—压致拉裂、滑移—拉裂、滑移—弯曲等破坏模式。

(3)反倾层状结构。

反倾层状结构指构成坡体的岩层层面(或片理面)倾向山内且倾角大于或等于10°,如众多的沉积岩和变质岩层,以薄层状受构造影响强烈者为多。这类坡体结构形成的滑坡为切层滑坡。

①缓倾角反倾层状结构——切层滑动。

该类反倾层状结构由较软质和破碎岩层构成,倾角10°~40°,由于节理裂隙发育,加之地下水和风化作用,在坡脚变陡应力增大时,易沿构造结构面形成滑面而滑坡。在强风化带内也能形成旋转式滑动。当坡脚有软弱岩层或断层破碎带时,则可形成沿大构造结构面下错的错落性滑坡。

②陡倾角反倾层状结构——倾倒切层滑动。

当岩层反倾向山、倾角大于45°时,常因坡体卸荷发生上部岩层向临空方向的倾倒变形,倾倒体底部岩层破裂,在地下水渗入软化下沿该破裂带形成滑面而滑动。当坡脚附近有断层破碎带或软弱岩层,或有矿体被采空时,更易形成滑坡。

3)块状结构

厚层块状岩体构成的坡体,当其原生结构面、构造结构面或它们的组合面倾向临空时,在其他应力作用下也可形成各种滑坡。

1.3.3 发展阶段特征

滑坡活动基本包括蠕动挤压、整体失稳、剧烈滑动、重新趋稳4个阶段。一般软弱岩层滑动缓慢,坚硬岩石滑动速度快。滑坡发育的每一个阶段是一个过程,或长或短,取决于滑坡的地质结构、作用因素、触发因素和地形特征等。

1)局部失稳的蠕动挤压阶段

一定地质结构的斜坡,由于河流冲刷、海浪侵蚀、人工开挖或加载,或因地下水的增加和地震等作用,引起坡体内部应力调整,在斜坡的中下部产生应力集中,造成滑动面上的剪应力超过该土体的抗剪强度而产生蠕变。随着塑性区的逐渐扩大,局部坡体向下挤压,形成滑坡后缘拉张裂缝。

后缘拉张裂缝产生之后,为地表水的下渗提供了有利条件,滑体的中、后部即主滑段和牵引段失稳而向下推挤抗滑地段,滑坡两侧出现羽状裂缝。此时抗滑地段滑动面尚未形成,抗滑段坡体受挤压并相继出现放射状张裂缝和鼓胀裂缝。随着滑坡的发展剪出口断续出现,并与滑坡两侧界裂缝相连通,表明抗滑段滑动面已全部贯通,此时滑坡已进入滑动阶段。

在进入整体滑动阶段之前,虽然滑坡有位移,但整个滑坡的稳定系数大于1。蠕动挤压阶段可以延续几个月,也可以长达数年至数十年。如果外界条件改变,如增加了坡体支撑,或减去了主滑段和牵引段岩土体(即减重),或采取排水措施改变了水文地质条件,蠕动挤压阶段的滑坡不一定发展到滑动阶段。

2)整体失稳的缓慢滑动阶段

具有抗滑段的滑坡,坡体向坡下发生推挤位移,抗滑段因受力而坡面出现纵横向的鼓胀裂隙。一旦抗滑地段滑面贯通并开始滑动，滑坡的整体稳定系数就小于或等于1。

不具有抗滑段的滑坡，只要主滑段失稳，即开始滑移。至于滑坡在整体上呈匀速、减速还是加速滑动，则视下滑力与抗滑力的对比情况而异。

研究表明黏性滑带土的抗剪强度超过峰值强度后，随滑动距离的增大，逐渐降低到其残余强度。所以滑坡开始滑动后有可能逐渐加速而剧滑，除非前方阻力有较大增加。

3）加速滑动与剧滑破坏阶段

当整个滑坡的滑动面贯通开始滑动后，随滑移距离的增加，滑带土强度逐渐降低，阻滑力减小，加之地表水灌入，滑坡由匀速滑动变为加速滑动。某些滑坡，随着滑体前缘滑出原滑床，阻力增大、重心降低及滑动中排水减小了孔隙水压和静水压力，滑动过程由加速到等速到减速最后停止。第二年雨季，因地下水的作用又重复一次。这样周期性的运动可能延续若干年。有些滑坡，多为滑床较陡或无抗滑段者，从蠕动挤压到开始滑动，由匀速滑动到加速滑动，直到剧烈滑动而产生破坏，再趋于稳定，完成一个完整的滑动过程，而不呈现周期性的变化。

4）滑后暂时稳定或永久稳定阶段

滑动后暂时稳定者，多为周期性活动，它只是滑动过程中的一个循环，并不改变滑动的性质。永久稳定者，或为滑坡大滑动后完全脱离原滑床而解体，如某些崩塌性滑坡，不再具备滑动条件；或为大滑动之后相当大一部分滑体脱离滑床而堆积于平坦地面上，抗滑力远大于下滑力。

公路滑坡的发展阶段一般和公路工程活动相关。自然条件下，边坡或滑坡一般处于稳定状态，施工开挖或加载作用使坡体产生蠕动变形，若不及时治理，滑坡将逐渐演变为整体失稳或剧烈滑动，采取工程措施后，滑坡逐渐达到稳定状态。

1.3.4 区域分布特征

我国地域辽阔，各地区气候、地形、地貌、工程地质和水文地质等自然条件差异很大。滑坡灾害主要分布在西部高原山地、中部高山及平原过渡地带和东部沿海地区。其中青藏高原以东的第二级阶梯，特别是西南地区为我国滑坡灾害的重灾区，该地区滑坡类型多、规模大、发生频繁、分布广泛、危害严重。西北黄土高原地区以黄土滑坡广泛分布为其显著特征。东南、中南等省山地和丘陵地区滑坡也较多，但是规模较小，以堆积层滑坡为主。从行政分区来看，全国范围内除山东省没有发现严重的滑坡灾害外，其余各地均有发生。其中以西部地区（西南、西北）的云南、贵州、四川、重庆、西藏、陕西、宁夏和甘肃等省区以及湖北西部、湖南西部等地最为严重。

总体来说，下列地带是滑坡的易发和多发地区：

（1）江、河、湖（水库）、海、沟的岸坡地带，地形高差大的峡谷地区，山区、铁路、公路、工程建筑物的边坡地段等。这些地带为滑坡形成提供了有利的地形地貌条件。

（2）地质构造带之中，如断裂带、地震带等。通常、地震烈度大于Ⅶ度的地区，坡度大于25°的坡体，在地震中极易发生滑坡；断裂带附近的岩体破碎、裂隙发育，非常有利于滑坡的形成。

（3）易滑（坡）的岩、土分布区。如松散覆盖层、黄土、泥岩、页岩、煤系地层、凝灰岩、片岩、板岩、千枚岩等岩、土的存在，为滑坡的形成提供了良好的物质基础。

(4)暴雨多发区或异常的强降雨地区。在这些地区,异常的降雨为滑坡发生提供了有利的诱发因素。

(5)西藏、青海以及黑龙江北部的冻土地区,分布有与冻融有关、规模较小的冻融堆积层滑坡。

(6)广大山原丘陵区,地质构造复杂,断裂褶皱发育,岩体破碎,加之季风气候和丰富的水源,尤其公路建设过程中的工程扰动,致使公路承受着最为广泛、频繁的滑坡灾害。

上述地带的叠加区域,就形成了滑坡的密集发育区。如从太行山到秦岭,经鄂西、四川、云南到藏东一带就是这种典型地区,滑坡发生密度极大,危害非常严重。

公路工程是建设在自然环境中的带状建筑物,或穿越山谷,或爬坡越岭,或沿河谷蜿蜒延伸,或在平原地区顺直布线,必然会受到通过地区环境条件的制约,遭受各种滑坡灾害的威胁。公路滑坡灾害的分布皆由公路途经地区的特殊环境所决定,具有较为明显的区域继承性。我国公路滑坡主要分布于横断山区、黄土高原区、川北陕南山区、川西北龙门山地区、金沙江中下游河谷地区、川滇南北向条带状地带、汉江河谷(安康—白河)地段等区域。

较为典型的滑坡密集频发区如川藏公路,穿越了横断山、念青唐古拉山、冈底斯山三大山系,跨越了金沙江、澜沧江、怒江、雅鲁藏布江等主要水系,受控于当地特殊的地质地理环境,是我国乃至世界上灾害最为严重的公路。川藏公路沿线自然地理、地质条件极差,地形、地质、水文、气候条件等不利因素交并组合,为地质灾害的形成和发展提供了有利的生成环境,且具有分布广、规模大、暴发频繁等特点。所经区域地形陡峻、构造运动强烈、岩体风化破碎严重,第四纪松散堆积物分布广而厚,给滑坡发育提供了有利的地形和物质条件。河纵坡大,谷窄水急、河道阻塞严重,多为易涨、易落河流,侧蚀作用强烈,加之降水影响,地下水富集而排泄不畅,引起滑面水头压力增大,抗滑能力减弱,故极易造成山体滑坡的发生和发展,且特点为数量多、规模大,对公路危害严重。

秦巴山区也是公路滑坡灾害最为密集的区域之一。由于秦岭、大巴山重峦叠嶂、沟谷纵横,地形起伏大、切割深,该区广泛出露志留系、泥盆系、石炭系薄—中厚层状浅变质岩系,受南北向构造挤压应力的作用,褶皱、断裂发育,强烈的风化作用沿岩层面、节理裂隙面进行,岩体破碎,第四系松散堆积层堆积于山麓或覆盖于山体鞍状地形凹陷部位。风化破碎带与堆积层之间常构成控滑结构面。再加上秦巴地区跨两个气候区,以秦岭为界,南部为亚热带湿润季风气候区,北部为暖温带大陆性季风气候区。南部四季分明,雨量充沛,多年平均降雨量为800~1700mm,特别是局部山区存在暴雨中心,年降雨量高达1500~2000mm,其中80%的降水集中在夏季。北部气候干旱,四季分明,年均降雨量为600~700mm,容易形成大型富水滑坡。同时近年来人口不断增长、人类工程活动加剧,受控于区内特殊的地形地貌、岩土体特性、地质构造与新构造运动、降雨条件、地下水特征及人类工程活动等因素,公路斩切坡脚等这些行为改变了原有山坡的形态,破坏了原有岩层的堆积,改变了岩石的承受力,更加剧了滑坡灾害的形成,使得滑坡的形成具有广泛性、多发性和严重性等特点,严重威胁和影响着区内公路建设及运营的安全。

一些“纯”土质滑坡,如黏性土滑坡和黄土滑坡,它们的分布地域与特殊性岩土的分布密切相关,与大地构造单元则没有直接关系。

膨胀土滑坡主要分布在一些内陆湖盆及与其毗邻的河流两岸和一些缓丘垅岗地区,如陕西的安康盆地、汉中盆地、牧马河沿岸，山西的太谷盆地、晋城盆地，四川的成都盆地，广西的百色盆地，鄂西的荆门—鸦鹊岭一带，鲁中南的各山间盆地及山麓地带等。广西是我国著名的膨胀土分布区，其中又以宁明盆地、百色盆地、南宁盆地最为典型和集中。1987 年在修建 G322 国道时，南宁市明秀东路至五塘 32km 范围内出现各种胀缩等级的膨胀土，公路施工中全路段的边坡滑坍给工程带来严重损失，该路段通车数年后，因膨胀土引起的路基病害还屡屡发生。云南也是膨胀土较为发育的地区，多条高速公路建在膨胀土分布区，如安石公路碧安段、昆河公路鸡街至蒙自和新哨至黄凉田段、G213 国道昭通至麻柳湾段、安(宁)楚(雄)高速公路羊老哨段和温泉至禄裱段、通建一级公路、昆曲高速公路、砚平至平远街高速公路平远街段等都不同程度地遇到膨胀土引起的路基破坏。位于华中的江汉盆地、南阳盆地，膨胀土更是广为分布，20 世纪 90 年代以来我国所修建的高速公路，如宜黄、汉十、襄荆、孝襄、荆宜、樊魏、南邓、叶舞、许平南、信南等多条高速公路以及河南平汝高速公路宝丰至汝州段、京珠主干线安新高速公路韩陵山路段上都发生了膨胀土滑坡问题，有的公路跨越膨胀土分布区的长度占全线总长的 2/3。膨胀土边坡破坏是公路膨胀土工程中最主要也是最为严重的工程病害，无论是路堤还是路堑均有发生。边坡破坏的类型主要有滑坡、滑塌、溜塌和冲蚀。路堤滑塌往往发生在路肩和基底部位，滑体一般长 20 ~ 50m，厚 2 ~ 5m。在膨胀路堑边坡的坡脚、土岩分界面、裂隙面或软弱结构层等部位容易引发滑塌，一般具有浅层性、牵引性、结构性、长期潜伏性、多次滑动的重复性且具有成群分布的特点。

黄土滑坡主要分布于黄河中、下游的甘肃、宁夏、内蒙古、陕西、山西、河南和河北等地，多发育在河谷台地斜坡，基底起伏的黄土丘陵斜坡及基底平缓的侵蚀堆积黄土源、梁、峁的边坡地带。

1.4 公路滑坡成因

公路滑坡的形成是其内在因素、外部因素或两种因素共同作用的结果。其内在因素主要为工程地质和水文地质条件，包括地形地貌、地层岩性、地质构造、地下水等，其中地层岩性、地质构造、地下水作用是主要的内部因素；外部因素也称诱发因素，包括自然因素和人为因素，其中自然因素包括大气降水、河水位升降、河岸冲刷、海浪冲蚀、地震等。在具备易滑地质条件情况下，公路滑坡能否发生与诱发因素息息相关，在实际公路工程建设活动中，降雨、边坡开挖、填方、坡顶堆载(或者车辆荷载)等都可能引起滑坡。

1.4.1 滑坡形成内因

1)地形地貌因素

地貌形态是地质体在漫长的地质历史演化进程中，受内外地质应力长期作用形成的表观形态。无论自然滑坡还是工程滑坡，产生滑坡的首要条件是具有临空面，然后在重力或水平力(地震)作用下，坡体内应力发生重新分布，致使滑体出现裂缝，最后向临空面方向滑移。

(1)现代发生的滑坡许多是由于古老滑坡的复活。古老滑坡有许多地貌特点可以确认，判断坡体是不是古老滑坡是推测其是否可能产生新生滑坡的重要手段。

(2)当路线沿江河峡谷中布设时，或因断层影响，或因岩性差异，有时会形成周围高、中间低的簸箕状缓坡地带，构成既利于地表水汇集下渗又利于地下水在某一部位聚集漫延的地形地质条件，而在缓坡上常堆积有一定厚度的崩坡积物，受地形、降水等影响极易产生堆积层滑坡。

(3)路线经过河曲凹岸冲刷部位易发生滑坡，尤其当凹岸部位分布有不耐冲刷的软弱岩层或土体时。

(4)山区河谷的缓坡段较易产生滑坡，有两种不同的情况：一是在较软弱岩层形成的缓坡段产生风化岩体沿未风化层的滑动；二是层状岩体向河谷缓倾形成的缓坡，可能产生顺层滑坡。

(5)由于高陡的黄土塬边缘存在极不利于坡体稳定的临空条件，且多数坡体因不利的水文地质条件，时常会发生大量黄土滑坡。

(6)经过矿区的路线，沿线若发现有塌陷地貌，比如宽度不等的地堑式塌陷裂缝，则应注意在临空位置产生滑坡的可能。

(7)在冻土地区修建公路时，因路堑开挖在山体坡脚位置形成临空面，而受季节性冻融作用和地下水下渗汇集，原有融冻泥流堆积覆盖层易产生滑动变形，并最终演化为滑坡。公路滑坡的地貌形态各异，尤其受自然作用或人为破坏的古滑坡、老滑坡，应从地形地貌上进行仔细判断。公路滑坡常见地貌形态如图1-11～图1-16所示。

a)

b)

图1-11 平溪村滑坡(损毁公路、挤压河道)

a)滑坡全貌；b)滑坡前缘倾斜树木及堆积的垮塌巨石

a)

b)

图1-12 平武郑家山滑坡(填平山谷、摧毁公路和民房)

a)滑坡全貌；b)滑坡体上搭建的救灾帐篷

a)

b)

图 1-13 丹巴县山体滑坡(截断公路)

a)泥石流引发山体滑坡(G302);b)滑坡造成公路下错

a)

b)

图 1-14 融冻泥流滑坡(G302 阿尔山段)

a)融冻泥流滑坡全貌;b)融冻泥流滑坡后缘与裂缝

a)

图 1-15

b)

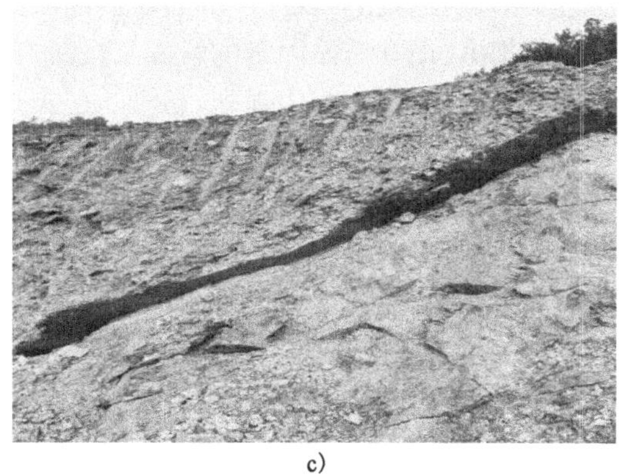

c)

图 1-15　正习高速公路 K105 + 245 ~ K105 + 445 顺层滑坡
a)边坡开挖导致滑坡;b)滑坡后缘裂缝;c)滑坡前缘剪出口

a)

b)

图 1-16　四川毛尔盖水库蓄水后坍岸(中断公路)
a)原公路损毁、续建隧道变形;b)原公路治理边坡二次损毁

2)地层岩性因素

地层岩性对滑坡的影响突出,不同时代、不同岩性的岩土构成了复杂多变的地层结构。如黏性土、膨胀土、黄土、堆积土、砂页岩、页岩、泥岩煤系地层和构造破碎带等软质岩(含极软岩类)均为易滑地层。此外,某些软硬岩的组合地层,如砂岩和炭质页岩组合、灰岩和泥岩组合、砂岩和泥灰岩组合等也易产生滑坡。

3)地质构造因素

在漫长的地质历史进程中,岩层经历了多次构造作用,形成了规模不一、性质不同、形态各异的褶皱和断裂。这些构造产物的形成对滑坡的产生具有显著影响,主要表现在以下几个方面。

(1)断层破碎带。

断层,尤其是大中型断层,是强烈构造作用的产物,伴生有宽度不等的断层破碎带。断层带中岩层产状紊乱,裂隙发育,岩体破碎,甚至呈角砾状和糜棱状,且常有不透水断层泥产生;

断层带下部多存有相对较完整的岩体。断层的结构特点有利于地表水渗透,地下水补给,或在某些部位集聚,而在诱发因素的触发下极易产生岩体滑动,形成破碎岩体滑坡。另外,由于断层带中岩体破碎,风化作用强烈,易沿断层带形成堆积层滑坡。

(2)褶曲。

在褶曲轴部,由于岩层变形剧烈、岩体非常破碎,在适宜条件下也易产生滑坡。例如,在向斜核部,上部为破碎泥页岩,下部为灰岩,当地下水向核部大量汇集时,坡体易沿软硬岩层面产生滑坡。

(3)单斜岩体顺层滑动。

褶皱带中的古老岩层均有发育的褶曲,大中型褶曲的一翼表现为单斜岩层。当岩层倾斜方向临空且岩层倾角适宜时,易发生顺层滑坡。

(4)贯通节理裂隙面。

在高山峡谷(V 型)地段,由于地壳长期运动,河谷持续快速下切,形成 V 型山谷。而靠近河谷的山体节理裂隙极其发育,若进行山体开挖、或河水冲刷坡脚,则极可能发生山体滑坡,且滑移面通常因山体内部卸荷裂隙(抗剪强度最低、最薄弱部位)相互贯通而形成。

4)水文地质条件因素

滑坡的发生与地下水作用关系紧密,即使水量稍小,但满足一定水文地质条件时,坡体同样会产生滑坡。

(1)坡体中存在相对不透水的隔水层,而其上覆岩土体则具有较好的渗透性。地表水下渗后会在隔水底板上聚集、漫延,造成隔水层附近的岩土体抗剪强度降低,使得上覆岩土体产生滑动。隔水底板常处于斜坡上线状泉水出露或线状湿地分布位置。堆积土滑坡、破碎岩质滑坡和岩质滑坡均具有该种水文地质条件,一些黄土滑坡也具有此类水文地质条件。

(2)土坡中存在含水层(如黏性土中的砂层、卵石层,黄土中的卵石层、礓石层等)时,含水层中的水可将上覆土体底部软化进入塑性区,造成覆盖土体滑动。如果含水层位于坡脚,且考虑坡脚应力集中影响,则产生滑坡的概率将会更高。黏性土滑坡和黄土滑坡多具有此类水文地质条件。

综上所述,影响滑坡形成的 4 个主要因素并不是孤立存在的,常常相互关联、相互影响、相辅相成。因此,在分析滑坡形成条件时,必须综合考虑各因素间的相互联系,系统地对滑坡进行研究分析。

1.4.2 滑坡形成外因

在适宜的地形地质条件下,公路沿线斜坡体的某一部分具备了产生滑坡的可能,但滑坡是否发生,仍需一些外在因素的推波助澜,这些外在因素统称为诱发因素。诱发因素主要有暴雨、连续降雨、河岸冲刷、河水位升降、地震、开挖坡脚、斜坡上部加载、爆破振动、生活用水渗透等。例如,阿尔及利亚东西高速某滑坡因生活污水随意散排,最终导致滑坡的形成,造成路基路面破坏。而在各种外部因素中,因降雨和边坡开挖产生的滑坡较多。

1)气候条件因素

(1)降水。

公路滑坡的发生与降雨量具有较强的关联性。在雨季或者经过持续性降雨,雨水下渗会使岩土体含水率增加、自重增大、强度降低。尤其在边坡覆盖层厚度较大的区域,持续性降雨、强降雨对公路边坡稳定性影响更大,而这些区域往往更容易发生滑坡。

黄土、湿陷性土和盐渍土地区在雨季或者出现持续降雨时,雨水首先在地表汇集,并沿土体裂隙下渗,易形成地表坑洞或者塌陷;而地下水持续汇集下渗,使得边坡土体局部饱和,形成贯通裂隙和滑移面。

(2)气温。

高海拔或北方冬季季节性冻融区,由于冬季气温降低,坡体中水分难以蒸发而冻结,使岩土体中的孔隙、节理等由于水体冻结膨胀而变大、变宽或进一步贯通。春融时冻结岩土体化冻,常常引起富水滑坡,这也是每年春融时节这些地区公路工程滑坡高发的主要原因。如我国川藏公路所处的高海拔地区,每年4、5月的春融期和7、8月的雨季都是滑坡灾害的高发期。

2)人类活动因素

人类活动因素包括坡脚开挖或者卸荷(含水库蓄、排水)等。如在山区修筑公路,因山体开挖或填方不当等引发滑坡,对公路工程建设和运营产生不良影响。

在山区或者重丘地区建设公路,由于路堑开挖形成的边坡高度一般较大,尤其岩质边坡高陡,坡率在1:0.5~1:0.8之间,若不加以支护,经常会发生崩塌或者滑坡。

自然条件下,斜坡一般处于稳定状态。而在公路建设中,斜坡开挖致使原始坡体内部平衡被打破,应力重新调整分布,最大主应力和最小主应力的方向和大小均发生变化或者偏转,坡脚位置出现应力集中现象,且当岩土体下滑剪应力超过抗剪强度时,坡体将会沿着原有发育节理裂隙面、裂缝逐渐联通,最终形成贯通滑移面演化成滑坡,如图1-17所示。

同样,库区所建公路一般位于最高水位线以上20m左右。库区蓄水后,岸坡岩土体逐渐饱和,其抗剪强度随之降低,进而影响斜坡上路基稳定性。而库区反复蓄、排水,受水压力、渗流等作用,岸坡内裂缝逐渐发育成贯通的裂缝,最终形成库区公路滑坡,如图1-18所示。

图1-17 坡脚开挖卸荷产生公路滑坡

图1-18 库水位升降诱发公路边坡垮塌

综上所述,公路滑坡是在内、外因素共同作用下产生的灾害现象,公路建设期和运营期皆有可能出现滑坡灾害。建设期间由于公路工程施工开挖,不可避免要破坏山体的平衡,出现工程滑坡。随着公路里程的增加以及高等级公路大规模向山区和生态脆弱、地质复杂、特殊岩土地区延伸,公路建设与自然环境的相互作用也愈发强烈,工程滑坡现象更为突出。另外,在公路建设期间,如果前期勘察设计工作深度不够,对老滑坡和潜在滑坡认识不足,工程施工也可能诱发老滑坡复活或造成处于极限平衡的山体发生滑坡。

公路运营期间出现滑坡灾害主要有三方面原因：一是先天性缺陷等“基因问题”，如部分公路建设历史久远，受当时资金、技术水平和建设标准限制，对滑坡滑动机理认识不深，防治工程强度有限，在公路运营期间发生滑动；二是公路工程全生命周期内的“慢性病问题”，主要为在全生命周期内环境变化造成支挡防护工程结构老化降低了防护功能，公路边坡发生滑坡；三是突发性灾害造成的“急性病问题”，如地震、暴雨等造成的滑坡灾害。近年来，极端气候条件和重特大自然灾害频繁出现，往往是一次天气过程或一次特大灾害现象，就能够造成较大范围的次生灾害。

公路滑坡成因复杂，只有在确定滑坡工程地质特征基础上，对滑坡形成内、外因素及其之间的关系进行分析，厘清主要因素和次要因素，才可能结合公路工程，因势利导，减小滑坡对工程的危害。另外，由于某些内外因素之间联系非常密切，甚至影响程度会发生转换，因此应重点关注各因素间的转换关系。

1.5 公路滑坡危害

公路滑坡发生后，危害巨大。建设期间滑坡的危害主要表现为影响工程建设人员的安全，拖延工程建设的工期，增加工程造价。例如，福建省福宁高速公路，位于闽东滨海丘陵区，沿线地层以花岗岩及凝灰熔岩为主，地形起伏大，2002 年工程建设期间，大量不稳定的路堑边坡开挖后发生变形引发滑坡，其中在八尺门互通路段，沿路线宽约 500m、纵长约 200 ~ 300m 的古滑坡群发生复活，治理费用约 5000 万元。山西大同—运城高速公路新光武至原平段公路穿越恒山山脉南段，区域地层主要为五台群变质岩和古生界寒武系碳酸盐岩、碎屑岩，由于断裂构造发育，且受多次构造运动重复作用，岩体褶皱、节理裂隙较为发育，导致岩体破碎，风化强烈。2003 年在新庄特大桥施工过程中，由于两个桥台分别布设在老滑坡中前部周界外的沟坡，中墩处于滑体中前部，为平整预制场地，开挖了滑体前部，诱发老滑坡局部复活，后期设置了两排抗滑桩进行支挡 ，同时采用后部削方减载、泄水隧洞等综合治理措施，治理费用约 2500 万元。2003 年 5 月 11 日，贵州省三穗县台烈镇宏头村三穗至凯里高速公路正在施工的平溪特大桥 3 号墩附近发生山体滑坡，滑体总方量约 20 余万立方米，其中右侧部分约 3 万立方米滑体掩埋了施工项目经理部一栋工棚，造成棚内 35 人死亡。重庆奉节至巫溪高速公路全长 46. 4km，于 2009 年 10 月开工建设，2013 年建成通车。该项目地处四川盆地东部边缘，大巴山前缘，鄂西山地的接壤地带，区内地形切割强烈，山峦起伏，沟壑纵横，工程地质条件极其复杂。公路沿线滑坡、危岩体、崩塌、泥石流等地质灾害密集分布，全线先后针对近 60 处地质灾害进行了治理，地质灾害治理长度逾 15km，公路沿线地质灾害治理长度超过全线路基长度，素有“重庆最难高速”之称，其中滑坡治理长度占比约 70% 。

公路运营期间，滑坡对公路的危害主要体现在以下两个方面：一是毁坏公路设施，造成公路断通；二是影响公路使用功能，造成车毁人亡。2009 年 8 月 6 日，汉源县顺河乡境内省道 306 线 K73 + 50 ~ + 347 段公路内侧边坡发生一起重大高位崩滑灾害，造成 2 人死亡，29 人失踪，18 人受伤(其中重伤 10 人)，直接经济损失 1. 3 亿元。2015 年 1 月 4 日，遵赤高速公路习水境内二郎段发生边坡滑坡(图 1-19)，造成 1 台车辆被埋，车内 3 人死亡，同时双向交通中断。2016 年 3 月 8 日，乐山市交通委员会一行 7 人实地踏勘峨(边)马(边)公路，突然遭遇山体垮塌滑坡，垮塌岩体方量约为 160m^3，所乘 2 辆越野车均被垮塌岩体掩埋，7 名同志不幸全部遇难(图 1-20)。

图 1-19　遵赤高速公路习水境内二郎段发生边坡塌方

图 1-20　马边县 103 省道 K326 + 400m 处突遇山体垮塌

滑坡灾害损失既与滑坡规模、强度和区域环境等因素有关，还与公路等级、交通量、建设时期的科技水平和条件、防灾措施和应急抢险等工作有关。据不完全统计，近十年来，我国公路基础设施每年因滑坡灾害造成的直接经济损失达数亿元，同时由于交通中断也引起巨大的间接经济损失。2015 年 9 月 30 日，国道 213 线四川省茂县七星关段发生崩塌滑坡(图 1-21)，造成道路中断。该公路作为通往九寨、黄龙沿线的交通生命线工程，据当地政府统计，至 2016 年 4 月上旬通车，断通造成间接经济损失约 15 亿元。

2008 年 7 月 25 日，中国与尼泊尔经贸往来的“黄金通道”——中尼公路，发生自 1965 年建成通车以来最大的一次山体滑坡(滑体方量 34 × $10^4 m^3$)，造成 400 多辆汽车受阻，公路断通达一月之久，如图 1-22 所示。

图 1-21　国道 213 线四川茂县七星关滑坡

图 1-22　中尼公路滑坡

国际上，尤其是“一带一路”沿线国家，因滑坡灾害造成的公路路产损失也非常大。“中巴经济走廊”纵深约 3000km，从我国喀什到巴基斯坦瓜达尔港，跨越青藏高原西缘、印度河平原和南部沙漠，穿过喜马拉雅山脉、喀喇昆仑山脉和兴都库什山脉三个地球上最年轻山系交汇区，处于印度洋板块与亚欧板块相互作用的地质构造活跃带和印度洋季风与西风交互作用的气候变化敏感区。特殊的地质环境、剧烈的气候变化和极端天气事件，使得该区域成为地震、滑坡、洪涝、泥石流、崩塌、冰崩、堰塞湖等自然灾害的活跃区和生态环境脆弱区。2010 年 1 月，巴基斯坦北部吉尔吉特附近的阿塔巴德村突遇巨型山体滑坡，阻断罕萨河，形成了巨大的堰塞湖，吞噬了难以计数的村庄、果园和农田，淹没了19km的在建喀喇昆仑中巴友谊公路，造成该地区交通中断长达4年之久。

尼泊尔位于南亚，受山地地形制约，在季风季节，尼泊尔路网易受到滑坡的破坏和影响。2015年4月25日尼泊尔发生8.1级地震后，交通基础设施遭受严重破坏，地震松动了公路沿线边坡，破坏了边坡的防护工程和防排水结构，致使路基路面出现裂缝破损。大约32%的国道网、68%的农村生命线道路设施遭受破坏，交通设施经济损失高达2.21亿美元，修复重建费用需2.82亿美元。

第2章 公路滑坡防治技术

截至2020年底,我国公路总里程已经达到519.81万km,公路密度已经达到54.15km/100km^2,基本形成布局合理、层次分明、干支协调、衔接顺畅的公路网络。路网密度的增大,道路所在环境的复杂性增强,公路遭受滑坡灾害的威胁必然增多。另外,公路建设不同时期有不同的设计理念与建设目标,早期公路建设受投资控制和标准限制,滑坡灾害常采用保通通过,客观上增加了公路滑坡灾害的存量,历史存在一定欠账。近年来,交通强国建设的新要求、科学技术的新进步,为公路滑坡防治带来了新契机。立足公路全生命周期过程理论,在北斗卫星、大数据、物联网、无人机等信息技术的应用下,公路滑坡防治技术取得了快速发展,进入了以综合勘察+智能感知的信息技术为基础、主动治理、精准防治的新阶段。

2.1 滑坡防治技术发展历程

我国公路滑坡防治技术经历了从无到有,从小到大,由浅入深,变被动治理为主动防治的发展过程,大体分为三个阶段。

1)简易治理,临时保通阶段

20世纪50年代至80年代中期,随着我国国民经济的恢复和发展,迫切要求公路快速发展。受限于当时国家经济技术水平,公路滑坡防治工程是被作为公路主体工程的辅助工程对待的,滑坡防治主要采用截排水工程和干砌挡墙、石笼、木笼挡墙等简易工程,保障公路临时通行或季节性通行为主。在此期间,我国交通部门逐步接触到滑坡灾害防治难题,认识到加强公路地质工作的重要性,开始认真总结滑坡防治经验教训,开展公路滑坡发生发展规律及有效防治措施的研究,特别是学习借鉴铁路系统在铁路建设运营中防治滑坡的工程经验,如钢筋混凝土抗滑桩和垂直钻孔群排水工程技术等,为后期防治滑坡积累了技术基础。

2)被动治理,综合防治阶段

20世纪80年代后期至21世纪10年代中期,随着我国经济的发展,尤其20世纪90年代后,国家大规模开展公路建设,公路工程活动影响广度、深度、规模和速度增大,山区公路建设中发生了大量滑坡灾害。同时,运营公路由于滑坡灾害也形成了大量"卡脖子"路段,交通运输部开始重视滑坡防治工作。

首先,交通运输部高度重视公路地质灾害科学技术研究,充分发挥科技对防灾减灾工程的支撑保障作用,组织开展了数十项公路地质灾害相关课题研究,深入探索公路地质灾害形成机理,完善灾害评估和监测预警技术体系,地质灾害防治技术水平明显提高。中交第一公路勘察设计研究院有限公司联合重庆交通科研设计院、长安大学开展了公路边坡加固技术推广及应用示范研究,从公路边坡破坏类型预测和稳定性评价、边坡加固措施适用条件及效果评估以及示范工程的应用等方面提出了公路边坡加固技术指南。贵州省交通规划勘察设计研究院组织开展了西部地区公路地质灾害监测预报技术研究项目,研究了我国西部地区公路地质灾害的分类与区划,西部地区公路滑坡、崩塌监测预报技术,西部地区公路泥石流监测预报技术和基于GIS的公路滑坡、崩塌与泥石流监测预报系统集成4个方面关键技术;提出了西部地区公路地质灾害危险性区划和分段的基本理论和方法,建立了危险性评价的多态系统,实现了滑坡自动监测和数据远程传输,提出了灾害监测预报工作程序和技术要求,并开发了基于GIS的公路地质灾害监测预报系统平台。中科院成都山地所开展了国道G317线西藏公路边坡病害超前诊断及处治技术研究,对潜在灾害的判识提出了相应的标准和防治方法;开展了震后公路边坡崩塌灾害防治对策研究,对崩塌灾害提出了防治对策。另外,相关单位还开展了西部公路交通抗灾抢险辅助决策支持系统研究和应用研究,基于遥感影像的公路灾情分析和信息提取技术,开展公路交通抗灾抢险信息体系建设,最终建立了公路交通抢险辅助决策支持模型和支持系统。

其次,交通运输部大力提倡"地质选线,环保选线"的新理念,在路网规划和可行性研究阶段,加强对路线走廊带的地质灾害风险评估,大力提倡地质选线的新理念,从源头上发现地质灾害,严格设计审批,把好公路地质灾害防治源头。在公路运营期间,交通运输部坚持将公路地质灾害防治与日常养护管理工作紧密结合,总结规律,制订措施,着力构建公路地质灾害防治的长效机制。建立了初步公路地质灾害普查制度,启动了干线公路灾害防治工程,采取先试点后推开和典型示范工程的方式,在国省干线地质灾害频发路段,增设和完善公路灾害防护设施,采用工程措施,对公路边坡、路基、桥梁的构造和排(防)水设施进行综合处治。"十一五"和"十二五"期间,全国公路系统在地质灾害防治方面投入大量人力物力,累计分别处治公路灾害路段10283km和19000km,路网安全运行水平明显提升。

第三,交通技术人员在滑坡防治实践基础上认真总结,公路滑坡防治技术取得了较大的发展,主要防治措施包括工程绕避、工程防护、截排水等措施,绕避主要针对规模较大的大型滑坡(群),采用调整路线或改设桥隧方案绕避通过。滑坡工程防护主要采用"砍头""固脚"和"捆腰"三项措施,"砍头"是用爆破、开挖等手段削减滑坡上部的重力;"固脚"是对滑坡体下部或前缘填方反压或支挡加固,加大坡脚的抗滑阻力;"捆腰"则是利用锚固、支挡、灌浆等手段锁定加固下滑山体,包括采用各种形式的抗滑桩、预应力锚索和预应力抗滑桩、抗滑明洞等工程,或采用灌浆、电化学加固、焙烧等方法以改变滑带岩土的性质来进行加固,增大滑面的抗滑力。滑坡截排水措施主要包括拦截和旁引可能流入滑坡体内的地表水和地下水;采用排水沟、盲沟、排水隧洞等措施排出滑坡体内的地表水和地下水;对必须穿过滑坡区的引水或排水工程做严格的防渗漏处理;防止地表水对坡脚的冲刷等。

客观上,在以上相关政策、资金、研究和防治工程的支持下,我国公路滑坡灾害发生率大幅降低,易发、多发势头得到有效遏制,公路滑坡防治能力明显增强,进入了综合治理阶段。但是,毕竟国家财力有限,该阶段公路滑坡灾害的防治主要是针对影响公路建设和运营且正在变形的滑坡灾害,仍属于被动治理阶段。

3)综合信息,科学防控阶段

21 世纪 10 年代中期以来,为全面实施创新驱动发展战略,深化科技体制改革,加强行业创新体系建设,交通运输部组织开展"公路重大地质灾害监测与控制技术政策研究"等十大交通运输重大技术方向和技术政策研究。通过研究,要求提高地质灾害风险识别和管控的能力,从源头上持续降低公路地质灾害风险;提高与灾害共存的能力,从工程措施上有效防御公路地质灾害风险,最大限度降低巨灾影响;提高有效抚平灾害创伤的能力,从灾后重建上推进恢复并适当超过灾前水平。

2019 年 9 月 19 日,中共中央、国务院印发了《交通强国建设纲要》,提出构建安全、便捷、高效、绿色、经济的现代化综合交通体系,打造一流设施、一流技术、一流管理、一流服务,建成人民满意、保障有力、世界前列的交通强国。《交通强国建设纲要》指出,要大力发展智慧交通。推动大数据、互联网、人工智能、区块链、超级计算等新技术与交通行业深度融合。推进数据资源赋能交通发展,加速交通基础设施网、运输服务网、能源网与信息网络融合发展,构建泛在先进的交通信息基础设施,构建综合交通大数据中心体系,深化交通公共服务和电子政务发展。推进北斗卫星导航系统应用。加强交通信息基础设施安全保护。完善支撑保障体系,加强安全设施建设。建立自然灾害交通防治体系,提高交通防灾抗灾能力。

2020 年 8 月 3 日,为贯彻落实党中央、国务院决策部署,加快建设交通强国,推动交通运输领域新型基础设施建设,交通运输部发布了《交通运输部关于推动交通运输领域新型基础设施建设的指导意见》,要求推动先进信息技术应用,逐步提升公路基础设施规划、设计、建造、养护、运行管理等全要素、全周期数字化水平。推动公路感知网络与基础设施同步规划、同步建设,在重点路段实现全天候、多要素的状态感知。应用智能视频分析等技术,建设监测、调度、管控、应急、服务一体的智慧路网云控平台。依托重要运输通道,推进智慧公路示范区建设。鼓励应用公路智能养护设施设备,提升在役交通基础设施检查、检测、监测、评估、风险预警以及养护决策、作业的快速化、自动化、智能化水平,提升重点基础设施自然灾害风险防控能力,建设集态势感知、风险预警、应急处置和联动指挥为一体的网络安全支撑平台,加强信息共享、协同联动,形成多层级的纵深防御、主动防护、综合防范体系,加强威胁风险预警研判,建立风险评估体系。推进交通基础设施长期性能观测网建设,试点开展长期性能观测,加强基础设施运行状态监测和运行规律分析,支撑一流设施建设与维护。

交通强国建设的新要求,北斗卫星、大数据、物联网等信息技术的发展和综合应用,公路全生命周期过程理论和滑坡调查评价、监测预警、综合治理、应急防治 4 大体系的建设为公路滑坡防治提供了新的解决思路和办法,滑坡防治进入了综合信息、科学防控新阶段。围绕新时期

《交通强国建设纲要》及《交通运输部关于推动交通运输领域新型基础设施建设的指导意见》，公路滑坡防治技术应立足建设一个公路滑坡智能感知网络，加快发展快速、轻型、模块化防治技术及装备研发，打造安全、绿色、智能的全生命周期公路滑坡精准防治体系。

当然，为实现公路滑坡综合信息、智能感知、主动治理、精准防治的要求，需要公路技术人员实现对公路滑坡灾害基础理论突破、管理技术突破，应用技术突破和应急装备开发突破。在基础理论方面，需要开展公路重大滑坡灾害和灾害链孕育发生与成灾机理研究、内外应力作用下公路大型滑坡灾害动力演进过程的定量预测技术、基于时间尺度的潜在公路滑坡灾害定量评价技术等相关研究，为公路滑坡防治奠定理论基础。在管理技术方面，需要构建公路灾害综合信息管理平台，打造公路滑坡灾害“一个库”（滑坡灾害数据库）、“一幅图”（滑坡灾害风险区划图）、“一张网”（滑坡灾害风险分级管控网），实现基于互联网、物联网和大数据的公路滑坡管理体系和决策机制。在应用技术和装备方面，需要开展轻型、快速、模块化治理技术和快速应急抢险装备研发。总之，未来还有很长的路要走。

2.2 滑坡勘察

滑坡勘察的目的是为滑坡灾害防治提供依据。勘察任务首先是以现有的各种工程勘察方法（如地质调绘、钻探、物探、原位测试、室内试验等）和工程监测为手段，尽可能客观、全面揭露和反映滑坡所在的工程地质条件、水文地质条件和滑坡各个部位（如滑床、滑移面、滑体、前缘和侧缘等）的工程力学性质。其次，查明滑坡的形成机制、诱发因素、变形破坏现状和危害程度，为防治施工提供详尽的工程地质与水文地质资料和岩土物理力学参数。最后，计算并评价滑坡的稳定性及其演化发展趋势，对防治工程提出建议。

滑坡勘察不同于一般的岩土工程勘察，以调查滑坡区域的自然地理条件和区域地质条件为基础，围绕滑坡防治设计这条主线开展工作，以取得真实、全面、完整、有效的岩土工程参数为目标，最终建立滑坡区地质模型。其特点主要有以下几方面：

(1)滑坡调查是认识滑坡最重要、最基础的工作，要重视地质环境条件的调查，并从条件中寻找滑坡的形成演化过程和主要的作用因素。

(2)充分认识滑坡的地质结构，从其结构出发研究稳定性。

(3)重视变形原因的分析，并与外界诱发因素相联系，研究主要诱发因素作用的特点与强度（灵敏度）。

(4)稳定性评价和防治设计参数具有不唯一性，常表现为较强的离散性，一般根据滑坡的个体特点与作用因素综合确定，进行多状态模拟计算。

(5)由于滑坡空间分布状态的不均一性和岩土体强度的离散性，勘察外业结束不等于勘察工作结束，后续工作如监测或施工开挖时往往可以补充或修正勘察阶段的认识。

(6)勘察方法的选择注重调查应用经验与技巧，寻求以最少的工作量和最低的投资，获得最佳的勘察效果。

(7)勘察工作量确定的最基本原则是能够查明滑坡体的形态结构特征和变形破坏的作用因素，满足稳定性评价对有关参数的需求，而不应局限于满足勘察技术规程。

公路滑坡勘察时，除了具有上述特点外，还需特别注意坡脚卸荷、集中降雨（持续降雨）和地下水汇集等与滑坡发生关系密切的诱发因素的调查和分析，尤其要注意公路建设及其与滑坡灾害的互馈作用，明确公路建设开挖、加载、弃渣等人类活动对边坡的扰动及带来的后果。

2.2.1　勘察方法

滑坡勘察常规方法有工程地质调绘、工程地质勘探（挖探、钻探、物探）、原位测试及室内试验等，也可考虑遥感影像、现场监测等手段。

1）工程地质调绘

公路滑坡勘察首先进行工程地质调绘，主要包括诱发滑坡的内因、外因调查。滑坡内因包括地层岩性、地质构造、地形地貌、水文地质等。

（1）地层岩性调绘。

通过对滑坡区典型地质剖面、基岩露头（可结合挖探和槽探）调绘，大致掌握滑坡区岩土组合和分布关系，并根据岩性判断地层是否属于易滑岩组。土质滑坡需查明堆积体成因、岩性、颗粒成分、结构特征、潮湿程度、密实程度、软弱夹层等；岩质滑坡需查明岩体结构与产状、软硬岩组合与分布、岩石风化、破碎程度、卸荷带、破碎带、软弱结构面、层间错动带在坡体上的展布特征及其含水状态等。

（2）地质构造调绘。

地质构造调绘应调绘区内各类结构面，包括褶皱、断层、节理、劈理等的性质、产状、组合延伸状况、发育程度等。一般沿断层破碎带、结构面、顺倾向层面、向斜核部等易发生滑坡。

（3）地形地貌调绘。

地形地貌调绘主要调查滑坡周界、裂缝、擦痕、台阶、滑壁、鼓丘、洼地等特征要素的分布位置和发育情况。在斜坡上，滑坡常造成环谷地貌（如圈椅、马蹄状等地形），或使斜坡上出现异常台阶、坡脚侵占河床（河床凹岸稍微突出或有残留大孤石）等现象。滑体上有鼻状凸丘或多级平台，其高程和特征与外围阶地不同；滑体两侧常形成沟谷，出现“双沟同源”现象。此外，在滑体上还可能出现积水洼地、地面裂缝、醉汉林、马刀树、房屋倾斜和开裂等。

（4）水文地质调绘。

水文地质调绘主要调查滑坡区内地表沟系发育特征、径流条件，地表水、地下水与大气降水的关系；井、泉、水塘、湿地的位置、类型、水位、流量及季节性变化情况；含水层、隔水层的位置、性质、厚度；地下水的水位、水质、水温及其变化，流向、补给、径流和排泄条件等。

（5）滑坡外在因素调查。

滑坡外在因素调查主要调查大气降水（包括平均和最大年降水量、雨季月份、雨季降水量、最高日降水量等）、工农业用水、生活用水及其他水源的渗透、补给情况；滑坡坡脚开挖历史、开挖时间及土石方数量；滑坡体中上部是否存在各种堆积加载；滑坡前缘有无河水冲刷，洪水位高程、水流方向、冲刷位置及洪水水位下降速度等；斜坡植被覆盖状况及历年变化情况；地震烈度及滑坡体是否曾受到或可能受到地震及较强烈爆破震动影响；区内有无人为活动堵塞或改变地下水的排泄通道等。

2）工程地质勘探

（1）物探。

我国自20世纪50年代开始在滑坡勘察中应用物探方法。物探是滑坡勘察的一种重要勘探方法,具有适用范围广、设备轻便、效率高和成本低等特点。对于公路滑坡,在地貌和地质调查测绘下以物探为主,辅以少量钻孔,可查明滑坡的基本条件,物探后再开展少量钻探及挖探工作使勘察满足设计要求,可以达到节省费用、缩短工作周期的目的。

物探常用方法为电法(电测深最为典型),而地震勘探由于难以查清滑坡含水状态和安全问题使用不多,浅层折射法则因能量太小也得不到理想效果。在探测滑坡地下水方面,除电测深以外,还可采用其他物探新技术和新方法。

(2)钻探。

钻探是滑坡勘察的主要手段之一,是对调查判断的验证和补充。重点是查明地层岩性,滑面特征、位置和形状,地下水的分布、涌水量、补给与排泄通道等信息。

①钻孔的布置原则与孔深要求。

在工程地质调绘和物探的基础上,根据滑坡的类型、规模、复杂程度,结合路线及整治工程设计确定钻孔数量和位置,尽量沿滑坡主滑方向纵横向布置勘探线。当滑坡规模大、性质复杂时,钻孔布置还要考虑滑坡的级块划分、滑坡稳定性及防治设计等因素。

根据滑坡规模在滑坡体上布置1~3条甚至更多纵向勘探断面,运动速度和推力最大的主断面一般需要布置勘探断面。横断面则考虑靠近滑坡出口部位,结合可能的防护工程布置情况,具体查明滑坡出口段的地质信息。钻孔深度一般要深入最深滑面以下稳定地层3~5m,且考虑滑坡支挡结构设计计算需要,有必要时适当加深钻孔。滑坡体外围,尤其是滑坡后缘适宜部位布置的勘探点,可以达到对比滑体内外的地层结构及状态的目的,有利于正确评价滑坡发展趋势,为滑坡防治设计提供依据。

②钻探注意事项。

滑动面(带)的鉴定:滑带土具有潮湿饱水或含水率较高或显著扰动等特点,较松软,颜色和成分较杂,常具滑动形成的揉皱或微斜层理、镜面和擦痕,所含角砾、碎屑具有磨光现象,条状、片状碎石有错断的新鲜断口。

钻进过程注意钻进速度及感觉的变化,量测缩孔、掉块、漏水,套管变形的部位,同时注意地下水位的观测。这对确定滑动面(带)意义很大。采用干钻或无泵反循环、双层岩芯管钻进,在滑动面(带)及其上下5m的范围建议采用干钻或双管单动钻进技术。

3)原位测试与室内试验

原位测试是滑坡勘察的一种重要手段,在探测地层分布、测定岩土特性、确定地基承载力等方面有突出的优点。必要时,滑坡勘察过程中可开展原位剪切试验或其他原位测试工作。

取原状土样进行室内试验,当无法采取原状土样时,可取保持天然含水率的扰动土样。物理性质试验项目主要包括:天然重度,比重,天然含水率,塑限、液限,颗粒组成、矿物成分及微观结构等。滑动面(带)岩土体的抗剪强度指标选择:根据滑坡所处变形滑动阶段、岩土性质、含水状态和工程要求,可以选择快剪、固结快剪、浸水饱和剪、不同含水率下抗剪强度和残余强度试验、岩体饱和强度试验等。

2.2.2 勘察阶段划分及要求

公路滑坡勘察一般根据公路建设程序的要求划分勘察阶段,即可行性研究阶段地质勘察(预可勘察、工可勘察)、初步勘察、详细勘察。从滑坡自身发展规律(如地质、成因、规模、作用范围、稳定程度、发展趋势等）和滑坡对公路的危害程度两个方面综合考虑滑坡勘察工作要求。

1）预可勘察

预可阶段勘察主要是为了了解公路建设区域的工程地质条件及存在的工程地质问题，主要采用资料分析、遥感解译、踏勘调查等方法进行滑坡勘察，按照1∶100000～1∶50000的比例尺对路线走廊带或通道的工程地质条件进行地质调绘，强调对滑坡群区或个别大型滑坡收集概略的滑坡定性资料。

2）工可勘察

为了初步查明公路沿线工程地质条件及对公路建设有影响的工程地质问题，以收集资料、工程地质调绘为主，并辅以必要的勘探手段，按照1∶50000～1∶10000的比例尺对路线走廊带或通道的工程地质条件进行地质调绘，对于控制路线及工程方案的滑坡地段进行适当的工程地质勘探。

3）初步勘察

初测阶段对大中型滑坡收集滑坡定性的勘察资料，为局部线路方案比选、线路经过滑坡何部位、防治工程措施比选提供依据，必要时可以布置监测工作，收集滑坡定量资料。

初步勘察阶段一般在工程地质调绘的基础上，根据滑坡类型、规模、复杂程度，结合路线及防治设计要求采用物探、挖探、钻探等进行滑坡综合勘探。工程地质调绘比例尺1∶2000，每条勘探断面一般不少于2个勘探点（钻孔或探坑）。当难以判明滑坡稳定性时，可以考虑增加滑坡监测措施。

4）详细勘察

滑坡详细勘察是在复核初勘工程地质调绘资料的基础上进行的，需要对大中小滑坡收集定量的勘察资料、工程措施方案比选地质资料、工程设计所需地质资料，必要时增加推荐方案监测设计，以便在施工和运营过程中核对工程效果；结合滑坡防治设计进行1∶2000～1∶500补充工程地质调绘。在充分利用初勘资料、补充工程地质调绘的基础上，结合滑坡分级、分块、分层及防治工程设计方案，确定勘探点数量和位置。当难以判明滑坡稳定性或滑面特征时，可辅以滑坡监测措施。

2.3　滑坡监测

滑坡灾变是一个动态变化和发展的过程，监视和观测滑坡在其孕育、发展和灾变全过程中的各种特征因素和参量，称为滑坡监测。滑坡监测不仅可以帮助工程技术人员更加准确获知滑坡的变形发展阶段、变形大小、速度和发展趋势，可靠地认识和把握滑坡性质和规模，而且可以作为滑坡稳定性评价和滑坡灾害预警预报的基础和依据，成为工程建设安全的重要保障因素。

2.3.1　监测方法

滑坡监测广义上分为简易监测和专业监测两大类。

简易监测主要为地表裂缝监测及结构物裂缝监测。地表裂缝监测可以采用埋桩法、埋钉法、标尺法、贴片法及上漆法等，也可以通过在边坡坡面上浇筑水泥条、刻画十字线等简易标志来观测。结构物裂缝监测通过在坡面结构物、排水沟、挡墙、护面墙及抗滑桩等结构物的裂缝处贴片或上漆进行观测。

滑坡专业监测可以根据监测内容及监测环境条件等因素按表 2-1 选定，数据采集与传输根据具体情况可以采用人工采集或自动采集。

滑坡专业监测 表 2-1

监测内容		监测方法	监测设备	设备图
地表位移	地表绝对位移	GNSS 法	GPS、北斗	
		测量机器人法	全站仪	
	地表相对位移	拉线式位移监测	拉线式位移计	
		裂缝计测量法	裂缝计	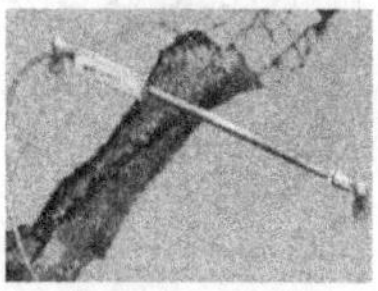
		沉降仪	沉降仪	
		三维激光扫描	激光测距仪	

续上表

监测内容		监测方法	监测设备	设备图
深部位移		钻孔测斜仪法	固定式测斜仪	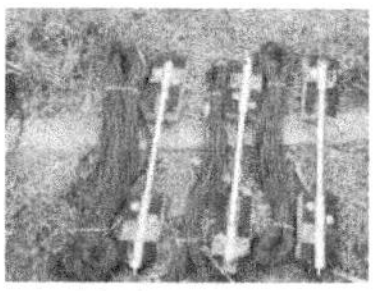
			活动式测斜仪	
支挡结构应力应变		锚索应力监测	锚索应力计	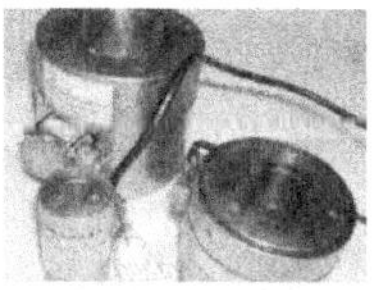
		混凝土应力监测	混凝土应力计	
		光纤监测	分布式光纤	
影响因素	气象	降雨历时及降雨量监测	气象观测站	
	地下水	地下水位监测	水位计	
宏观前兆		人工巡查		

专业监测精度一般受监测级别、监测项目、变形速率、监测方法等因素影响，可参照表2-2选用。当监测项目精度有特殊要求时，可另行确定。

滑坡监测精度　表2-2

监测内容		监测精度
地表位移	地表绝对位移	点位误差的观测精度应满足最弱相邻边长相对中误差1/100000，高程误差的观测精度应控制在±2mm以内
	地表相对位移	裂缝监测精度0.1～1mm，沉降监测精度不低于0.1mm
深部位移		系统精度不宜低于±0.25mm/m，分辨率不宜低于±0.02mm/500mm
支挡结构应力应变		精度不低于±0.5%FS，分辨率不宜低于±0.5%FS
气象		监测精度不低于±1mm
地下水		监测精度不低于±5mm

2.3.2 监测点布置

滑坡监测网型一般可以选用十字型、方格型、三角型（或放射型）等，也可以同时采用两种网型。监测点布置原则如下：

(1)根据滑坡地形地貌、工程地质条件和主体防治工程方案，合理布设滑坡监测断面。监测断面一般沿滑坡主滑方向布设，主滑断面及两侧各布置1～3个监测断面。

(2)规模大、性质复杂的滑坡按变形分区进行稳定性评价与治理工程设计时，根据分区布设监测断面，每个分区监测断面一般不少于1个。

(3)在监测断面上，滑坡后缘之外的稳定地段、后缘牵引段、主滑段、前缘抗滑段、支挡结构物、路基或桥隧构造物等一般都需要布置监测点，其中主滑段监测点一般不少于2个。

(4)预应力锚索应力监测点数量一般不少于锚索总数的5%，且不少于3根。

(5)需要设置水文观测孔监测地下水、渗水和降雨对滑坡稳定的影响时，每个监测断面上观测孔的设置一般不少于2个。

(6)深部位移监测深度一般深入滑动面以下不小于5m。

(7)利用固定物作为绝对位移监测点位时，避免选在滑坡体或斜坡变形体、临空陡崖和被深大裂缝切割的岩块上，以消除卸载变形和局部变形的影响。

综合考虑监测阶段、监测内容、监测对象、监测方法、数据采集方式、监测地质环境等因素确定滑坡监测频率，以能反映所监测滑坡体重要变化过程及典型变化阶段为主要目的，监测频率的选择可参考表2-3。

滑坡监测频率　表2-3

监测阶段		监测频率
运营期长期监测		≥2次/月
应急抢险监测	匀速变形阶段	≥4次/d
	加速变形阶段	≥8次/d
	临滑阶段	连续监测
施工安全监测		≥1次/d
防治效果监测		≥1次/周

当监测数据变化较大或速率加快、监测数据达到或超出报警值、支挡结构突发较大或严重开裂或明显倾斜等变形破坏、汛期或强降雨等不利天气、地震、坡体已有明显沉降开裂等变形

现象时,应适当加密观测。

2.3.3 监测数据分析

专业监测数据处理与分析有以下要求:①及时编录、整理、统计分析监测资料;②及时确定位移量、位移方向、位移速率,以及滑坡滑动面位置、主滑断面、主滑方向,分析诱发滑动的主要因素,判断滑坡所处的变形阶段;③根据监测数据和变形迹象进行综合分析,判断滑坡的稳定状态,预测预报滑坡险情,提出相应的建议;④根据各项监测成果,综合分析滑坡的活动特征和发展趋势,及时提交阶段成果与总报告。

2.4 滑坡分析与评价

滑坡稳定状态的准确评价是防治设计合理可靠的前提,一般采用综合分析方法。一是定性分析,二是定量分析。定性分析是前提,定量分析是验证。只有在正确的定性分析基础上进行定量分析,科学、合理运用综合分析方法,才能做出准确的滑坡稳定性评价,进而正确设计防治工程。滑坡稳定性评价首先进行现场调查、宏观判断、定性分析,然后通过勘察、室内试验等工作定量分析判断,最后结合气象条件、公路后续运营条件及地震工况等对滑坡稳定性进行全方位的预测和风险评估,分析造成滑坡破坏的主要因素和诱发因素,并提出相应的治理措施和建议。

滑坡稳定性评价包括两个方面:一是对与拟建公路有关的天然斜坡、人工边坡的稳定性和演化趋势做出分析、评价及预测;二是为滑坡、边坡治理提供可靠的设计依据。滑坡稳定性评价方法可分为定性类方法、定量类方法和非确定性方法。定性类方法主要有过程机制分析法和工程地质类比法;定量类方法主要有刚体极限平衡法和有限元等数值分析法等理论计算分析法;非确定性方法主要有可靠度法及与计算智能相结合的智能分析方法等新方法。本书仅就工程地质类比法、理论计算分析法做简要介绍。

2.4.1 工程地质类比法

工程地质类比法与过程机制分析法同属于滑坡稳定性分析评价的定性分析方法。过程机制分析法的实质是以滑坡(斜坡)的变形发育及形成的基本条件和破坏规律为前提,通过追溯、反演滑坡变形的全过程,对滑坡的稳定性和总趋势做出评价与预测。主要包括:①根据阶段性规律和滑坡目前所处的状态,反演和预测滑坡各个阶段的变形情况,并预测工程建设或滑坡治理过程中的发展趋势;②根据周期性规律判定促进滑坡发生、发展全过程的主导因素;③根据区域性地壳活动规律阐明滑坡发生的趋势。

工程地质类比法的实质是将已有滑坡研究成果或设计经验进行总结归纳后,应用到地质条件相似的滑坡稳定性评价中去。它是一种经验方法,应用广泛。进行工程地质类比时,不但要考虑滑坡结构特征的相似性,还要考虑其所处自然条件的相似性,以及促使滑坡发生、演变的主导因素和滑坡所处阶段的相似性。因此,该方法要求对滑坡的基本地质条件、诱发因素等进行客观、全面的调查和分析,然后分析滑坡的破坏形式、预测发展规律,最后进行滑坡工程地质比较,从而将已有滑坡的治理措施、方法和经验借鉴到所要治理的滑坡上。

工程地质类比法应用的要点是全面分析比较滑坡体与已有滑坡的岩性、结构、自然环境、变形主导因素和发育阶段等方面的相似性，评价滑坡的稳定性和发展趋势，并对以下不利条件进行分析：①滑坡及其邻近地段滑坡、崩塌、陷穴等不良地质现象；②岩质滑坡中的泥岩、页岩等易风化、软化岩层或软硬交互的不利岩层组合；③土质边坡中网状裂隙发育，有软弱夹层，或坡体由膨胀岩土组成；④软弱结构面与坡面倾向一致，或交角小于45°且结构面倾角小于坡角，或基岩面倾向坡外且倾角较大；⑤地层渗透性差异大，地下水在弱透水层或基岩面上积聚流动，断层及裂隙中有承压水出露；⑥坡上有漏水，水流冲刷坡脚或因河水位急剧升降引起岸坡内动水压力的强烈作用；⑦坡体处于强震区或邻近地段采用大爆破施工。

2.4.2 图解法

图解法包括赤平极射投影法、实体比例投影法、摩擦圆法等，对较破碎、较完整和完整的岩质边坡最常用的方法为赤平极射投影分析法（简称赤平投影）。

赤平投影是用二维平面图形来表达三维空间几何要素的一种投影方法。在岩体工程地质力学研究和实践中，主要通过投影球心的平面和直线的赤平极射投影，用于表示岩体的结构面、工程开挖面、工程作用力、岩体滑移方向、滑动力和抗滑力等。赤平极射投影的特点是只反映物体线、面的产状和角趾关系，不涉及具体位置、长短大小和距离远近，这样可以把复杂的数学运算简化为作图方法，提高工效，直观简便。

赤平投影一般不考虑黏聚力，当切割岩体的结构面和临空面产状较为稳定、结构面黏聚力比较弱时，结果比较可靠；如果需要考虑黏聚力的影响，可把黏聚力转换成等代内摩擦角处理。赤平投影的应用能直观反映结构面与边坡之间的相对关系，表现边坡非稳定性结构面之间的组合；用于岩质滑坡稳定性分析比较简便。通过赤平极射投影一般可以得出：①岩体的结构类型稳定性判定；②分辨对边坡起破坏控制作用的主要结构面及次要结构面；③确定变形破坏结构体的滑动方向、形状及规模。

结构面所切割的岩体破坏机制往往受结构面产状的组合与力作用方向控制。在边坡岩体内，结构面倾向坡内，即反坡向时构成块体的切割面；顺坡向时，则成为块体的滑动面。其组合关系的稳定性主要有稳定结构边坡、基本稳定结构边坡、不稳定结构边坡3种，如表2-4所示。

结构面组合及稳定性关系 表2-4

稳定结构	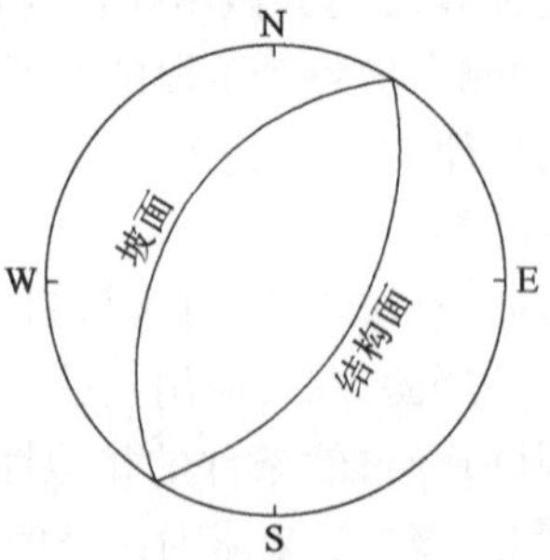 N W E S 坡面 结构面 单一结构面 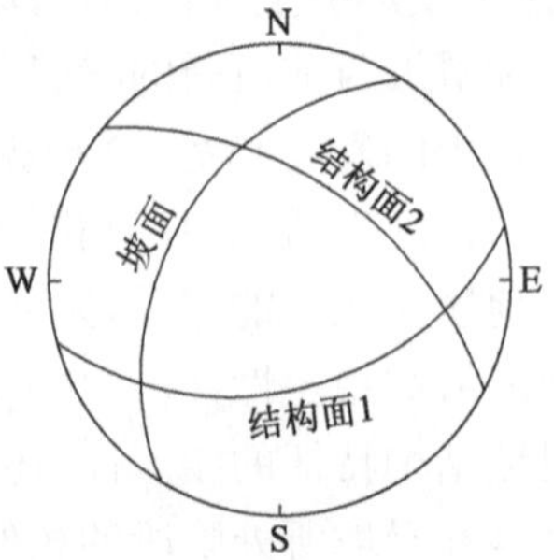	N W E S 坡面 结构面2 结构面1 两组结构面

续上表

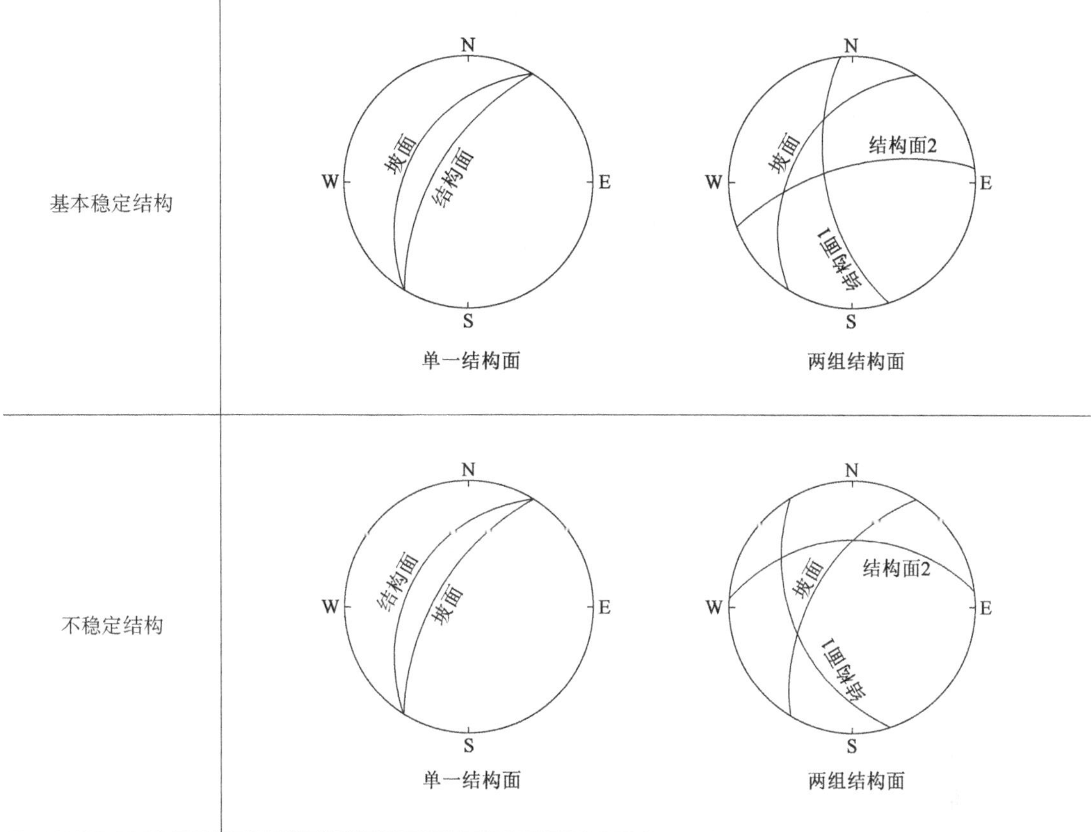

(1)稳定结构边坡。

边坡岩体中结构面(如节理、裂理、层理等)倾向或它们的组合交线的倾向与坡面倾向相反。这种结构形式对边坡破坏直接影响较小,不易产生边坡破坏,一般情况下边坡处于稳定状态,是稳定结构边坡。

(2)基本稳定结构边坡。

边坡岩体中的结构面倾向或组合交线的倾向虽然与边坡倾向一致,但结构面的倾角或结构面组合中较小的倾角均大于边坡坡角。这种结构面的组合通常是稳定的,但稳定程度比前者要差。

(3)不稳定结构边坡。

边坡岩体中的结构面或组合交线的倾向与边坡坡面倾向一致,且倾角小于边坡坡角而大于结构面摩擦角。这种结构面的组合形式对边坡稳定性有直接影响,甚至导致边坡发生大规模滑动破坏。

研究基岩滑坡稳定性时,也要考虑工程施工对其稳定性的影响。在工程建设过程中,层状顺向岩质边坡一方面作为工程建设场址,场地开挖会在很大程度上破坏原有自然边坡的平衡状态,使边坡偏离甚至远离平衡状态,施工组织及次序不当也会带来边坡变形与失稳,造成地质灾害;另一方面,岩质滑坡体又构成了工程设施的承载体,工程荷载效应可能会影响和改变它的承载条件和承载环境,从而影响岩质边坡的稳定性。基岩滑坡变形快,征兆小,危害大,形态不规则。而层状顺向岩质边坡的失稳破坏不仅直接摧毁工程本身,还会通过环境灾难对工程和人居环境带来间接的影响和灾害。

2.4.3 理论计算分析法

滑坡稳定性定量分析一般是在宏观判断与定性分析的基础上,通过理论计算、数值模拟或物理模拟等方法以定量的形式来进行稳定性评价。目前常用的方法有极限平衡法、数值分析法、模型试验法及图表法等。数值分析方法主要有有限元(FEM)法、边界元(BEM)法、离散元(DEM)法、快速 Lagrangian 分析法、块体理论(BT)与不连续变形分析(DDA)、无界元(IDEM)法等,数值模拟的软件主要有 Ansys、FLAC3D 等。模型试验法一般是在详细勘察基础上,抽取滑坡岩土体关键力学参数、滑移面位置等主要信息,采用缩小的地质模型体研究滑坡灾害的致灾机理,该方法一般应用于大型或者巨型滑坡。

1)极限平衡法

极限平衡法是在某种失稳模型条件下,假定滑体为刚性体,通过对失稳分离面受力状态以及有效强度的研究,根据极限平衡原理,计算滑坡的稳定系数,以此表征滑坡的稳定性。该法的基本概念在一定程度上脱离了岩土体的实际情况,其假定条件和使用范围见表 2-5。

极限平衡法计算公式的假定条件和使用范围　　表 2-5

计算方法	所满足的平衡条件				滑面形式
	整体力矩	条块力矩	垂直力	水平力	
瑞典圆弧法	满足	不满足	不满足	不满足	圆弧
Bishop 法	满足	不满足	满足	不满足	圆弧
Janbu 法	满足	满足	满足	满足	任意
Sarma 法	满足	满足	满足	满足	任意
传递系数法	不满足	不满足	不满足	满足	任意

传递系数法由于概念较明确,方法简单,在工程实践中得到了广泛应用。在长期的工程实践中,常用极限平衡条件下剩余下滑力和工程地质类比法来计算滑坡稳定系数。

滑坡稳定系数按下列方法计算:

$$N_i = W_i \cos\theta_i \tag{2-1}$$

$$T_i = W_i \sin\theta_i \tag{2-2}$$

式中:W_i——第 i 滑块的自重力(kN/m);

N_i——第 i 滑块滑动面法向力(kN/m);

T_i——第 i 滑块滑动面切向反力(kN/m);

θ_i——第 i 滑块土条底面和水平面的夹角。

$$K_s = \frac{\sum_{i=1}^{n-1}\left(R_i \prod_{j=1}^{n-1}\psi_j\right) + R_n}{\sum_{i=1}^{n-1}\left(T_i \prod_{j=1}^{n-1}\psi_j\right) + T_n} \tag{2-3}$$

$$\prod_{j=i}^{n-i}\psi_j = \psi_i \psi_{i+1} \cdots \psi_{n-1} \tag{2-4}$$

$$\psi_i = \cos(\theta_i - \theta_{i+1}) - \sin(\theta_i - \theta_{i+1})\tan\varphi_{i+1} \tag{2-5}$$

式中：K_s——稳定安全系数；

R_i——作用于第 i 计算条块的抗滑力(kN/m)；

ψ_i——第 i 计算条块剩余下滑推力向第 $i+1$ 计算条块的传递系数。

滑坡推力计算常采用传递系数法，正常工况下滑坡推力可以参照式(2-6)计算，条块作用力系如图 2-1 所示，边坡稳定系数计算简图如图 2-2 所示。滑坡推力计算一般要符合以下要求。

(1)根据拟设支挡工程位置计算滑坡推力，确定公路使用年限内各种最不利条件与作用因素可能组合下滑坡在各个拟设支挡工程部位的最大推力。

(2)滑动面(带)土 c、φ 取值一般要考虑滑坡防治工程修建对滑坡岩土体长期性能的影响。

(3)结合有关工程经验或工程地质类比法对计算结果进行校核。

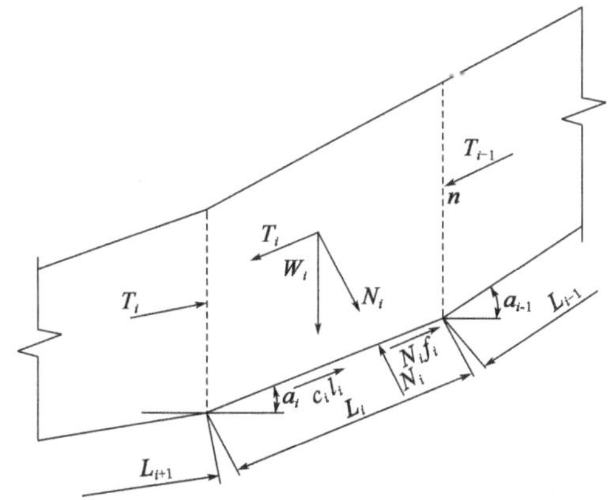

图 2-1　典型条块力系示意图

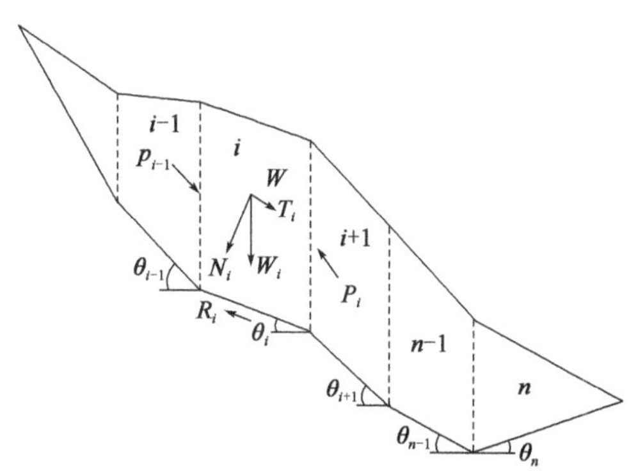

图 2-2　边坡稳定系数计算简图

图中：$N_i f_i$——切向反力；

P_i——第 i 块段以下滑体对其施加的抵抗力(kN/m)；

P_{i-1}——第 i 块段以上滑体对其施加的传递下滑力(kN/m)。

$$T_i = K_s W_i \sin\alpha_i - W_i \cos\alpha_i \tan\varphi_i - c_i L_i + \psi_i T_{i-1} \tag{2-6}$$

$$\psi_i = \cos(\alpha_{i-1} - \alpha_i) - \sin(\alpha_{i-1} - \alpha_i)\tan\varphi_i \tag{2-7}$$

式中：T_i、T_{i-1}——第 i 和第 $i-1$ 滑块剩余下滑力(kN/m)，其作用力方向与相应滑块底边平行；

W_i——第 i 滑块的自重力(kN/m)；

α_i、α_{i-1}——第 i 和第 $i-1$ 滑块对应滑面的倾角(°)；

φ_i——第 i 滑块滑面内摩擦角(°)；

c_i——第 i 滑块滑面岩土黏聚力(kN/m^2)；

L_i——第 i 滑块滑面长度(m)；

ψ_i——传递系数。

条分法由瑞典人彼德森在 1916 年提出，后经费伦纽斯、泰勒等人在此基础上不断研究形成的方法。他们将土坡的稳定问题假设为平面应变问题,视滑面为一个圆柱面,不考虑土条相互之间的作用力,求得滑面上全部抗滑力矩与滑动力矩之比为土坡稳定性安全系数。随着土力学的不断进步与发展,不少学者专注于条分法的改进,其中 Bishop 等提出关于新的安全系数的定义,这对条分法的发展起到了非常重要的推动作用。与一般建筑材料的强度安全系数相似,Bishop 等将沿整个滑裂面的抗剪强度与实际所产生的剪应力之比定义为土坡稳定安全系数 F_s,即

$$F_s = \tau_f / \tau \tag{2-8}$$

这不仅将安全系数的物理意义定义更加明确,而且范围更广,为以后非圆弧滑动面的分析及土条分界面上条间力的各种考虑方式提供了条件。Bishop 通过考虑条间力的作用,提出了一个新的安全系数公式。如图 2-3 所示,W_i 为土条自重,E_i 和 X_i 分别为法向和切向条间力,Q_i 为水平作用力等于 0,N_i、T_i 分别为土条底部的总法向力(包括有效法向力及孔隙压力)和切向力,其余符号如图 2-3 所示。

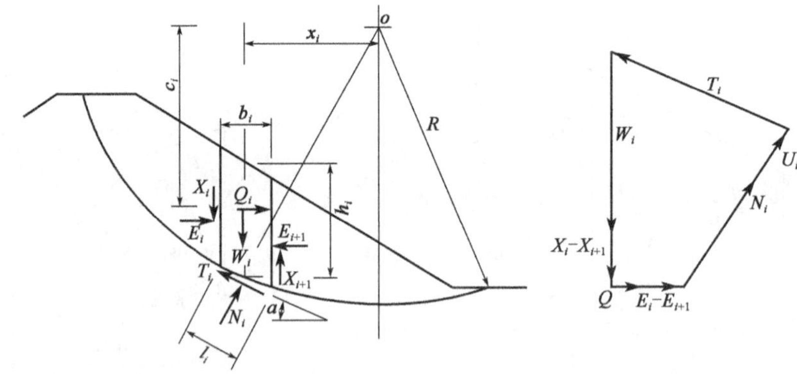

图 2-3　简化毕肖普法

根据 Mohr-Coulomb 强度准则,滑裂面上平均抗剪强度为:

$$\tau_f = c' + (\sigma - u)\tan\varphi' \tag{2-9}$$

式中:σ——法向总应力;

u——孔隙应力;

c'、φ'——有效抗剪强度指标。

如果整个滑面上定义的平均安全系数为 F_s,按照式(2-9)土条底部的切向阻力 T_i 为:

$$T_i = \tau l_i = \frac{\tau f}{F_s} l_i = \frac{c' l_i}{F_s} + (N_i - u_i l_i)\frac{\tan\varphi'_i}{F_s}\tan\varphi' \tag{2-10}$$

根据每一土条在竖直方向上力的平衡条件得出:

$$W_i + X_i - X_{i+1} - T_i \sin\alpha_i - N_i \cos\alpha_i = 0$$

或

$$N_i \cos\alpha_i = W_i + X_i - X_{i+1} - T_i \sin\alpha_i \tag{2-11}$$

按照安全系数的定义及 Mohr-Coulomb 强度准则,T_i 可以按式(2-10)表示,代入式(2-11)求得土条的底部总法向力为:

$$N_i = \left[W_i + (X_i - X_{i+1}) - \frac{c'_i l_i \sin\alpha_i}{F_s} + \frac{u_i l_i \tan\varphi'_i \sin\alpha_i}{F_s}\right]\frac{1}{m_{\alpha i}} \tag{2-12}$$

$$m_{\alpha i} = \cos\alpha_i + \frac{\tan\varphi'_i \sin\alpha_i}{F_s} \tag{2-13}$$

达到极限平衡时,按照各土条对圆心的力矩和为0,此时条间力的作用应当相互抵消。因此得:

$$\sum W_i x_i - \sum T_i R = 0 \tag{2-14}$$

将式(2-10)、式(2-12)代入式(2-14),且 $x_i = R\sin\alpha_i$,最后得到安全系数的公式为:

$$F_s = \frac{\sum \frac{1}{m_{\alpha i}}\{c'_i b_i + [W_i - u_i b_i + (X_i - X_{i+1})]\tan\varphi'_i\}}{\sum W\sin\alpha_i} \tag{2-15}$$

式中 X_i 和 X_{i+1} 是未知的,为了使问题得解,毕肖普又将各土条之间的切向条间力假定不计,也就是假定条间力的合力是水平的,这样式(2-15)可简化为:

$$F_s = \frac{\sum \frac{1}{m_{\alpha'_i}}[c'_i b_i + (W_i - u_i b_i)\tan\varphi'_i]}{\sum W_i \sin\alpha_i} \tag{2-16}$$

Bishop 法在工程中一直得到了广泛的应用,因为它简单且计算精度高,被认为是计算圆弧滑动面安全系数最好的方法。对于之前提出的边坡稳定性计算方法,简化 Bishop 法在国内被广泛应用于岩土工程研究。

2)数值分析法

数值分析方法是目前岩土力学计算中使用比较普遍的一类分析方法。其中,有限元(FEM)法在斜坡岩土体的稳定性分析中是目前使用最广泛的一种数值分析方法,可以用来求解弹性、弹塑性、黏弹塑性、黏塑性等问题。有限元法的优点是部分考虑了斜坡岩土体的非均质和不连续性,可以给出岩土体的应力、应变大小与分布,避免了极限平衡法中将滑体视为刚体而过于简化的缺点,能近似地从应力应变去分析斜坡的变形破坏机制,分析最先、最容易发生屈服破坏的部位和需要首先进行加固的部位等。但它还不能很好地求解大变形和位移不连续等问题,对于无限域、应力集中问题等的求解不理想。

有限元强度折减法,是对滑坡体的抗剪强度指标即黏聚力和内摩擦角进行折减,通过有限元程序计算,不仅可以获得滑坡稳定与否的安全系数,还能获得最危险滑动面出现的位置。传统的极限平衡法中,强度参数 c、φ 采用同一安全系数,传统强度折减法也采用了同一折减系数。但是,滑坡从稳定过渡到失稳阶段的过程中,其滑面土体的黏聚力与内摩擦角两个强度参数各自所起的作用以及发挥程度是不同的。滑坡有滑动趋势时,若黏聚力足以抵抗下滑力,土体内部连接键可能未断裂或土体沿剪切方向未发生定向转动,摩阻力不发挥作用;若黏聚力不足以抵抗下滑力时,土体内部连接键可能发生部分或全部断裂或土体发生沿剪切方向的转动定向,摩阻力就发挥作用。也就是说,黏聚力与内摩擦角发挥的程度与先后次序是不同的。对于滑坡变形的初期阶段,主要是潜在滑动面上的黏聚力折减,当变形较大滑动面即将形成时,摩擦角开始折减。因此,在有限元强度折减法中,采用不同的折减系数,即双安全系数或双折减系数。具体为:

$$c' = \frac{c}{\mathrm{SR}F_c} \tag{2-17}$$

$$\tan\varphi' = \frac{\tan\varphi}{\mathrm{SR}F_{\varphi}} \tag{2-18}$$

式中：$\mathrm{SR}F_{c}$——黏聚力 c 的折减系数；

$\mathrm{SR}F_{\varphi}$——内摩擦角 φ 的折减系数。

2.5 滑坡防治设计原则

公路滑坡勘察、监测及分析与评价等工作的目的在于有效预防和治理滑坡，减少滑坡对公路设施和车辆人员的危害。滑坡防治设计应以“预防为主、治早治小；绕避调线、预先加固；卸载反压、因地制宜；截排疏导、综合防控；保通抢险、动态防治”等为原则，兼顾经济条件与客观需要，制订滑坡防治设计方案。

2.5.1 滑坡防治原则

滑坡防治工程设计应通过技术经济方案比较，选择最佳治理方案和工程措施。采用先进技术方法，在确保安全的前提下，减少投资，缩短工期。

(1)正确认识滑坡的原则。

设计前应查明滑坡范围、坡体基本特征、地质环境条件、坡体变形情况；确定坡体的变形机理和变形影响因素，取得岩土体的物理力学参数。对于性质复杂的大型滑坡，在有可能的情况下，尽量绕避；当绕避较为困难时，应从防治费用、绕避可能性和滑坡规模等因素出发，选择最佳的防治方案。

(2)综合治理、技术可行、经济合理的原则。

滑坡防治应采取综合治理方法，防治工程应对防护工程结构的选型、平面及立面布置、力学计算、结构构造和排水系统等进行综合设计，并对施工、监测及质量验收标准提出要求。

(3)动态设计、信息化施工的原则。

应采取动态设计，施工过程中应结合预测预报、地质编录和监测数据反馈的资料，补充和变更设计。

(4)治早治小、预防为主的原则。

对于出现局部变形、尚未引起坡体不稳的边坡，任其发展可能因为失去抗力而导致整个边坡失稳从而形成大范围滑坡。因此，对局部变形实施预防性加固措施可以限制滑坡发展，只需要消耗少量防治费用就能达到“治早治小”的目的。一旦滑坡范围扩大，甚至危及公路路产及车辆人员安全时再治理，防治费用将数倍乃至数十倍于早治者。大型滑坡在整体变形前，往往在前缘及两侧有一定规律的局部变形迹象，提前采取预防加固措施。如对坡体实施截排水等工程，费用低且可以起到延缓大滑坡发展的作用，为后期勘察设计和整治争取时间，效益显著。

(5)一次根治、不留后患的原则。

对中小型滑坡，在有可靠的地质资料为依据时，应以稳定或消除滑坡为主，消除促使滑坡发展的作用因素，或控制其变动量在一定数值范围内，采取清除滑体、回填反压、锚固支挡、截排疏导等综合措施，从根本上防治滑坡。

(6)绕避或“全面规划，分期治理”的原则。

对大型滑坡(群),由于危害重而整治费用浩大,在查清后常常以绕避其危害范围为主要对策。必须通过时,大型巨型滑坡的根治应该在查明滑坡范围、成因及条块彼此间关系的基础上进行。当技术经济限制无法查清滑坡性质时,可以采取总体规划、监测辅助、分期实施的多期次防治方案。地壳板块活跃期出现的强震区滑坡,抢险保通往往是先期工作,后期治理涉及既有工程加固再利用,也是滑坡分期治理原则的重要表现。

(7)找准病因、对症治疗的原则。

勘察、监测、分析滑坡的目的在于查清滑坡生成的主次要条件和促使其发展的主次要作用因素,以便合理改善条件、抑制主要不利因素,使滑坡稳定。如富水滑坡,加强地表水和地下水的整治是滑坡防治时必不可少的措施;采空区滑坡,滑坡稳定性既受滑坡本身稳定性影响,又受到下伏采空区影响,治理措施要兼顾采空区治理;潜在滑坡,最不利情况下可能发展的最深层滑面判定是关键,针对潜在最不利滑面设防才能保证防治设计安全有效。

2.5.2　滑坡防治标准

针对滑坡的设防安全系数,国家标准(以下简称国际)和各行业规范选用了不同的设防标准。

(1)《滑坡防治设计规范》(GB/T 38509—2020)规定滑坡防治设计的荷载组合应按照4种工况进行设计和校核,设计安全系数按表2-6选取。

滑坡防治工程设计安全系数取值(国标)　　表2-6

滑坡防治安全等级	设　计	校　核		
	工况Ⅰ	工况Ⅱ	工况Ⅲ	工况Ⅳ
Ⅰ	1.30	1.25	1.15	1.05
Ⅱ	1.25	1.20	1.10	1.02
Ⅲ	1.20	1.15	1.05	不考虑

①工况Ⅰ:基本组合,为设计工况,考虑基本荷载。

②工况Ⅱ:特殊组合,为校核工况,考虑基本荷载+降雨荷载。

③工况Ⅲ:特殊组合,为校核工况,考虑基本荷载+地震荷载。

④工况Ⅳ:特殊组合,为校核工况,考虑基本荷载+降雨荷载+地震荷载。

(2)《公路滑坡防治设计规范》(JTG/T 3334—2018)、《公路工程抗震规范》(JTG B02—2013)、《公路路基设计规范》(JTG D30—2015)规定滑坡稳定性分析应根据作用于滑坡体的荷载状况、作用力出现的频率和持续时间的长短,考虑下列3种工况。

①正常工况:公路投入运营后经常发生或持续时间长的工况。

②非正常工况Ⅰ:处于暴雨或连续降雨状态下的工况,边坡岩土体计算参数采用饱水状态下的参数。

③非正常工况Ⅱ:处于地震作用状态下的工况,边坡岩土体参数需采用饱水状态下的参数,同时要考虑地震等特殊荷载。在E1地震作用(重现期475年的地震作用)时,不发生严重破坏。

滑坡防治安全等级共分3级,各级别滑坡防治工程设计安全系数见表2-7。

滑坡防治工程设计稳定安全系数(公路) 表 2-7

滑坡防治安全等级	稳定安全系数 K_s		
	正常工况	非正常工况Ⅰ	非正常工况Ⅱ
Ⅰ	1.20~1.30	1.10~1.20	高速公路、一级、二级公路路基边坡高度 > 20m 时,F_{st}≥1.15;路基边坡高度≤20m 时,F_{st}≥1.10。三、四级路基边坡 F_{st}≥1.05
Ⅱ	1.15~1.20	1.10~1.15	
Ⅲ	1.10~1.15	1.05~1.10	

(3)《水利水电工程边坡设计规范》(SL386—2007)规定极限平衡方法计算的边坡抗滑稳定最小安全系数应满足表 2-8 规定:

①正常运用条件:投入运用后经常发生或持续时间长的情况。

②非常运用条件Ⅰ:由降雨引起的边坡体饱和及相应的地下水位变化情况。

③非常运用条件Ⅱ:正常运用条件下遭遇地震的情况,地震作用重现期为 475 年。

抗滑稳定安全系数标准(水利) 表 2-8

运用条件	边坡级别				
	1	2	3	4	5
正常运用条件	1.3~1.25	1.25~1.20	1.20~1.15	1.15~1.10	1.10~1.05
非常运用条件Ⅰ	1.25~1.20	1.20~1.15	1.15~1.10	1.10~1.05	
非常运用条件Ⅱ	1.15~1.10	1.10~1.05		1.05~1.00	

根据边坡破坏对水工建筑物安全的危害程度(严重、较严重、不严重、较轻),将边坡级别划分为 5 级,各级别边坡抗滑稳定最小设计安全系数见表 2-8。若采取加固措施对抗滑稳定安全系数增加不敏感,使得增加加固措施不经济时,可取表中规定范围内的较小值。

根据公路行业规范与国标和水利规范比对发现,三个标准均按照保护对象的重要性选用不同的安全系数,正常工况以及考虑降雨荷载作用下所选用的安全系数基本相同,但在地震荷载作用下公路行业规范与国标及水利规范有较大差别。公路行业规范地震工况采用降雨与地震叠加计算,滑坡防治安全等级为Ⅰ级时设防安全系数采用 1.05~1.15;国标对工况Ⅲ(基本荷载+地震荷载)以及工况Ⅳ(基本荷载+降雨荷载+地震荷载)采用不同的校核标准,工况Ⅳ(基本荷载+降雨荷载+地震荷载)防治安全等级为Ⅰ级时,设防安全系数仅为 1.05;水利规范仅规定非常运用条件Ⅱ(基本荷载+地震荷载)下的安全系数标准,不考虑基本荷载+降雨荷载+地震荷载叠加的问题。

在滑坡稳定性计算过程中,选用标准的不同将造成计算结果差别极大,尤其对于高烈度区(Ⅶ度以上)滑坡防治,地震对地质灾害起了直接的控制作用。目前正在开展的川藏铁路以及川藏公路升级改造,路线走廊穿越地区均为板块运动活跃地震高发区,其中抗震设防烈度Ⅶ度以上区域占线路全长的 90% 以上,因此地震工况下,边坡及滑坡设防安全系数的选择对工程造价具有极大的影响。

公路行业规范中规定,在非正常工况Ⅱ(基本荷载+降雨荷载+地震荷载)高速公路、一级、二级公路路基边坡高度 > 20m 时,F_{st}≥1.15;路基边坡高度≤20m 时,F_{st}≥1.10。即意味着公路边坡(滑坡)在暴雨+地震荷载作用下均处于稳定状态,与我国抗震设防基本思想“小震不坏,中震可修,大震不倒"的原则不符,按照现行公路规范对强震区地质灾害进行设计,将造成工程防护规模增加和工程造价的急速攀升。

对比国内不同行业相关规范规定,在正常工况和非正常工况Ⅰ,公路规范选取的设防标准与国标和其他行业规范基本一致,较为合理。建议公路边坡(滑坡)治理非正常工况Ⅱ(地震工况)可采取基本荷载+地震荷载相叠加的方式进行计算,当按照基本荷载+降雨荷载+地震荷载叠加计算时,根据防护安全等级不同将设防安全系数降低0.05~0.1,与我国抗震设防基本思想相对应。

2.5.3　滑坡防治措施

按滑坡治理措施的施工方式、适用条件和主要作用,可将滑坡防治措施分为防御避让、护坡护岸、削坡卸载、排水防渗、排引地下水、拦挡抗滑、固结加固和生物工程等类型,见表2-9。滑坡典型防治措施见表2-10。

滑坡防治措施分类　　表2-9

类型	绕避滑坡	排水	力学平衡	滑带土改良
主要工程措施	(1)改移线路 (2)用隧道避开滑坡 (3)用桥跨越滑坡 (4)清除滑体	(1)地表排水系统 ①滑体外截水沟 ②滑体内排水沟 ③自然沟防渗 (2)地下排水工程 ①截水盲沟 ②盲(隧)洞 ③仰斜钻孔群排水 ④垂直孔群排水 ⑤井群抽水 ⑥虹吸排水 ⑦支撑盲沟 ⑧边坡渗沟 ⑨洞—孔联排水	(1)减重工程 (2)反压工程 (3)支挡工程 ①抗滑挡墙 ②挖孔抗滑桩 ③钻孔抗滑桩 ④锚索抗滑桩 ⑤锚索 ⑥支撑盲沟 ⑦抗滑键 ⑧排架桩 ⑨钢架桩 ⑩钢架锚索桩 ⑪微型桩群	(1)滑带注浆 (2)滑带爆破 (3)旋喷桩 (4)石灰桩 (5)石灰砂桩 (6)焙烧

滑坡典型防治措施　　表2-10

防治措施	示意图	照片
(一)排水		
边坡排水包括坡面排水、坡体排水和减少坡面水下渗等措施。坡面排水、坡体排水与减少坡面雨水下渗措施统一考虑,并形成相辅相成的排水、防渗体系,边坡内、外的地表排水系统一般分开布置		
1.截、排地表水 (1)沿滑坡周界外修建环形截水沟,使滑体外水不进入滑体的周边裂缝及滑坡体内		

续上表

防治措施	示意图	照片
(一)排水		
(2)在滑坡体上修建树枝状排水系统,排除滑体范围内的地表水	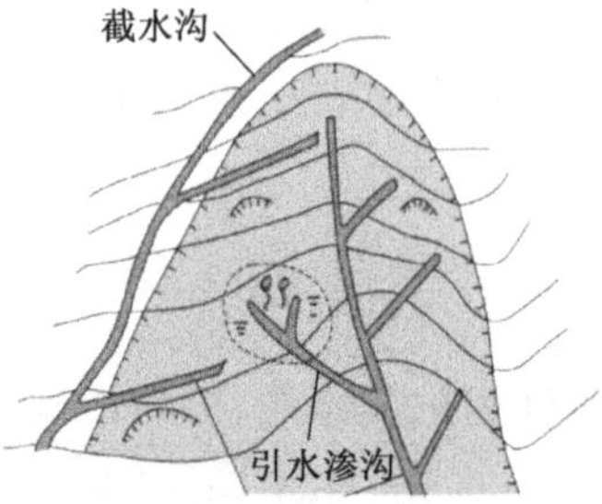 截水沟 引水渗沟	
2. 截、排地下水 (1)在滑坡体上修建渗沟,截、排地下水,主要有以下3种类型: ①支撑渗沟:适用于中、浅层滑坡,由于其抗剪强度较高,兼有支撑滑体和排水两个作用; ②截水渗沟:截排滑体外深层地下水,使其不进入滑体; ③边坡渗沟:支撑边坡并疏干边坡地下水	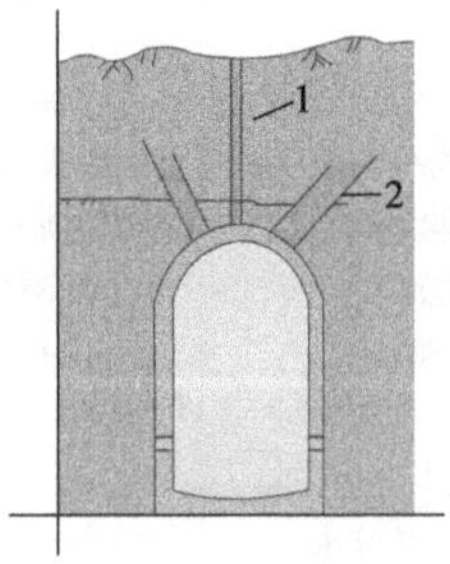 1 2 1-垂直渗管;2-仰斜排水	
(2)在滑坡体上设垂直孔群,用钻孔穿透滑带,将滑坡水降至下部强透水层中排走。当下部地层具有良好的排泄条件时,效果较好。泄水孔可采取预埋PVC管等方式施工	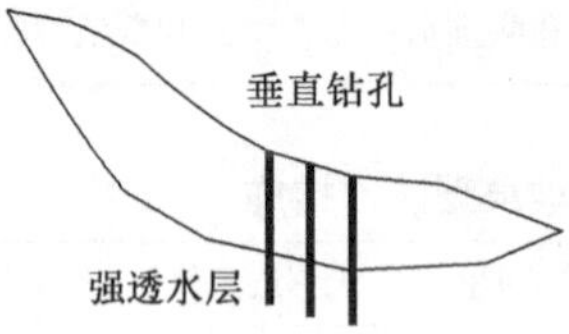 垂直钻孔 强透水层	
(3)采用砂井与水平钻孔相结合的截排水方法,以砂井聚集滑体内地下水,用近于水平的钻孔穿连砂井,把水排出,疏干滑体	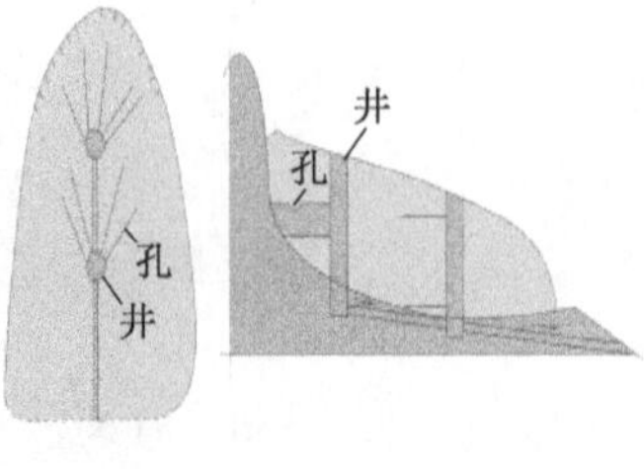 孔 井 井 孔	

续上表

防治措施	示意图	照片
（一）排水		
3. 平整滑坡地表 整平夯实滑坡坡面，夯填滑体内的裂缝，防止地表水渗入滑体内。植树铺草皮，固化滑坡土体表面防止水流冲刷下渗		
（二）改善滑坡体力学平衡条件，减小下滑力，增大抗滑力		
支与挡：在滑坡体适当部位设置支挡建筑物（如抗滑挡墙、抗滑明洞、抗滑桩等）可以支挡滑体或把滑体锚固在稳定地层上。这种方法对山体破坏少，可有效改善滑体的力学平衡条件，故被广泛采用。根据坡体的地形、岩土层特征、土压力分布以及挡土要求等进行挡土墙设计，常采用重力式挡土墙或悬臂式挡土墙，荷载较大时可采用锚杆挡土墙		
1. 抗滑挡墙 （1）预应力垂直锚杆挡墙：特点是开挖基坑量小，圬工省，抗滑力大； （2）框架填石挡墙：有利于拼装化施工，可加快施工进度； （3）沉井抗滑挡墙：适用于深层和正在滑动的滑坡	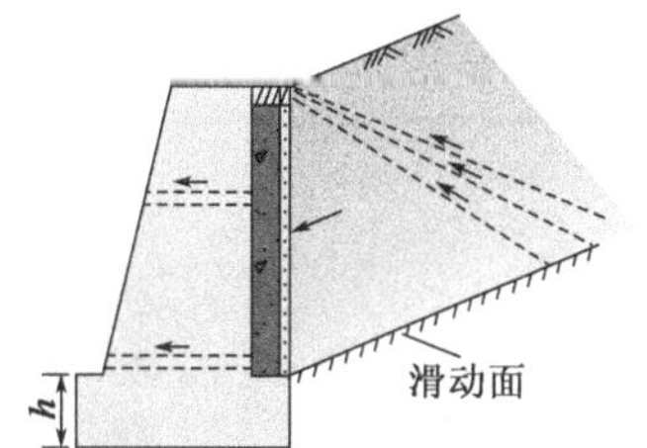	
2. 抗滑明洞 当地形和基础条件适合，而修建其他支挡建筑物有一定困难时，也可用抗滑明洞作为支挡建筑物，但投资往往比较昂贵	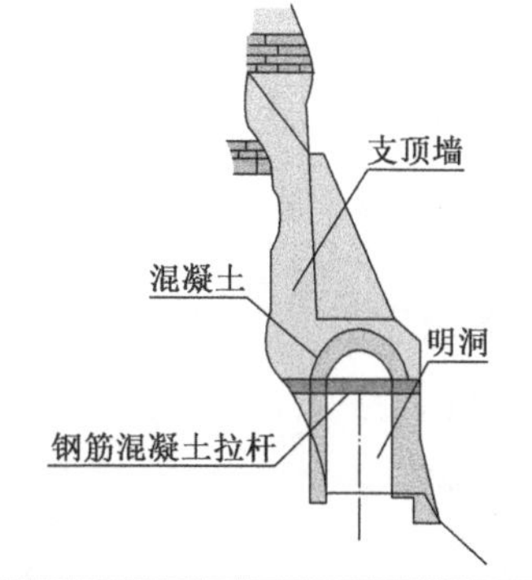	
3. 抗滑桩 当采用重力式支挡建筑物圬工量大、不经济或施工开挖易引起滑体下滑时，可将抗滑桩作为抗滑措施。抗滑桩一般适用于整治浅层及中厚层滑坡。它也可与轻型支挡建筑物上下结合使用，可以相应减少下部支挡工程的数量	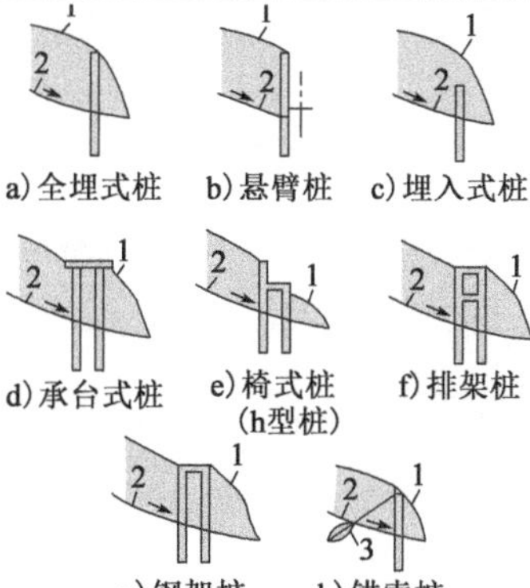	

续上表

防治措施	示意图	照片
(二)改善滑坡体力学平衡条件,减小下滑力,增大抗滑力		
4. 减载与反压 对于滑床上陡下缓,滑体头重脚轻或推移式滑坡,可对滑坡上部主滑段清方减重;也可在前部阻滑段反压填土,以达到滑体的力学平衡。对于小型滑坡可全部清除。减重和清除均应慎重选用,根据边坡稳定性计算结果并结合残余滑体和后壁的验算和检查确定	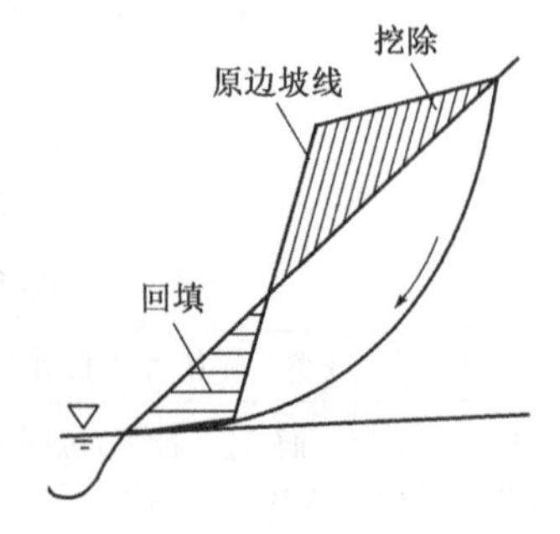	
(三)改变滑带土的工程性质		
采用焙烧法、电化学法、硅化法、灌浆法以及孔底爆破灌注混凝土等措施,改变滑带土的性质,提高强度,达到增强滑坡稳定性的目的	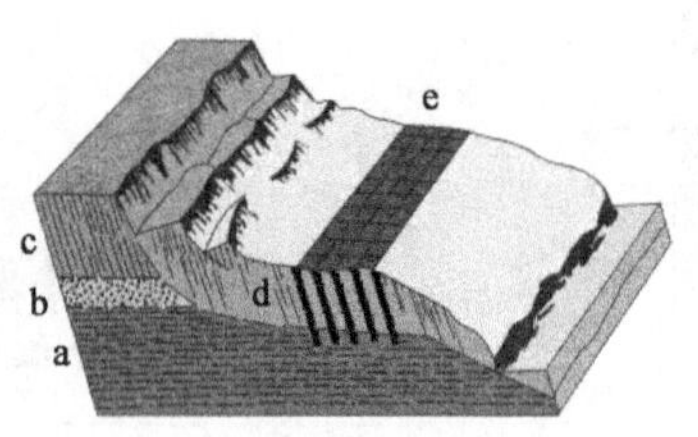 焙烧法加固 a-可塑性黏土;b-砂层;c-黄土状亚黏土;d-滑坡体;e-焙烧部分	

第3章 大型滑坡 绕避为佳

由于地质条件的相似性,滑坡可能成群出现,如黏性土滑坡、黄土滑坡以及沿大断裂带分布的破碎岩石滑坡都有形成滑坡群的特点。滑坡群和大型滑坡皆具有成因机制复杂、规模巨大等特点,不仅其自身失稳影响范围广,且易形成“崩滑流”复合的灾害地质体,危害巨大。随着我国公路工程的发展,公路建设和运营不可避免穿越大型滑坡(群)路段。大型滑坡(群)的出现,基本都形成了公路的“卡脖子”路段,一方面导致工程投资增加、建设工期延误,另一方面干扰公路运营,带来极其不良的社会影响。20世纪末,川藏公路二郎山隧道开工建设时,为了尽量控制隧道长度,导致东西引道及延展线路仍处于高寒高海拔高烈度地震带,环境条件极为脆弱,滋生了大量滑坡灾害,如龙胆溪滑坡、二郎山滑坡群、榛子林大滑坡、柳树湾滑坡等,治理费用达1.2亿元。国道G22线壶口至雷家角高速瓦子街—富县南段公路全长约64.29km,初步设计阶段发现路线走廊内滑坡50余处,为减少地质灾害对公路的影响,尽管优化线路设计,以隧道或调线等措施绕避滑坡37处,最后仍需治理对公路有影响的8处滑坡。

大型滑坡(群)防治工程技术难度大、费用高,为避免大型滑坡(群)对公路工程的威胁,保障公路工程在全生命周期内的安全运营,应在准确识别大型滑坡(群)的基础上,结合线状公路工程可以灵活布设的特点,以绕避通过为佳。

3.1 大型滑坡(群)特征

大型滑坡(群)在空间分布上往往沿水系、断裂带等带状分布,一般具有规模大、地层结构和成因机理复杂、危害性和破坏性严重、工程治理难度大、费用高等特点。

1)带状分布

全国范围内大型滑坡基本集中在以西部地区(西南、西北)为主的云南、贵州、四川、重庆、西藏、陕西、宁夏及甘肃等省区以及湖北、湖南西部等地。大量调查数据显示,大型滑坡沿水系或断裂呈带状分布的特征十分明显,大型滑坡的分布随其距断层的距离呈急剧衰减趋势。距断层越近,断层活动对坡体的作用越强烈,就越容易触发大型滑坡;反之,距断层越远,断层活动对坡体作用迅速减弱。

白龙江流域大型滑坡在区域上一个显著特点是沿河流水系呈线状分布,从图3-1的区域性分布明显可见。实际调查亦发现,呈NNW/SSE向展布的河流(河段)与区域地应力方向(NEE向)近乎垂直,如岷江官亭—两河口段、沟坝河、角弓沟、北峪河、安昌河、马莲河、羊汤河、龙坝河等水系大型滑坡尤为发育,表明这些水系与沿NEE/SWW展布断层一起控制大型滑坡区域性分布。其中,断层的控制更表现出宏观性,而水系的控制则更表现出部位的具体性。按照水系等级统计发现,白龙江干流共发育大型滑坡47处,约占总数的18.15%;白龙江一级支流共发育大型滑坡107处,约占总数的41.31%;白龙江二级支流共发育大型滑坡92处,约占总数的35.52%;其余分布在三级支流及其以下,共13处,约占总数的5.02%。总体而言,白龙江流域大型滑坡主要发育在白龙江二级、三级支流河谷岸坡,共计199处,约占总数的76.83%,而大型滑坡发育对河流岸别无明显选择性。

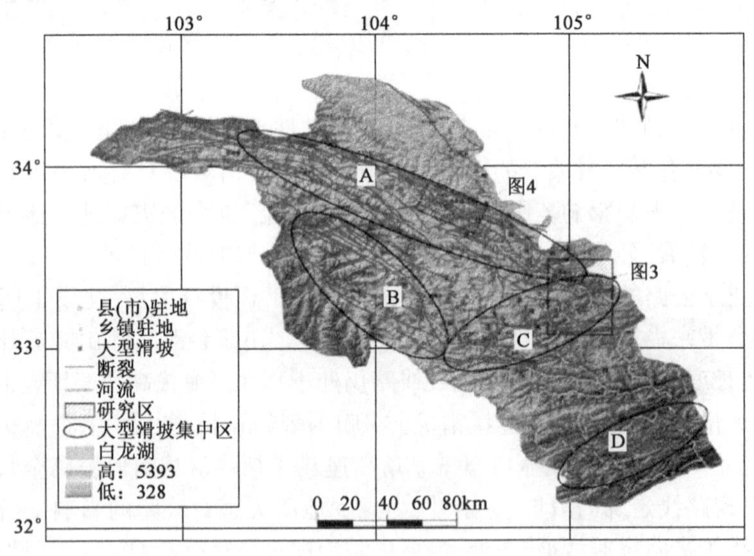

图3-1 白龙江流域大型滑坡分布图

白龙江流域内大型滑坡明显表现出受断裂带的控制性作用,区内迭部—舟曲断裂带、塔藏断裂带、稻畦子断裂带、龙门山断裂带为区内4个大型滑坡发育集中区。统计的259处大型滑坡中有117处距断层距离小于1.0km,约占总数的45.17%,舟曲县的锁儿头滑坡、泄流坡滑坡、秦峪滑坡群均分布在该范围内;有234处大型滑坡距断层距离小于5.0km,约占总数的90.35%;距断层距离大于5.0km的大型滑坡仅有25处。

汶川地震大型滑坡沿发震断裂呈明显的带状分布特征,随着与映秀—北川断裂距离的增加,大型滑坡的分布呈急剧衰减趋势(图3-2、图3-3)。所统计的112处大型滑坡中,有44处位于中央断裂 1km 范围之内,占总数的 39.3%;15 处位于中央断裂 1~2km 范围之内,占总数的 13.4%;22 处位于中央断裂 2~3km 范围之内,占总数的 19.6%。超过 70% 的滑坡位于中央断裂 3km 以内,80% 以上的滑坡位于中央断裂 5km 以内。

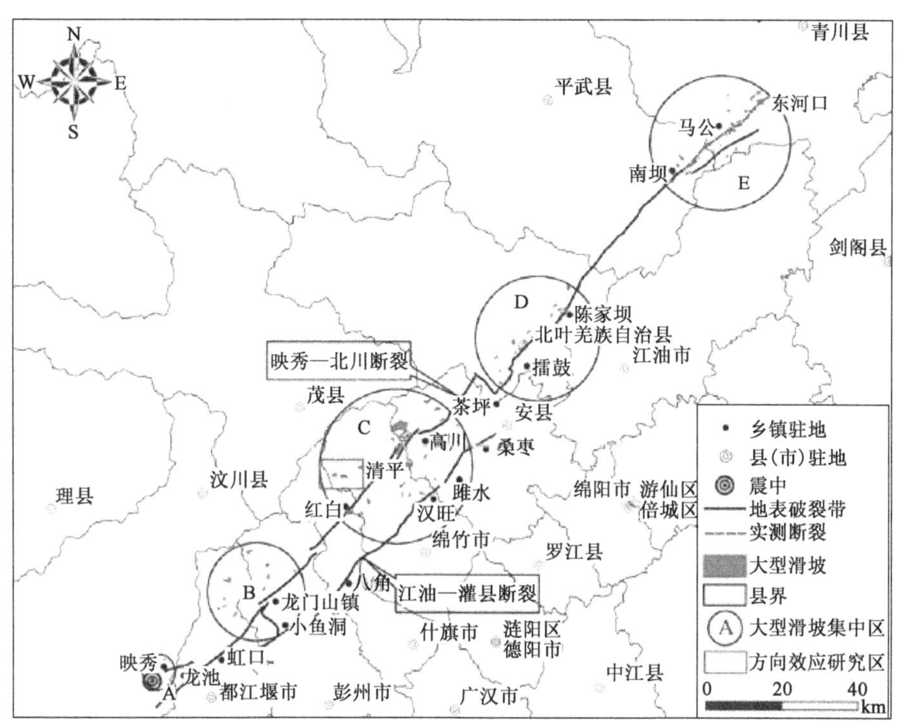

图 3-2 汶川地震大型滑坡平面分布图

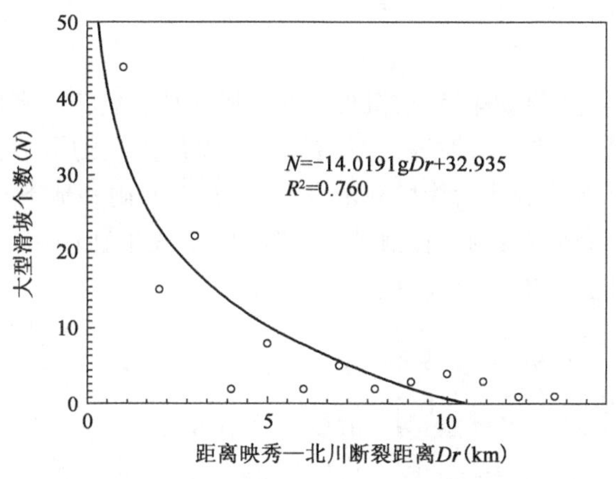

图 3-3 大型滑坡分布与距离映秀—北川断裂距离图

2)规模大,影响范围广

目前,一般以滑坡体积及滑坡规模定义巨型、大型滑坡,但不同行业划分标准还存在一定差异。本书公路大型滑坡(群)特指滑坡的长度、宽度达上百米、厚度超过 20m,体积达到或超过数十万至上千立方米者。

大型滑坡(群)发生后,规模巨大,影响范围广。2004年9月5日,四川省宣汉县普降大到暴雨,造成天台乡发生大规模滑坡。滑坡的滑裂面为泥岩、砂岩接触带,滑床为遂宁组底部的青灰色细粒石英砂岩,岩质坚硬,风化较弱。滑带土为可塑~软塑状态的棕红色粉质黏土,厚度20~30cm。后部滑体主要由紫红色泥岩形成的碎裂岩体及块碎石夹粉质黏土组成,前部滑体则以粉质黏土为主。滑坡平面上呈"圈椅"状,后缘高程520~570m,后缘断壁高10~30m。滑坡纵向长350~1100m,横向宽1100~1 500m,滑体厚15~35m,体积约$2500\times10^4m^3$。滑体前部滑入前河,形成高23m的堆石坝,堵塞河道1.2km,导致前河断流20h。河水形成的堰塞湖汇水达20km,水位上涨20~23m,库容约$6.00\times10^7m^3$,上游2个乡镇被淹,造成1万多人无家可归。

3)滑体结构复杂

大型滑坡(群)历史上曾发生多次、多级、多层、多块滑动,整个滑坡区各区块的滑动方向、滑动次数、滑动速度和距离不尽相同,稳定程度不同。主滑面多依附既有的倾向临空面形成软弱带,或形成不同时期、不同成因的堆积面。如黄土滑坡不同时期的沉积面,崩坡积层与冲洪积层的接触面,基岩顶面的剥蚀面,岩层中的软弱夹层及断层面、不整合面、假整合面和贯通性节理面等。地质调查发现,在对大型滑坡进行合理分区、分级、分层,针对危害对象明确滑坡关键滑区、滑级、滑动层面的基础上,同一滑面的不同部位(牵引段、主滑段和抗滑段),其滑面参数不同。

如重庆李家湾滑坡,地处重庆巫山—奉节高速公路重庆市巫山县小三峡收费站处。公路主要以挖方形式自滑坡中部穿过,最大挖方高度23m。2012年11月开始,滑坡出现变形,最后形成的滑坡群沿线路宽约590m,垂直线路长近1000m。滑坡群分为东滑坡和西滑坡,各滑坡又可分为前级、中级和后级3块,主要变形滑块为中级。东滑坡中级滑块宽约330m,长约360m,深层滑体厚度20.0~26.5m,滑块体积$276.2\times10^4m^3$,属巨型滑坡;西滑坡中级滑块宽约250m,长约324m,滑体厚度15.0~28.5m,滑块体积$176.2\times10^4m^3$,属巨型滑坡。

4)成因机制复杂

滑坡形成的地质环境复杂多样,形成机理各异,影响因素众多。有地层岩性主控的滑坡,如黄土滑坡、堆积层滑坡、膨胀土滑坡等;有断裂带、破碎带主控的滑坡;有岩层产状或构造主控的滑坡;有滑坡前缘河流冲刷或后缘堆载诱发的滑坡;有暴雨和地下水诱发的滑坡和强震造成的滑坡以及人类工程活动诱发的工程滑坡;其影响因素或单独作用,或综合作用,有时主控因素随着滑坡的发展,相互影响、互相转换。

图3-4 四川攀枝花机场滑坡

攀枝花机场12号滑坡(图3-4)为发生在填筑体内并导致其下部易家坪老滑坡复活的一个巨型滑坡。该滑坡的形成与岩土体本身特性及坡体结构密切相关,长期的地下水不利作用及暴雨诱发等因素是滑坡形成的主要影响因素。滑床顶面的泥岩和炭质泥岩层,呈强风化状态,并含有灰色、灰白色高岭土夹层;且滑体为块石填筑体,下部存在含碎石的粉质黏土层,基岩与覆盖层之间存在炭质泥岩或粉质黏土构成的软弱层。炭质泥岩隔水,在上覆界面附近容易富集地下水，地下水的软化作用使软弱层抗剪强度进一步降低。另外，该区域原始地貌容易汇集地表水，同时12号滑坡所在区域坡向与地层倾向小角度相交，为一顺层边坡，岩层缓倾坡外，基岩层面及裂隙水较为发育，成为地下水的主要来源之一。再者，滑动前连续降雨使填筑体边坡地下水快速增加，短时间内大量地表水入渗到坡体中，在静水压力、动水压力的共同作用下，最终诱使本来就已经进入加速蠕滑变形阶段的填筑体发生滑坡。滑体下部的易家坪老滑坡一直处于缓慢滑动状态，加之填筑加载作用，也构成该滑坡下滑的原因之一。

5）灾害成链

受特殊的地形地貌、地质环境和气候条件控制，常常由一个滑坡诱发出崩塌、水毁、滑坡或几种灾害同时或相继发生，其危害之重、损失之大往往无法估量。通常而言，凡是强烈的灾害过程大多是多种灾害的相互关联、互为因果的错综连锁与耦合作用的反应，其成灾常常以灾害链的形式牵连并发，纯属单一灾害作用较少。

1980年5月，美国华盛顿州海伦斯火山爆发，引发体积高达2.8km^3的特大“崩→滑→流”灾害；1998年8月，飓风米歇尔带来的强降雨在洪都拉斯诱发体积达$600\times10^4m^3$的厄尔百林彻深层滑坡。

2000年4月9日，西藏自治区波密县易贡乡扎木弄沟发生震惊中外的易贡滑坡（图3-5），第一级“崩塌或滑坡”诱发灾源，在降雨、振动作用等外因影响下发生，约$3.0\times10^7m^3$岩体从高程5000m的山顶崩滑，落距约1500m后，以强大的冲击力撞击扎木弄沟内沉积百年的碎屑物质。在水和能量急剧冲击等外因继续耦合作用下，不同体态（固、液或气态）物质产生集散与搬运作用，其即转化为超高速块石碎屑流，以锐不可当之势，扫荡谷口两侧山体，在短短的2～3min内，运移8～10km后沉积于易贡湖出口处，完全堵塞易贡藏布，形成长达4.6km、前沿最宽达3km、高达60～110m的近喇叭状天然坝体，总堆积体积约$3.0\times10^8m^3$。随着坝体溃决，沿途冲刷山体两岸岸坡，构成强大破坏力的第二级泥石流或水毁，随着运动距离的不断增加，固液态物质的数量迅速增加，其冲击动能不断增强，对下游沿途沟谷岸坡产生强烈的掏蚀与刮铲，造成沿途岸坡发生群发性第三级崩塌、滑坡次生灾害，严重破坏沟谷生态，摧毁公路和村庄，造就了后来的通麦至105道班20余公里的天险路段。此次崩塌滑坡总垂直落差达3000m，水平最大运距约8.5km，最大速度超过44m/s，引发特大“崩、滑→流→滑”灾害。如此超高速、远距离运移的巨大堆积体及滑坡后留下的一些独特现象在中国乃至世界都极为罕见。

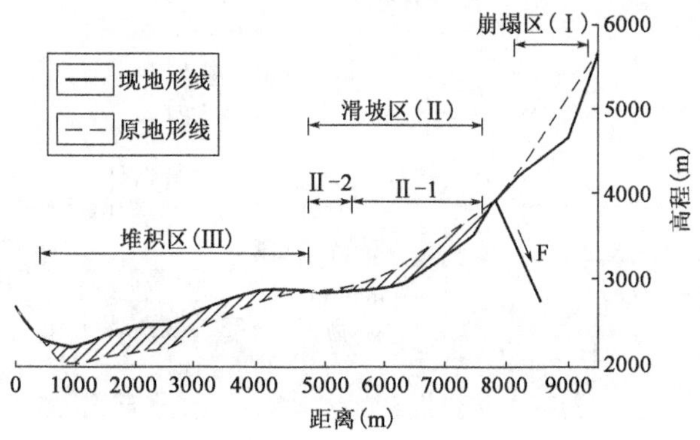

图3-5 易贡特大型山体崩塌滑坡剖面图

6)危害大,造价高

近些年,随着公路、铁路、水利水电等基础建设的迅猛发展,项目在建设期和运营期时常遭受滑坡破坏,不但危害路基,还对桥梁、隧道、服务区等重要建筑物造成严重威胁。此外,受认知水平、技术条件及人类不合理工程活动影响,城镇聚居区、工业厂区、历史古迹等坐落于滑坡体时,也会受到滑坡的影响。特别是大型滑坡(群)因其规模大、机制复杂、危害重、破坏范围广,难以绕避时,防治难度大且治理费用高,多以数千万元,乃至以亿元计量。

陕西韩城电厂建于1976年,为一坑口电厂,装机容量40万kW,在西北电网中占有重要地位。自1982年以来,靠近电厂的山体出现了数十条地裂缝,每条长约百余米,宽约数十厘米,垂直落距几十厘米,不仅直接影响电厂的生产安全,也严重困扰着煤矿的开拓与生产。1985年5月开始组织"抗滑抢险"工程,1990年完成施工任务,投入的勘测与治理经费达7000万元。

八渡滑坡位于贵州省与广西壮族自治区的界河——南盘江左岸山坡上,行政区划上属于贵州省兴义市册亨县。南(宁)昆(明)铁路在滑坡上横穿而过,并在滑坡上建设了八渡车站,铁路和站场建设引起八渡滑坡复活,八渡滑坡区总体宽约880m,最长约850m,涉及7个山梁。八渡车站是一个5股车道的较大中间站,站坪长度1km,宽约50m。南昆铁路八渡车站1994年8月开始施工,到1997年竣工,投入近1亿元对滑坡进行了整治。

箭丰尾滑坡位于我国福建永安市境内(图3-6),主要由A段和B段两个自然山体组成,新生滑坡范围横宽约400m,纵长500~600m,平均厚约30m,变形破坏岩土体积达600万m^3,潜在变形体积超过1000万m^3。高速公路建设将国道G205改移,使其以路堑边坡形式从该滑坡坡脚通过,受持续强暴雨的作用和影响,触发该段坡体严重变形和破坏。该滑坡的变形特征具有多条、多块、多级和多个剪出口的特点,性质极为复杂,规模特别巨大,是一个超大型的山体滑坡,且滑坡前缘文川河河道狭窄,一旦滑坡整体下滑,有堵断河流的可能,其滑坡壅水将淹没上游村镇,对既有高速公路与国道构筑物造成严重破坏,也对上下游村镇构成十分严重的威胁。从2007年6月滑坡开始变形,至2011年对滑坡全面认识和根治,前后历经4年,治理费用达1.6亿元,治理费用之高在国内外均属罕见。

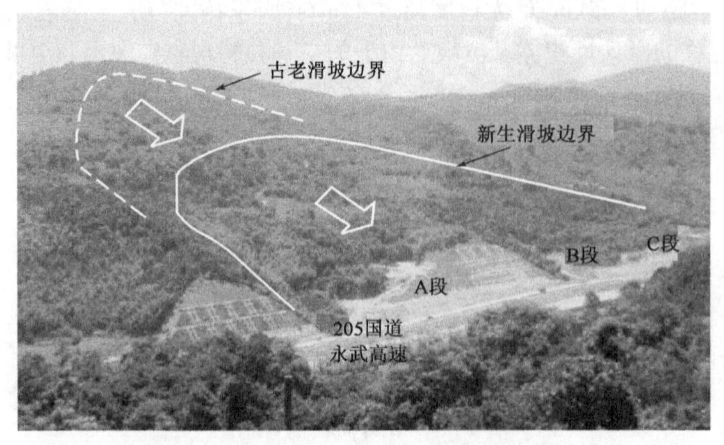

图3-6　箭丰尾滑坡全景地形图(滑坡整治前)

3.2　大型滑坡绕避防治关键技术

针对威胁公路建设和运营安全的大型滑坡(群),因其整治费用浩大,在查清后宜采用改移路线、桥梁跨越或隧道通过等方式绕避其危害范围为处治对策的防治措施。滑坡绕避防治的基础在于查明滑坡的特征,关键技术包括对大型滑坡(群)的识别技术和大型滑坡内部分级分块技术。

3.2.1　大型滑坡(群)识别技术

滑坡识别是采用区域资料收集、工程地质调查、地质测绘、工程监测等技术手段,查清滑坡性质、范围、规模、成因、状态等,为滑坡区的公路通过方案提供技术支撑。

滑坡识别依赖于定性的地质资料和一定的定量判断,主要依据滑坡特有的地貌形态及一些地表和建筑物的变形和破坏迹象,做出是不是滑坡及其大致范围和规模的判断。尽管这一判断是初步的,但是对后续开展的勘察工作有重要意义。如果前期调查识别工作不到位,忽略了原本存在的滑坡迹象,判断失误,则有可能导致建设过程中出现滑坡滑动造成重大损失的事件,因此研究滑坡识别技术非常关键。

现代滑坡由于产生时间不长,滑坡特有的形态特征保存较好,通常容易识别,典型特征包括弧形或圈椅状滑坡壁、滑动体与不动体之间拉开或宽或窄的沟槽等。古老滑坡由于产生年代较远,后期的剥蚀夷平作用往往使其形态模糊不清,识别较为困难。应关注山体斜坡是否平顺、山坡上是否可见环谷状洼地、河流阶地的连续性是否突遭破坏、河岸是否出现不正常突出或岸边有漂石局部集中、坡体上是否有“马刀树”“醉汉林”分布等特征,有上述特征之一者都有可能是古老滑坡,进行公路工程建设应特别慎重。滑坡识别工作中,应重视以下方面的工作。

1)资料收集与实地调查

广泛收集项目区的地形、地质、气象、水文、地震以及可能有的调查、勘探等资料,为后续合理安排地质调查工作提供基础数据。资料收集应强调实地调查的重要作用,重点收集当地居民、国土、公路、水利等部门的既有滑坡资料,避免因信息交流不畅带来的调查漏洞。

如云南某高速公路滑坡,前期调查及选线过程中,没有发现早已出现的滑坡变形迹象,没有收集国土部门地质灾害监测数据资料,导致路线走廊从滑坡区域通过。尽管高速公路以扰动性较小的桥梁形式从坡体前部通过,但滑坡仍产生了变形,通过后期补充勘察,发现该处为大型破碎基岩滑坡,滑坡体积近200万m^3,滑面深度近40m,治理费用超过6000万元。

另外,航片具有信息量大、分辨率高的特点,可以十分逼真地显示地面上的许多景物,克服了地面调查的局限性。因此,有条件时,应重视航片资料的收集,包括不同时期航片的收集,进而可以明确滑坡在一定阶段内的动态变化,判断其稳定性。

2)工程地质调查

滑坡的识别工作需要在重视地质的原则下,通过地貌形态、水文地质现象、地层和地质构造、变形迹象等大概念角度分析判别,并注重实地调查取证工作。主要体现在以下3个方面。

(1)地形地貌调查。注意阶地分布高程与斜坡上台阶分布对比,特别注意15°~30°的长大斜坡和台阶状斜坡及沟谷分布和形态调查;在大型断裂走廊带的河岸选择相对稳定的地段通过,避开大型滑坡和不良地质体,断层部位易形成沟谷地貌,且多为活跃性泥石流沟谷。

(2)地层岩性和构造分布与产状调查。易滑坡体结构与易滑地层调查,判断滑带地层;注意断层的调查,尤其是密集分布的活动性断层,导致地层岩性极破碎,易在外界干扰下出现滑坡灾害。

(3)水文地质调查。汇水面积、泉水湿地、灌溉水等调查。

成都理工大学对锁固段型滑坡、挡墙溃屈型滑坡、关键块体模式滑坡、滑移—弯曲型滑坡、深层倾倒型滑坡等滑坡的识别做了大量研究,总结了各类滑坡在地形地貌、地质构造、坡面裂缝等方面的主要表现,有效指导了同类型滑坡的识别。对于受河流下切发生强卸荷作用岩质斜坡,有时不具备明显的滑坡地貌形态,需要对斜坡的岩层产状仔细调绘,若未能发现坡体因卸荷作用而发生岩层产状的边坡,在工程开挖、施工堆填等作用下往往会造成坡体的变形滑动。

3)勘察与监测相结合

工程勘察与监测技术的综合运用,可以达到查明滑坡地质情况的目的。如查明滑坡地层情况、查找滑带和其他软弱层位置、确定地下含水层层数埋深等,勘察与监测相结合的判识方法对于多级多块、大型复杂滑坡的识别效果卓越。

4)高精度新技术应用

随着新技术的发展,高精度遥感 + InSAR 技术用于滑坡灾害普查,机载 LiDAR 或无人机航拍等用于滑坡灾害详查,地面调查或监测预警等用于滑坡隐患核查。各种新型技术作为早期识别滑坡的手段,其作用日益突出。

2000—2018 年期间,成都理工大学采用 LiDAR 识别已有“损伤”的九寨沟芦苇海区域斜坡;采用遥感手段对比浙江丽水苏村滑坡影像资料,识别出该滑坡正在变形。2013 年,重庆市南岸区某路段采用“云眼”智能监控技术对边坡进行识别与监控,保证了施工期公路运营安全。2015 年 1 月至 2017 年 5 月,成都理工大学采用无人机遥感技术多次识别甘肃永靖县盐锅峡黑方台党川滑坡及陈家 8 号滑坡形成及变形发展过程。2016 年,贵州率先引进 InSAR 开展地灾隐患的早期识别,多年来全省共监测发现疑似滑坡形变区 2000 余处,核查确认新地灾隐患 600 余处。2018 年,中交第一公路勘察设计研究院采用无人机航拍手段识别正在变形的樟木老海关至友谊桥段滑坡群。2019 年,自然资源部部署开展了基于综合遥感技术的地质灾害隐患识别示范工作,确立了以综合应用空天地多源遥感观测技术、以“形态、形变、形势”为识别内容的重大隐蔽性地灾隐患早期识别思路,构建国家级和省级隐患识别中心,推动全国地灾高中易发区地质灾害综合遥感识别。

5)滑坡稳定性判断

在识别大型滑坡(群)后,应从自然条件、作用因素及其变化上对滑坡的稳定性开展评价。中铁西北科学研究院老一代研究者从长期的生产实践中总结出 8 个方面的滑坡稳定性判断方法,简称“工程地质八大法”。前 4 个方法从地貌形态演变、地质条件对比、滑动因素变动分析和滑动前迹象判定滑坡的稳定性,后 4 个方法主要从山体平衡检算、斜坡稳定性计算、坡脚应力与岩土强度对比分析和工程地质比拟计算方面检算滑坡的稳定度,这里不再一一赘述。

3.2.2 大型滑坡分级分块

在漫长的历史进程中,某些促使滑坡发生的环境条件可能重复出现,导致滑坡群中的滑坡多期次滑动,每次滑动的范围又不完全一致。另外,在某些大型滑坡内部,不同时期复活的范围不同,均可能造成滑坡体的叠置,形成空间结构比较复杂的滑坡。除滑坡体的叠置外,一般一个大型滑坡,由于地形地质条件的复杂性,其滑床往往会有一些起伏,在某些部位形成潜在的滑坡剪出口或滑坡后缘拉裂部位。因此,需要把滑坡分成若干块或若干级,查明各块、各级间的空间关系,评价其各自的稳定性,尤其分析其相互间的影响。

滑坡分条、分级、分层的调查和勘探,不但能够正确认识滑坡的坡体结构和发育过程,同时为正确有效防治滑坡提供了重要的科学依据。以往滑坡治理失败的教训多半是对滑坡的结构和性质认识不清,将牵引式滑坡和推移式滑坡混淆,将一个大的滑坡区作为一个整体滑坡,从上到下多级一起计算,导致推力巨大,无法治理或工程量浩大,殊不知一般牵引式滑坡只需稳定前部1~2级,后级在前级还未滑动时仍然保持稳定。另外,受知识水平和其他条件限制,滑坡范围判定不足或漏判深层滑面(带),也易造成工程破坏。

滑坡沿河(沟)岸宽数百米,垂直河岸方向长数百米、上千米,体积达数百甚至上亿立方米,使初涉滑坡的技术人员不知如何调查和治理。实践证明,滑坡常常是由多个滑动条块构成的一个滑坡区,沿河流方向以冲沟为界可分若干条,从河边向上在高程上可分若干级,在滑坡深度上常有多层滑面分为若干层。各个条块的发生年代、滑动次数、滑动方向和距离以及稳定程度都不尽相同,但它们之间又是有联系的。一般需查明滑坡产生的条件、因素、结构、性质和滑动过程,及其与相邻条块之间的关系,将其逐一分解,针对每一条块进行调查和勘探,再评价其发展趋势与稳定性,对不同条块制订不同的防治方案和措施。

1)从地貌形态上判定滑坡的条块、级数

一般滑动过的滑坡各条块的滑动速度、距离和滑动次数不同,会在两条滑块之间发生相对位移,岩土体被拉裂。岩体滑坡还受构造因素影响,如断层破碎带和节理密集带,后被地表水冲刷形成沟谷,这些沟谷即为不同条块的边界。滑坡条块间的冲沟在滑坡后缘多表现出"双沟同源"现象,与正常稳定山坡上的较顺直冲沟不同。

自然界斜坡之所以产生滑坡,除不利的坡体结构外,一种诱因就是河流下切形成了临空面,侧蚀坡脚,前缘坡体卸荷,失去了支撑力,靠河一级滑动后,上部一级因失去下部支撑力而接着滑动,形成第二级、第三级,甚至第四级。滑坡从前缘或河边到后缘发育多级缓坡平台或反坡平台,除构造剥蚀或堆积平台外,多是由坡体多次、多级滑动形成的滑坡平台,可将滑坡分为若干级,每一级的稳定程度不同。

河岸边的滑坡,包括一、二、三级阶地后缘的滑坡,多数是牵引式滑坡,只有少数是由后部山体自然崩塌加载或地震形成的推移式滑坡。

2)从坡体构造和结构上划分滑坡的条块和层级

地貌是斜坡地层岩性、结构和构造等内在条件的外观表现,滑坡条块和层级的划分必须以内部结构条件为基础。通过对斜坡地层岩性和构造格局的详细调查和分析,将斜坡划分为若干个滑坡单元,每一单元可形成一级滑坡,推断滑坡有几层滑面,再对各滑坡条块布设主轴勘探断面和必要的辅助断面及横断面,查明地层岩性分布、风化程度、埋藏构造、滑动面(带)的层数、位置和形状,以及地下水的分布,即可确定各条的性质和各条块、级、层间的关系。

3)从滑坡的变形迹象判定其稳定程度

变形迹象主要指地表裂缝,建筑物(如房屋、水沟、挡土墙、桥梁和隧道等)的变形和开裂,及坡体前缘的坍塌等。滑坡裂缝有一定的分布规律,后缘为拉张裂缝,两侧为羽状裂缝和剪切裂缝,前缘为放射状裂缝和鼓胀裂缝,根据判定的滑坡属性和层级,结合裂缝出现的先后次序,将滑坡划分为蠕动挤压、缓慢滑动、加速滑动与剧滑破坏、滑动后暂时稳定或永久稳定4个阶段,各阶段有不同的稳定系数。

(1)蠕动阶段:滑坡中部主滑段的软弱带处于封闭条件下,由于种种原因,软弱带抗剪强度降低,产生蠕动变形,但未形成连续的剪切面,引起后部岩(土)体产生破坏,在地表上反映为滑坡后缘出现不连续的、隐约可见的微裂缝。由蠕动阶段向挤压阶段过渡时,后缘裂缝呈张开微下错状,仍未贯通,滑坡微地貌特征不明显[图3-7a)],滑坡的整体稳定系数大于1.05。挤压阶段:滑体中部及后部向前产生少量移动,致使前端抗滑部分受挤压,促使抗滑段产生剪切。此时,除抗滑段外,中后部软弱带的剪切面已贯通,滑带也已形成。在地面上反映为后缘的拉张裂缝已贯通,并有少量下错,两侧出现羽状裂缝但并未贯通、错断。由挤压阶段向滑动阶段过渡时,两侧羽状裂缝贯通,但仍未错断,滑坡前缘受挤压,斜坡出现"X"型裂纹,并有局部坍塌现象。有时在滑坡剪出口附近出现带状分布的泉水或湿地。滑坡微地貌特征相继出现,滑坡整体稳定系数为1.05~1.00。

(2)缓慢滑动阶段:整个滑体沿滑面做缓慢移动的阶段,当抗滑段滑带形成,滑坡的整个滑带已全部贯通。随着滑坡的缓慢移动,地面变形加剧,滑体结构松弛,地表平均坡度降低,后缘张开裂缝错距增大,有的滑体在后部出现反方向的下错裂缝,两侧的剪切裂缝贯通,羽状裂缝被错开,前缘隆起,产生不连续的鼓张裂缝和放射状裂缝,并出现小量坍塌。滑坡微地貌特征比较明显[图3-7b)]。由滑动阶段向剧滑阶段过渡时,前缘鼓张裂缝和放射状裂缝贯通并张开,滑速增大滑体变形加剧,滑坡整体稳定系数为1.00~0.95。

(3)剧滑阶段:滑坡出现明显的滑移[图3-7c)],滑体结构进一步松弛,地表纵坡更趋平缓,后缘错壁高陡,擦痕鲜明,错壁后缘产生断续的张裂缝,且不断坍塌,错壁底部出现封闭洼地或滑坡湖,前缘斜坡产生大量坍塌或被推垮,能量充分释放,滑动过程中往往伴随着气浪、巨响等现象,滑坡微地貌特征更加清楚,其整体稳定系数为0.9~0.95。

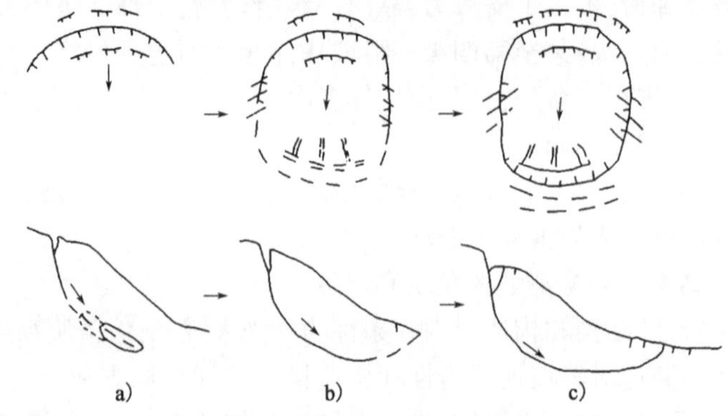

图3-7 坡体变形发展阶段示意图

a)蠕动挤压阶段;b)滑动阶段;c)剧滑阶段

(4)滑后稳定阶段：滑坡由剧滑转向停止后，滑体不断压实，滑带土排水固结，重心降低，稳定程度不断提高，滑坡在较长时期内保持稳定，稳定系数 $K \geq 1.0$。

3.2.3　大型滑坡绕避关键技术

大型滑坡绕避技术，是指对大型滑坡影响路段采用路线策略以平面或高程方法绕避滑坡危害的防治技术。大型滑坡绕避的关键技术是查明滑坡稳定状态。

公路通过稳定程度较低、成因机制复杂的大型滑坡(群)时，基于安全、经济、绿色、环保等因素，应首先选择绕避方案，以纵横向绕避为原则，主要包括隧道绕避、桥梁跨河绕避、桥梁跨越滑坡绕避等措施，以远离滑坡为宜，充分发挥隧道和桥梁的避灾功能，摒弃传统的"沿河修建"思路，尽量减少路基，代之以"隧道 + 连接桥梁于中、高位展布通过"的原则。

公路通过级块间稳定程度不同但总体稳定程度较低且复杂的大型滑坡(群)时，基于滑坡分级、分块特征，考虑滑坡不同级、块的稳定性程度，选择局部线路绕避、结合支挡预加固的工程措施通过。以不降低滑坡稳定性为前提，宜选用由滑坡后部挖方通过或由滑坡前缘填方通过的路线方式，最大限度实现绕避灾害目标。布设线、桥、隧时，应以"少扰动或不扰动滑坡"为原则。公路主体工程设计时，应避免把构造物设在不良地质体上，构筑物应具有一定的抗灾能力(如考虑桥梁的净空和桥墩的防护工程)，同时合理配置灾害整治措施，主动预防灾害，保障道路安全。

公路通过稳定程度较高的大型滑坡(群)时，应分析公路工程与滑坡之间的相互作用，以不降低滑坡稳定性为前提，宜选用由滑坡后部挖方通过或由滑坡前缘填方通过的路线方式，也可以结合支挡等综合防治措施治理滑坡。

青山遮不住，毕竟东流去。人与自然的和谐，不外乎此消彼长的博弈。中小型滑坡及简单大型滑坡的整治体现人类认清灾害、直面灾害的勇气，复杂大型滑坡(群)的绕避则是人类向自然妥协、与灾害共存的睿智。不论哪种选择，都是滑坡防治的主要技术手段，完美体现了科技发展洪流中多学科交叉融合的大趋势。

3.3　典型案例

"102"滑坡群是国道 G318 线川藏公路西藏境内规模最大、危害最严重的滑坡群，位于西藏自治区波密县易贡乡通麦以东 10km 处，帕隆藏布江右岸原 102 道班附近。"102"滑坡群处于帕隆藏布江峡谷地段，分布有 6 处滑坡，起讫桩号 K4078 ~ K4081，影响公路里程近 3km。

20 世纪 50 年代初修筑川藏公路时，"102"滑坡群已有成灾迹象，遂于 2 号滑坡路段修建防泥走廊，但公路路基变形持续发展。1988 年，通麦地区降雨特别丰富，年降水高达 1300mm 以上，整个斜坡蠕滑变形。1988—1990 年，2 号滑坡路段每年雨季路基下沉 0.5 ~ 1.0m，公路内侧边坡多处坍塌，堆积物侵占路面 1/3 ~ 2/3，严重影响通行。且在此期间，坡体前缘多次遭洪水冲刷，岸坡后退近 30 ~ 40m，形成高 20 ~ 25m 陡坎，坡脚起抗滑支撑作用的土石被冲走，边坡稳定性进一步降低。1991 年 6 月 16 日，此段公路路基急剧下降 2m，17 日又下沉 1m，18 日路基边坡局部开始坍塌，至 6 月 20 日下午 2 时左右，整段滑坡突然快速下滑，大量物质高速滑入江中，形成北岸高、南岸低的堵河滑坡坝。堵河滑坡坝在北岸高达 50m，南岸高 10m 左右，平均高超过20m，江水回流3km多，堵江40min后溃决，急流冲刷江岸，引发1号、3号、4号、5号、6号滑坡的产生、复活和扩大，形成"102"滑坡群，如图3-8所示。

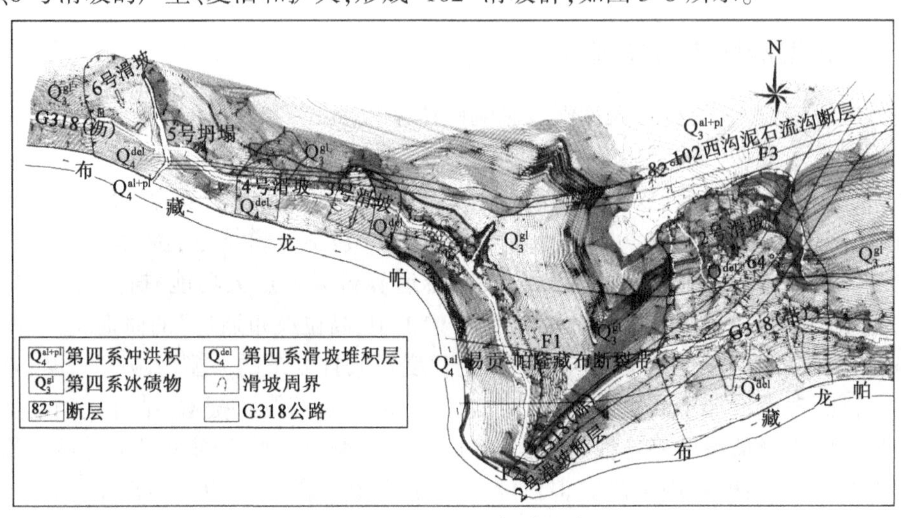

图3-8 "102"滑坡群整体分布

3.3.1 区域环境地质条件

1)地形、地貌

"102"滑坡群处在帕隆藏布江峡谷地段，属典型强切割高山峡谷地貌。受岩性和地质构造控制，帕隆藏布江在此段落蜿蜒曲折，侧蚀强烈。峡谷两侧山顶为现代冰川，下部为山麓古冰碛物和冲、洪积物组成的台地。受古地形控制和现代沟谷侵蚀，台地不完整，多悬挂于帕隆藏布江凹岸，江边坡脚基岩断续出露。台地平均高程2450m左右，高出帕隆藏布江河床400m左右。台地前缘为高陡斜坡，平均坡度40°左右。

"102"滑坡群主要发育在台地前缘的高陡斜坡地段(图3-9)。滑坡地段地貌单元自下而上可以分为水体、河漫滩及低阶地、陡岩、台地、坡积裙、剥蚀山地。

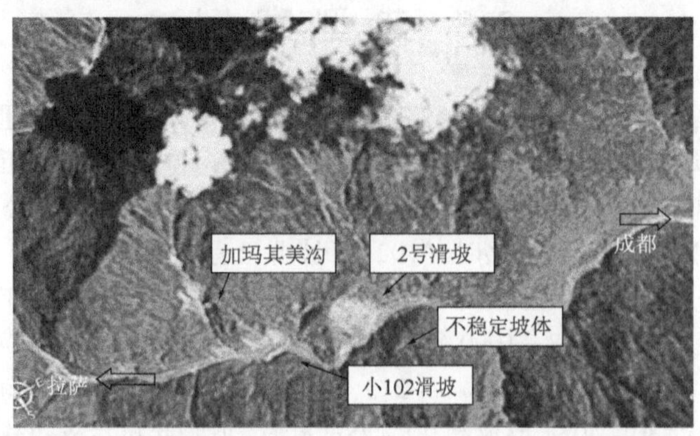

图3-9 "102"滑坡群地形地貌卫星图

2)气候

"102"滑坡群地处藏东南雅鲁藏布江大转弯东北侧的河谷地带，属亚热带气候。受印度洋暖湿气流沿雅鲁藏布江大峡谷北进影响，这里气候温和、湿润，全年温差较小，春秋季节长，冬夏季节短且不明显，一年分雨旱两季，即5—10月的雨季和11月—次年4月的旱季。多年平均气温11.9℃，冬夏温差小，属亚热带北缘特有的暖热气候。

这一带地处深切割峡谷，南下寒冷气流与北进暖湿气流相遇，形成了特殊的气候特征，降雨量较之邻近地区要大，多年平均降雨量约1000mm。雨季降雨量约占全年降雨量的70%，旱季降雨量约占30%。就降雨量而言，“102”滑坡群地段有以下特点。其一，日降雨量小，降雨日多。6—8月多年平均雨日率达75%～80%，日降雨量不大，多为连阴雨天，一般日降水仅为几毫米到十几毫米，日降水量在20mm以上的天数不多，暴雨更是罕见。其二，年降雨量大，年际变化小，降雨量存在垂直梯度。根据中科院成都山地所和西藏自治区交通厅科研所的《川藏公路102滑坡发展趋势及整治方案研究》(1997年)，在“102”滑坡群地段，高程每升高100m，平均月降水量增加66.2mm。

“102”滑坡群地段总的气候特点是具有周期性变化规律。20世纪50年代是高温高湿和干暖年代；60年代是湿润丰水年代；70、80年代前期偏干旱；80年代中后期至90年代降雨增多，趋于高温高湿。高温高湿多雨年份灾害多、规模较大，低温少雨和干暖年份灾害较少、规模偏小，“102”滑坡群发生的1991年正是丰水暖湿年份。

“102”滑坡群处于亚热带北缘深切河谷下部，一年旱雨两季节，属高温高湿环境。水热组合除短期的气候波动外，更有历时几十年的长期变化。滑坡的发生发展，除了与地形、地质条件、地震和水文有密切关系外，气象气候环境，尤其是水热组合变化也有很大影响。2号滑坡地段有大量地下水、泉水成带，这和冬春降雪多，夏季雨水丰沛密切相关。由于地下水活动和地震等作用触发了滑坡。

3)地层

“102”滑坡群地段的地层岩性较为复杂，主要分布有第四系全新统滑坡堆积层(Q_4^{del})、冲洪积层(Q_4^{al+pl})、崩坡积层(Q_4^{c+dl})，第四系晚更新统冲洪积层(Q_3^{al+pl})和冰碛层(Q_3^{gl})，基岩为前震旦系冈底斯群花岗片麻岩(A_nZ_{gd})。

(1)第四系全新统(Q_4)。

第四系全新统的崩坡积层主要分布于“102”滑坡群2号滑坡两侧山坡地带表层、3号及4号滑体上部，岩性以碎块石为主。

滑坡堆积层分布于“102”滑坡群2号及3号滑坡体上，岩性以块碎石为主，结构松散，有架空现象，工程性质较差，为不良岩土体，厚度一般为5～35m不等。

冲洪积层分布于帕隆藏布两岸漫滩及冲沟底部，岩性以块碎石为主，多有架空现象，工程性质较差，厚度一般为3～10m。

(2)第四系晚更新统(Q_3)。

第四系晚更新统为地下水活动的主要空间分布于2350～2500m之间的平台一带，为一套间冰期的中粗砂角砾碎石土层，总厚度180m左右。

冰碛层主要出露于海拔2120～2350m之间的斜坡中下部，底部不整合于通麦花岗片麻岩上。岩性为粉细砂、中砂、漂砾角砾碎石层，颜色以灰色为主，内部无分层，混杂堆积，无明显上下层序，其中块碎石占50%～60%，粒径一般2～50cm，最大可达400cm，成分以花岗片麻岩为主，夹石英岩、角闪石英片岩等，块碎石以微风化为主。块碎石内部充填物以中粗砂为主，黏粒含量较低。该套地层结构紧密，为弱透水层，其物理特征表现为密度 21.00～22.00kN/m³，孔隙率为 33% 左右。

(3)前震旦系冈底斯岩群(A_nZ_{gd})。

该组岩层岩石类型为花岗片麻岩，岩性为花岗岩、混合岩、混合花岗岩、花岗片麻岩、黑云母角闪石英片岩等，通称通麦片麻岩，岩层产状 50°～70°∠50°～80°。出露于“102”滑坡群 2 号滑坡地段以东 200m 以外和滑坡前缘西侧河岸、帕隆藏布左岸及“102”滑坡群 2 号滑坡后部平台后缘谷坡以及“102”东沟和西沟中。受构造作用影响，节理裂隙发育，岩体较破碎。密度介于 26.0～28.5kN/m³，天然抗压强度为 35.33～88.60MPa，饱和抗压强度为 27.91～63.48MPa，属较坚硬岩类。该岩层强风化带地表物探测试 V_p = 2050～2500m/s，弱风化带地表物探测试 V_p = 2800～3200m/s。

4)新构造运动与地震

(1)区域地质构造。

总体上青藏高原的活动构造带可归纳为东西向压性带、南北向张性带、北西向右旋走滑带和北东向左旋走滑带，活动构造带的力学性质显示高原南北受压、东西拉张的新构造应力场。“102”滑坡群附近的通麦温泉说明这一区段新构造运动活动较强烈。通麦附近区域的最大主应力方位为 221°，最小主应力方位为 312°，场区及周围地区现代构造应力场所呈现的基本特征为北东—南西向挤压。工作区构造单元划分如图 3-10 所示。

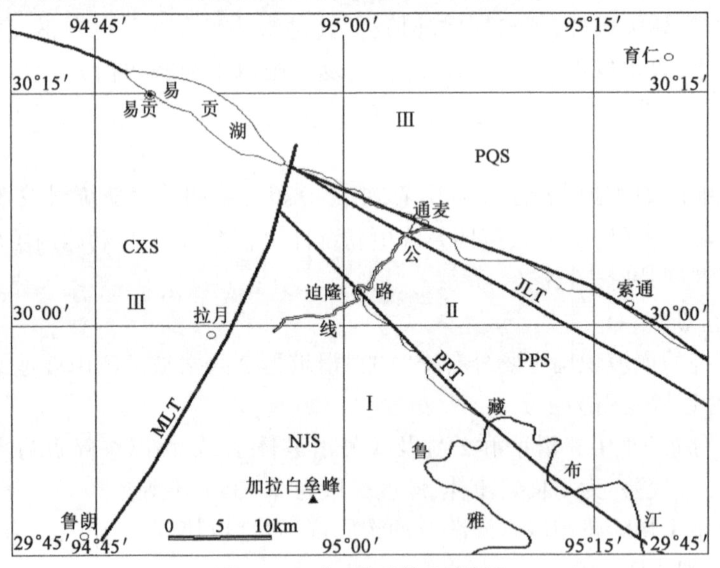

图 3-10 工作区构造单元划分图

Ⅰ-南迦巴瓦构造楔进地体(NJS)；Ⅱ-迫隆—旁辛结合带(PPS)；Ⅲ-冈底斯—念青唐古拉板片；PPT-迫隆—旁辛深断裂带；MLT-米林断裂带；JLT-嘉黎深断裂带；CXS-长青温池—兴凯陆缘岩浆弧前锋带；PQS-普拿—倾多弧背冲断带

与工程特别是隧道紧密相关的新构造是“通麦—忠康断裂”，该断裂为区域性嘉黎深大断裂南东段的组成部分，断裂南东起于忠康附近向北西经通麦北至易贡湖南东端附近与易贡—金珠拉断裂汇合。断裂走向 NW310°，倾向 NE，倾角 50°～80°，区内全长约 50km。断层性质为正断层兼右旋走滑断层，102 道班东测得断层泥年龄(45.45±3.86)ka；102 道班东 5km 测得断层泥年龄(41.18±3.51)ka；比通南东测得断层泥年龄(38.42±3.26)ka，断裂为晚更新世活动断裂,属非全新活动断裂。

(2)地震活动。

"102"滑坡群位于欧亚板块与印度板块的缝合线上,受印度板块强烈挤压插入作用,新构造运动极其强烈。印度板块以50~60mm/年的速率向青藏高原(欧亚板块南部)推进;在雅鲁藏布江下游的喜马拉雅山南部边界地区板块碰撞边界上,印度板块以60mm/年的速率向喜马拉雅山下插入;"102"滑坡群受到15mm/年速率欧亚板块东移推挤作用,发育了一组穿透性垂直于近东西方向的帕隆藏布和拉月曲的节理,一般产状为287∠87.5°。南北方向上的水平挤压运动,使山体和岩层内积蓄了巨大的地应力,在河流下切过程中,应力释放,形成诸如帕隆藏布两岸广泛发育的顺河节理,一般产状为176∠78°。滑坡区西南角横过帕隆藏布至加马其美沟下游拐弯处的基岩断层破碎带,也在这组近南北向强大挤压应力作用下错位扭动形成。两组节理使得川藏公路帕隆藏布200多公里地段表现为豆腐块式的老基岩地层。第四纪地层由于生成时间晚,对此类地壳水平运动的遗留痕迹不明显。

地震是地壳运动最直接的表现形式,是新构造运动的主要内容之一。"102"滑坡群附近及外围地区地震活动频繁。1980—1996年,林芝—波密地区发生14次$MS=4.0\sim5.9$级的中强震。山坡变形、滑动主要发生在此期间,说明坡体变形与地震关系密切。对"102"滑坡群的形成和发展有明显影响的地震活动有以下几次:

1950年8月15日,察隅发生$MS=8.6\pm0.3$特大地震,其后数天内发生$MS=6.0\sim6.3$级余震8次,直接影响波密和通麦一带,导致加玛其美沟两岸滑坡堵沟。察隅大地震发生后,伴随着余震和地震活跃期的到来,1950年波密地区发生3次强地震的持续作用,扰动了土体,严重影响了处于极限平衡状态的山体的稳定。

1962年7月29日,迫龙附近4.8级地震对拉月大塌方地段和"102"滑坡群地段山坡稳定影响巨大。1982年"102"滑坡群北东6.5km处发生5.3级地震,成为"102"滑坡群地段山体和公路出现裂缝、沉陷、滑动的直接触发因素。

2003年8月18日,波密县扎木镇南13km发生5.7级地震。由于此次地震的发生与NW向嘉黎断裂和NE向扎木—马尼翁断裂活动有关,对"102"滑坡群的稳定性有一定影响,2号滑坡后壁坍塌滚石有较为明显的增加。2005年6月2日,发生于墨脱附近的5.9级地震对"102"滑坡群的整体稳定影响较弱,但判断2005年雨季2号滑坡后壁更加严重的坍塌滚石与此次地震有关。

(3)地震烈度。

根据我国1∶400万地震动参数区划图,"102"滑坡群地区抗震设防烈度为Ⅷ度;地震动反应谱特征周期表(C1)区,滑坡区设计基本地震加速度为0.2g;另据《国道318线川藏公路通麦至105道班整治改建工程场地地震安全性评价报告》,通麦镇和通麦桥50年超越概率10%的基岩水平加速度峰值分别为248gal和246gal,此结果与烈度区划结果基本一致,近场区范围内50年超越概率10%的基岩反应谱特征周期为0.45S。

3.3.2 滑坡特征

1)滑坡群形成的阶段划分

究其历史,"102"滑坡群的形成历经了渐进式发展变化过程,展现出"102"滑坡群特殊的形态与变形特征。

(1)斜坡塑性变形阶段(1938 年以前)。

据航空摄影图像分析,2 号滑坡是在老滑坡基础上发育的。老滑坡长 343m,宽 292m,前缘直抵帕隆藏布河床,但没有明显滑出迹象。滑体中、上部呈凸形,舌缘下降 40m,滑体十分完整,属一次推动式整体蠕动性滑坡。老滑坡发生的时间在 20 世纪 50 年代初期川藏公路修建之前,据 1966 年航空摄影图上清晰的滑坡图像分析,老滑坡发生时间可能在 1950 年察隅大地震中,地震对此段高陡斜坡有较大的破坏作用。

(2)斜坡地表开裂、缓慢变形阶段(1938—1986 年)。

滑坡发生前的地表开裂变形自 1950 年察隅大地震算起,断续的缓慢变形一直持续到 1986 年。

(3)斜坡加速变形阶段(1986—1991 年)。

1988 年降雨相当丰富,引起整个斜坡的蠕滑变形,滑动面(带)即将贯通,到 1990 年,每年雨季路基下沉 0.5 ~ 1.0m,公路内侧边坡多处崩塌,堆积物侵占路面,堵塞边沟,严重危害通行安全。前缘多次遭洪水冲刷,岸坡后退 50 ~ 70m,形成高 20 ~ 25m 的陡坎,坡脚起抗滑作用的松散土、石被洪水冲走,使老滑坡稳定性降到快速滑动的边缘。1991 年 6 月路基突然加剧变形,预示着大规模整体滑动即将开始。

滑坡滑动发生前的突变特征和各种异常现象统称为滑坡剧滑前兆。据调查,1991 年 6 月 16 日公路路基急剧下沉 2m,17 日又急剧下沉 1m,18 日路基边坡局部开始坍塌至 6 月 20 日下午 2 时左右,整段边坡失去平衡,突然快速下滑。滑坡发生后,下部物质处于饱和状态,当时有人经过,被陷下后无迹可查,以此分析,滑坡滑动时,下部强烈饱水已成流塑状,以致堵江后很快就溃决。1991—1997年每年的洪水将坡脚大量固体物质冲走,并形成宽 30 ~ 80m 的边滩。滑体上被冲蚀成深 10 ~ 20m 的 5 条冲沟,经计算被河水冲走的坡面侵蚀方量达 153 万 m^3。

(4)斜坡趋向稳定阶段(1991 年以后)。

据现场调查和近年来对"102"滑坡群所在斜坡变形动态分析,1991—1992 年多处滑坡和崩塌较大范围变形破坏之后,斜坡较为稳定,没有明显滑塌发生。2 号滑坡经过一次大的滑动后势能大大降低,后又经过坡面泥石流的冲刷,致使滑体厚度变薄。经过一期临时保通工程和二期完善保通工程过后,"102"滑坡群基本处于稳定状态,仅 2 号滑坡后壁大面积坍塌、坡面泥石流给公路正常运营带来了较大的危害。

2)滑坡基本特征

"102"滑坡群中,2 号滑坡规模最大、地下水最发育、地质条件最复杂(图 3-11)。2 号滑坡位于国道 G318 线 K4078 + 640 ~ K4079 + 125 段,为一大型深层堆积体滑坡,边界呈不规则长方形,前缘宽 420m,中部公路段宽 350m,后部宽 300m,斜长 550m,平均厚度 30m,现有体积约 220 万 m^3。滑坡前缘最低海拔 2140m,后缘最高海拔 2460m,相对高差达 320m。堆积体表面平均坡度 32°。坡体表面呈阶梯状,发育有数级平台,后壁高陡,呈东西弧形状展布,东段高差 80 ~ 90m,中段高差约 40 ~ 50m,西段高差 60 ~ 70m,后壁坡度 45° ~ 70°。2 号滑坡表面发育 5 条较大的冲沟,一般切割深度 5 ~ 15m,最大切割深度超过 20m。2 号滑坡滑动面发育在第四系巨厚松散堆积层内部,滑带土为碎石土,滑动面呈上陡、下缓的弧形。滑体组成物质主要有第四系坡—崩积物、冲—洪积物、冰碛物等,为块碎石土,结构松散。

图 3-11　2 号滑坡全貌

2 号滑坡自 1991 年发生大滑动以来，坡面较缓，重心降低，势能减少，但促使滑坡进一步变形破坏的外在条件未变。在降雨、地下水、人类工程活动等因素作用下，滑体局部多次出现变形破坏现象，坡面多次发生泥石流、崩塌、滚石等灾害。滑坡稳定性分析计算及变形监测结果表明，2 号滑坡整体处于蠕动变形阶段，在暴雨、地震、洪水等因素作用下有再次滑动的可能。2 号滑坡变形特征及危害如图 3-12 所示。2 号滑坡工程地质剖面如图 3-13 所示。

图 3-12　2 号滑坡变形特征及危害

a)2 号滑坡西侧冲沟；b)2 号滑坡东沟；c)2 号滑坡翻车事故；d)2 号滑坡淤埋公路

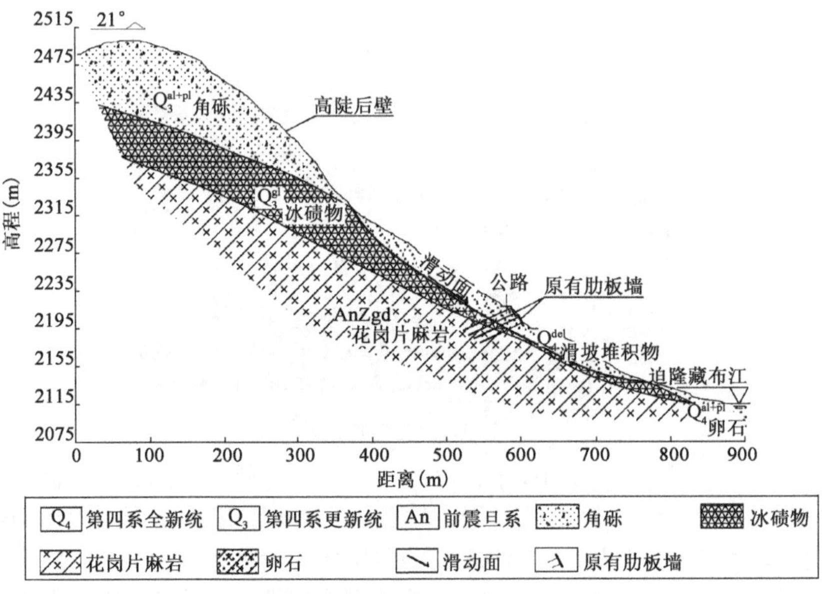

图 3-13　2 号滑坡工程地质剖面图

3.3.3　滑坡形成机理及发展趋势

1)滑坡形成机理

“102”滑坡群的形成是各种环境因素长期共同作用的结果。环境因素主要为地形、地质、构造、气候、地下水、洪水等。根据其作用类型和程度概括为基本因素和诱发因素。

(1)滑坡群形成的基本因素。

①高陡的斜坡地形。

滑坡区属典型强切割高山深谷地貌,滑坡两侧山体突出,为凹形地带,后侧为老冲洪积与古冰碛等松散物质组成的平台。平台海拔 2450m 左右,高出帕隆藏布河床近 400m,高陡斜坡平均坡度 41°,普遍陡于固体物质的休止角。地形条件使斜坡地带的松散物质具有了很高的势能,加之圈椅状地形,有利于地下水和地表水汇集,松散固体物质饱水后势必发生力学性质变化,极易导致滑坡失稳。

②巨厚的松散物质。

沿帕隆藏布一带,分布有深变质基岩,同时也是滑坡发育的唯一下伏基岩,岩性为花岗片麻岩,产状 36°∠56°。高陡斜坡上分布着一层第四纪晚更新世的冰期~间冰期沉积物。根据成因、力学特征、滑动程度,可分为两部分,下部古冰碛为一层含砂砾的碎石土,分布于海拔 2120~2350m 之间的沿河陡坡中、下部,底部不整合于花岗片麻岩上,厚度 256m 左右,结构紧密,透水性差,为滑坡区的隔水层,稳定性较强;上部为老冲洪积一层杂色含砾碎石土,分布于海拔 2340~2500m 之间的陡坡中、上部,厚达 180m 左右,结构疏松,透水性强,是滑坡区地下水和地表水的活动空间,也是滑坡的主要滑动物质。2 号滑坡大滑动后,该套地层形成高陡的滑坡后壁,由于其结构松散,受地下水作用,极易产生坍塌,从而使得变形体范围不断扩大。

③强烈的地质构造和地震。

2 号滑坡发育于拉萨—波密褶皱带东延部分，即北东向的林芝断裂与北西西向的波密断裂相交的复合部位，地质构造运动十分强烈，发育顺河节理（176∠78°）和斜交节理（287∠87.5°），这两组穿透性节理基本控制了区内滑坡的运动方向并加剧了坡体变形，对滑坡的形成起到了积极作用。强烈的地质构造运动一直延续到现在，据测量计算，该地区每年以6.2mm的速度抬升，以 1.1mm 的速度下切，这势必加剧了高陡边坡的破坏和松散物质的变形。频繁的地震，也是最新地质构造运动在该区强烈活动的表现形式之一，据西藏近 100 年来的地震资料分析表明，帕隆藏布流域的滑坡与地震关系十分密切。1950 年 8 月察隅 8.6 级大地震，无疑是诱发该滑坡群的根本所在；1962 年 7 月发生于老虎嘴附近的 4.8 级地震，导致滑坡体中的东西向和南北向裂缝贯通与扩大，此后不久路段开始出现沉陷和滑动。1900—1996 年间，帕隆藏布附近，发生了中强地震 47 次，均使沿河两岸坡体受到了不同程度的破坏，从而加大了斜坡的不稳定程度。

（2）滑坡群形成的诱发因素。

①丰富而集中的降水。

滑坡地段位于藏东南雅鲁藏布江大拐弯东北角，受印度洋逆江而上的暖湿气流控制，年平均气温 11.9℃，多年平均降水达 1086.1mm，最大年份可达 1364.6mm（1988 年）。根据资料分析，气候变化中水热组合的波动性和周期性也十分明显。从 1940 年开始到 1980 年，降温少水的前半周期结束，转为升温多水的后半周期，预计会持续到 2020 年。大量冰雪融水和充沛的降水作用于松散物质极为丰富的高陡坡面，增加了松散坡体的自重和孔隙水压力，降低了抗剪强度，减弱了稳定性，使处于极限平衡的松散体发生滑动；其次是径流水下渗到滑面（带），软化滑动层，导致滑体位移。丰富而集中的降水是滑坡形成的重要诱发因素之一。

②丰富的地下水作用。

滑坡地段的地下水十分发育，由于下部古冰碛的隔水作用，降水和冰雪融水补给的孔隙水和裂隙水，仅活动于帕隆藏布沿河陡坡中、上部的老冲洪积层中。地下水出露于海拔 2350m 左右，呈东高西低的带状。旱季，地下水出露主要集中在 2 号滑坡及其附近，共计 13 个点，流量分别在 0.43 ~ 2.29L/s 之间。这一带地下水规模，雨季大于旱季两倍以上。钻探揭露的水力坡度约 10.4°。由滑坡平台至滑坡脚的地下水水头差达 300 多米。滑坡地区地下水长期作用于陡坡上的松散物质，对滑坡的发育起到了十分明显的作用。尤其是斜坡出现开裂变形后，地下水的活动加速了滑面的形成；地下水活动使得土体自重增大，促使滑带发生蠕动变形；下渗到滑面的地下水，势必加快这种蠕动变形的速率，直至坡体滑动。

③河流的冲刷作用。

“102”滑坡群各个滑坡地段岸坡横向呈凹形，帕隆藏布河水直冲坡体前缘，特大洪水的强烈侵蚀是滑坡形成的重要因素之一。根据 1953—1996 年帕隆藏布加马其美处水文断面实测数据，结合降雨和有关水文站的资料综合分析计算表明：由于全球性气候升温多雨，冰雪消融加速，降水增大，各相应水文指标均较 1975 年前的 20 年有所增加。帕隆藏布加马其美断面历史最高洪水位 2125m，特大洪峰流量 7990.5m^3/s，洪峰平均流速 7.5m/s，水位差 19m。经过多时相动态计算，滑坡前缘冲刷总方量达 71.3 万 m^3，滑坡发生后的 1991—1997 年，前缘冲刷总方量达 12.4 万 m^3。滑坡前缘的强烈冲刷，势必造成坡脚临空面加大，支撑减弱，导致滑坡滑动。

总之,不良的环境地质条件,包括高陡的斜坡、巨厚的松散堆积物和丰富的地下水、丰沛的降水和融雪及频繁的地震活动是“102”滑坡群产生的地质基础,具有区域性特征。坡降较大的河流凹岸冲刷及较大的降雨是滑坡产生的主要原因。

2)滑坡发展趋势分析。

2 号滑坡自 1991 年发生大规模滑动后,滑坡自身条件及受力状况发生了很大变化,有趋于稳定的一面,也有趋于不稳定的一面,主导为后者。

(1)趋向稳定的因素分析。

滑坡经过大规模滑动后,滑体重心降低,势能下降。滑坡残留体的坡度较滑动前变缓,滑动推力大大降低。滑坡后壁的地下水多以泉水形式出露于地表,且自然排入冲沟,使原补给滑带的地下水有所减少。坡面上形成的 3 条冲沟切割深度较深,使得沟底以上的地下水与地表水得到快速排泄,起到了降低地下水位及疏干土层含水率的作用。大量滑体土被泥石流冲走,减少了滑体重力。临时保通工程在现有路基下方以锚索肋板墙加固,对滑坡的稳定性有一定的提高。

(2)趋向不稳定的因素分析。

滑坡大规模滑动后,滑体在滑动过程中解体,使坡体物质的原沉积结构遭到破坏、空隙增大、物质更加松散,坡面植被也被破坏,使得丰富而集中的降雨和地下水更易渗入坡面而浸润滑带,也是形成泥石流的重要原因。

滑坡体在长达几十年的蠕动变形后瞬间高速下滑,一方面使得滑带土结构破坏,抗剪强度由峰值强度弱减为残余强度,阻滑力减小;另一方面在高速下滑过程中,滑带附近受高温高压作用而产生轻微变质作用,使滑带以下的土体密实度增高,从而形成相对隔水层。由地表经松散坡体渗入的地下水在滑带附近富集,孔隙水压力增大,更降低了滑面的力学强度。同时,滑带以下的地下水受此隔水层影响而具有承压性质,增大了浮托力。

由于滑动后坡体松散,在滑坡东西周界及条界线处坡面水流冲刷形成深达 20 ~ 30m 的冲沟,使得滑体两侧的约束降低,减小了阻滑力。

滑坡滑动后,滑坡后壁形成高达百余米的冲洪积高陡后壁,大量地下水在此出露,每年雨季,由后壁产生的坍塌、落石一部分形成泥石流被冲走,另一部分则堆积于滑体之上,增大下滑力。

该区地震频繁,在工程年限内仍会有不同大小的地震发生,地震作用下滑坡的稳定性势必会更进一步降低。

(3)滑坡稳定性判断。

由于斜坡依旧高陡,滑体物质更加松散,由构造运动及卸荷裂面形成的滑坡周界在滑动后摩阻力更低,导水性更强,诱使滑坡产生的因素日趋恶化。受全球变暖影响,区内降雨量增大,降雨对坡体稳定的影响更加严重,后缘崩塌体不断解体、崩落、加载,加之台顶洼地地下水长期入渗、浸润滑动面,以及可能的地震力作用等因素,滑坡体向不利态势发展的物质及动力条件依然存在,在一定条件下仍有再次滑动的可能。力学计算法综合了计算剖面的稳定性计算成果,在天然、暴雨、地震等工况下的稳定系数分别为 1.10、1.04 ~ 1.05、0.93 ~ 0.95。天然状态下稳定系数1.10,处于基本稳定状态,安全储备较低,随着河水冲刷牵引、地表水和地下水的入渗、加载及浸润滑动面,滑坡的稳定性将会进一步降低,而当滑坡遭遇暴雨或地震等不利组合时,滑坡可能立刻复活。

3.3.4　滑坡防治措施及效果

用发展的眼光看问题,对地质灾害的认识与防治遵循事物的发展规律,是一个渐进过程,与当时的社会背景、经济实力、技术发展及创新能力相匹配,基础建设跨越式认知往往是盲目和激进的。如何有所侧重的采取有效措施保障公路畅通,与公路建设阶段息息相关。

“102”滑坡群在公路运营这一特定时期出现,灾害是公路建设受资金、认识水平、技术发展等特殊限制下的产物,属于历史遗留问题,其治理或绕避不是一蹴而就的。

“102”滑坡群在运营过程中经历多次保通、多次改建,养护历时长、投入大、路况差,至2010年保通投资几千万元,但工程逐渐失效。早期设计以“原位走线 + 保通措施”为主,中期设计以“局部调线 + 工程治理”为主,后期治理以“地质选线 + 大工程”为主,最终以隧道平面绕避的方式对滑坡群中规模最大、危害最严重的2号滑坡进行了根治。

1)滑坡防治措施

(1)保通阶段滑坡防治措施。

1998年,对2号滑坡实施滑坡前缘河边护岸工程。图3-14为1995年102管坡道路状况。

图3-14　1995年102滑坡道路状况

2001年7月至2002年11月,对2号滑坡实施临时性保通工程,主要为适量卸载和冲沟填方,并以预应力锚索肋板墙的锚拉结构形成路基。如图3-15、图3-16所示。

2003年1月至2005年5月,对“小102”路段实施“102”滑坡群完善保通工程,各滑坡并未根治,路面未黑色化,路基的稳定性仍达不到规范要求的安全标准。完善保通工程采用锚索肋板墙形成锚拉路基,并在坡脚实施护岸墙。如图3-17所示。

a) b)

图 3-15　2001 年临时保通实施前 102 滑坡道路状况

a) b)

图 3-16　临时性保通后的 2 号滑坡

a）锚索肋板墙；b）临时保通全貌

a) b)

c) d)

图 3-17　完善保通后的小 102 滑坡（3～6 号滑坡）

(2)保通阶段后期道路状况。

2004 年,2 号滑坡高陡后壁开始崩塌、落石不断,坡面泥石流发生频繁,下边坡部分锚索肋板墙基础暴露,局部出现悬空,道路在雨季需强行保通才能维持通行。

“小 102”路段的完善保通工程并未对滑坡进行根治,路基的稳定性达不到规范要求的安全标准。3 号滑坡前缘坡脚护岸墙受帕隆藏布河水顶冲,局部工程损毁。如图 3-18 所示。

a)　b)　c)　d)　e)　f)

图 3-18

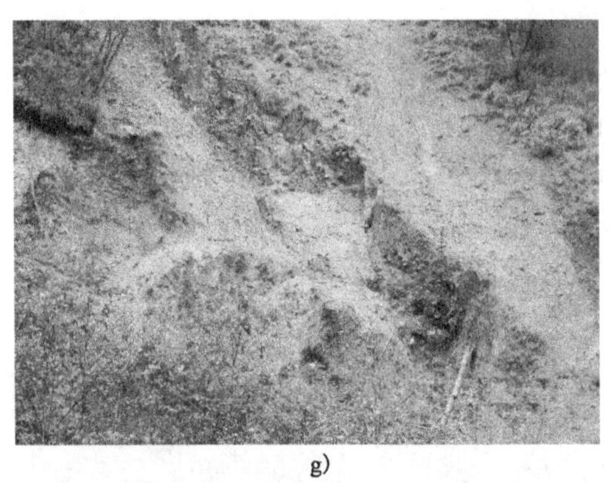
g)

h)

图 3-18 "102"滑坡群发展变形破坏

a)2 号滑坡后壁不断崩塌;b)2 号滑坡坡面水下渗及落石;c)2 号滑坡部分肋板墙基础已掏空;d)2 号滑坡因后壁坍塌滚石使滑体趋向不稳;e)3 号滑坡前缘强烈的河水顶冲;f)3 号滑坡前缘河水顶冲引起护岸墙的损坏;g)2 号滑坡西侧山嘴处高陡下边坡之塌滑面;h)加玛其美沟桥头的 5 号滑坡

(3)整治阶段滑坡防治措施。

2000 年以前,"102"滑坡群路段为等外路段;2000—2006 年,保通阶段的多项措施为后期整治改建打下了坚实的基础;2012 年,随着川藏公路(西藏境)的全面黑色化,对公路服务水平要求进一步提高,改建确定"102"滑坡群路段技术标准按照三级公路标准建设,灾害治理则考虑避绕 2 号滑坡前提下,尽量利用旧路进行整治改建,减少工程投资。

① 2 号滑坡防治措施。

考虑 2 号滑坡处于多因素诱发的不良环境,地质条件复杂,多次保通方案揭示滑坡原位治理工程具有较强不确定性,虽然保通工程大部分完好,经多方案对比,整治工程设计推荐采用隧道绕避方案。

影响路线布设的控制因素主要有沿线已有灾害、既有工程、断裂构造及帕隆藏布对岸地质情况等。该路段为傍山沿溪线,山高谷深,地形陡峻,没有另辟便道的可能,需要边施工边通车,因此施工保通是路线布设需要考虑的一项重要因素。

路线提出的治理或多种措施避绕比选方案如下:a. 沿旧路布设,治理 2 号滑坡方案:对滑坡后壁刷方削坡,辅以锚索(杆)框架支挡确保后壁稳定;于路基外侧辅以锚索抗滑桩(包括微型桩群)支挡确保滑体和路基稳定;东滑块公路内侧设一级锚索肋板墙;加强地表和地下排水,完善排水系统。该方案混凝土用量大,造价较高;在地下水丰富的滑体上挖桩,经临时性保通工程实践十分困难。且不能彻底避免 2 号滑坡后壁较大规模滑塌的威胁,坡面滚动的少数巨大漂砾也会对公路运营安全造成影响。b. 上山避绕方案:从 2 号滑坡上方台地开辟新线,路线要在 7km 展线长度内克服 350m 高差,绕避 5 处主要地质灾害的危害。共需开辟新线 17km,修建跨加玛其美沟大桥 1 座,跨东沟西沟中桥 2 座,小桥 5 座。该方案工程规模大、对环境破坏大,长距离在陡坡地带开挖路基,对坡体所带来的隐患不能忽视。c. 跨江绕避方案:在帕隆藏布对岸开辟新线,彻底避开"102"滑坡群的危害。经调查,帕隆藏布对岸山坡为第四系坡积、冲积和冰碛地层,需跨越一条冰川泥石流冲沟,防治 2 处滑坡。共需开辟新线 3.4km,跨江大桥 2 座,跨冰川泥石流沟大桥 1 座,处治滑坡 2 处。该方案跨江大桥和跨泥石流沟大桥均需一孔跨越，施工条件差，技术难度大；陡坡地段路基开挖会破坏坡体自然稳定状态，工程隐患多。d.隧道绕避方案：根据隧道进出口情况、2号滑坡滑面位置、断层带位置等因素确定隧道避绕方案从102东沟附近以明洞形式进洞，在102西沟附近出洞，长度约1725m，彻底绕避2号滑坡，路线平纵指标较高。

综合分析滑坡绕避方案，采用上山展线的空间避绕，路线里程长、平纵面指标低，受沿线地质环境影响，诱发灾害的可能性仍然存在，且撇弃了大段旧路，社会影响和环境影响大；跨河避让方案，受帕隆藏布沿线地质灾害影响，滑坡泥石流堵江风险大，对岸同一高度也分布2个大型滑坡且未来影响不可知，不能确保方案安全可靠；采用隧道平面绕避，可以保证彻底避开2号滑坡影响，对其他规模较小的滑坡采用工程措施予以治理，最大限度利用旧路，路线平纵面指标高，服务水平和运营安全均有较大提高。如图3-19所示。

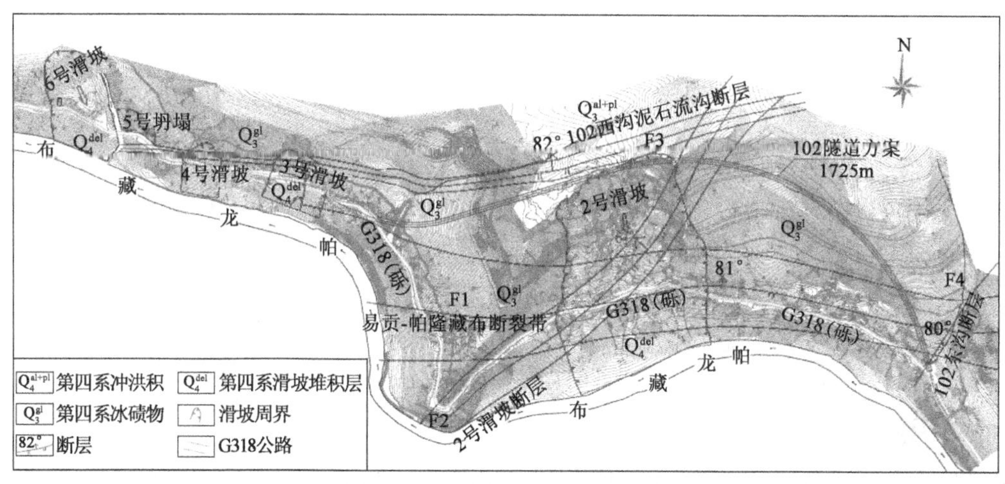

图3-19　路线方案图

②小102滑坡路段加固再利用防治措施。

小102滑坡路段完善保通工程，出于经济安全、低碳环保考虑，根据现场调查结果，经对各滑坡现有工程及稳定状况综合评估（表3-1），并结合有限元分析结果（图3-20），确定了3号滑坡、4号滑坡的稳定状况，并在此基础上进行防护工程加固设计。

3号、4号滑坡边坡工程安全状况评价　　表3-1

滑坡编号	等级	安全状况	稳定系数	简要描述	应对措施
3	三	欠安全	1.04	锚索肋板墙结构完好，锚头无缺损，肋板无开裂，坡面未见新裂缝。护岸墙局部冲毁，路基外侧下边坡坡面冲刷严重	加固处理
4	三	欠安全	1.05	挡土墙和护岸墙基本稳定，公路以下坡面已长草丛和灌木，滑坡基本稳定，不满足规范要求	加固处理

调查发现3号滑坡已有锚索肋板墙结构完好，锚头无缺损，肋板无开裂，坡面未见新裂缝。经综合评价，该滑坡天然、暴雨、地震等工况条件下的稳定系数分别为1.03～1.05、0.9～

1.00、0.93～0.95，治理工程设计在此基础上继续将滑坡稳定系数提高到规范要求的值。采用25根预应力锚索抗滑桩、7片锚索肋板墙、3×25根桩前微型桩、28根预应力锚索微型桩、150m桩基础片石混凝土护岸墙，以及木格框架培土植草护坡方案进行综合处理。

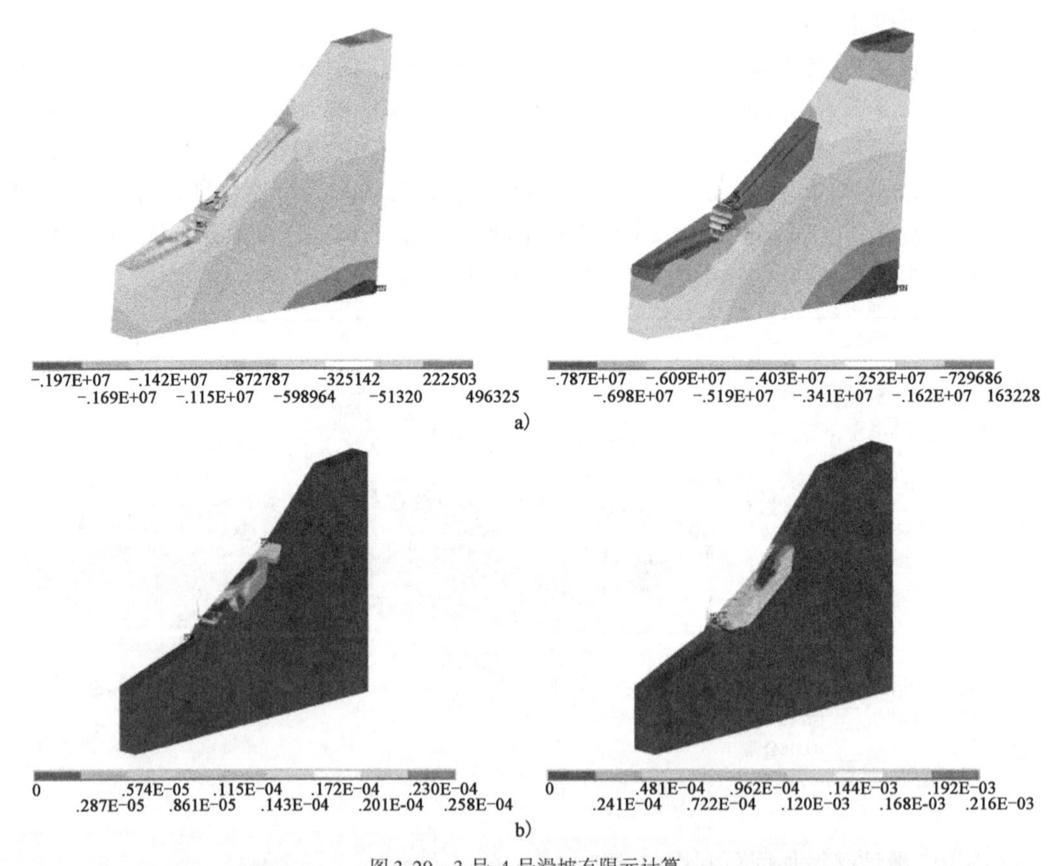

图3-20 3号、4号滑坡有限元计算

a）极限平衡状态下安全系数 $F_s=1.04$；b）极限平衡状态下安全系数 $F_s=1.05$

对于4号滑坡，2005年保通工程中实施的路堑挡土墙、肋板式挡土墙和护岸墙基本稳定，公路以下坡面已长有草丛和灌木，滑坡体基本稳定。经综合评价，该滑坡天然、暴雨、地震等工况条件下的稳定系数分别为1.04、0.99、0.94，在此基础上对滑坡进行整治。在原有工程的基础上，初步设计在原肋板墙下方新建17根2.0m×3.0m抗滑桩，加强原肋板墙基础，以提高滑坡体的稳定性。既有工程加固再利用治理工程典型断面如图3-21所示。

2）滑坡防治效果分析

“102”滑坡群的治理过程基本吻合了我国公路滑坡防治技术的发展史，从认识不清、技术不足、财力不支时期的保通，到查清灾害、技术发展、经济发达时期的隧道平面绕避，最终达到“102”滑坡群路段从天险到坦途的大提升。

（1）2号滑坡绕避效果。

2015年底，国道G318线川藏公路（西藏境）“102”滑坡群整治工程施工结束，绕避2号滑坡的102隧道顺利贯通，滑坡绕避方案彻底消除了“102”滑坡群主要滑坡病害和该段落多处小型泥石流、滑塌等地质病害的影响，道路通行状况得到极大改善。如图3-22所示。

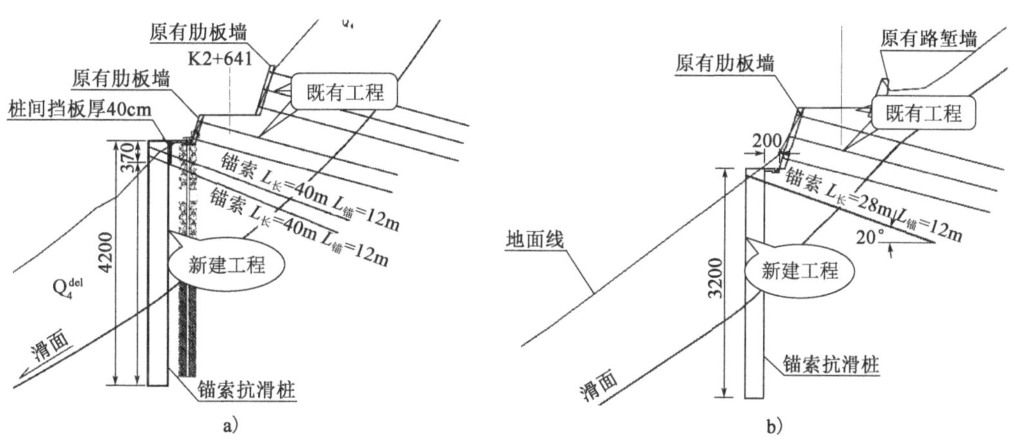

图 3-21 3、4 号滑坡既有工程再利用基础上的治理工程设计

a)3 号滑坡治理工程;b)4 号滑坡治理工程

图 3-22 “102”滑坡群 2 号滑坡绕避后通行情况

(2)小 102 滑坡整治效果。

2015 年底,3、4 号滑坡新增加固工程项目如期实施完成。滑坡监测成果显示,既有防护工程加固再利用后滑坡稳定,工程治理措施合理。2016 年 6 月开始西藏受持续降雨影响,局部地区出现洪涝、泥石流等自然灾害侵袭。川藏公路“102”滑坡群整治改建路段经历了一个雨季的考验,监测数据显示在不利因素影响下的治理工程安全有效。监测点布置如图 3-23、图 3-24所示;监测结果如图 3-25所示;整治后的小 102 滑坡(3 ~6 号滑坡)如图 3-26 所示。

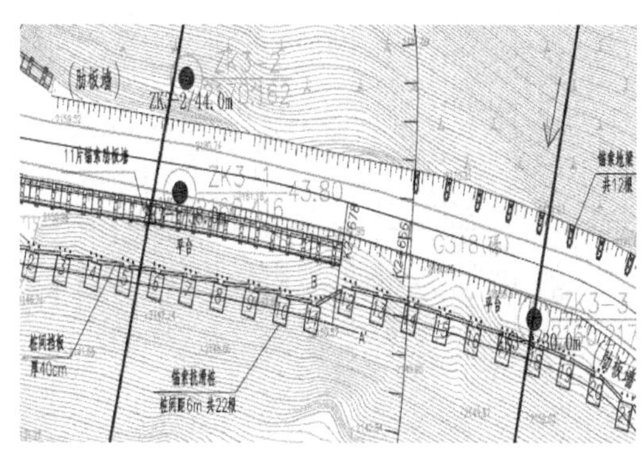

图 3-23 3 号滑坡监测点布置图

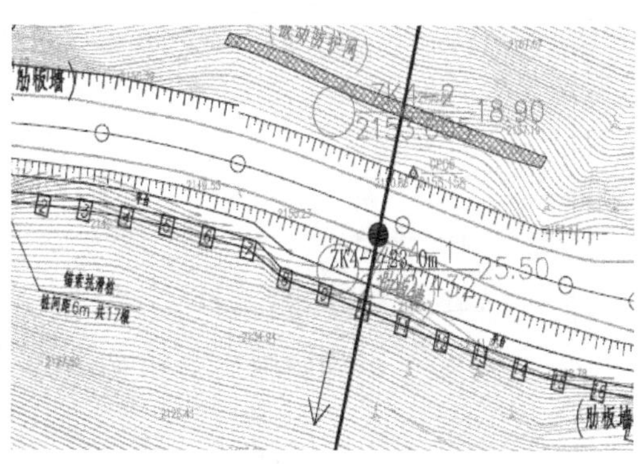

图 3-24 4 号滑坡监测点布置图

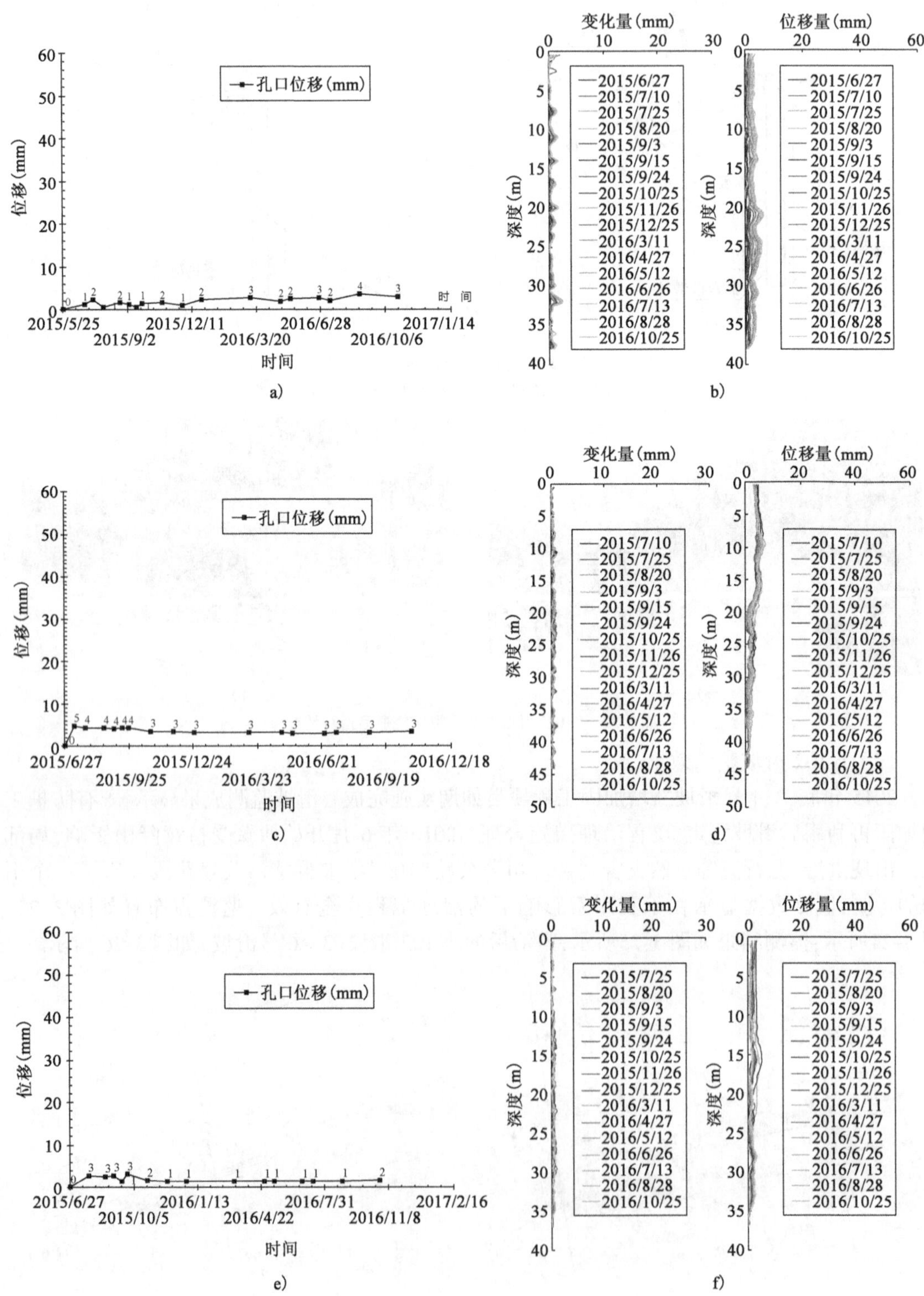

图 3-25

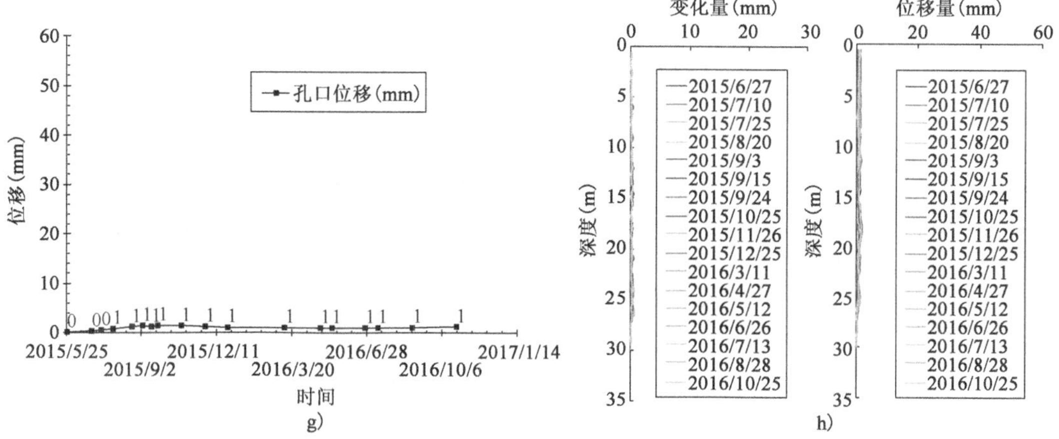

图 3-25　3 号、4 号滑坡监测结果

a)3 号滑坡 ZK3-1 孔口累计位移—时间曲线;b)3 号滑坡 ZK3-1 变化量及位移量—时间曲线;c)3 号滑坡 ZK3-2 孔口累计位移—时间曲线;d)3 号滑坡 ZK3-2 变化量及位移量—时间曲线;e)3 号滑坡 ZK3-3 孔口累计位移—时间曲线;f)3 号滑坡 ZK3-3 变化量及位移量—时间曲线;g)4 号滑坡 ZK4-1 孔口累计位移—时间曲线;h)4 号滑坡 ZK4-1 变化量及位移量—时间曲线

图 3-26　整治后的小 102 滑坡(3 ~ 6 号滑坡)

第4章　潜在滑坡　预先加固

潜在滑坡是指坡体具有产生滑动的地质条件，在坡体上进行工程开挖、填筑可能引起变形滑动，或坡体已有一些微量的蠕动和变形但尚未发生明显整体位移的灾害现象。预加固工程是建立在对潜在滑坡有效识别与人类工程扰动后形成的工程稳定性评价基础上所进行的，其意义在于充分利用未滑动岩土体较高的物理力学参数，实施有效的防护工程，保证坡体的稳定。

对大型滑坡进行预加固处理必须建立在对滑坡的规模特征、形成机理、成灾因子、危害关系等众多信息进行准确定性及定量判断的基础上。除充分论证拟建工程对滑坡稳定性的影响程度之外，还必须做好详尽的施工组织设计和严格的施工管理工作，防止施工过程中任何组织次序的错乱导致工程效果大幅折减，同时针对预加固处理的滑坡以及滑坡区的工程设施进行长期不间断的监测工作，也是论证工程可行和验证工程效果的必要手段。

4.1　潜在滑坡特征

潜在滑坡不同于老滑坡，不具备典型滑坡特征，需要从区域易滑地层结构和工程建设扰动程度两个角度来分析，一般特征如下：

(1)主要发生在20°～45°边坡上，上缓下陡的河流凸岸，人工开挖的路堑边坡都有可能产生新的滑坡。

(2)主要表现为公路所在山坡上或附近有不均匀沉陷、多处房屋、道路、水渠出现拉裂现象，边坡前部发生鼓胀、翘起或者建筑物地基出现错裂，边坡后部出现贯通性的弧形裂缝，极有可能发生滑坡。

(3)对于古滑坡,通常有马刀树、醉汉林、双沟同源等现象,在地形地貌上山体斜坡不平顺,山坡上具有环谷状洼地,河流阶地遭连续破坏,河岸有不正常突出或岸边有漂石局部集中等特点。

(4)在大断层通过的河谷地带,易产生潜在密集滑坡,构造面发育,特别是缓倾角断层倾向临空面(开挖面)时,可能会发生滑坡。

(5)路基和边坡地下水较为丰富地区,若排水措施不力,则易发生坡体的滑动。

(6)顺层边坡地段属于不良地质地段,特别是顺倾层状结构边坡以及软岩结构地质边坡,选线时应尽量进行绕避或采取工程措施预防其产生滑动。

4.2 潜在滑坡防治关键技术

预加固的概念较早出现在软岩路堑边坡的工程实践中,与人类对滑坡失稳变形机理的认知有着直接的关系,由于一些新的理论、计算方法等的出现,人类对坡体变形以及失稳破坏模式的研究逐渐成熟,工程设计人员开始充分考虑公路沿线坡体在开挖以后可能出现的变形形式,针对其最可能的破坏模式采取支护工程措施,达到以最低的造价、最优的设计结合最佳的施工方法来治理可能会产生滑坡的公路沿线边坡。其最关键的问题在于对受到开挖扰动等不利影响且可能产生滑动趋势的边坡,如何预先作出稳定性判断,并快速采取工程措施,限制和防止边坡的进一步失稳变形。

有关预加固关键技术的研究,目前国内提出了多种方法,如分级开挖、分级稳定、分级支挡、坡脚采用抗滑桩工程的先桩后挖法、抗滑桩预加固法等。从公路滑坡与防治工程的实践来看,预加固技术应为边坡治理工程的一种设计思路,其具体的形式应与具体灾害点情况有关,所做的预加固设计应建立在对具体灾害点的工程地质分析基础上。

4.2.1 潜在滑坡识别技术

滑坡作为一种地质灾害,不论是预防或是治理,必须首先做好灾害识别,采取必要的手段查明其范围、规模、类型等,最终作出稳定性评价,为进行工程设计或采取其他措施提供可靠的依据。

滑坡识别是指在勘察工作前期,不借助勘察手段,主要依据地貌形态、岩层露头及一些地表和建筑物的变形与破坏现象,作出是否是滑坡以及确定其大致范围和规模的判断。这一判断虽然是初步的,但是对相继开展的勘探、施工以及对滑坡进行预加固处理具有重要意义。判别是不是潜在滑坡可从以下几个方面入手:

(1)现代滑坡由于其外貌清晰,不易被忽略,而古老滑坡因其产生年代久远,后期剥蚀夷平作用往往使其外貌模糊不清,稍有不慎或者工程扰动又可引起其复活并产生滑动,所以识别古老滑坡也是一项特别重要的工作,应从斜坡形态特征和已有变形上进行识别,其地貌特点在第三章已经介绍,在进行工程活动时须特别慎重。

(2)潜在滑坡问题大都是由于工程建设(如公路交通建设)对拟建工程场地的稳定性要求提出的,过去人们由于忽视地质灾害评估,在铁路、公路等工程建设开挖时诱发了大量的滑坡,有些是老滑坡的复活,有些是新生滑坡,因此要对当地的地质条件进行调查分析有无形成滑坡的条件及可能的诱发因素,例如岩土体的构造,尤其是密集分布的活动性断层,导致地层岩性极破碎,易在外界干扰下出现滑坡灾害,应从坡体结构或者从组成坡体岩土的强度上进行调查判断。

大多数滑坡滑动面是依附于先期存在于坡体中的软弱结构面形成的,不同岩土所组成的滑坡体与其主滑面间存在着成生联系,因此应识别不同岩土体结构类型和有可能形成滑动的滑面特征。①地质构造中软岩结构最易发生滑坡,在反倾层状结构边坡中倾倒变形的深度较深,软岩地层通常指强度低、孔隙度大、胶结程度差、受构造面切割及风化影响显著或含有大量膨胀性黏土矿物的松、散、软、弱岩层,该类岩石多为泥岩、页岩、粉砂岩和泥质砂岩等单轴抗压强度小于 25 MPa 的岩石;②分布最广的堆填土,其主滑面多为第四系堆积物与下伏基岩间的不整合面,也有少数为不同时期不同成因的第四系堆积物间的界面,前者多半为具凹槽的簸箕状;黏性土滑坡多产生于均质的黏性土中,其滑面是由于坡脚应力集中和浸水软化,遵循渐进破坏原理,因此应从地下水的分布和水量上进行识别,特别是连续降雨形成较大汇水区域,或固定地表及地下水补给通道较易产生滑坡;③黄土滑坡多为沿下伏第三系或白垩系红层及其他岩层顶面滑动;④顺层岩质结构即顺层岩石最易形成滑坡,其滑面必然是依附层间错动面发育而成,较平直,常有多层滑动特点,其滑动带常常甚薄,若识别出其滑体厚度较薄时,应立即采取较轻型的支挡工程稳定尚未下滑的岩体。

(3)如果地面或建筑物出现了裂缝,首先应对所有裂缝进行详细调查,必要时还可做一些简单的挖探。凡是由于坡体滑动而产生的裂缝,它们之间必然存在着一些成生关系,因而可将裂缝的实际位置及走向填绘在较大比例尺的地形图上,并查明其性质及出现的顺序,便可做出初步判断。其次,可把这些裂缝修补或夯填起来,观察它们是否再次出现以及在什么条件下出现并有无发展,即可对先前的初步判断予以证实或否定。

(4)调查附近地区相同或相近的环境中是否发生过滑坡,以提供类比资料。

(5)应从人类工程活动与斜坡的相对关系上以及改变程度上调查判断,公路工程建设中边坡开挖会对坡体的稳定性产生影响。经过漫长的地质历史时期的演变,自然斜坡一般处于较稳定的静力平衡状态。路堑边坡的开挖,打破了自然斜坡内原有的平衡状态,需要重新构建新的力学平衡体系,坡体内的应力就会重新调整。在边坡应力重新调整的过程中,一些老病害体边坡可能因为不适当的工程改造使病害复活,或者一些原本稳定性较差的边坡因工程开挖会诱发新的滑坡。例如,重庆奉节至巫溪高速公路,全长 46km,预算工程总投资约 41 亿元,由于高速公路的修建、开挖,造成了滑坡群的复活,诱发了大量的大型滑坡灾害,新增滑坡灾害 60 余处,新增灾害治理费用 20 多亿元,超出总预算投资的 50%。调查资料表明,路堑边坡的工后病害许多都是由于不合理的开挖施工留下的工程隐患所造成的,因此工程开挖对潜在滑坡病害的识别也具有重要意义,一旦工程活动引起滑动趋势或者破坏迹象,应快速进行相应预加固处理,以减少更多危害。

4.2.2 预加固关键技术

支挡工程是治理滑坡工程的主要措施,预加固方法有很多种,从作用机理来讲,可分为主动式加固和被动式加固。主动式加固是指被加固坡体既是荷载体又是承载体,加固体与被加固体合为一体共同承载边坡下滑力或土压力，如锚杆、预应力锚索等；被动式加固仅视被加固体为荷载体，其稳定靠加固体的反力实现，如挡土墙、抗滑桩等。工程实践过程中，预应力锚索是最常用的主动式加固方法，抗滑桩是最常用的被动式加固方法。

由于抗滑支挡措施能够提供的强大抗滑力，能够起到快速减缓滑坡变形并稳定滑坡的目的，因此工程技术人员多偏向于采取支挡结构来解决问题，通常从支挡效果、施工难易、工程造价等方面考虑的较多。

大型滑坡预加固处理必须充分论证拟建工程对滑坡稳定性的影响程度，并在此基础之上选择合理的位置和支护方式进行必要的预加固处理。

1)抗滑桩预加固技术

抗滑桩是一种被实践证明效果较好的传统预加固方式，是一种用于治理或防止边坡下滑的钢筋水泥混凝土结构，通常为坡体水平剪切破坏或支撑土体的一种边坡支撑结构，因其施工安全可靠且工艺简单，所以广泛应用于边坡工程。同抗滑挡墙相比，抗滑桩的抗滑能力强，施工较复杂，但效果显著；对于一些中、深层滑坡，当采用抗滑挡墙方案难以整治时，可通过在滑坡体上挖孔设桩，桩身嵌固在滑动面以下的稳固地层内，借以抗衡滑坡体的下滑力，即抗滑桩是承受侧向荷载的柱形支撑构件，通过桩身将上部承受的坡体力传给桩下部的侧向土体或岩体，依靠桩下部的侧向阻力来承担边坡的下推力，而使边坡保持平衡或稳定。其工作原理如图4-1所示，这是整治滑坡比较有效的措施，不会因施工破坏其整体稳定。工程实践表明，抗滑桩能迅速、安全、经济地解决一些比较困难的工程，它的优点主要有：

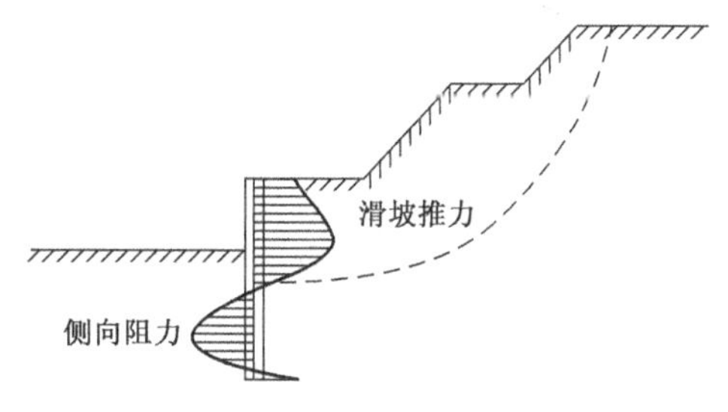

图4-1 抗滑桩工作原理示意图

(1)抗滑能力强。在滑坡推力大、滑动面较深的情况下，较其他抗滑方案经济、有效。

(2)桩位灵活。可以设在滑坡体中最有利于抗滑的部位；可单独使用，也能与其他的建筑物配合使用；分排设置时，可将巨大的滑坡体切割成若干分散的单元体，对滑坡起到分而治之的功效。

(3)挖孔抗滑桩可以根据弯矩沿桩长变化合理布设钢筋，因此较打入的管桩等相对经济。

(4)施工方便、设备简单，具有工程进度快、施工质量好、较安全等优点。施工时可间隔开挖，不致引起滑坡条件的恶化，因此对整治已通车路线上的滑坡和处在缓慢滑坡阶段的滑坡特别有利。

锚索抗滑桩不但具有抗滑桩的特点，而且比抗滑桩能承受更大的土体压力或滑坡推力，桩顶加了锚索后可使埋入土体的桩长大大缩短，适用于边坡开挖后土体压力很大或滑坡推力很大的情况。由于抗滑桩在支挡滑坡的过程中主要承受侧向力，故与平常建筑地基、桥梁桩等承受侧向力的桩存在较大差别。目前对抗滑的设计计算方法都只是考虑桩处于弹性阶段，如压力法、位移法、悬臂桩法、矩阵分析法、有限单元法、地基系数法等。国内外抗滑桩的设计计算方法也不尽相同，国外习惯于使用线弹性地基系数法，使计算抗滑桩内力更为简便，而我国大多数采用地基系数法与悬臂桩法。在危岩边坡的防护治理工程中，抗滑桩边坡加固技术被广泛运用。

具体来说,抗滑桩的设置应提高滑坡体的稳定系数达到规定的安全值,滑坡体不越过桩顶或从桩间滑动,不产生新的深层滑动,平面布置、桩间距、桩长和截面尺寸等的确定,应考虑到经济合理。抗滑桩的桩位在断面上应设在滑坡体较薄、锚固段地基强度较高的地段。平面布置一般为一排,排的走向与滑体的滑动方向垂直成直线形或曲线形。桩间距决定于滑坡推力的大小、滑坡土的密度和强度、桩的截面大小、桩的长度和锚固深度以及施工条件等因素。

两桩之间在能形成土拱的条件下,土拱的支撑力和桩侧摩擦力之和应大于一根桩所能承受的滑坡推力。桩间距宜为6~10m。通常在滑坡主轴附近间距较小,两侧间距较大。对于较潮湿的滑体和较小截面的桩,也可布置为两排,按品字形或梅花形交错布置。一般上下排的间距为桩截面宽度的2~3倍。桩埋入滑面以下稳定地层内的适宜锚固深度,与该地层的强度、桩所承受的滑坡推力、桩的刚度以及如何考虑滑面以上桩前抗力等有关。按弹性地基梁设计的抗滑桩,原则上由桩的锚固段传递到滑面以下地层的侧向压应力不得大于该地层的侧向容许压应力,桩基底的最大压应力不得大于地基的容许承载力。按照规范桩最小边宽度不宜小于1.25m。

2)锚固预加固技术

锚固法加固技术是指用锚杆或锚索来加固滑体的一种方法,而在现代工程中,多用预应力锚杆或锚索进行锚固,如图4-2所示为一典型锚索抗滑桩设计图。

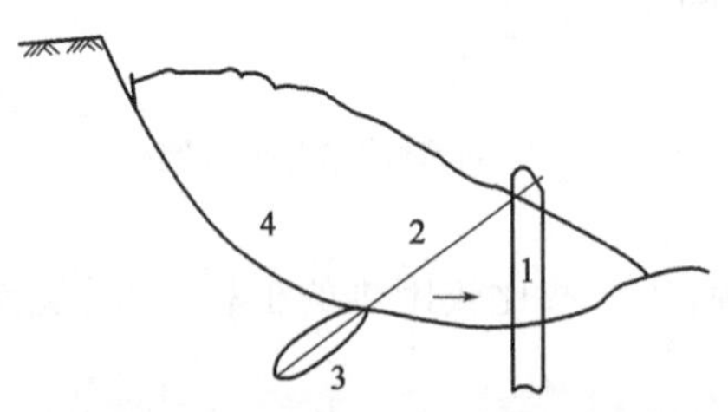

图4-2　锚索抗滑桩示意图

1-抗滑桩;2-锚索自由段;3-锚索锚固段;4-滑体

预应力锚索预加固技术是指锚索自身具有张拉预应力,利用这一特性能将锚具与桩身固定在一起,锚索产生反作用力,通过与桩身的接触将这一反作用力传递至周围土体,通过此加固方式维护并提高土体的稳定性,其主要作用机理是在边坡土体中提供分散应力,该方法可充分发挥土体自承能力,节省材料,减少支护结构重量;其次还在一定程度上减少土方开挖,达到环保节能的效果同时也降低了造价,充分体现自身在加固边坡中的优势。因为预应力锚索预加固技术具有施工机动灵活、施工快、安全、造价低等优点,因此在公路建设中已广泛应用于整治滑坡、加固顺层边坡等工程中。预应力锚索由锚头、索体和锚固体三部分构成,其中锚头通过与岩土边坡土体的接触在锚抓力的作用下将自身承受的锚固力分散传递至周边土体中,在锚索孔内进行高压注浆,使浆液填充锚孔周围坡体内的裂隙,提高坡体的整体稳定性。

锚杆加固技术是利用锚杆将滑动体和稳固体连为一体,提高岩土体边坡的自身强度和稳定能力。锚杆按是否预先施加应力分为预应力锚杆和非预应力锚杆。非预应力锚杆是指锚杆锚固后不施加外力,锚杆处于被动受载状态,常采用Ⅱ、Ⅲ级螺纹钢筋,锚杆长度一般不超过16m,单锚设计吨位一般为100~400KN。适用于边坡坡体破碎、边坡地层软弱、易发生浅层边坡失稳的边坡防护;预应力锚杆是指锚杆锚固后施加一定的外力,使锚杆处于主动受载状态,锚筋一般采用精轧螺纹钢筋(25~32)或钢绞线,锚杆长度一般不超过50m,单束锚索设计吨位一般为500~2500kN,锚杆的间距一般为4~10m。适用于坡体较高、潜在破裂面位置较深、岩层边坡施工期稳定性差或土层锚固性能较差等的边坡防护。

在预加固方法中，还有一种关键技术是预应力锚固与抗滑桩或抗滑挡墙结合使用，形成新的整治滑坡的措施——预应力锚索(杆)抗滑桩和预应力锚索(杆)抗滑挡墙。预应力锚索抗滑桩是在悬臂抗滑桩的顶端施加强大的预应力锚索，改变悬臂抗滑桩的受力状态，用预应力锚索的拉力来平衡滑坡的推力，使抗滑桩的受力机制改变，因为预施应力是和滑动方向相反的，这样预应力锚索抗滑桩将由被动受力转为主动受力。锚索与抗滑桩联合形成锚索桩，在抗滑桩顶部加2~4束锚索，第一个优点是通过增加一个拉力改变了桩的受力状态，变被动支挡为主动预加，大大降低了传统桩体的截面、配筋率和埋置深度，提高了滑坡稳定性，可节省工程投资40%~50%，有较明显的技术与经济效益；第二个优点是锚索抗滑桩比普通抗滑桩有明显优势，锚索抗滑桩在单桩顶部加锚索锚固于滑面以下稳定地层，在桩的顶部或上部施以横向拉力，这样桩的弯矩大大减小，因而截面尺寸和埋深也大大减小，从而改善抗滑桩的受力状况；一些研究表明，锚索抗滑桩较普通抗滑桩受力可减小30%~50%，具有明显的经济优势。预应力锚索抗滑桩板墙在高边坡治理中，与其他支挡结构相比具有许多优点，设计理论和工程实践日趋成熟，具有广泛的用途，特别适用于工程环境要求较高的高速公路。总之，锚索与抗滑桩联合形成锚索桩方案的优点是可以提供较大的锚固力，并且锚杆充分发挥其全部作用之前不产生移动。

3)微型桩预加固技术

微型桩是一种小孔径的钻孔灌注桩，多大面积成群布置，单桩直径小于300 mm，桩内含有加筋体，加筋体通常为钢筋、钢管以及钢轨等。

微型桩于20世纪50年代首次应用，最初主要用于建筑物基础加固，20世纪80年代后期，随着钻孔设备的改进及钻孔工艺的提高，微型桩群在边坡加固工程中得到了较为广泛的应用。微型桩群加固边坡时，桩间土体发挥抗剪强度所导致的应力转移现象称为"土拱效应"。推力载荷作用下，土体受微型桩的支挡作用产生不均匀变形，压应力从屈服区域转移到相邻弹性区域，桩后区域逐渐形成类似结构拱的拱圈，从而将推力载荷传递到微型桩身。

微型桩群支护滑坡的作用就是加固其软弱带坡面。郭爱国根据以往的微型桩施工经验给出了相应的微型桩的布置形式，桩组合形式以及平面组合形式，且按照以往的实际方案他认为桩间距可按桩径的3~10倍考虑，岩土条件优时取上限，差时选下限；微型桩间距的大小在支护体系中的影响是巨大的；尤闯、袁晓波等在对微型钢管群桩抗滑特性的模拟试验研究中发现，桩间距对排桩的影响最大，合理的桩间距可以加强桩土的复合作用，从而使得排桩更好地发挥抗滑的效果。同时，根据前人的实践分析，一般认为排桩的排数也应尽量控制在3~5的范围之内，以达最佳的受力抗滑性能。

微型桩群施工便捷，可适用于绝大部分的滑坡种类以及地质状况，因此大大缩短工期，从而达到应急性的效果。在对于高位滑坡应急治理研究中发现，微型桩群提供了最有效的方案，即快速地起到支挡滑坡的作用，有效改良了滑带土的力学参数从而达到稳固的效果，且对处于蠕滑阶段的滑坡，它可以迅速提供支撑力，达到控制滑坡变形的效果；按照传统的滑坡治理措施，采用普通的锚索抗滑桩加固，并不适用于所有的滑坡类型，比如某滑坡为厚层风化层滑坡，此方法则远远达不到预期的目的，往往造成工期长、补充措施多等耗资高昂的不足；对于一些大型的公路滑坡而言，抗滑桩等治理工程的费用更是动辄上百万元乃至上千万元，且对于高含水率的崩坡积和残坡积等各种软黏土滑坡治理效果并不理想,微型桩群支护体系恰好补充了这个短板,造价经济合理,施工简易快捷,加固滑坡目的性强,后期补充措施少,大大减少了工程耗资。

注浆后的微型桩群在治理滑坡中被证实了明显的有效性。这项措施既接受了注浆改善土体力学性质的优点,也弥补了微型桩单桩刚度较小的不足,对于软黏性土体滑坡有极大的治理效果,因此注浆和微型桩联合使用在工程中是被最为推荐的一种方案。即在滑坡体的抗滑段采用两排或多排钻孔,在滑坡体平面上布设成一定的形状后下入钢花管并进行高压注浆,水泥砂浆顺着钢管渗入桩周土体,固结后使得密排的钢花管微型桩及其间的岩土体形成一个稳固的连续整体,从而起抗滑挡墙的作用。由于注浆液在施工过程中与桩周岩土体结合,而岩土体结构往往复杂而多变,注浆过程中又具有相对的隐蔽性,使得开放性的研究变得困难,故而注浆技术的理论发展会较落后于注浆材料、注浆工艺及设备,但我们坚信在不久的将来,注浆技术理论可以得到更大的突破。单纯的注浆在对于沿地质上的软弱结构面滑动的滑坡往往失去了可靠的效果。例如,呼和浩特至集宁高速公路一砂岩沿泥岩软弱夹层的滑坡,曾有人提出单用注浆法加固,结果却未尽人意,不仅不能稳定滑坡,反而还造成了高昂的资金损耗,不得不再用抗滑桩重新治理。对于此类滑坡,采用注浆和微型桩联合是最好的解决办法,与单纯的注浆技术不同的是在预先钻好的孔中插入钢管或钢筋,软弱结构面处微型桩提供了可靠的抗剪强度,滑体以及滑床处通过注浆得到稳固从而又保证了桩的稳定。

4)施工工艺过程控制技术

通过近年来的工程实践,边坡及潜在滑坡的设计必须遵循"分层开挖、分层稳定、坡脚预加固"的设计原则,针对潜在滑坡治理的工程特点,在减少施工对坡体稳定性不利的前提下,根据不同的地质条件与边坡高度,结合设计要求,目前常采用的有效预加固施工方法(图4-3)有:

(1)分级稳定、坡脚锚固桩预加固;

(2)分级开挖、分级锚固。

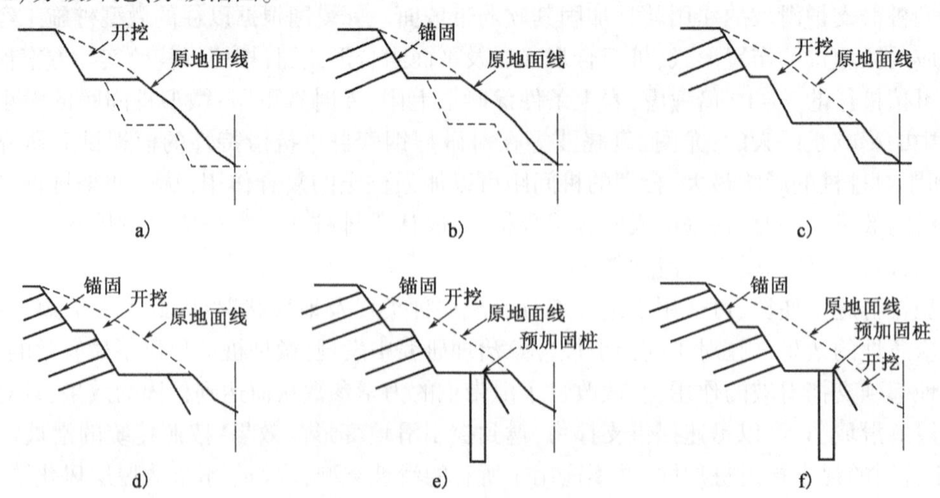

图4-3 分级开挖、分级稳定示意图

a)一级开挖;b)一级加固;c)二级开挖;d)二级加固;e)预加固;f)三级开挖

针对预加固处理的滑坡以及滑坡区的工程设施进行长期不间断的监测工作，是论证工程可行和验证工程效果的必要手段。由于目前传感器和电子设备等科技水平不断发展，许多监测设备的精度甚至可以达到毫米、微米，可以监测滑坡极微小的活动情况。同时，由于光纤传输、大容量存储技术的快速发展，已可以实现对滑坡过程的远距离、全程监测。这些都为滑坡的预测预报提供了必要的技术保障。

对大型滑坡采取预加固处理方式需要设计、施工及管理各方单位具备工程建设的前瞻性，只有提前介入、快速合理的处治，才能减少危害、降低造价，缩短周期。任何环节的误判、错判都会造成极大危害和损失；大型滑坡预加固处理必须做好详尽的施工组织设计和严格的施工管理工作，施工过程中任何组织次序的错乱，都会导致工程效果大幅折减，影响治理效果。

4.3 典型案例

奉溪高速公路是重庆市“三环十一射多联线”重要工程，于2009年10月开工建设，2013年建成通车。该项目地处四川盆地东部边缘，大巴山前缘，鄂西山地的接壤地带，区内地形切割强烈，山峦起伏，沟壑纵横，工程地质条件极其复杂。公路沿线滑坡、危岩体、崩塌、泥石流等地质灾害密集分布，预算工程总投资约41亿元。公路施工期间全线先后针对新增60余处地质灾害进行了治理，新增灾害治理费用20多亿元，超出总预算投资的50%。公路沿线地质灾害治理长度逾15km，超过全线路基长度，素有“重庆最难高速”之称，其中滑坡治理长度占比约70%。

澜湾子滑坡为一特大型古滑坡群，位于奉节县汾河镇东山坪村西，古滑坡靠山临水，前缘坡脚处为小溪河，属于区内原生的堆积层老滑坡，滑坡影响公路路线长度达1.3km，总体积$1200 \times 10^4 m^3$，由并排分布的4个滑坡体组成。奉节至巫溪高速公路主要以分离式路基的形式从古滑坡中部通过。1号滑体在路基开挖过程中产生滑动，设计采取了3排抗滑桩进行加固，并对该区抗滑桩桩顶进行了位移监测，以及时掌握治理后的滑坡稳定性及治理效果，整个前期滑坡治理工程施工周期长达3年有余。因古滑坡坡体区域结构较为松散，为防患于未然，随后对尚未开挖的2号、3号滑坡体采取了一排抗滑桩和锚杆框架进行了预加固，这样不仅发挥了岩土体自身的自承能力而且取得良好的工程加固效果，同时降低了工程造价，确保了滑坡范围内施工安全及高速公路运营期间的通行安全。

4.3.1 区域环境地质条件

1)地形、地貌

重庆澜湾子滑坡处于四川盆地东部边缘，大巴山前缘，鄂西山地的接壤地带，以构造剥蚀低山地貌为主，坡大沟深，地形起伏较大。在建高速公路左侧下方斜坡发育3条冲沟，2号滑坡及3号滑坡以中间一条“V”字形冲沟为界，该处微地貌发育，可见大型滑坡平台，后缘错坎明显，且较为连续，滑坡后部鱼塘分布较为密集，坡面呈舒缓波状，具有古滑坡的地貌特征。该区上部及下部多有平台发育，多为耕地、房屋用地及林地，中部地形较陡，多旱地和灌木乔木结合的林地。

2)气象水文

该地区属于中亚热带温湿气候,四季分明,雨量充沛,无霜期长,光照适宜。多年平均气温16.4℃,最冷的一月平均气温5.2℃,最热的7、8月平均温度22.2℃;降水具有明显的季节性,多年平均降雨量1107.3mm,6~8月降水量占全年总降水量的76%;区域内年平均相对湿度69%,水分蒸发量多年平均为1565.2mm。8月份蒸发量最大达237.8mm,12月份则最小,约47.0mm。

该项目区河流属于长江支流水系,主要河流有小溪河、梅溪河等。总体来看,项目区水资源比较丰富,雨量较充沛,水文网切割密度较大,地下水径流排泄系统发育。梅溪河主干流发源于巫溪县窄颈子之南,正处大巴山暴雨中心,由北向南蜿蜒流经潭家包进入奉节县境。在奉节县城东汇入长江,干流全长103km,平均比降5.7%;流域面积1928.6km^2,干支流总长828.4km。梅溪河常年平均流量为45.9m^3/s,年径流量达到14.48×10^{4}m^3。

3)水文地质条件

该项目区气候潮湿,降水充沛,地表径流丰富,基岩构造裂隙发育,为地下水的形成和富集提供了良好的条件,滑坡区内地下水类型主要为松散岩类孔隙水和基岩裂隙水。

松散岩类孔隙水主要分布于山区沟谷两岸斜坡地带,含水层岩性为第四系滑坡堆积和崩坡积碎石(块)土等松散堆积物,第四系滑坡堆积碎石(块)土孔隙发育,易于接受地表水下渗,且具有良好赋存条件。

下伏基岩以粉砂质泥岩为主,其隔水性强,仅强风化层存在少量风化裂隙水,为相对隔水层。据勘察成果,该滑坡地下水较为丰富,地下水分布连续,最大埋深为21m,最小埋深为10m。

4)地层岩性

该项目区内表层为第四系全新统滑坡堆积(Q_4^{del})和崩坡积(Q_4^{c+dl})粉质黏土及碎石、块石,下伏基岩为三叠系中统巴东组(T_2^b)粉砂质泥岩。其工程地质特征如下:

(1)第四系全新统滑坡堆积层(Q_4^{del})。

粉质黏土:褐黄色~灰黄色,土质不均,呈可塑~硬塑状,厚度1.00~16.60m,以粉质黏土、粉土为主,夹15%~45%的中风化泥质灰岩碎石,呈夹层状分布于碎石和块石层。

碎石:杂色,母岩成分为灰岩、泥灰岩、粉砂质泥岩,一般粒径3~12cm,黏性土充填,松散~稍密,层厚0.5~10m不等,分布于滑体各处。

块石:灰白色,母岩成分主要为灰岩、泥灰岩,由碎石及少量黏性土充填。块石粒径一般20~45m,碎石粒径一般8~20cm,稍湿,稍密。

(2)第四系全新统崩坡积(Q_4^{c+dl})。

块、碎石:块石为灰色,母岩成分主要为灰岩及泥灰岩,块石粒径30~80cm,碎石粒径一般为2~10cm,分布于滑坡范围以外,稍密,稍湿。

(3)三叠系中统巴东组(T_2b)。

粉砂质泥岩:紫红色,粉砂泥质结构,薄~中厚层状构造。矿物成分以黏土矿物为主,含砂质、钙质团块或条带,局部夹薄层泥质粉砂岩,局部夹泥灰岩夹层。

5)地质构造及地震

(1)区域地质构造。

该滑坡区位于奉节县北部,处于新华夏系第三沉降带四川盆地东端,地处川东坳褶带、大巴山南缘弧形褶皱带及鄂湘黔隆褶带接合部。地质构造以褶皱为主,断裂欠发育。大约以齐曜山基底断裂为界,北部地区属大巴山弧形构造带,褶曲轴受川东褶皱及南大巴山弧形构造综合作用,轴向从北西—南东向渐变为北东偏东,甚至呈东西向展布。南部地区褶曲轴向为北。滑坡区地质构造位处龙池坪背斜北西轴部,区内及邻近未发现断层。

该项目区地质构造位处龙池坪背斜北西轴部。区内及邻近未发现断层。岩层产状方向与坡面方向近于一致,不利于坡体稳定。岩层产状为346°∠26°及248°∠19°。如图4-4所示。

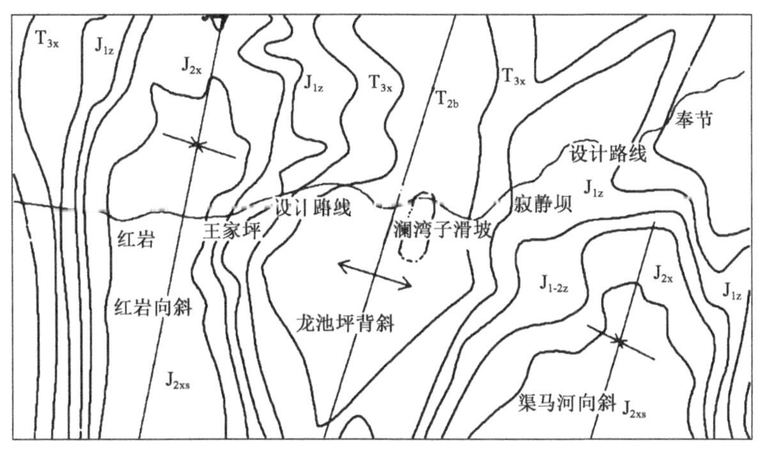

图4-4　勘察区构造图

(2)地震活动。

黔江断裂带位于奉节县境南东,是黔江～兴山地震带的主要发震构造,历史上曾发生3次中强地震(MS=5.0～6.3、震中烈度Ⅵ～Ⅶ度),现代微震活动比较频繁,但其震中距县境均在100km以上,历次地震对境内均未形成破坏。自1959年以来仪器记录的有感地震(MS≥2.0)只有10余次,其中以1964年5月14日奉节以东地震(MS=2.9)强度最大。区域地震动峰值加速度小于0.05g,地震动反应谱特征周期为0.35s,相应地震基本烈度为Ⅵ度。

4.3.2　滑坡特征

古滑坡空间形态特征及规模:古滑坡群平面呈簸箕状,滑坡体所在斜坡地形南东高、北西低,整体上呈上缓下陡之势(图4-5)。后缘(图4-6)位于斜坡后部陡坎处,左侧界位于左侧基岩陡壁下方,右侧界位于右侧一冲沟处。主滑方向296°左右,与新建高速公路近于垂直。滑坡横向平均宽约1410m,纵向长约795m,滑体厚约17～50m,体积约$1200\times10^4m^3$,属特大型古滑坡群。滑坡群由1号、2号、3号及桥梁跨越段滑坡组成,具体相对位置如图4-7所示,其中1号滑坡由于工程开挖等因素已经产生复活变形,而2号、3号虽未发生破坏,但坡体结构较为松散,若工程加载填方及开挖路堑边坡对坡体稳定也非常不利。滑坡群规模、特征、造成的破坏程度见表4-1。

图 4-5　澜湾子古滑坡地形地貌

图 4-6　古滑坡后缘

图 4-7　澜湾子古滑坡各滑坡区分布示意图

澜湾子滑坡群统计要素表 表 4-1

滑坡名称	纵轴长(m)	横轴宽(m)	厚度(m)	体积(m^3)	影响路线长度(m)
1 号滑坡	300	140	30	120×10^4	280
2 号滑坡	740	260	35 ~ 50	760×10^4	330
3 号滑坡	395	304	17 ~ 32	320×10^4	420

古滑坡岩土特征:澜湾子滑坡体主要由第四系全新统滑坡堆积层(Q_4^{del})组成,骨架主要为块、碎石,由角砾及粉质黏土充填,局部胶结较好,土体结构较为致密,块、碎石母岩成分为强风化粉砂岩、泥岩,下伏滑床主要为强风化粉砂质泥岩,岩质较软,局部为崩坡积块碎石土,为易滑地层。

1)号滑坡

滑坡空间形态特征及规模:该滑坡位于古滑坡北侧中部斜坡上,平面形态上呈“舌”形,属古滑坡群的一部分。滑体纵轴长约 300m,横轴宽 140m,厚度 35 ~ 50m,滑体约 $140\times10^4m^3$。主滑方向约为 295°,主滑方向与新建高速公路近于垂直。滑坡后缘高程约 635m,滑坡前缘直临新建公路路基,高程 499m,高差 136m。滑坡右侧发育一冲沟,切割较深,呈“V”字形,为滑坡右侧界,左侧紧邻 2 号滑坡,两滑坡以地形陡缓变坡点处为界线。滑坡上部地形舒缓,坡度约为 6°,小平台连续发育,为村名聚居地,多房舍和水田;中下部地形较陡,约 30°,滑坡滑带后缘清晰,位于平台后陡缓交界处,前缘剪出口位于路基内侧,整体趋势为上缓—中陡—下缓。路线通过该滑坡区长度为 280m。

滑坡岩土特征:滑动面位于碎石土与强风化粉砂质泥岩接触带处。该处滑体主要由第四系全新统滑坡堆积层(Q_4^{del})组成,骨架主要为块、碎石,由角砾及粉质黏土充填,块、碎石母岩成分为强风化泥灰岩,结构较为松散,渗水性较强。上部主要为粉质黏土夹碎石;中下部主要为碎石土,中密。滑坡下伏滑床主要为强风化粉砂质泥岩,局部为崩坡积块碎石土。

滑坡变形特征:因 1 号滑坡为古滑坡群的一部分,滑体岩土结构松散,受持续降雨和公路开挖扰动的影响,古滑坡上部滑体已经发生复活。2012 年 1 月,路线右侧抗滑桩桩前坡体上出现大量裂缝,裂缝宽约 15cm,最大延伸长度 8m,可见深度 30cm,坡体中部也出现数条拉张裂缝,裂缝走向基本与滑动方向垂直,裂缝宽约 20cm,最大延伸长度 10m,可见深度约 50cm,部分裂缝上下侧错动 40cm,受滑坡的复活变形影响,滑坡上部坡体多所村民房屋墙体和地面出现开裂变形迹象。如果不进行防治措施,滑坡复活范围将扩大至区内老滑坡的后缘,使得老滑坡整体稳定性下降,下滑推力大大增加,桩身在短时间内集中受力,抗滑桩出现桩顶位移现象。如图 4-8、图 4-9 所示为桩后裂缝、滑坡体上拉张裂缝及土体下错。

图 4-8 桩后裂缝

图 4-9 滑坡体上拉张裂缝及土体下错

2)2 号、3 号滑坡

滑坡空间形态特征及规模:2 号滑坡位于古滑坡北侧中部斜坡上,平面形态上呈“长舌”型,属古滑坡群一部分。路线通过该滑坡区长度为 330m。滑体纵轴长约 740m,横轴宽 260m,厚度 35 ~ 50m,体积约 $760\times10^4m^3$。主滑方向约为 296°,主滑方向与新建高速公路近于垂直。滑坡右侧紧邻 1 号滑坡,两滑坡以地形陡缓变坡点处为界线;左侧发育一冲沟,切割较深,呈“V”字形,为滑坡右侧界。滑坡上部地形舒缓,中部地形较陡,下部舒缓。滑坡后缘清晰,坡面上部陡缓交界处;滑坡前缘位于坡脚小溪河处。3 号滑坡平面形态上呈簸箕状,属古滑坡群一部分。路线通过该滑坡区长度为 420m。滑体纵轴长约 395m,横轴宽 304m,厚度 17 ~ 32m,体积约 $320\times10^4m^2$。主滑方向约为 296°,主滑方向与新建高速公路近于垂直。滑坡右侧发育一冲沟,切割较深,呈“V”字形,左侧紧邻桥梁跨越段滑坡,两滑坡以地形陡缓变坡点处为界线;为滑坡右侧界。滑坡上部相对下部较缓,下部地形平缓。滑坡后缘清晰,坡面上部陡缓交界处;滑坡前缘位于居住区平陡交界处。

滑坡岩土特征:2 号、3 号滑坡滑带主要位于土石接触带上,局部位于崩坡积层顶部,主要成分为粉质黏土,稍湿,硬塑,含少量角砾,偶见碎石,碎石、角砾母岩成分为强风化粉砂质泥岩,角砾次磨圆,表面光滑,可见挤压揉搓迹象,滑带特征较为明显。滑坡下伏滑床主要为强风化粉砂质泥岩,局部为崩坡积块碎石土。因 2 号、3 号滑坡处于古滑坡范围内,故而其滑坡体结构较为松散。

4.3.3 滑坡形成机理及发展趋势

由于先行对 1 号滑坡路段进行了开挖,路基右侧边坡滑塌严重,加之区内近年来连续强降雨及施工扰动、地表耕地改造等外界不利因素的不断影响,最终导致原复活部分滑体变形不断加大,复活范围发展至老滑坡的后缘,路基上方 1 号滑坡出现变形,抗滑桩产生位移、坡体后缘出现多处裂缝。

因 1 ~ 3 号滑坡处于古滑坡范围内,其滑坡体结构较为松散;2 号与 1 号滑坡紧邻,随着 1 号滑坡体复活位移变形侧向支撑减弱,加之以下几个主要不利因素,势必引发 2 号、3 号滑坡复活的可能性较大。主要不利因素如下:

(1)该滑坡为澜湾子古滑坡群的一部分,老滑坡滑动后,滑体结构受到破坏,滑体物质变得松散,加上滑坡区覆盖层厚,地形较陡,在自身重力作用下产生滑动。

(2)降雨是诱导滑坡发生的重要因素。该区雨量丰富,坡体物质为碎块石土,易于雨水入渗,雨水通过坡体渗入泥岩顶面,此层面隔水,雨水在此富集,既增加滑体下滑力,又软化层面,降低坡体抗滑力。

(3)地下水是诱导滑坡发生的主要因素。该滑坡地下水较为丰富,地下水分布连续,受地下水的浸润,土体遇水易软化,大大降低了坡体的抗剪强度。

(4)老滑坡范围内多为耕地,且中后部多为水田,耕地改造局部破坏了原有滑体结构,村民灌溉用水是诱发滑坡变形的因素之一。滑坡上多水田及旱地,村民灌溉水多通过坡体向下入渗,加大滑体重度,降低了土体的抗剪强度。

(5)区内新建奉溪高速公路由于大面积土方开挖卸荷、爆破振动等外界因素,对原有滑坡稳定性也有较大影响,也是诱发滑坡变形发展的因素之一。

图 4-10 为有限元分析 1 号滑坡支挡工程实施后塑性区云图。

图 4-10 有限元分析 1 号滑坡支挡工程实施后塑性区云图

针对 2 号及 3 号滑坡具体的边坡工程地质条件，根据定性评价结论和定量计算成果，对滑坡进行综合评价。定性地初步判断边坡在荷载作用下的失稳机制，之后采用适宜的定量分析方法进一步对边坡的稳定性进行更加深入、精确的分析和描述，2 号、3 号滑坡稳定性综合评价见表 4-2。

滑坡稳定性综合评价 表 4-2

滑 坡	定 性 评 价	定 量 计 算	综 合 评 价
2 号滑坡	基本稳定	$F_s = 1.038 \sim 1.264$	欠稳定 ~ 基本稳定
3 号滑坡	基本稳定	$F_s = 1.12 \sim 1.239$	基本稳定

该古滑坡形成历史悠久且规模巨大，近百年来未曾发生整体性的变形破坏，初步判定整体处于基本稳定状态 ~ 稳定状态。规划设计公路路线从 2 号及 3 号滑坡中下部通过，该段路基处于古滑坡区，滑坡区坡体物质结构较为松散，滑坡体上乡村便道局部坡体已有局部失稳现象，在该处进行深挖方对坡体稳定不利，有可能引起局部坡体失稳，在还未发生破坏前，需要快速识别潜在滑动的可能性并进行预加固措施。如图 4-11、图 4-12 所示。

图 4-11 滑坡体上乡村便道局部坡体失稳(一)

图 4-12 滑坡体上乡村便道局部坡体失稳(二)

4.3.4 滑坡防治措施及效果

根据抗滑桩桩顶监测资料和地表变形迹象及有限元分析结果显示，澜湾子 1 号滑坡已发生较大形变,滑坡处于蠕动变形阶段,目前处于欠稳定～基本稳定状态,安全储备不足,在极端暴雨天气等不利因素的影响下,滑坡稳定性进一步降低,滑坡可能产生较大的变形甚至整体滑动,严重影响高速公路后期的运营安全,以及滑体上村民的生命财产安全。针对该滑坡的变形特征、滑坡性质、滑体物质组成特征、边坡开挖施工特征影响坡体稳定的敏感因素及所保护的对象等综合分析,本着技术可行、经济合理的原则,采取抗滑支挡与综合防排水措施相结合,通过必要的监测预警,进行综合治理。如图 4-13 所示,采用"锚索抗滑桩 + 预应力锚索 + 锚索框架 + 锚杆框架 + 集水井 + 仰斜排水孔 + 截排水沟 + 裂缝夯填"方案进行治理,其中抗滑桩采用品字形平面布设双排抗滑桩方案。

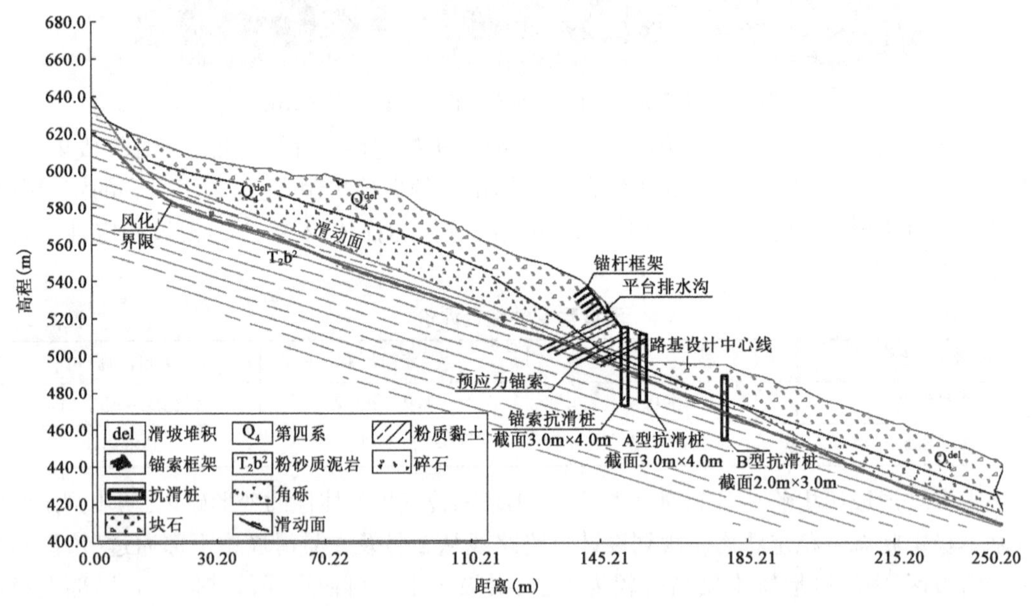

图 4-13　1 号滑坡先挖后治处理断面图

滑坡治理工程施工顺序:桩前回填反压—截排水沟 + 仰斜排水孔—预应力锚索—锚索框架 + 锚杆框架—集水井 + 锚索抗滑桩。鉴于 1 号滑坡处于蠕滑变形阶段,对滑坡区内已设工程结构物及滑体稳定性进行不间断监测工作。

2 号滑坡上级滑块处于基本稳定状态,下级滑块处于欠稳定状态,设计边坡条件下,其断面稳定系数小于 1.0,说明边坡处于不稳定状态,边坡安全储备不足。3 号滑坡则处于基本稳定状态,滑坡稳定性较好,出现整体失稳的可能性较小。针对该滑坡的变形特征、滑坡性质、滑体物质组成特征、边坡开挖施工特征影响坡体稳定的敏感因素以及所保护的对象等综合分析,对澜湾子 2 号、3 号滑坡采取局部抗滑支挡与综合防排水措施相结合进行综合治理。治理措施采用"上排锚索抗滑桩 + 下排钢筋混凝土抗滑桩 + 预应力锚索 + 挡墙 + 锚杆框架 + 综合排水"方案。具体布设如下:

(1)为了最大限度地减少路基开挖后形成高边坡和减少占用耕地,保证滑坡和路基开挖后边坡的整体稳定,确保路基施工安全及高速公路运营期间的安全,充分结合滑(边)坡的地形特征和地层特征,对开挖后不稳定的边坡,在道路一级边坡的坡脚或二级边坡平台设置一排悬臂抗滑桩,在抗滑桩悬臂段桩间设置挡板;对 2 号滑坡中级滑体,在距左线路基设计线左侧约 70 ~ 80m 的位置沿路线方向设置一排抗滑桩进行支挡。如图 4-14 所示。

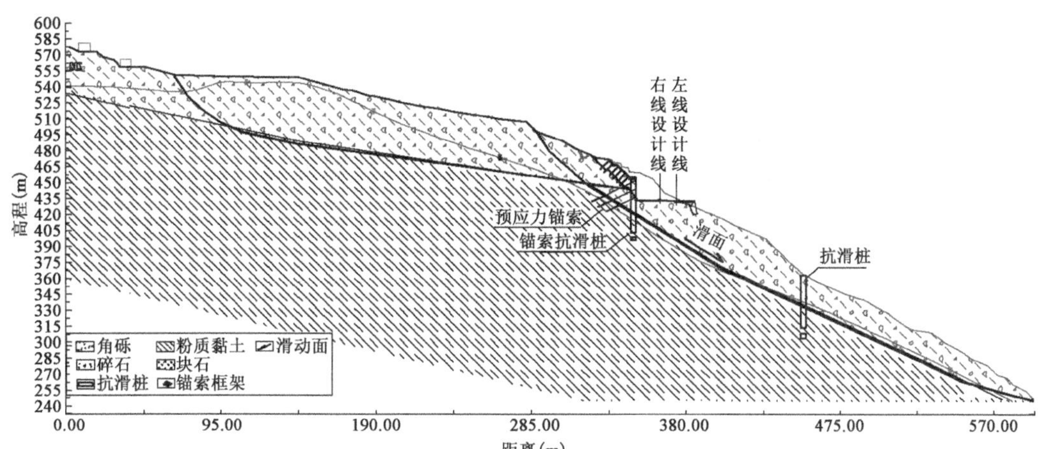

图 4-14　2 号滑坡深挖路基段预加固处治工程布置断面图

(2)对局部坡体及一级边坡坡脚处设置挡土墙。

(3)对二、三级边坡采用锚杆框架进行坡面防护,防护后的边坡坡面采用喷播植草进行绿化。

(4)为了将坡体内的水排出坡体,对坡体内水位较高的边坡在坡脚设置仰斜排水孔,在边坡平台设置排水沟,在边坡坡顶外约 5m 处设置截水沟。

1 号滑坡与预加固 2 号、3 号滑坡结果对比分析见表 4-3。

1 号滑坡与预加固 2 号、3 号滑坡结果对比分析表　　表 4-3

滑　坡	是否预加固	主要工程措施	安全系数	
1 号滑坡	否	锚索抗滑桩 + 预应力锚索 + 锚索(杆)框架 + 集水井 + 仰斜排水孔 + 截排水沟 + 裂缝夯填	稳定系数 1.079	治理安全系数 1.15
2 号、3 号滑坡	采用预加固	上排锚索抗滑桩 + 下排钢筋混凝土抗滑桩 + 挡墙 + 锚杆框架 + 综合排水	公路未开挖前	开挖预加固后
			1.203	1.22
			1.152	1.176
			1.232	1.254

预加固不但大幅降低了滑坡治理工程的费用以及工程量,还缩短了工程建设周期,降低了滑坡变形对工程施工及运营的交叉影响,而且采用预加固后安全系数有所提高,达到了预期的效果。

为防止施工不当而造成边坡坍塌或变形加剧,该边坡治理工程在施工中,必须遵循以下原则:

边坡治理工程必须采取自上而下、及时支护的逆作法进行施工。首先实施三级边坡的开挖工程,然后进行三级边坡的坡面防护,再实施二级边坡的开挖工程,然后进行二级边坡的坡面防护,以此类推,即开挖出一级边坡,立即实施该边坡的加固(防护)工程,待该边坡防护工程实施完成后,方可进行下级边坡开挖。对于一级边坡的桩间挡板,应在抗滑桩施工完成后进行分级开挖,每级开挖高度3.0~4.0m,每级开挖到位后,然后施工开挖段的桩间挡板或仰斜排水孔。其他工程及截、排水工程随主体工程的施工同步交叉进行。

为了最大限度地减少路基开挖后形成高边坡和减少占用耕地,保证滑坡和路基开挖后边坡的整体稳定,确保路基施工安全及高速公路运营期间的安全,充分结合滑(边)坡的地形特征和地层特征,对开挖后不稳定的边坡,在一级边坡的坡脚附近或二级边坡平台附近设置一排悬臂抗滑桩,在抗滑桩悬臂段桩间设置挡板;对局部坡体,在一级边坡坡脚处设置挡土墙。对二、三级边坡采用锚杆框架进行坡面防护,防护后的边坡坡面采用喷播植草进行绿化。

建立抗滑桩加固边坡的计算剖面模型,并采用强度折减法分析了剖面正常工况条件下的稳定性,根据最大等效塑性应变规律得出边坡塑性区域云图,安全系数计算结果为1.21。如图4-15所示。

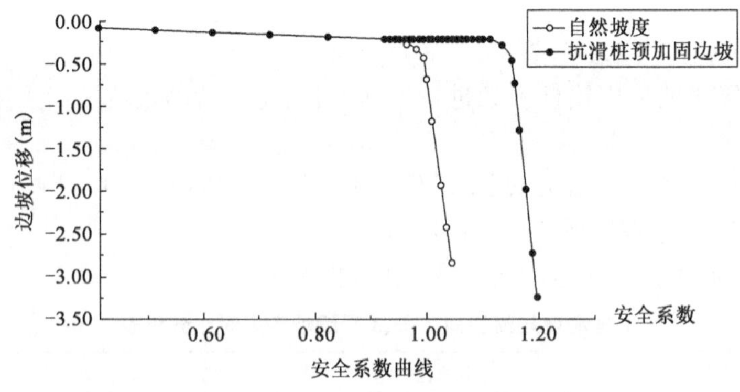

图4-15　自然与预加固后边坡安全系数曲线图

计算边坡稳定性基于理想弹塑性模型,屈服准则选取Mohr-Coulomb破坏准则,第一步计算初始地应力条件下边坡的稳定性,第二步增抗滑桩及锚索预应力后再进行计算。利用软件的强度折减法理论计算对比边坡加固前后的应力、应变变化及边坡安全系数。

通过Midas软件的数值模拟方法,根据有限元强度折减法搜索出的潜在滑动面分别模拟计算了典型剖面加固前、后的状态,较直观的了解了边坡加固后应力应变变化,且从位移云图可以看到采取预加固措施后位移减小,得出剖面加固前边坡安全系数为1.008,抗滑桩加固后的安全系数提高到1.213,可以看出采用锚杆、预应力抗滑桩锚索边坡加固方案是比较合理的。滑桩穿过强风化地层,将锚固段固定于较稳定的中风化地层内,有效地发挥了预应力锚索桩的作用。在边坡加固措施中,预应力锚索桩是重要手段之一。

图4-16为2号滑坡断面抗滑桩预加固边坡位移云图。

为保证施工期安全以及工程治理效果,在滑坡治理工程开始施工前,对边坡区域进行长期变形监测。通过监测成果显示,既有防护工程加固后滑坡处于稳定状态,工程治理措施合理,治理工程安全有效。如图4-17、图4-18所示。

图 4-16 2 号滑坡断面抗滑桩预加固边坡位移云图

图 4-17 项目区滑坡治理后照片(一)

图 4-18 项目区滑坡治理后照片(二)

第 5 章　富水滑坡　截排疏导

滑坡灾害诱发因素很多,如地震、降雨、水库降蓄水、工程挖填等。据统计,近年来 80% 以上的滑坡灾害发生在 5 ~ 9 月份,降雨型滑坡数量更是超过滑坡总数量的 90%。然而,降雨诱发滑坡仅是直观上的说法,实质为降雨下渗形成的地下水与岩土体发生了物理、化学及力学作用,致使岩土特性改变,进而引发滑坡灾害。地下水是滑坡诱发因素中的敏感因子,在自然界和人类活动中,滑坡灾害的发生多数与地下水活动有关。因此,针对富水滑坡而言,应遵循"治坡就是治水"的理念,并将保证排水措施的高效性作为工程治理成败的关键要素。

5.1　富水滑坡特征

工程上通常将具有较大汇水区域,或固定地表及地下水补给通道的滑坡称为富水滑坡。富水滑坡因地表水、地下水丰富,致使岩土体强度相对较低,造成边坡开挖后容易滑动。而对于"富水"一词的理解则应该多层面、全方位、系统化,滑坡富水不能局限于直观感受,停滞在降雨诱发滑坡、地下水作用引发滑坡等层面,而是在研究水对滑坡体作用的同时,兼顾水对支挡结构的影响,综合考虑工程施工及后期养护中水的作用,选择适宜的工程处理措施以实现富水滑坡的治理。

国内富水滑坡事故很多,较为著名的有南昆铁路八渡车站古滑坡,该滑坡原处于稳定状态,南昆铁路施工改变了其自然环境条件,造成场区排水不畅,1997 年 7 月遭遇 80 年一遇的最大单月降雨,累计降雨量达到 428.4mm,降雨的下渗增加了滑坡体重量,降低了滑坡体的抗剪强度,产生了较大的动、静水压力,诱发古滑坡复活。在滑坡治理工程采用了支挡与地表排水、地下排水相结合的工程措施,其中泄水洞排水量长期大于100t/d,起到了良好的疏干地下水的效果,经过综合治理滑坡达到稳定。

四川宣汉天台特大滑坡是2004年因暴雨诱发的特大型层面近水平状的平推式基岩滑坡,该滑坡因高强度暴雨导致汇聚的地下水不能及时排出,在内部形成"承压水盆",滑体在高水头压力的"浮托"作用下产生"水垫效应",从而造成摩阻力急剧降低,当裂隙水压力达到一定程度时,坡体迅速溃裂、解体进而发生滑动。该滑坡采用了以排水工程为主的治理措施,通过拦、排、疏相结合的地表和地下截排水措施,有效疏排地表、地下水,起到良好的治理效果。

国外富水滑坡的典型案例有土耳其安卡拉—伊斯坦布尔—希诺普的Karandu公路滑坡,体积超过$10000\times10^4m^3$,滑体位于强风化不透水的复理石层中,滑带与丘状地形组合形成了大于2个大气压的高承压水头,滑体中密集的裂隙面顺坡向产出,便于地下水运移,滑体中含有大量使抗剪强度降低的黏土质风化物,其在地下水的综合作用下形成了滑坡。

富水滑坡性质较为复杂,滑动机制及演变过程随地表水、地下水的运动方式、路径的不同表现出差异性特征,但作用的具体形式殊途同归。在富水滑坡的研究和治理过程中,应从现象到本质、宏观到微观、抽丝剥茧、循序渐进、有的放矢,逐步加深对富水滑坡的地质特征认识,通过发现规律、掌握规律、利用规律对富水滑坡体进行系统化治理。

5.1.1　地表水对滑坡的影响

降雨是地表水的直接来源之一,研究地表水对滑坡的作用,应当将降雨作为重要研究对象。降雨与滑坡的产生有着密不可分的联系,降雨性质、降雨持续时间决定降雨量,降雨量多少又会决定水动力作用的强弱。据相关研究统计,当累计降雨量≥50mm时开始产生滑坡,而滑坡数量较少且规模较小;当累计降雨量≥250mm时,滑坡数量较多且开始有中型滑坡产生;当累计降雨量≥300mm时,滑坡大量发生,且开始有大型、巨型滑坡产生。滑坡与降水量关系见表5-1。

滑坡与降水量关系　表5-1

地　区		累计降雨量(mm)	日降雨量(mm)	时降雨量(mm)	滑坡数量	滑坡规模
巴西		250~300				
美国SanBenite		>250		>6		
加拿大Alameda		>180				
中国	香港	>350	>100	>40		
	内地	50~160	≥20	>6	较少发生	小型滑坡
		150	≥100	>10	中等	中型滑坡
		200~350	≥110	>13	大量发生	大型、巨型滑坡

5.1.2　地下水对滑坡的影响

滑坡中地下水作用可概括为3种类型,即力学作用、物理作用及化学作用。力学作用主要通过孔隙静水压力和孔隙动水压力影响岩土体的力学性质,前者减小岩土体的有效应力而降低岩土体强度,后者则是增加岩土体切向推力降低岩土体抗剪强度。而对于库岸滑坡来说,库水位上升,地下水位随之升高,长期浸泡势必造成滑体岩土体的软化、抗剪强度降低;库水位快速下降,由于坡内水无法短期排出,出现渗流而产生动水压力,增大滑体的下滑力。

物理作用主要表现在地下水对岩土体产生的润滑、软化及泥化作用。润滑作用是指地下水在岩土体颗粒间产生"润滑效应",伴随着地下水的增加,土颗粒表面的结合水膜增厚,滑带土颗粒间相互作用减弱,滑体抗滑力随之减小。软化和泥化作用则主要指地下水对土体、岩体结构面充填物物理性状的改变,具体表现为含水率变化使土体、结构面填充物逐渐由固态向塑态直至液态的转变,进而影响岩土体力学性能,造成岩土体强度的降低。黄润秋等通过研究发现,当含水率超过11%后,滑带的强度将随含水率的增大而迅速降低,如图5-1所示。

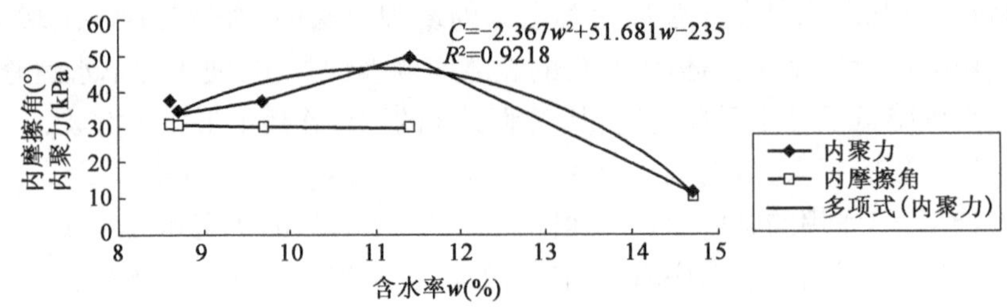

图5-1　滑带土重塑样强度指标与含水率关系图(UU实验)

阿尔及利亚北部地中海沿岸地区泥灰岩分布广泛,由于强烈动力地质作用,岩层节理、劈理、层间错动较为显著,岩体较为破碎;遇水快速膨胀软化,失水崩解、强度及承载力迅速降低。另外,该地区气候特征属地中海气候,具有旱季雨量稀少,雨季降雨集中、强度较大的特点。在修建东西高速公路工程期间,大范围第三系泥灰岩边坡失稳形成滑坡。在研究边坡变形机理过程中,选取阿尔及利亚第三系泥灰岩试验样品,采用人工重塑样,控制试样的干密度及含水率,进行不同含水率条件下的直剪试验,分析含水率与泥灰岩黏聚力及内摩擦角之间的关系,试验结果如图5-2、图5-3所示。

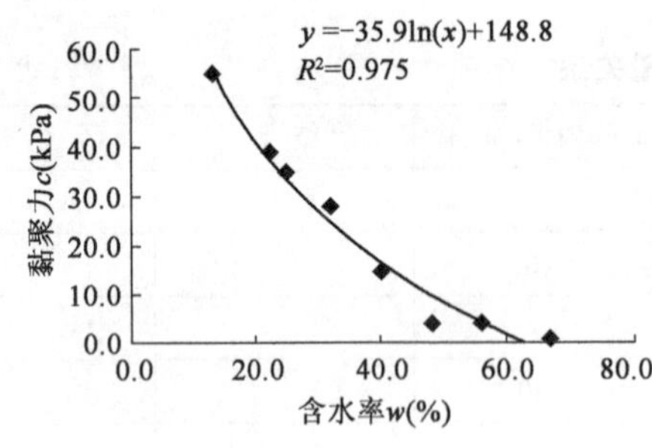

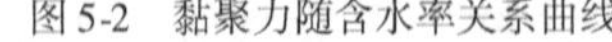

图5-2　黏聚力随含水率关系曲线

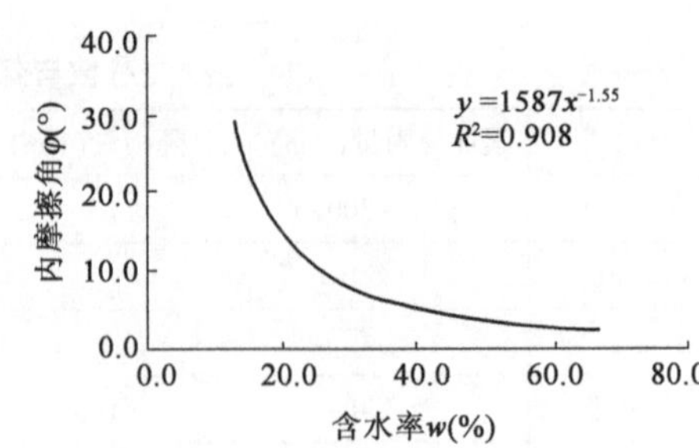

图5-3　内摩擦角随含水率关系曲线

由图5-2可知,泥灰岩的黏聚力随含水率的增加而降低,其关系曲线呈对数关系。在含水率较低时,含水率对黏聚力影响较大,即在低区间含水率的变化对黏聚力的影响较为敏感,在含水率接近液限值时,其黏聚力接近于零。

图5-3可知,泥灰岩内摩擦角与含水率变化关系曲线为幂函数关系,初始原样其含水率为13.0%,内摩擦角为35.0°,随着含水率的增加,内摩擦角急剧变化,在含水率达32%时,其黏聚力降至3.5°,随后含水率增加其黏聚力趋于稳定。

因此,东西高速公路泥灰岩边坡的失稳是不良岩性、构造作用、地下水作用和人类工程活动等诸多因素共同作用下的结果，但最根本的原因是当地第三系泥灰岩在地下水作用下工程性能急剧降低的结果。首先，由于泥灰岩崩解、裂解的特性，夏季高温雨少，岩体大面积发生开裂，最大开裂深度可达8m，而到雨季时，集中、持续、强度虽然不大的降雨，快速抬高了坡体地下水位，致使上部岩土体饱和，重度增加，同时顺着裂缝和节理裂隙面下渗、软化岩体，降低了抗剪强度，并且在裂缝位置形成静水压力，增大了软弱带的孔隙压力，导致坡体容易变形滑动。其次，第三系泥灰岩层相对隔水，其渗透系数为$(2\sim5)\times10^{-8}$cm/s，同时泥灰岩具有很强的吸水性能，在雨季持续降雨条件下，边坡坡体长期处于近饱和状态，泥灰岩饱水后抗剪强度急剧降低，内摩擦角降至2°～8°区间，远远小于自然坡角，造成边坡容易发生变形滑动。

地下水对岩土体的化学作用进行速度较为缓慢，主要是通过地下水与岩土体之间的离子交换、溶解作用、水化作用、水解作用、溶蚀作用、氧化还原作用、沉淀作用以及渗透作用等改变岩土体矿物组成及其结构，进而影响岩土体的力学性质。

一般来说，地下水对滑坡岩土体的作用并不是单一的，而是综合作用，即力学作用、物理作用、化学作用均会发生，但各种作用的影响程度却具有较大差异性。因此，在富水滑坡治理过程中，应从宏观到微观、厘清主次、有的放矢，才能获取预想的效果。

5.1.3　地下水对岩土体承载能力的影响

1）滑坡下滑推力

地下水作用增加滑坡体下滑力主要体现在两个方面，即“加载效应”和“渗透作用”。地下水入渗导致岩土体逐渐饱和、重量增加，增大了滑体下滑力，而由于孔隙水压力（γH）的差异形成孔隙水动压力（$\gamma\Delta H$），出现渗流现象，产生了作用在岩土上的渗透力，进而增截排水沟是滑坡排水工程中最为常用的措施。对于富水滑坡体，由于坡体含水率较高、地基软弱，滑坡甚至尚未完全稳定，在截排水沟设计中需充分考虑不均匀沉降及沟底防渗设计。对于土体松散、沉降量较大的段落，应先对沟底夯实处理；当沟底土体饱和软塑甚至流塑时，需先将水疏干，再采用碎、块石进行换填处理。一般截排水沟长度较长，为防止不均匀沉降造成的排水沟拉裂需分段设置伸缩缝，并增加沟底的柔性；对于纵坡较大的段落，为防止沟底被冲蚀，还需对沟底进行加糙处理。排水沟的出口应设置基础稳定地段，防止水流冲刷发生溯源侵蚀。

2）岩土体承载能力

地下水作用会造成岩土体竖向和水平承载能力降低。其中，岩土体承载力问题实质为岩体体抗剪强度问题，即地基受到荷载作用后，土中各点产生法向应力和剪应力，当某点剪应力超过其抗剪强度时，土体将沿着剪应力作用方向产生剪切破坏，宏观表现为变形开裂。而受地下水润滑、软化及泥化作用，岩土体黏聚力、摩擦角等力学指标减小，进而降低岩土体承载力。

以滑坡治理工程中最常用的抗滑桩为例，其主要考验岩土体水平向承载能力，即桩身将上部受到的滑坡推力传递给下部岩土体，依靠下部岩土体提供的侧向反力来承担滑坡推力。在抗滑桩设计时，需考虑岩土横向容许承载力及地基系数来确定桩体截面尺寸和锚固深度。当锚固地层为岩层时，地基横向允许承载力与岩石单轴抗压极限强度及岩体完整程度相关；当锚固地层为土层、强度较低的风化岩层时，地基横向允许承载力与滑面以上覆土层厚度和锚固段岩土体强度指标相关。通过对不同含水状态下粉质黏土锚固地层的抗滑桩（2m×3m，长度20m）受力变形计算发现，随着粉质黏土层含水率的增加，桩周土水平向地基系数将会减小，为抗滑桩所提供的抗力急剧降低,桩顶变形位移迅速增大。由此可知,采用抗滑桩对富水滑坡进行治理,受地下水作用的影响,抗滑桩的支护效用会大幅度降低。如图 5-4 所示。

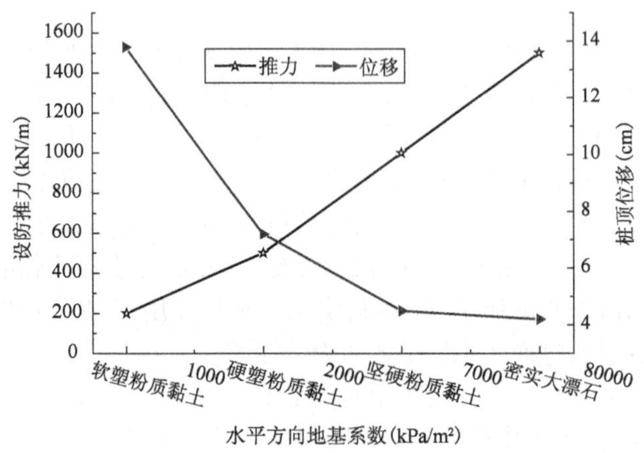

图 5-4　不同种类锚固体抗滑桩受力及变形对比图

3)岩土体锚固性能

岩土锚固是通过埋设在岩土中的锚索(杆),将结构物与地层联锁在一起,依赖锚索(杆)与周围地层的抗剪强度传递结构物的拉力或使地层自身得到加固,其锚固力主要源于注浆锚固体与岩土界面的接触黏结力与摩阻力。但是,当岩土体遭水浸泡时,水将在锚固体表面形成黏结水膜,并将锚固体与岩土隔开,致使土体与锚固体之间的黏聚力迅速降低,甚至消失。同时,水膜具有较强的润滑作用,使得土体与锚固体之间的摩阻力大幅度为降低,从而减小预应力锚索(杆)的锚固力。

以湖北省某富水公路高边坡为例,通过锚索拉拔试验测试了富水泥岩地层中锚索的锚固性能。拉拔试验进行了 5 个试验孔的测试,试验孔孔径 130mm、倾角 25°,锚索选用 5 束 $\Phi^{s}15.2$高强度、低松弛无黏结钢绞线,锚固长度分别为 2m、3m、5m、8m、10m,自由段长度均为 10m,锚索拉拔试验 $Q \sim S$ 曲线如图 5-5 所示。通过 $Q \sim S$ 曲线发现,当张拉荷载达到原设计荷载的 50% 时,锚索位移突增,油压表数值回落,部分锚固体有从强风化泥岩中拔出、破坏现象。分析认为部分区域地下水较为发育,试验孔岩体受地下水浸泡软化,泥岩的黏结强度大幅降低,所能提供的锚固力有限,同时,由于地下水影响,水泥砂浆在泥岩中难以形成有效扩散,不能与周边岩土体充分接触,也使得泥岩与锚固体间的黏结强度降低。此外,在拉拔试验中还发现,对于受地下水影响的泥岩边坡,当锚固段长度超过 3m 时,极限拉拔荷载不再随着锚固长度增加而增大,而是趋于稳定值。因此,建议对于此类富水泥岩边坡的加固,采用锚索时需考虑有效锚固长度的影响。

4)土体流变作用

流变是指土体中的应力、应变与时间有关的性质,表现为蠕变、松弛和长期荷载作用下强度的降低等。一般来说,土的黏粒及矿物含量对流变性有很明显影响,黏粒含量越多,土的活动性越强,塑性指数越大,蠕变速率也越大。同样,含水率越大,蠕动变形也越大。若地下水长期作用将造成岩土体软化,力学性质降低。

在重庆、湖北、贵州等多地的富水滑坡已实施工程加固案例中发现,许多前期已实施的抗滑支挡工程在工程实施后一段时间内能够起到稳定滑坡的目的，但随着时间的推移，地下水位升高，支挡工程却逐渐出现了变形过大，甚至滑坡发生二次失稳的问题。究其缘由，此类问题的产生往往和滑坡排水不畅、富水滑坡岩土体流变作用有关。位于秦巴山区的十天线28合同段滑坡治理过程中就出现了此类问题，两排抗滑桩实施后，滑坡体仍蠕动变形，经分析判断是由于地下水位较高、滑体产生流变所造成。此滑坡体物质组成主要为黏性土，塑性指数较大、含水率较高、流变性较强，虽经治理滑坡基本稳定，但丰富的地下水补给，致使地下水位处于较高位置，土体流变性较强，滑坡蠕动变形显著，一直未能够收敛，发现该问题后，在变更设计中增加了排水隧洞工程，降低水位后滑坡蠕变停止。

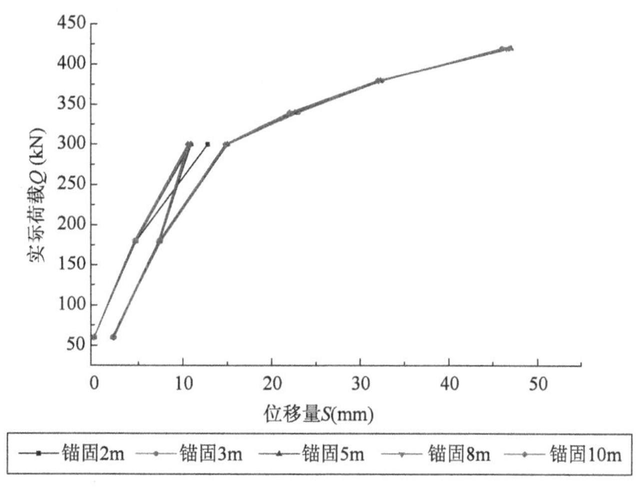

图5-5　锚索拉拔试验 $Q \sim S$ 曲线

5.1.4　地下水对施工及养护的影响

丰富的地下水增加了滑坡治理施工的难度，尤其在开挖抗滑桩桩基时，常常需要对地下水进行抽排，增加了施工工期及工程造价，而对于承压水、细颗粒含量较高的含水地层，抗滑桩的开挖还可能发生涌水、涌砂事故，对施工安全造成严重的威胁，增加了施工安全风险。例如，在宁夏某滑坡治理过程中，当抗滑桩开挖至滑动面附近时遭遇含水砂层，造成孔壁大量垮塌，难以成形，虽采取桩侧注浆加固、地下水抽排等措施，仍难以起到较好的效果，最终将人工挖孔抗滑桩变更为机械成孔抗滑桩方解决该问题。

其次，地下水所携带泥沙的拥塞效应也给排水工程的后期养护增加了难度。以仰斜排水孔为例，1965年在国内第一次用于排除滑坡地下水，取得了良好的效果。仰斜排水孔材料最初为打孔PVC管缠绕土工布，但使用3～5年后，基本完全拥塞，无法继续使用。经过几十年的改进，现已更新为软式透水管和硬式透水管，使用年限也逐渐由最初的5年左右延长到10年以上。材料工艺的改进延长了仰斜排水孔的使用年限，但随着使用年限的增长，仍不可避免存在排水材料老化和堵塞、排水效果减弱等问题。而对于盲沟和渗沟等排水工程，主要采用透水性较好的块（碎）石进行材料换填，随着排水周期的延长，盲沟及渗沟同样存在着细颗粒淤堵的问题，致使排水效果减弱的问题。如何解决地下排水工程维修及养护问题，仍需要工程技术持续不断的进行研究。

5.2 富水滑坡防治关键技术

5.2.1 综合立体排水技术

富水滑坡的治理关键在于排水,国内的地表排水工程包括外围截水沟、内部排水沟、坡面夯实防渗等,其目的在于截断边(滑)坡体以外山坡补给的地表水和坡体内的地表水,地下排水工程包括截水盲沟、截(泄)水隧洞、仰斜排水孔等,目的是截断地下水对软弱带的补给,排出富集在软弱带的地下水,增强其抗剪强度等。而欧洲(法国)在设置地表排水工程的同时,截排地下水主要采用截水盲沟、砂井降低地下水位,不是针对性的排除软弱带的地下水,主要是从减少孔隙水压力,增大有效应力来考虑。国内将地下排水工程设置后提高的抗剪强度作为安全储备,一般不引入推力计算,若滑坡计算推力较大时,也可以将岩土体抗剪强度中的摩擦角提高1°~2°,这是考虑到截排水工程发挥效用以后对岩土体抗剪强度的改善,但是这种做法缺乏相应依据和标准。欧洲(法国)排水工程的计算主要从增大土体有效应力来考虑的,将排水工程作为减小滑坡推力的一个重要措施而引入计算,降低地下水位后,若稳定系数未达到要求,则采用支挡措施。

以阿尔及利亚东西高速公路 M3 合同段 PK134 滑坡计算说明欧洲(法国)计算理论。欧洲(法国)计算理论认为,滑体在正常工况下处于饱水状态,地下水位位于滑坡表面附近,为降低地下水位,在滑坡后缘及坡体上设置截水盲沟,分别计算正常工况与地震工况下,降低 1m、2m、3m、4m、5m 水位后的滑坡稳定系数,经计算,在不同水位下滑坡的稳定系数见表 5-2。

滑坡在不同水位的天然工况下的稳定系数 表 5-2

不同水位	天然状态	降低地下水位				
		1m	2m	3m	4m	5m
正常工况	0.95	1.05	1.15	1.24	1.33	1.42

关于地下水对滑坡的影响在国内外的认识基本一致,以法国标准为例,强调治理滑坡首先着眼于排水,因此,建立立体体系的排水工程在边(滑)坡治理工程中都是必不可少的,但不同规模的滑坡采取的立体排水措施不尽相同,根据滑坡的规模大致将排水体系分为中小型滑坡排水措施和深层、大型滑坡排水措施两类。

1)中小型滑坡排水措施

截排水沟是滑坡排水工程中最为常用的措施,对于富水滑坡体,由于坡体含水率较高、地基软弱,滑坡甚至尚未完全稳定,在截排水沟设计中需充分考虑不均匀沉降及沟底防渗设计。对于土体松散、沉降量较大的段落,应先对沟底夯实处理;当沟底土体饱和软塑甚至流塑时,需先将水疏干,再采用碎(块)石进行换填处理。一般截排水沟长度较长,为防止不均匀沉降造成的排水沟拉裂,需分段设置伸缩缝,并增加沟底的柔性;对于纵坡较大的段落,为防止沟底被冲蚀,还需对沟底进行加糙处理。排水沟的出口应设置基础稳定地段,防止水流冲刷发生溯源侵蚀。

对于坡体或滑动带含水较多的中小型黏性土滑坡,因供水条件复杂,而采取排水隧洞等措施造价较高，除了采取平面截水措施外，还可以在滑坡前缘支挡工程的后部设置一定数量的仰斜排水孔群、降水井与平孔联合排水或纵向支撑渗沟群联合集降水井进行立体排水，可取得较好的治理效果。

仰斜排水孔的仰角不宜小于6°，长度应伸至地下水富集部位或滑动面附近，并宜根据边坡渗水情况成群布置。仰斜式排水管材料最初为打孔PVC管缠绕土工布，但使用一段时间后易产生拥塞，经过几十年的改进，现已更新为软式透水管和硬式透水管。软式透水管是一种具有倒滤透(排)水作用的新型管材，它克服了老式打孔PVC管的诸多弊病，利用“毛细”现象和“虹吸”原理，集吸水、透水、排水为一体，具有工程设计要求的耐压、透水及反滤作用。软式透水管主要由高碳钢丝、不织布过滤层及合成聚酯纤维组成。硬式透水管又称曲纹网状透水管，其上半部分2/3带有小孔，下半部分1/3为不带孔，能防止地下水发生二次渗漏，迅速把地下水排水。该产品质量轻，易于运输及操作，耐候性优越，具有优良的排水及抗化学腐蚀能力。

支撑渗沟根据滑坡体含水率不同可采取6～15m的间距，支撑渗沟的宽度一般采用1～1.5m，深度决定于滑动面的埋深及滑体含水层位置，介于2～6m之间，以便于机械施工为原则。支撑渗沟的底部放置在边坡潮湿带以下不小于0.5m的稳定地层中，基底设计成台阶形，采用浆砌片石或片石混凝土铺底，沟底设置2%～4%的排水纵坡。支撑渗沟主要采用不易风化的碎(块)石进行填筑，上部可采用浆砌片石进行封闭，边坡防护也可采用支撑渗沟与拱形骨架相连的方式，起到加强坡面、防止冲刷的作用。

2)深层、大型滑坡排水措施

对于地下水补给丰富的大型、深层滑坡，单一的排水措施往往难以起到有效的拦截地表、地下水的目的，需要采取截排水沟+排水隧洞等相结合的综合立体排水体系，而排水隧洞是拦截地下水，疏干滑坡体的最有效措施。

排水隧洞工程造价较高，施工较为困难，工期较长，隧洞布设的部位决定了排水效果，设计前需进行详细的工程地质和水文地质勘察，准确查明地下水分布、流向、水量大小和不同含水层之间的水力联系等，以便达到预期效果。排水隧洞一般设置在滑坡的中后部，以加大其影响范围；排水隧洞的作用是拦截并排出滑坡体内的地下水、降低地下水位，因此排水隧洞的方向应尽量与地下水流动方向相垂直。排水隧洞一般设置于滑面以下较为完整的岩体内，为了避免进出口坍塌，常可选择滑坡两侧或前缘较完整的沟壁处进洞，如覆盖层较厚则应加强隧洞开挖支撑防护，对于工程地质条件较差的段落需采取洞口注浆、管棚防护以及钢拱架支撑等形式。排水隧洞横断面尺寸应根据地下水涌水量计算确定，一般情况下，横断面净空高度不宜小于1.8m(便于施工人员直立行走)，净宽不小于1.0m(便于运输弃渣)，隧洞平面轴线宜顺直，洞底纵坡不应小于0.5%。滑坡体内疏排地下水的段落，沿洞顶每隔5～10m设置垂直排水孔群疏排地下水，有时也可在隧洞内向上方滑带附近施做仰斜排水孔，以疏排滑带水达到截断大部分向滑带补给地下水的目的。排水隧洞每隔50～100m，还需设置检查井，用于核对水文地质资料并用于出渣、通风、进料以及指导施工等作用。

5.2.2 排水与支挡工程结合技术

滑坡治理工程的类型复杂多样，有以力学平衡为目的的减载反压、增加抗滑力为目的的各种抗滑桩、墙；有用于改善滑带土性质的灰土桩、旋喷桩等，大大丰富了滑坡防治的措施和手段，推动滑坡防治工程向多样化发展。如何选择合理而有效的技术措施，是滑坡整治工程能否达到预期效果的关键。工程技术人员多偏向于采取支挡结构来解决问题，通常从支挡效果、施工难易、工程造价等方面考虑的较多，而对滑坡的形成条件、产生原因、变形破坏机制和几何边界条件却不能予以重视，尤其对于诱发滑坡的重要因素——地下水缺乏深刻的了解。对地下水的截、排、疏导作用是一个缓慢的过程，很少能够即时见效，因此很多工程人员忽视了排水工程的作用，这种认识无疑是片面的。富水滑坡治理关键在于排水，因此，盲目纯粹采用支挡措施（如大型抗滑桩等），有时阻止了地下水的排泄通道，造成滑体形成大量滞水，滑坡治理工程失败。以重庆奉溪高速公路香家坪隧道出口滑坡为例，该滑坡的老滑坡体整体呈稳定状态，高速公路以分离式路基形式在滑坡体中部通过，左线为填方路基，最大填方高度达22m；右线为挖方路基，挖方边坡2级。由于公路修建左侧填方及右侧挖方影响，导致原松散老滑坡体产生局部滑动变形，在原有老滑坡体内形成新的次生滑坡。原设计针对路基下方填方滑坡采用微型桩挡墙进行加固；路基上方挖方边坡采用悬臂式抗滑桩进行预加固，勘察设计期间处于旱季，预加固抗滑桩未考虑地下水对滑坡的影响，抗滑桩实施完成后边坡稳定。来年雨季，大量雨水入渗至滑坡体内，导致路基上方挖方坡体迅速富水，而预加固抗滑桩未能锚固至稳定的基岩内，桩身锚固段浸泡在富水滑坡体内，地下水位的上升致使滑坡下滑力增大、锚固土体桩侧抗力降低，最终导致预加固抗滑桩倾倒变形，桩身最大变形量达到2m，甚至已经侵占新建高速公路建筑界限。分析原因是高速公路从老滑坡体中部通过，新建路基及实施的抗滑桩工程改变了原来老滑坡体内的地下水疏排路径，导致大量地下水在抗滑桩附近汇集，造成桩周岩土体承载能力降低，进而造成抗滑桩破坏。在对桩体变形成因分析后，对已变形的抗滑桩进行拆除，采取“支撑渗沟＋地表截排水”的措施对滑坡进行治理。在截排水工程实施完成后，经过多个雨季的检验，滑坡均处于稳定状态。因此对于富水滑坡体，仅采取支挡工程对滑坡进行治理，往往会造成滑坡体地下水位升高，滑坡变形加剧等问题，只有与排水工程相结合，方能有效治理滑坡。

因此在富水滑坡治理中，要强调采用排水与支挡工程综合应用技术，只有降低了地下水位，才能有效减小滑坡推力，提高滑带土及滑床岩土体物理力学性能、改善支挡工程的受力条件，使其能够更好地发挥抗滑作用。

在富水滑坡治理过程中，还需综合考虑路基施工对抗滑支挡工程的影响。一般富水滑坡滑体含水率高，地基承载力较低，滑坡段路基一般基底回弹模量和竖向压应变较难满足路基设计要求，通常会采取一定厚度砂砾、碎石进行换填处理。支挡工程设计过程中，若未考虑路基基层、面层以及砂砾换填的厚度，在工程实施过程中可能会造成抗滑支挡工程前缘临空加大进而造成变形破坏。

5.3 典型案例

地下水是滑坡稳定性分析中的敏感因子，多数滑坡的形成和发展往往与地表水和地下水活动相关。关于地下水对滑坡的作用国内外学者进行了广泛的研究，其影响方式和作用机理是多方面的，主要涉及以下两个方面：一是地下水对滑体的力学作用；二是地下水对滑体所产生的物理和化学作用。对于大型富水滑坡,地下水的治理往往成为工程的重点,秦巴山区十天高速公路 H-C28 合同段滑坡为富水滑坡中较为典型的一例。

该滑坡位于西秦岭与汉中盆地交接的狭长沟谷地带,坐落在一大型老滑坡堆积体上,滑坡后部紧邻茶店—略阳断裂,断层为滑坡提供了丰富的地下水来源。高速公路的开挖致使古滑坡局部产生复活,由于公路尚未开挖到位,若继续开挖势必造成滑坡产生更大规模的变形滑动,对公路下方的村庄安全造成威胁。该滑坡设计、施工过程中均采用了全程地表和深层变形监测及地下水动态监测等手段,由于施工工序及地下水丰富等原因,在主体抗滑工程完工后滑坡仍持续蠕动变形,成为这一路段的瓶颈。为彻底整治滑坡,项目实施期间进行了多次变更,增加了泄水隧洞等地下排水措施,经过一年多的观测,滑坡变形收敛。

5.3.1 区域环境地质条件

十天高速公路 H-C28 合同段滑坡位于西秦岭与汉中盆地交接的狭长沟谷地带,地形上属于低山区,海拔 600 ~ 900m。滑坡区地形较平缓,坡体被当地百姓改造为耕地,坡度 15° ~ 25°,呈现典型的老滑坡叠瓦型地貌形态,发育有 2 个较大的老滑坡平台。滑坡区域上属北亚热带湿润季风气候区,气候垂直差异明显,大部分地区年平均降雨量在 700 ~ 1500mm 以上,年最大降雨量 1974.6mm(1983 年),年内降雨分配不均,夏秋两季降水占全年的 80%,12 月至次年元月最少,降水常不足 15mm。7—9 月降水比较集中,多阴雨天气,降雨量占全年的 60% 左右。滑坡区出露的主要地层为第四系滑坡堆积物(Q_4^{del})、第四系全新统冲洪积物(Q_4^{al+pl})及震旦系上统(Zb)的灰岩和千枚岩。灰岩为灰色,块状结构,岩溶较发育,表层溶蚀严重。千枚岩为灰黑色、黑色,具细鳞片变晶结构,千枚状构造,有丝绢光泽,岩质较软,主要矿物成分为绢云母和绿泥石。滑坡区属秦岭褶皱系,地质构造极为复杂。断裂活动明显,沟谷深切,岩层破碎,动力地质作用强烈。主要发育茶店—略阳断裂(F11),该断层在略阳一带汇入略阳—勉县断裂,东部在方家坝会入峡门子—方家坝断层中,全长约 30km。断层破碎带达 50m,为深灰—灰绿色断层泥质岩屑,宽约 2m;断层面倾向北东 10°,倾角 80°,为一高角度逆断层;沿断层形成明显的长形凹带。滑坡区地震动峰值加速度为 0.15g,地震动反映谱特征周期为 0.40s,相当于地震基本烈度为Ⅶ度。

滑坡区地下水类型主要为基岩裂隙水及第四系松散岩类孔隙水。基岩裂隙水主要靠大气降水补给,受大气降水因素控制,主要赋存于震旦系灰岩风化裂隙及溶洞中,水量丰富。由于灰岩下层的千枚岩为相对隔水层,上层灰岩中的裂隙水在灰岩与千枚岩的界面附近通过溶洞以泉的方式向坡体外排泄。滑坡体上方基岩边坡上有多处泉眼出露,泉水丰富,且流量较大,据测量一处泉水最大流量可达 $17m^3/h$。第四系松散岩类孔隙水主要赋存于滑坡堆积体中,主要接受大气降水和基岩裂隙水补给,水量较为丰富。坡体内的孔隙水一部分以泉水的形式从坡体低洼处流出,滑坡体范围内有多处泉眼出露,流量一般介于 $0.1 \sim 0.3m^3/h$;另一部分通过坡体内的孔隙向低洼处径流,地下水在已开挖的三、四级边坡坡面以串珠状向坡外排泄。

5.3.2 滑坡特征

十天高速公路 H-C28 合同段滑坡坐落在一老滑坡体上,具有叠瓦型老滑坡地貌形态,从地形分析历史上曾发生过多次、多层、多级滑动(图 5-6)。老滑坡分为上下两级,上级呈"圈椅”状,宽约135m,长约145m。滑体厚度15~21m,体积约为$30\times10^4m^3$。下级呈“舌”形,宽180m,长320m,滑体厚度26~36m,体积约为$150\times10^4m^3$。老滑坡在漫长的地质历史时期经历了多次滑动,堆积层成分也复杂多变,大致可分为三层。滑体上部以灰色、灰褐色粉质黏土夹碎石为主,局部夹崩积灰岩块石;滑体中部为厚5~15m的棕红色、灰黄色黏土层;下部为灰黄色粉质黏土含碎石层。由于各层土体物理力学性质的差异,以及层间均存在黏性土隔水层,在工程开挖下易沿层面形成滑动。老滑坡滑床为全~强风化千枚岩,灰黑色,岩体倾向总体为南东,倾角60°~70°,主要矿物成分为绢云母和绿泥石,岩质较软,为易滑地层,工程性质差。

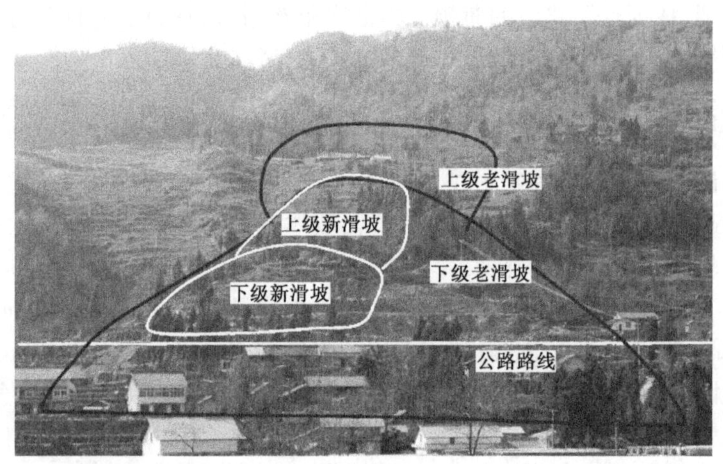

图5-6　滑坡全貌图

高速公路在老滑坡中前部以挖方形式通过,原设计最大挖方高度36m,共4级边坡。2009年12月底高速公路开挖至二级边坡后出现变形开裂,引发了老滑坡的局部复活,形成新生滑坡。新生滑坡也分为上下两级,滑坡纵向长约250m,宽约100m,监测变形厚度约15m,体积约为$30\times10^4m^3$。滑坡后缘发育多条拉张裂缝,最宽的一条长60m左右,宽0.3~0.6m。

滑坡发生后为查明滑坡性质,2010年1—3月勘察期间设置5个深层位移监测孔。监测结果表明滑坡变形主要为浅层变形,深度介于5.5~16.5m之间,变形速率达1~3mm/d,滑坡剪出口位于开挖二级边坡坡脚。深部的老滑动面未见变形。勘察期间滑坡地下水位深度介于6~15m之间,地下水在已开挖的三、四级边坡坡面呈串珠状出露向坡外排泄。滑坡全貌及监测点位置如图5-7所示,典型滑坡工程地质剖面图如图5-8所示,滑坡变形情况如图5-9~图5-13所示,典型钻孔变化监测曲线如图5-14所示。

5.3.3　滑坡形成机理及发展趋势

1)滑坡成因分析

(1)地下水作用影响。

H-C28合同段滑坡后部紧邻茶店—略阳断裂,该断裂为一高角度逆断层,断裂带全长约30km,破碎带达50m,沿断层形成明显的长形凹带。茶店—略阳断裂为滑坡体提供了丰富的地下水补给来源。滑坡后部山体为透水性良好的白云质灰岩,发育有大量的溶洞,滑坡区域岩

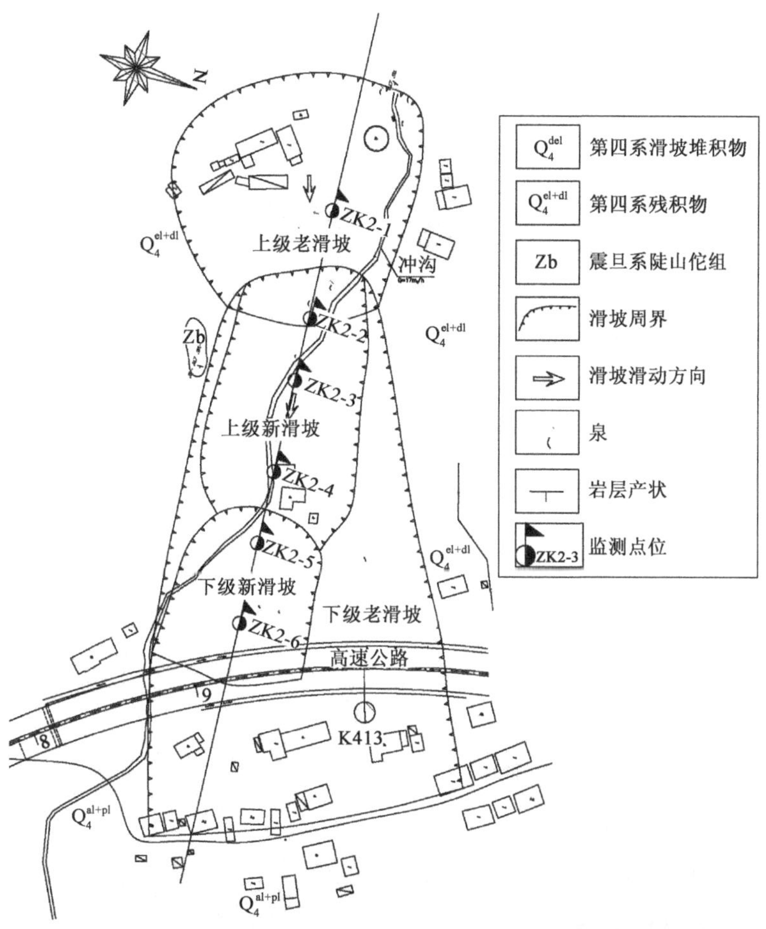

图5-7 滑坡平面示意图及监测点位置图

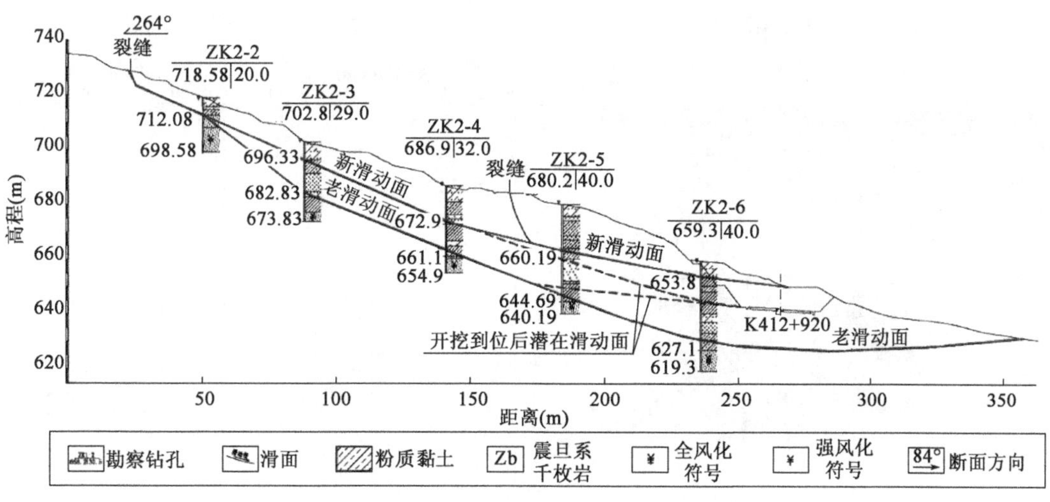

图5-8 滑坡工程地质剖面图

性为不透水的炭质千枚岩，大量岩溶水沿两岩层界面直接排入滑坡体内。滑坡体后缘多处泉水出露，沿滑坡中部形成自然冲沟（图5-15），枯水季节流量达$20m^3/h$，滑体常年处于饱水状态（图5-16）。

图5-9 公路开挖形成的滑坡剪出口

图5-10 滑面擦痕

图5-11 滑坡侧界裂缝

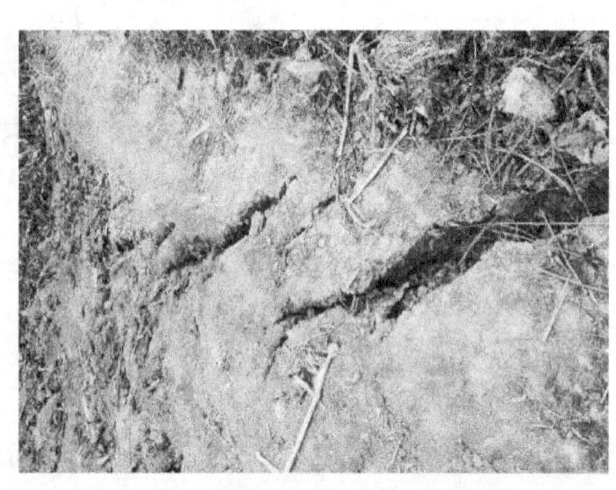

图5-12 滑坡侧界羽状剪切裂缝

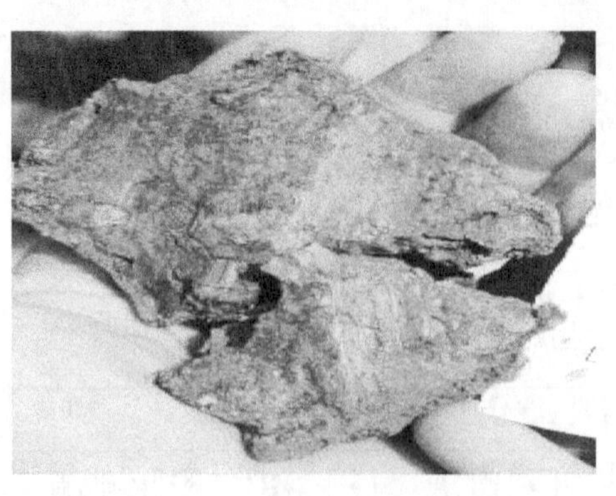

图5-13 老滑坡滑面擦痕

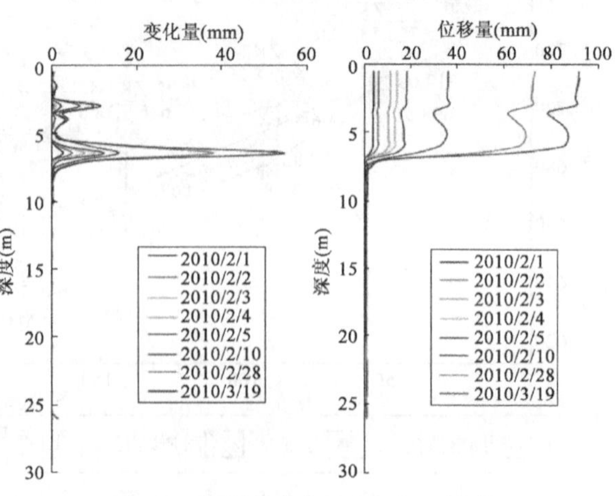

图5-14 监测钻孔变化量及位移—时间曲线

图 5-15　滑体冲沟内的长流水

图 5-16　边坡开挖后地下水呈串珠状向坡外排泄

滑坡形成后，坡体上多处开裂，坡体冲沟内的地表水通过裂缝直接灌入滑动带，加速了滑坡的变形，滑坡形成初期监测裂缝变形速度达 1 ~ 2cm/d。技术人员对滑坡进行踏勘后，采用 PVC 管排除冲沟内流水，防止继续下渗，并在滑坡前缘进行回填反压，排水工程及回填反压工程实施后滑坡变形速率降为 0.2 ~ 0.3cm/d。

(2)降雨作用影响。

高强度降雨是滑坡产生的原因之一。秦岭南坡是我国著名的暴雨区，滑坡所在略阳地区处于暴雨中心，年平均降雨量 826mm，最大降雨量达 1674mm，夏秋两季降水占全年的 80%。高强度的暴雨可能导致汇聚在滑坡体内的地下水不能及时排出，在内部形成"承压水盆"。

受断层补给地下水及高强度暴雨的影响，坡体被高水头压力"浮托"，从而摩阻力急剧降低，因此滑坡在地质历史时期经历了多次滑动，形成了叠瓦形的地貌形态，而多次的变形滑动，使滑坡体软弱层面发育，加之地下水丰富，在工程开挖下极易发生滑动。

(3)地震作用影响。

2008 年 5 月 12 日汶川大地震，滑坡所在的略阳地区是地震重灾区之一，地震烈度达Ⅷ度。地震改变了坡体的应力分布，造成坡体局部出现裂缝，稳定性降低。

(4)工程开挖作用影响。

高速公路路基边坡开挖是导致滑坡发生的直接因素。路堑边坡开挖后，滑坡前缘失去支撑，边坡上部的土体向坡前临空方向发生剪切蠕变，其后缘发育自坡面向深部发展的拉裂。受公路开挖深度的影响，沿开挖边坡坡脚形成蠕滑—拉裂型滑坡。

2)滑坡发展趋势分析

老滑坡经过多次滑动，堆积层成分也复杂多变，滑体物质从上到下可划分为三层。而不同时期形成的堆积层界面由于成因不同导致透水性出现差异，相对隔水层顶面有可能形成滑动面。滑坡发生时公路路基尚未开挖至设计高程，随着路基继续开挖，将进一步改变坡体地下水径流通道，边坡坡脚成为地下水出口，将形成新的软弱带；公路开挖到位后，坡体应力状态也将进一步改变，坡脚位置应力集中，极易发生破坏。鉴于以上分析判断，滑坡的发展将遵循"渐进破坏"原理，随着路基开挖深度的增加，塑性区除向后部发展外还将进一步向下发展，形成深层滑动面。有限元分析结果如图 5-17 所示。

图 5-17 有限元分析路基开挖后滑面将进一步下移

H-C28 合同段滑坡物质组成以黏性土为主,饱和黏性土具有显著的蠕变性,其蠕变特性与土体的流变性相关。已有研究成果表明滑体中黏粒含量越高,塑性指数越大、含水率越高,土的流变性越强,滑坡的蠕动变形也越明显。因此滑坡是否稳定除与自身的应力状态有关外,还与滑坡中地下水位相关。对于该类富水滑坡的治理,除采取支挡措施改变滑坡体应力状态外,还需增设地表和地下排水工程,降低滑坡地下水位,减小土体流变性,避免其蠕动变形危害。

5.3.4 滑坡防治措施及效果

1)滑坡治理工程设计

通过前述分析,滑坡随着路基开挖的加深,滑动面将进一步向下发展,形成多层滑动面。治理工程应具有针对性,考虑潜在滑动面及老滑动面的影响。设计采用了两排桩径 3m × 4m 锚索抗滑桩进行支挡,桩长最长 42m,桩底高程深入到老滑动面以下不小于 8m。

为减小地下水对滑坡的影响,降低滑体的流变特性,设计方案在边坡不同位置设置了 3 排仰斜排水孔疏导坡体内地下水,后期由于仰斜排水孔排水效果有限,在两排抗滑桩间增设了泄水隧洞。工程布置典型断面如图 5-18 所示,排水隧洞设计断面如图 5-19 所示,正在实施中的排水隧洞如图 5-20 所示。

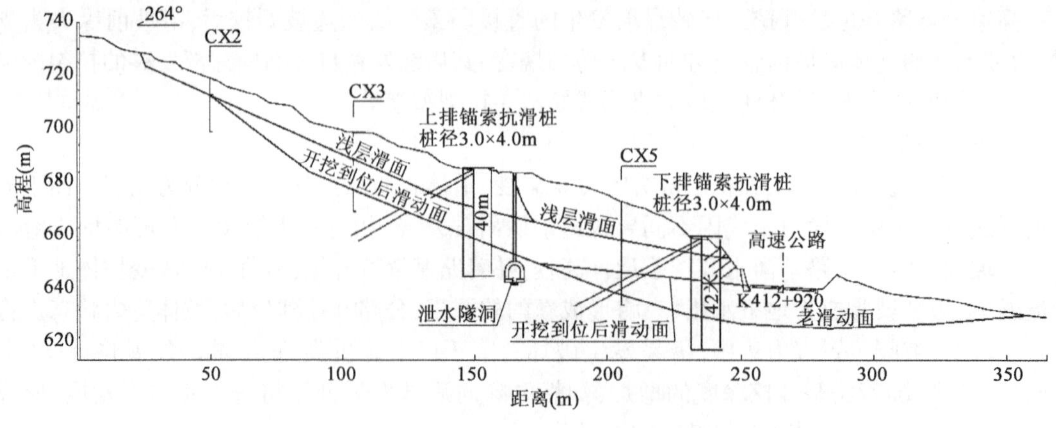

图 5-18 工程布置典型断面图

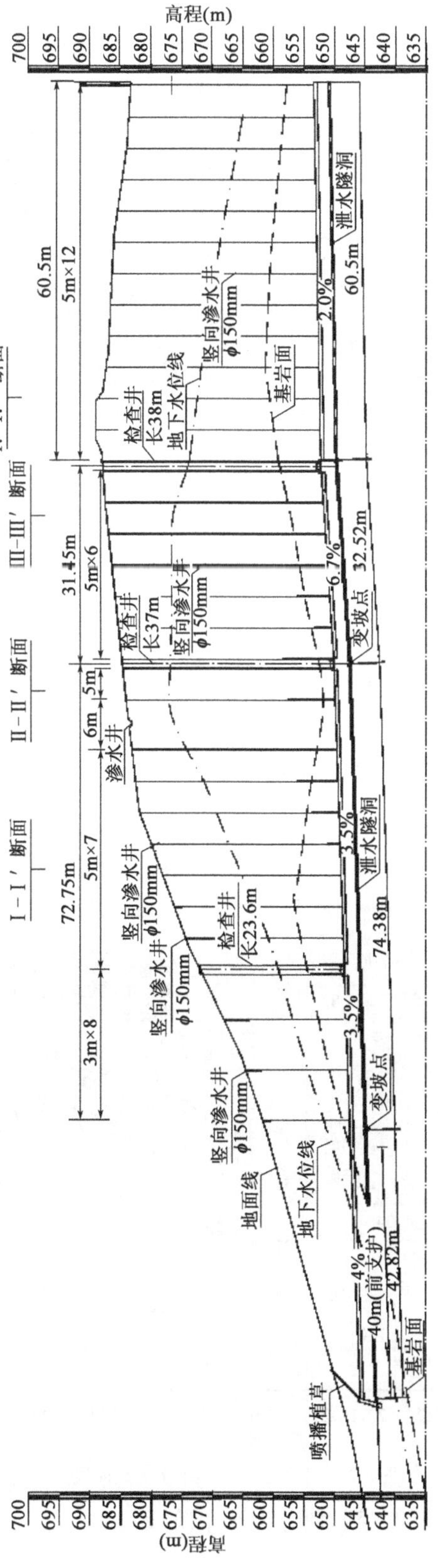

图5-19　排水隧洞设计断面图

图 5-20　正在实施中的排水隧洞

2)施工期间监测分析及治理工程效果

治理工程实施的同时,为及时掌握滑坡变形情况,在滑坡范围内重新设置了 6 个深部位移监测孔,测孔涵盖上、下级老滑坡、变形区域及潜在变形区域,监测滑面变化情况及地下水位的升降。

通过监测结果分析,滑坡变形主要与滑坡应力状态及地下水位埋深相关,工程前期主要受滑坡应力状态影响,主体抗滑工程完成后蠕变阶段受地下水位埋深影响较大,合理的施工工序是有效控制滑坡变形的关键。施工期间滑坡变形与地下水典型监测曲线如图 5-21 所示。

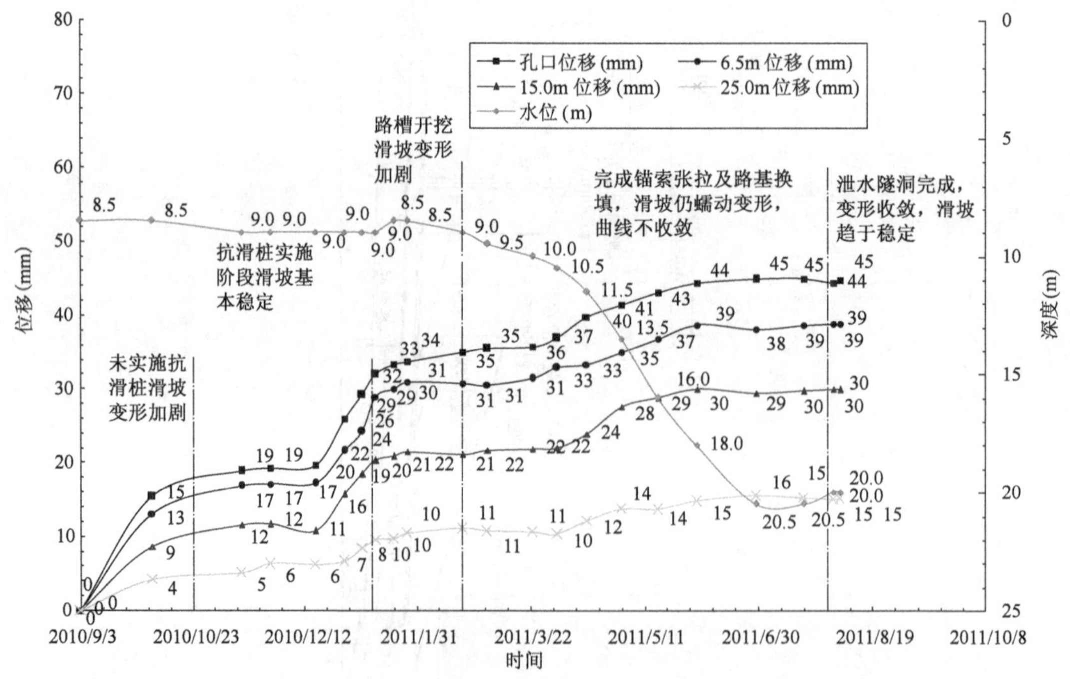

图 5-21　滑坡变形与地下水关系曲线

根据监测变形曲线,可将滑坡变形划分为 5 个阶段。

第一阶段：滑坡形成阶段。公路开挖后，滑坡前缘失去有效支撑，沿开挖边坡坡脚形成蠕滑—拉裂型滑坡。

第二阶段：回填反压，工程施工阶段。2010年10月—2010年12月，对开挖路槽进行回填反压，并实施抗滑桩。滑坡应力条件满足，且无进一步下滑空间，监测显示滑面累计位移不增加，滑坡处于基本稳定状态。

第三阶段：开挖路槽，桩体受力变形，滑坡塑性区进一步向下发展。2010年12月底，为保证施工进度，施工单位在未实施桩身锚索的情况下，开挖路槽并换填路基，致使下排抗滑桩形成约24m的悬臂段。2011年1月2日监测数据反映路基完全开挖后3d内滑坡变形超过1.8cm，且变形有进一步加大的趋势。变形监测表明除勘察期间的滑动面以外，塑性区进一步向下发展，滑体内25～29m间也出现新的变形迹象，该层平均变形速率0.3mm/d，形成新的滑动面。

路槽开挖滑坡变形加剧后，分析监测数据，新生深层滑面与推测深度基本一致。滑坡变形加剧主要由于未按照工序施工造成。因此要求回填已开挖路槽，待桩顶锚索张拉完成后再进行路槽开挖。监测开挖后深层滑面与勘察推测滑面对比结果见表5-3。

工程开挖后形成深层滑面与勘察推测滑面对比结果　　表5-3

监测孔编号	滑面层位	监测滑面深度(m)	勘察推测滑面深度(m)
CX2	浅层	6.5	6.5
	深层	—	—
CX3	浅层	9	10
	深层	29	24
CX5	浅层	15	15
	深层	25	30

第四阶段：锚索施工完成，滑坡变形速率减缓，但持续蠕动变形。

2011年1月—2011年3月，完成抗滑桩桩顶锚索及坡体仰斜排水孔施工。监测显示仰斜排水孔排水效果有限，滑坡地下水位无明显变化，滑坡变形速度虽有减缓，但平均变形速率接近0.2mm/d，变形曲线不收敛。

为降低地下水位，避免滑坡蠕动变形，2011年3月，设计人员在两排抗滑桩之间增设了泄水隧洞，隧洞横穿滑坡体与地下水流动方向相垂直，排水隧洞总长120m，截面尺寸高2.68m、宽2.7m，上部为拱形截面，下部为矩形截面，鉴于排水隧洞主要在强风化千枚岩内开挖，底板和侧墙采用片石混凝土浇筑，顶板采用钢拱架及混凝土砌块砌筑。排水隧洞洞顶的垂直排水孔群孔间距为5m，设计孔径为150mm，中置90mm的排水花管，在孔壁与排水管之间充填砂砾透水材料。

第五阶段：地下水位降低，滑坡变形收敛。

2011年6月底泄水隧洞施工完成，雨季排水量达到168m^3/d，枯水季节达112.8m^3/d。在泄水隧洞作用下，滑坡范围内地下水位由勘察期间的6～15m降低至20～34m，排水效果明显。2011年6月至今监测显示滑坡无明显变形，整体处于稳定状态。如图5-22～图5-24所示。

图 5-22　未降低地下水位前滑坡变形趋势

图 5-23　降低地下水位后滑坡变形收敛

图 5-24　滑坡治理工程实施后现状

第 6 章　岩质滑坡　厘清结构

岩质滑坡是当今世界许多山区国家和地区面临的重要工程地质难题,也是国际滑坡界致力研究的热点问题之一。岩质滑坡失稳破坏后不仅规模巨大,而且破坏性极强。斜坡体在脱离母岩后,往往产生巨大的能量并发生远程滑移甚至形成“崩—滑—流”一体的复合地质灾害或者地质灾害链,对区域地质环境、社会经济以及人类生存造成毁灭性的破坏和巨大的危害。

岩质滑坡稳定性主要受岩体结构面控制,结构面组合形式以及强度的不同其破坏模式也会不同,研究岩质滑坡首先需厘清岩体结构,着重分析其破坏模式,同时还需考虑工程施工对其稳定性的影响。场地的开挖会在很大程度上打破原有自然边坡的平衡状态,使边坡偏离甚至远离平衡状态,施工组织及次序不当也会带来边坡变形与失稳,造成地质灾害,所以还要考虑施工扰动对边坡的影响;另一方面,岩质滑坡体又构成了工程设施的承载体,工程的荷载效应可能会影响和改变它的承载条件和承载环境,从而影响岩体的稳定性。

6.1　岩质滑坡特征

岩质滑坡又称岩层滑坡,大多沿着岩层层面、结构面及断裂破碎带发生滑动。岩质滑坡一般具有规模大、成因机理复杂、识别困难、滑动剧烈以及危害性、破坏性严重等特点。

(1)岩质滑坡稳定性受岩体结构控制。

岩质滑坡常见的破坏类型有沿软弱面的平面滑动、切割岩体的楔形滑动、碎裂岩体的旋转滑动、沿断续岩体间贯通的折线滑动及弯曲倾倒破坏等。岩质滑坡的稳定性很大程度上取决于结构面的空间分布,当其中一些控制性结构面的岩桥完全贯通,边坡极易失稳而发生崩滑灾害。

结构面是岩体内具有一定方向，延展较大、厚度较小的二维面状地质界面，包括物质的分异面及结构的不连续面，如层理、层面、节理、断层等。在岩体建造、形变和次生蜕变过程中，岩体内不断形成结构面，它们的特性不断变化，岩质坡体被这些结构面切割成不连续体，成为非连续性介质。当边坡岩体结构面连续、完全贯通时，边坡的稳定性较差；而当结构面非贯通，如被一些陡坎错开时，则对边坡的稳定性有利。不同成因的地质结构面往往在产状、分布及特性上有所不同，因而在岩体变形破坏过程中作用也不同。结构面按其结合特征可分为沉积结构面、火成结构面、变质结构面、构造结构面和次生结构面。岩质滑坡滑动面通常由某一种或多种结构面构成，这些结构面的常见类型有：

①沉积结构面。

沉积结构面是沉积和岩石成岩过程中形成的，包括层理、层面、层间错动面、软弱夹层以及沉积间断面和不整合面。

层理是岩石成层的不均一物质分异面，在构造或风化作用下才分开成为层面。当沉积物质逐次分层沉积，且物质差异较大，则成岩后保留不连续界面，即成为层面。层面一般结合较好，岩层的褶皱作用使层面产生错动并结合破坏，形成层间错动面。

②火成结构面。

火成结构面是岩浆侵入、喷溢、冷凝所形成的结构面，包括岩浆岩与围岩的接触面，流线、流层和原生冷凝节理等。侵入岩体与围岩的接触面有不同特征，有的呈热力变质接触，胶结良好，有的则呈蚀变带，结合松软成为软弱结构面。在热力接触带附近的围岩中有时也发育挤压破裂结构面，岩石比较破碎。流线、流层在一般情况下胶合良好，仅在风化带中有所剥开。火成岩系在多层岩流间，往往夹有凝灰岩夹层或古风化夹层，成为软弱结构面，影响岩体的稳定。侵入岩体在与围岩接触面平行的方向上冷凝节理发育，在火成岩及浅成侵入岩体中往往形成陡立的节理，构成柱状结构体。

③变质结构面。

变质结构面是区域变质作用所形成结构面，如片理、板理、剥理及其他片麻状结构，以及由于原岩物质组成不均一或变形过程流动分异而形成的软弱夹层，如云母片岩、绿泥石片岩、滑石片岩等。

④构造结构面。

构造结构面是指由于构造应力作用在岩体中所产生的破裂面或破碎带，包括节理、断层及层间错动面等，这些统称为构造结构面。它们的工程地质性质与力学成因、多次活动规模及次生变化有着密切关系，其分布主要取决于构造应力场条件。

⑤次生结构面。

由于岩体受卸荷、风化、地下水等次生作用所形成的结构面称为次生结构面，如卸荷裂隙、风化裂隙、风化夹层、泥化夹层、次生夹泥层等。次生结构面的产状及分布受地形影响较大，对河谷及岸坡岩体稳定性较为显著，特别是在高速公路沿线的隧洞口、路堑边坡等。

并非所有的结构面都能成为滑面，只有那些有利于岩土体滑移变形的结构面组合才能成为滑面，这些易滑结构面被称为"控制性结构面"，其主要特征为：结构面倾向一般与坡向基本一致；结构面一般在坡脚以上有出口；结构面的力学强度比较低，为软弱带；结构面上一般存在各种滑动痕迹。

(2)大型岩质滑坡孕育演化周期较长,斜坡失稳具有突发的快速启动特征。

许强等利用InSAR对近10年发生在中国大陆的典型大规模灾难性岩质滑坡的变形历史进行回溯发现,2009年6月5日重庆市武隆县鸡尾山滑坡滑源区早在2007年6月之前便存在显著形变;2010年6月28日贵州省关岭县大寨村滑坡也在2007年之前便有形变,滑前最大形变量达160mm/a;西藏自治区江达县白格滑坡在整体失稳前有显著的形变迹象,其中白格滑坡的形变历史达50年之久。一公院承揽的贵黄高速公路K66滑坡从发现坡体出现变形到大规模滑移仅用了不到3个小时,在滑坡体后部形成了最宽近30m的拉裂槽。

(3)岩质滑坡不具备典型滑坡地貌特征。

黄润秋通过对中国西部地区典型岩质滑坡机理的研究得出:西部地区的大型岩质滑坡的发生一般都存在滑动面上"锁固段"的突发脆性破坏。岩质滑坡因其具有突发脆性破坏的特点,决定了其势能的释放过程往往是剧烈的、快速的,且滑动距离较远,重力势能释放后稳定性较高。但岩质滑坡在破坏前一般形变较小,由于没有发生过剧烈位移,往往不具备已发生过剧烈位移的老(古)滑坡所具有的"圈椅状"地貌特征,具有很强的隐蔽性。

6.2 岩质滑坡防治关键技术

6.2.1 岩质滑坡破坏模式分析

岩质滑坡的破坏模式受控于斜坡岩体结构类型及其组合关系,以及与临空面的空间关系。根据岩体结构不同,将其划分为均质或类均质结构、近水平层状结构、顺倾层状结构、反倾层状结构、块体结构5种类型。黄润秋对中国近100例斜坡破坏现象的调查统计表明,25%的滑坡或斜坡变形发生在整体块状岩体构成的斜坡中,42%滑坡或斜坡变形发生在顺倾向岩层斜坡中,还有33%的滑坡或斜坡变形发生在反倾向斜坡中。均质类均质结构斜坡、近水平层状结构斜坡及块状结构斜坡破坏类型在第一章中进行了详细的论述,本节主要对破坏比例较高的顺倾层状结构和反倾层状结构岩质滑坡破坏模式进行分析。

1)顺倾层状结构边坡(滑坡)

顺倾层状结构是指坡体倾斜方向与层状岩土体的倾向接近或大体一致的边坡,顺层边坡开挖失稳有多种破坏模式,这些破坏模式主要与边坡岩体结构、地层岩性以及岩体结构与开挖面的组合关系等有关。张倬元等将顺层岩质边坡的变形破坏模式总结为蠕滑—拉裂、滑移—压致拉裂、滑移—拉裂、滑移—弯曲等。顺层滑坡在我国中西部地区广泛发育,是我国滑坡的主要类型之一,其破坏主要受控于坡体的软弱结构面。

据统计,长江三峡库区近300处崩塌滑坡中约90%以上岩质斜坡中都含有软弱夹层,而此类斜坡的滑带多发育在软弱夹层中;山西省高速公路砂岩夹泥岩或煤层地层顺层滑坡占全省滑坡的50.7%;万梁高速公路K38~K52段为砂、泥岩顺倾地段,长约14km,发生顺层岩石滑坡31处,累计延长约3.7km,占高速公路里程的26.7%。顺层滑坡灾害的频繁发生,造成的损失与危害极为巨大。顺层岩质边坡变形破坏模式见表6-1。

顺层岩质边坡变形破坏模式　　表6-1

变形破坏模式	图　示	变形破坏的基本条件	破坏机制
顺层滑移破坏	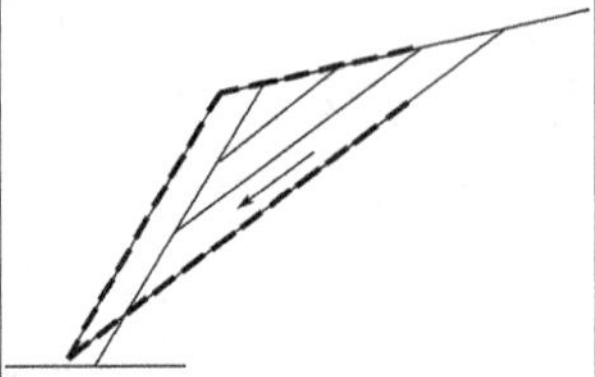	开挖坡角大于岩层倾角或中等倾角的顺层岩质边坡	沿层间软弱夹层发生整体滑移破坏
滑移—拉裂破坏	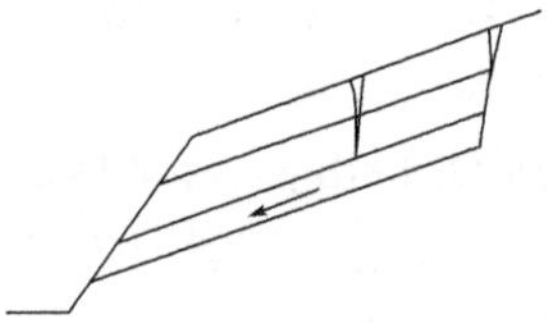	开挖坡角大于岩层倾角的缓倾和中等倾角顺层岩质边坡	岩体沿下伏软弱层面向临空面方向滑动，并使滑体拉裂解体
楔形体滑移失稳破坏	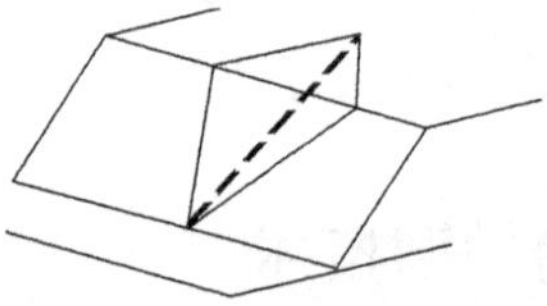	受节理面切割的顺层岩质边坡，构成可能滑移的楔形体	沿层面和不利结构面组合方向滑动
滑移弯曲破坏	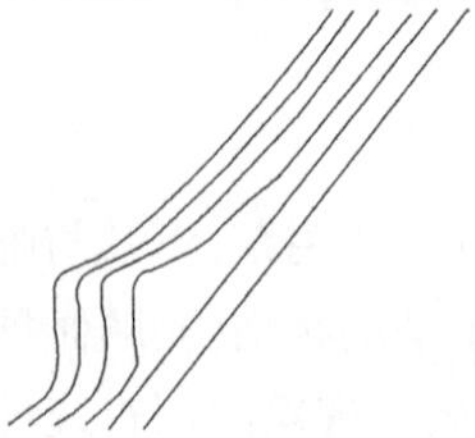	陡倾顺层岩质边坡中，边坡坡脚与岩层倾角基本一致，滑移控制面倾角大于该面的综合内摩擦角	滑移面未临空，使下滑受阻，造成坡脚附近一定条件下可使之发生弯曲变形，甚至导致顺层岩板承受纵向压应力，溃屈破坏
滑移—压致拉裂破坏	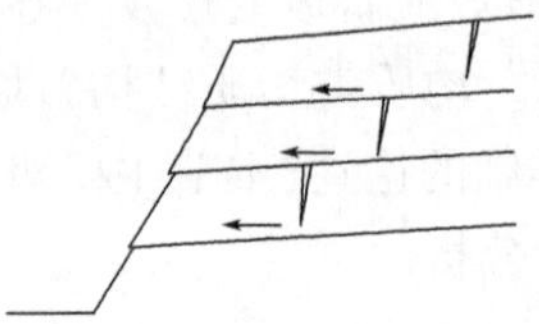	开挖坡角较陡、岩层倾角较为平缓的顺层岩质边坡	坡体沿平缓结构面向坡前临空面方向产生缓慢的蠕变，滑移面锁固点附近，因拉应力集中生成与滑移面近于垂直的拉张裂隙，向上扩展且其方向逐渐转成与最大主应力方向趋于一致并伴有局部滑移
弯曲—拉裂破坏	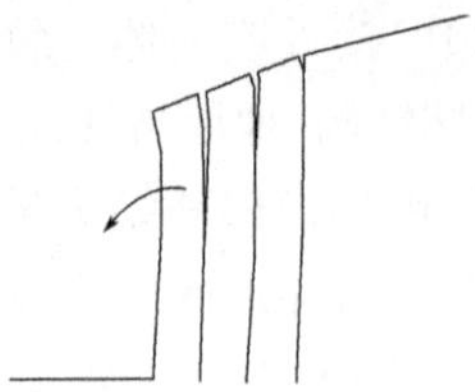	陡倾或反倾层状岩质边坡	陡倾板状岩体在自重弯矩作用下，向临空反向作悬臂梁弯曲，弯曲的板梁之间互相错动并伴有拉裂，弯曲剧烈部位产生横切板梁的折裂
沿底部软岩塑流—拉裂破坏	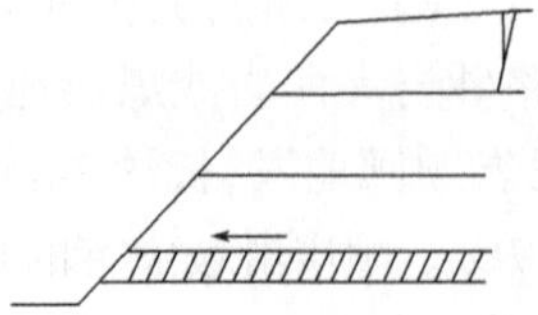	开挖坡角大于岩层倾角且含有中至厚层软弱基座的水平或缓倾顺层岩质边坡	下伏软岩在上覆岩层压力作用下，产生塑性流动并向开挖面方向挤出，导致上覆较坚硬的岩层拉裂、解体和不均匀沉陷

2)反倾层状结构边坡(滑坡)

反倾层状结构岩质边坡的破坏模式主要以倾倒破坏为主。倾倒与一般的滑动有着本质区别,它没有预先存在的滑动面或通常意义的滑动面。倾倒变形的本质是岩层在长期重力弯矩作用下发生弯曲蠕变时效变形,即材料变形。倾倒变形在各种岩性的陡倾岩体中均有出现,且多以软质岩地层为主,倾倒变形的深度较深,而硬质岩地层,通常以浅层倾倒为主。根据倾倒变形岩体的厚度及破坏模式可划分以下3种类型。

(1)浅层倾倒变形破坏。

主要发生在硬质岩层构成的斜坡中,岩层多呈中~厚层状,岩层为中~陡倾角,倾倒变形的本质是岩层的脆性折断或岩体"结构变形",这类倾倒折断深度一般为1~30m居多,俗称"点头哈腰"现象(图6-1)。这种模式的倾倒变形其破坏面通常呈折线状或近似于"直线状",折断后倾倒部分形成崩塌,但通常大部分呈"层叠状"停留在斜坡浅部,变形为浅层边坡稳定性问题。

图6-1 贵州某高速公路边坡浅层岩体倾倒变形破坏

由于倾倒变形在漫长的地质历史时期形成,无工程扰动的情况下,边坡通常处于基本稳定~稳定状态,岩体倾倒破坏仅为折断破坏,而没有发生长距离滑移,一般不具备明显的滑坡地貌形态。对于植被覆盖较好或上部有一定厚度风化覆盖层区域,工程地质调查或钻探过程中若不能够对岩层产状进行详细调查和分析,通常会误认为风化破碎基岩,工程开挖后诱发坡体滑动。

(2)深层倾倒变形破坏。

普遍发育在强度低、单层厚度小、陡倾坡内的"柔性"变质岩地层中,而当坚硬地层含有软弱夹层时,其刚度将大幅度降低,也会产生深层倾倒变形。深层倾倒变形一般深度都在100m以上,更深者可达200~300m,倾倒的深度与边坡的高度有密切的关系。

上述条件的地层在青藏高原广泛分布,复杂的地质过程和强烈的构造挤压,导致地层结构多变、变质作用发育,岩层多因挤压而陡倾。坡体岩层在河谷下切的漫长地质历史过程中,在重力及构造作用下,岩层长时间弯曲变形而不折断,与脆性倾倒的"折而立断"形成鲜明对比。

图6-2 怒江桥址区100m深度强卸荷岩芯

在G4218竹巴笼至林芝公路怒江特大桥选址过程中,拟定怒江特大桥从国道G318线川藏公路老怒江桥上方通过,桥梁高程与怒江高差约750m,在桥梁邦达岸隧道锚勘察中发现岩体极为破碎,120m深的钻孔中尚未揭示至中风化带地层,岩芯呈现出碎裂状或镶嵌碎裂状结构(图6-2)。通过搜集水电部门的相关资料,该区域强风化层深度可达140m,强风化带内岩体破碎,具薄层碎裂状结构;弱风化带深度为140~170m,弱风化带内岩体较为破碎,岩体变形程度较低。调查发现边坡地形整体呈现出下陡上缓状,怒江谷底靠近河床处岩层近直立,而上部坡体坡度在30°~40°之间,岩层倾向与坡向相反,为典型的反倾边坡。边坡主要由石炭系下统错绒沟组薄层—中厚层状灰黑色细粒大理岩组成,边坡下部岩体反倾,倾角75°,随着边坡高度的提升,岩层产状变化较大,整体趋势为倾角逐渐变缓,邦达岸拟建隧道锚位置,岩层倾角介于40°~60°之间。

综合岩层倾角变化以及钻探揭示地层情况分析,该区域风化带较厚除了与区域构造及卸荷带有着对应关系外,还与坡体的倾倒变形存在相关性。据该区域水电部门平硐资料揭示,山体存在深层倾倒变形现象(图6-3),硐深至101m均发育强倾倒变形岩体,岩体具中—薄层状构造,倾倒变形、卸荷严重,卸荷裂隙张开较明显,强卸荷岩体裂隙张开5~30cm,个别可达50cm,间距一般10~30cm。

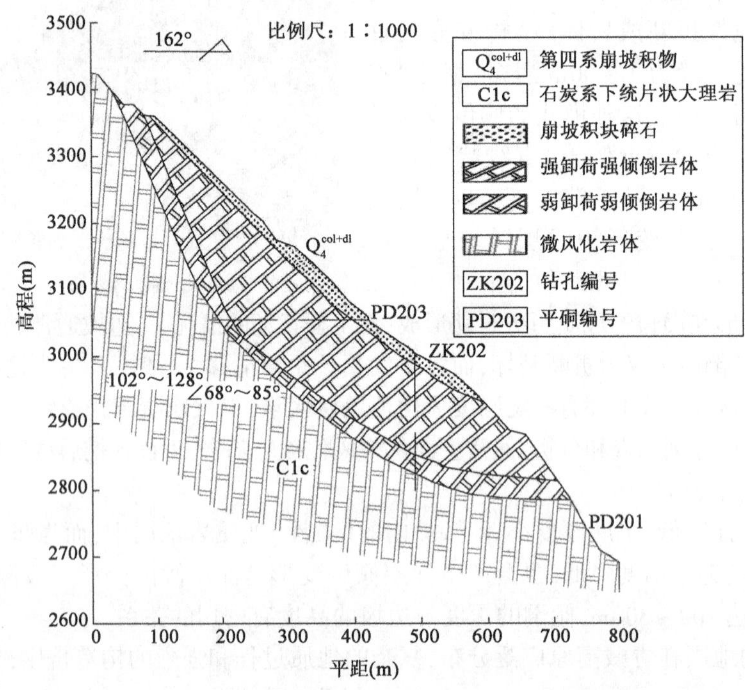

图6-3 怒江桥岸坡深层倾倒变形典型剖面

对于深层倾倒变形坡体,自然状况下,边坡从变形到破坏通常是一个长期演化的过程,因此自然边坡的倾倒往往处于某一个发展阶段,尚不至于形成滑动面。黄润秋等通过对斜坡深层倾倒变形进行分级,认为极强倾倒折断破裂,边坡的稳定性系数介于1.0~1.05之间,强倾倒破裂稳定性介于1.05~1.25之间。

对于岩质高边坡一方面它构成了工程建设的环境,控制不当会带来边坡灾害,给工程建设带来冲击;另一方面,它又能成为工程设施的承载体,工程设施的荷载效应可能影响和改变它的承载条件和承载环境。深层倾倒变形坡体,虽然天然工况下整体稳定性较高,但对于重要的水利工程、特大型桥梁工程需考虑深层倾倒变形对工程产生的不利影响,故不建议作为工程的承载体。

(3)边坡倾倒—滑移复合型变形破坏。

边坡倾倒的同时,伴随有坡体沿坡内顺倾结构面的滑移变形;当倾倒达到一定程度时,坡体将最终沿结构面产生滑移破坏。

6.2.2 顺层岩质滑坡开挖变形范围及处治原则

1)顺层岩质边坡(滑坡)防控原则

顺层岩质边坡地段属于不良地质地段,选线时应尽量进行绕避,不能绕避的则应以预防为主,并采取工程措施防止产生滑动,顺层岩石边坡地段总体防控原则如下:

(1)尽量绕避的原则,路线走廊带的选择尽量避免在岩层顺倾段通过。

(2)宁做下挡、勿做上挡的原则。

(3)控制切坡高度的原则。

(4)分层开挖、分层预加固原则。

(5)顺层清方的原则。

对于具有多层潜在滑面的高边坡锚固设计,如岩石顺层高边坡,应注意不同施工工况下的局部和整体稳定问题,应保证施工过程的稳定,多层滑面边坡的锚固如图6-4所示,最下一级边坡开挖后尚未锚固时是最不稳定状态,上部锚固工程必须保证滑坡稳定系数大于1.0,以避免施工过程中受到破坏。

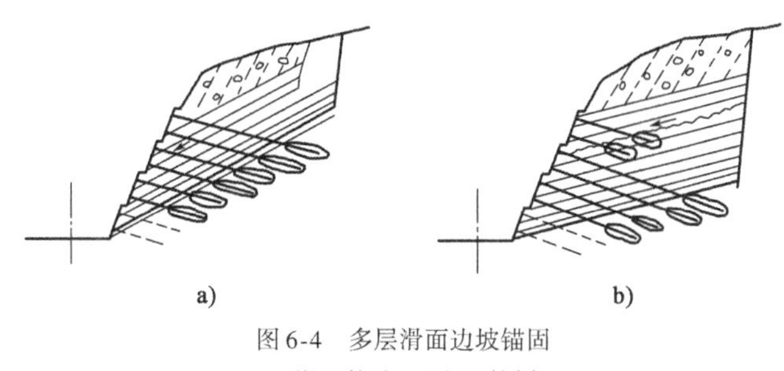

图6-4 多层滑面边坡锚固

a)滑面较陡;b)滑面较缓

2)顺层岩质滑坡开挖松弛范围的确定

路堑边坡开挖前,斜坡处于原岩应力平衡下的稳定状态,但开挖路堑后,破坏了斜坡岩体的应力平衡状态,坡面周围的岩体发生卸荷回弹,引起岩体应力的重分布和应力集中效应。为适应新的应力状态,边坡将发生不同形式和规模的变形,当变形超过岩体允许的变形值或集中应力超过岩体强度时,边坡岩体就可能产生破坏,因此在路堑开挖过程中,顺层边坡开挖变形范围关系到支挡工程规模的大小,是工程设计人员关注的重点。

李安洪、周德培等通过对南昆铁路、内昆铁路等项目进行顺层岩质边坡物理模型试验,分析研究认为,边坡开挖后顺层滑动范围与岩层走向、倾角、层面特征、层面结合程度、层面起伏程度、软弱夹层力学强度、地面坡度、节理发育等因素有关,具体表现在:

(1)开挖边坡松动区影响范围随顺层倾角的增大而增大。当顺层倾角小于层间综合摩擦角时,开挖松动区影响范围较小,与非顺层边坡相当;当顺层倾角大于层间综合摩擦角时,开挖边坡松动区影响范围将成倍增加,且随顺层倾角的增大而略有增大。

(2)在相同的岩层倾角下,随着线路走向与岩层走向夹角的增加,坡体位移减小,坡体逐渐趋向稳定,当线路走向与岩层走向夹角超过30°时,基本上可以不考虑顺层对坡体稳定性的影响。

(3)岩层倾角大小对坡体稳定性影响很大,在15°~30°范围内,岩层倾角越大,坡体越不稳定,尤其是当倾角超过25°以后,坡体位移增加很快,稳定性急剧下降。

(4)目前多采用数值分析的方法,确定边坡开挖后应力松弛区作为防护范围。开挖松动区影响范围随开挖高度的增加而增大,其比值较为固定。不设支挡条件下,开挖松动区沿层面影响范围与切层厚度之比为4~6.5;设支挡条件下,开挖松动区沿层面影响范围与切层厚度之比为3~5。设支挡后松动区影响范围较不设支挡时缩小约30%。

边坡开挖后应力松弛区范围的确定除上述几点外,还需综合考虑地形地貌、地质构造、边坡开挖方式以及区域环境气候条件等诸多因素的制约。

3)顺层岩质滑坡防控案例

谭家寨滑坡位于奉溪高速公路右线路基内侧斜坡,滑坡区出露地层为中厚层状灰岩,层间发育有薄层状泥质夹层,岩层产状为349°∠25°,沿路基开挖方向顺倾。新建公路在该处以深挖路堑的形式通过,工程开挖后,层状泥质夹层在路基开挖过程中发生应力集中,致使各层间形成剪切带,并伴有小变形发生,小变形进一步发展导致各层软岩强度降低,最终产生大变形多层滑动,形成顺层基岩滑坡。

根据岩体固有特性,岩质边坡开挖打破原有的应力平衡状态,为寻求新的平衡点,岩体应力释放,而在此过程中,由于应力释放回弹使得岩体节理裂隙进一步扩张,完整性降低,形成一定范围的松弛变形区,从而影响边坡整体稳定性。对于顺层基岩滑坡加固范围即为松弛变形区范围,如前所述,一般情况下松弛变形区范围与切层厚度之比为3~5,为准确有效的确定松弛区规模,通常采用有限元进行分析判断。通过建立开挖但未加固的地质模型确定坡体自重初始应力场,并分析开挖后坡体稳定性及塑性变形区。根据有限元分析结果,选择合适的支挡加固工程,支挡工程不仅考虑现有潜在卸荷松弛区,尚应兼顾路基继续开挖后沿坡脚新产生的卸荷松弛区。

谭家寨顺层基岩滑坡分析得出的开挖松弛变形区云图、治理工程施工后云图及确定的防护工程断面图分别如图6-5~图6-7所示。

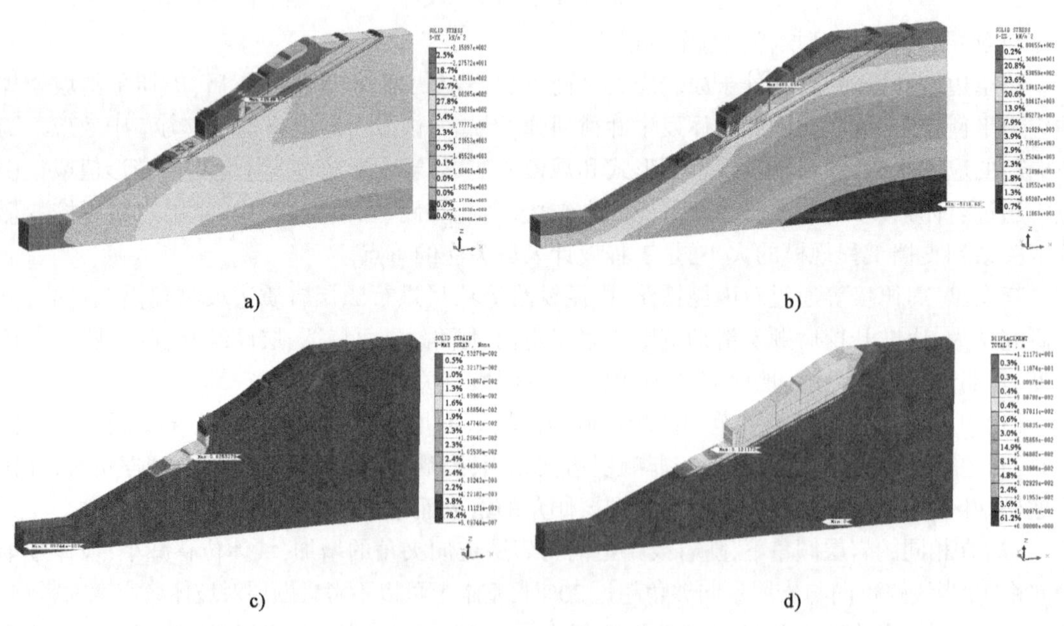

a)　　b)

c)　　d)

图6-5　岩体边坡开挖松弛变形区有限元分析

a)X方向初始应力场;b)Z方向初始应力场;c)最大剪应变云图;d)总位移云图

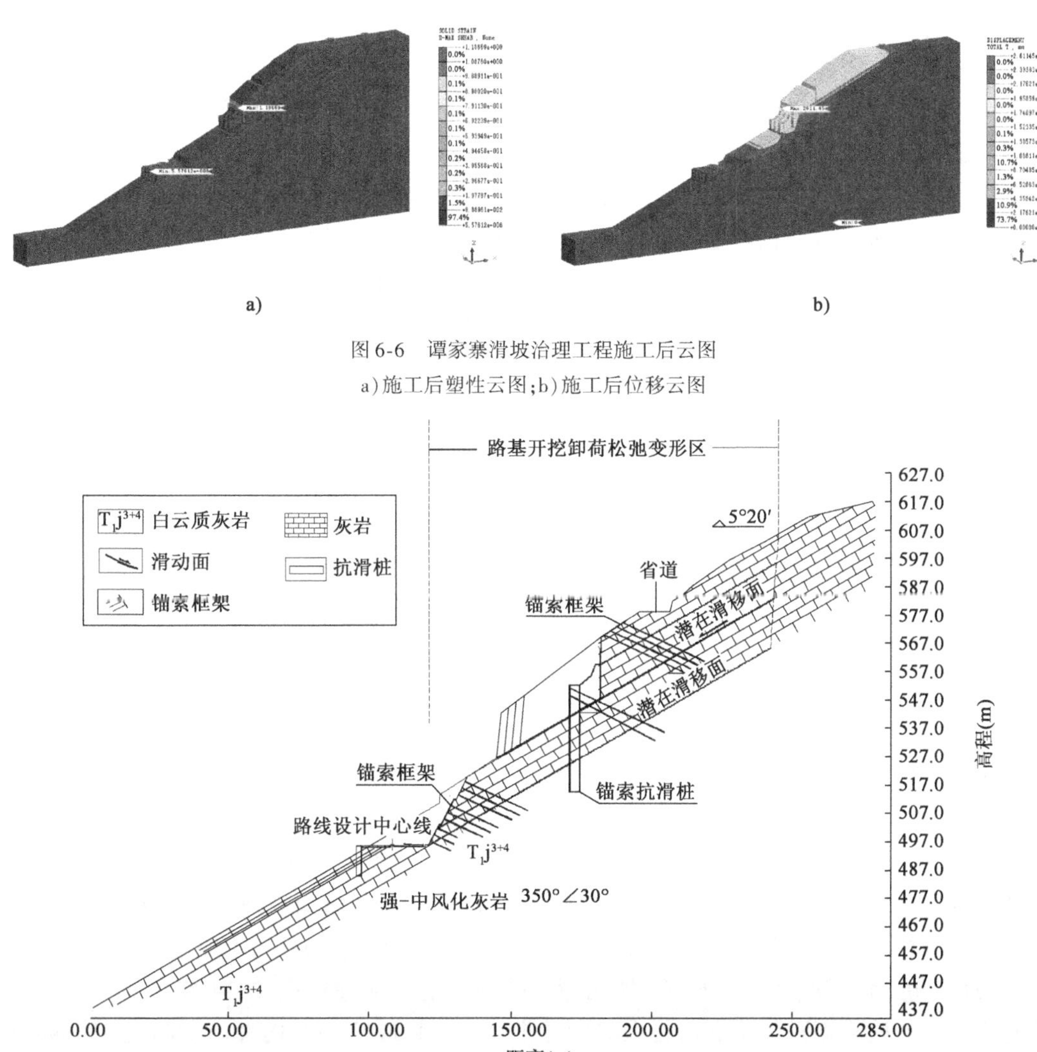

图6-6　谭家寨滑坡治理工程施工后云图

a)施工后塑性云图；b)施工后位移云图

图6-7　谭家寨滑坡治理工程布置断面图

6.3 典型案例

当长大桥梁跨越深切河谷区时，桥梁岸坡的稳定性是工程建设中最主要的工程地质问题之一。而随着河谷下切，河谷两侧山体发生应力释放，沿临空面产生卸荷回弹变形，并在岸坡浅部一定深度范围内产生变形破裂行为，形成岩体节理裂隙发育的卸荷带。卸荷带的形成不仅破坏了边坡岩体结构的完整性，其内部的不利结构组合在工程开挖扰动及桥梁加载等外部不利条件作用下，可能进一步演化为工程滑坡，对岸坡及桥基稳定性产生不利影响。

工程地质界尤其水利部门极为重视对卸荷带的研究，黄润秋等(1994)通过对西南、西北高山峡谷地区水电站进行研究发现，这些地区浅层岩体表生改造相当发育，它们对岩土的工程地质性质及斜坡岩体的稳定性有显著的影响。《水利水电工程地质勘察规范》根据边坡卸荷松弛和表生破裂的发育程度将卸荷带分为卸荷带、弱卸荷带和深部卸荷带3种类型。近年来随着高速公路大规模向山区、生态脆弱、地质复杂地区延伸，在桥梁建设中遇到较多因边坡开挖而造成强卸荷带失稳的工程案例，对于该类型的滑坡，分析卸荷带的分布规律及其工程性状是工程建设的关键课题之一。

贵州竹林坳特大桥滑坡是强卸荷岩体倾倒变形破坏典型案例，桥址区紧邻黔溪沟，沟谷切割深度达172m，在沟谷快速下切过程中，处于高应力状态的岸坡岩体迅速卸荷，形成平行岸坡的密集陡倾卸荷裂隙带，在构造应力及岩层自重弯矩的共同作用下，思南侧陡倾岩体向临空面方向发生卸荷变形弯曲。弯曲倾倒岩体前部为厚达8～10m的厚层状灰岩，形成"挡墙"支撑着上部倾倒岩体，岩层未能在其弯曲部位产生横向弯曲"梁板"的折断破坏或整体的滑动，但由于桥墩施工便道的开挖影响，致使支撑弯曲岩体的灰岩被挖除，在卸荷及重力作用下，弯曲岩体发生由外及内的滑移、拉裂，最终形成了蠕滑—拉裂型切层基岩滑坡，严重威胁大桥安全。竹林坳特大桥滑坡历经2012年、2015年两期处治，最终稳定了滑坡。案例通过对竹林坳大桥滑坡成因机制及两期处治过程进行分析，探讨卸荷作用及工程扰动对岩体岸坡稳定性的影响，对深切河谷区桥梁工程选线及桥梁岸坡稳定性评价有一定的借鉴意义。

6.3.1 区域环境地质条件

竹林坳特大桥滑坡位于印江县新寨乡黔溪村，属溶蚀侵蚀型中低山地貌。高速公路在该区域采用连续钢构特大型桥梁跨越黔溪沟，建设桥梁全长1020m，其中主跨为180m。黔溪沟呈南北走向，沟谷深切，呈"V"形，两侧山体陡峻。思南侧主塔（11号墩）位于黔溪沟岸坡中部，岸坡坡度约为43°；辅助墩（12号、13号墩）位于山梁脊部，山梁地形稍缓，坡度26°～32°。思南侧桥址所在山梁三面临沟，两侧冲沟切割深度30～50m，黔溪沟切割深度达172m。

桥址区气候类型为亚热带湿润季风气候，年降雨量1100～1600mm，主要集中在4月中、下旬至10月下旬。该区域具有短时降雨强度大，夏季暴雨频繁等特点，2014年7月14日—17日贵州省印江县就遭遇百年不遇的特大暴雨袭击，印江县80个小时内降雨量超过350mm，局部地区超过412.7mm，县城及周边多地发生滑坡灾害，竹林坳特大桥左侧滑块也再次出现滑动变形。

桥址区出露的地层主要为志留系上统牛栏群（S_1sh）泥质、砂屑灰岩及灰岩，其中泥灰岩为薄层—中层状构造，岩层产状92°∠63°，呈顺层陡倾状，该地层岩质较软，节理裂隙发育，主要分布在岸坡的中上部；灰岩为青灰色，细晶结构，中厚层状构造，岩质较硬，溶蚀现象较为发育，主要分布在岸坡的中下部。

桥址区地处风冈北东东向构造变形区，主要表现为北北东向和北东向两组构造体系，以北北东向构造为主，其形成于燕山期，由大致平行排列的褶皱和高角度压性断裂组成，为"多"字形排列的扭动构造形式，褶皱、断裂向东呈"S"形弯曲，弯曲部位张性、张扭性断裂发育。桥址区思南侧岸坡中上部发育有一条张性断裂，断层走向为30.5°，倾角为50°，破碎带宽度约10m，受断层影响，上盘岩体节理裂隙发育，风化强烈，极为破碎，工程性质差。项目区地震动峰值加速度为0.05g，地震动反应谱特征周期为0.35s，相应的地震基本烈度为Ⅵ度。鉴于防治对象为特大型桥梁，采用Ⅶ度进行设防。

6.3.2 滑坡特征

竹林坳特大桥11号~14号桥墩位于黔溪沟西侧山梁的斜坡上，山梁三面临沟，高速公路在山梁上以桥梁形式斜穿通过。11号墩位于斜坡中部，12号~14号墩位于斜坡顶部。修建11号桥墩时，施工单位在斜坡中部开辟一条宽约7m的施工便道，便道内侧形成高约16~20m的切坡面，设计采用主动防护网+长锚杆防护。

在施工便道开挖、桥台施工平台开挖等不利因素的影响下，2012年5月，11号、12号墩之间的坡体出现滑塌变形，滑塌体掩盖11号墩施工平台，并有部分堆积体侵入11号墩范围内，滑塌体后方坡体上也出现多条拉张裂缝，裂缝最远延伸至12号墩范围内。边坡变形后，对桥址区边坡进行了补充工程地质调查，发现竹林坳特大桥11号主墩与12号辅助墩之间岩体反倾（图6-8），与区域产状不一致，分析认为桥址区存在倾倒变形体，在工程开挖下倾倒变形体产生滑动形成滑坡，滑坡全貌如图6-9所示。

图6-8 主墩（11号墩）上方岩体反倾

图6-9 竹林坳特大桥滑坡全貌

通过对滑坡变形迹象的追踪，将竹林坳特大桥滑坡划分为前部的滑动区和后部的潜在牵引变形区。滑坡以12号桥墩下方的天然冲沟为界将滑动区分为左、右两个滑块。左侧滑动区位于12号、13号桥墩外侧坡体上，变形后缘距13号桥墩最近距离为35m，该滑块纵向长52m，横向宽47m，滑体平均厚度为15m，体积约$4\times10^4m^3$。右侧滑动区纵向长66m，横向宽70m，滑体平均厚度18m，体积约$8.30\times10^4m^3$。

潜在牵引变形区范围由反倾岩层范围和断层位置综合确定。受断层及河谷下切的卸荷作用,断层上盘岩层产状逐渐反倾,断层下盘岩层产状与区域产状一致。分析断层为强卸荷倾倒变形体的后缘边界。若不对滑动变形部分进行控制,变形将进一步发展至断层处。滑动区及潜在牵引变形区,纵向长约130m,横向宽约110m,平均厚度为17m,总体积约$24.3\times10^4\mathrm{m}^3$。

竹林坳特大桥滑坡受区域构造及河谷快速下切坡体卸荷作用影响,坡体上部岩质较软的砂屑灰岩和泥灰岩在构造应力作用下呈渐变式"倾倒"规律,岩体的表现特征为岩质较软,节理、裂隙极为发育,岩体破碎,风化作用强烈,可见条带状、团块状次生夹泥(图6-10)。而滑坡前部11号桥墩附近出露地层为厚层陡倾中风化灰岩(图6-11),在其支撑作用下,上部倾倒弯曲的砂屑灰岩和泥灰岩地层处于稳定状态。施工过程中前部的中风化灰岩被挖除,致使上部坡体沿前期构造应力相对集中、岩体也最为破碎的弯曲轴部发生滑动变形,滑坡前缘可见反倾岩层沿前部陡倾中风化灰岩顶部剪出现象。

a)

b)

图6-10 滑坡威胁桥梁主墩及副墩安全

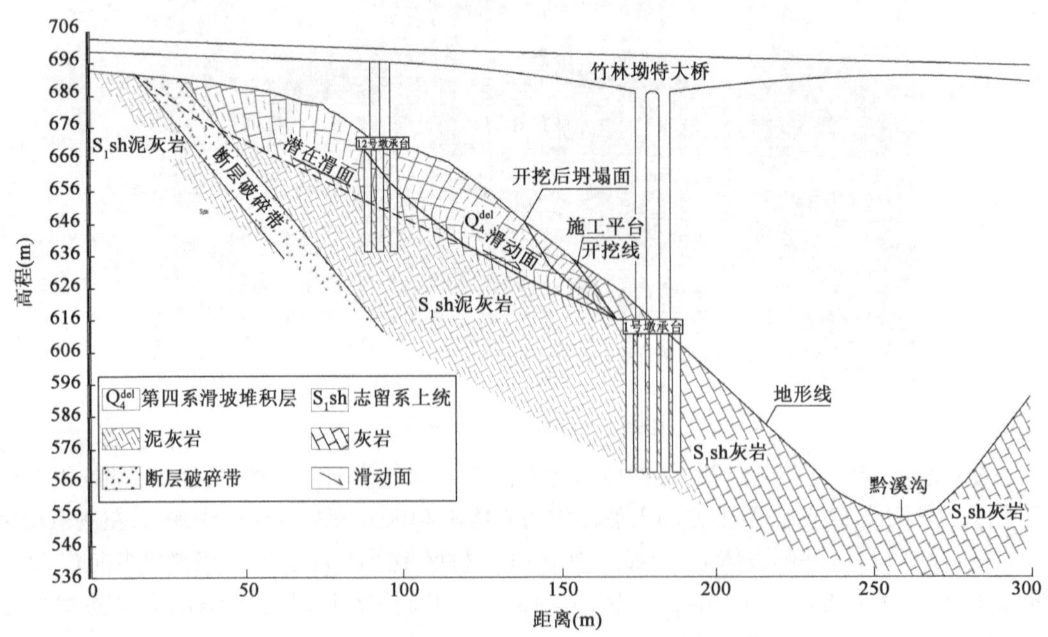

图6-11 滑坡典型剖面图

根据以上分析可知,竹林坳特大桥滑坡的滑体物质主要为碎块状泥灰岩及砂屑灰岩;滑面基本位于上部反倾状泥灰岩与下部正常产状灰岩的接触界面位置;滑床主要为受构造应力影响较小,且相对完整的泥灰岩。

6.3.3 滑坡形成机理及发展趋势

1)滑坡形成机理

卸荷作用表现为河谷下切过程中,河谷两侧山体发生应力释放,向临空面方向发生卸荷回弹变形。岩体卸荷作用由多种因素决定,地质条件不同,其形成机制也不同,进而影响着岩质边坡的稳定性。倾倒变形的本质是在卸荷作用下,岩层受长期重力弯矩影响所发生的弯曲蠕变时效变形,即材料变形。据滑坡体两侧及前后部 20 多个探槽揭露,坡体倾倒变形具有倾倒幅度由滑坡前缘向后部逐渐减弱的特点,剪出口附近倾倒岩层产状近水平,而 12 号辅助墩至断层范围内岩层产状与区域产状基本一致。通过勘察钻孔中岩芯倾角测量,还发现岩层倾倒变形幅度由浅及深具有逐渐减弱的特点,岩体由碎裂结构逐渐过渡为层状块裂结构。根据该滑坡体所处的环境条件、岩性、岩体结构特征分析认为,其形成主要经历了以下 3 个阶段。

(1)初始变形阶段。

当黔溪沟逐渐下切,河谷不断加深,伴随着岸坡形成坡体产生大面积卸荷作用,斜坡岩体应力状态发生明显的分异,岸坡中上部坡缘附近形成拉应力分布区,坡脚地带成为剪应力集中区。在这种应力作用下,坡脚地带陡倾岩体向临空面产生初始的卸荷变形。

(2)滑移—倾倒变形阶段。

一般情况下反倾层状结构发生倾倒破坏的较多,而顺层陡倾层状结构发生倾倒破坏的极少。沟谷快速下切过程中处于高应力状态的岸坡岩体迅速卸荷,形成平行岸坡的密集陡倾卸荷裂隙带,思南侧陡倾岩体向临空面方向产生滑移趋势,随着河谷下切的加速,在向下"滑移"的过程中,遇到下部坚硬的中~厚层状灰岩,因其强度较高,未发生倾倒变形,在坡体内形成"挡墙"支撑着上部倾倒岩体,致使上部泥灰岩未能继续滑移而产生横向弯曲倾倒。

(3)滑移变形阶段。

桥梁施工便道的开挖,致使支撑弯曲岩体的灰岩被挖除,在卸荷及重力作用下,弯曲岩体发生由外及内的滑移、拉裂,最终形成了蠕滑—拉裂型基岩滑坡。

2)滑坡发展趋势分析

倾倒变形体是在漫长的地质历史时期由于卸荷和重力作用影响而形成,岩体的倾倒破坏仅为岩体发生折断破坏,而没有发生长距离滑移,其折断面通常形态不规则,呈锯齿状,加之坡脚"挡墙"的支撑,在没有工程扰动的情况下,边坡通常处于基本稳定~稳定状态。工程开挖后,挡墙被挖除,倾倒变形体失去支撑产生变形,其破坏模式应为牵引式破坏,潜在牵引变形区边界受控于坡体后部的张性断裂以及坡体内卸荷弯曲倾倒的轴部。

6.3.4 滑坡防治措施及效果

1)右侧滑块治理工程设计

竹林坳特大桥滑坡治理工程采用了综合治理、防治结合的原则,桥梁对变形极为敏感,滑坡处治过程中充分考虑滑坡对桥梁的影响，避免桥梁墩台受到滑坡推力作用，设计采用了基于变形控制的设计方法。临时工程在11号墩台后部施工便道上采用码砌土袋进行回填反压遏制滑坡加速变形，右侧滑块采用了两排抗滑桩+锚索框架梁进行支挡（图6-12），避免已实施桥墩受到过大的滑坡推力作用。因治理工程规模较大，加之滑坡左侧滑块变形区后缘距离12号桥墩距离较远，达到35m，采取了一次设计分期实施的方法，对左侧滑块加强监测，根据监测结果确定是否实施左侧滑块支挡工程。

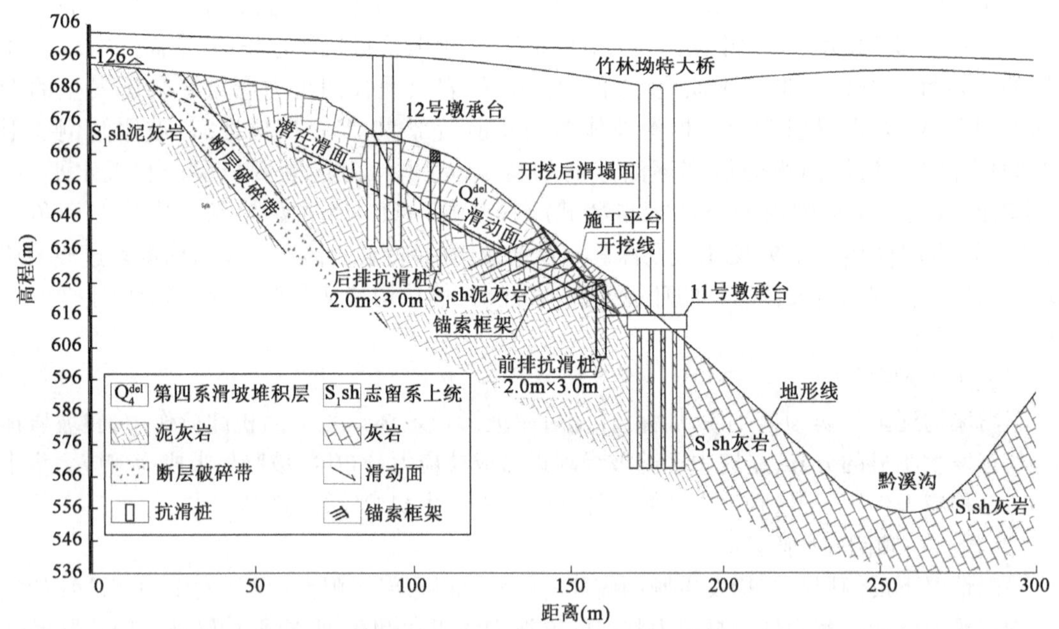

图6-12　右侧滑块治理工程断面布置图

2）左侧滑块二次变形特征及成因分析

2014年7月14日—17日贵州省印江、思南县遭遇百年不遇的特大暴雨袭击，印江县80个小时内降雨量超过350mm，局部地区超过412.7mm，印江县城及周边多地发生滑坡灾害。受特大暴雨影响，监测发现竹林坳特大桥滑坡左侧滑块变形范围扩大，至2015年3月发现变形区域延伸至推测的牵引变形区外15m处，与坡体上发育的断裂带位置基本重合。在12号与13号桥墩之间的平台上可见数道较为贯通的弧形拉张裂缝，在13号桥墩北侧的树林中也发现数道连续贯通的羽状剪切裂缝，裂缝长约30m，潜在滑坡左侧界基本贯通，后缘拉张裂缝正在形成。

12号桥墩下共设置了10根直径1.8m的群桩桩基，一期滑坡治理工程在12号桥墩外侧设置了7根2m×3m的抗滑桩，桥桩及抗滑桩为坡体提供了较大的抗力，虽潜在滑坡体后缘及左侧界已基本形成，但滑坡右侧界并不明显，分析应以12号桥墩下方的天然冲沟为界，滑坡前缘位于施工便道附近，坡体滑塌严重。

通过对一期治理工程实施后坡体再次出现变形调查，分析其变形的主要原因为：

（1）暴雨是灾害形成直接原因。

受近80个小时的连续强降雨影响，滑体物质长期处于饱水的环境中，这不仅使滑坡体重量增加，动水压力和静水压力增大，而且在雨水的长期作用下滑体抗剪强度急剧降低，致使左侧滑块变形范围增大。

(2)未对滑坡进行一次根治

虽然前期分析认为滑坡体具有进一步向后逐渐牵引式破坏的条件，但考虑到左侧滑块后缘距离桥梁距离较远(35m)，仅在滑坡前缘设置了一定的支挡工程防止左侧滑块进一步牵引，未对其进行根治，在印江地区遭受百年难遇的大暴雨作用时，原本变形范围较小的左侧滑块向后牵引发展，造成坡体变形范围增加，对桥梁造成威胁。

3)左侧滑块治理工程设计

左侧滑块的变形不仅对13号桥墩造成威胁，若任其发展，还将对已经进行处治的12号桥墩造成威胁，急需进行处治。处治工程主要针对原牵引变形区和左侧滑块进行，采取削方卸载和支挡工程相结合的措施(图6-13、图6-14)，消除安全隐患。

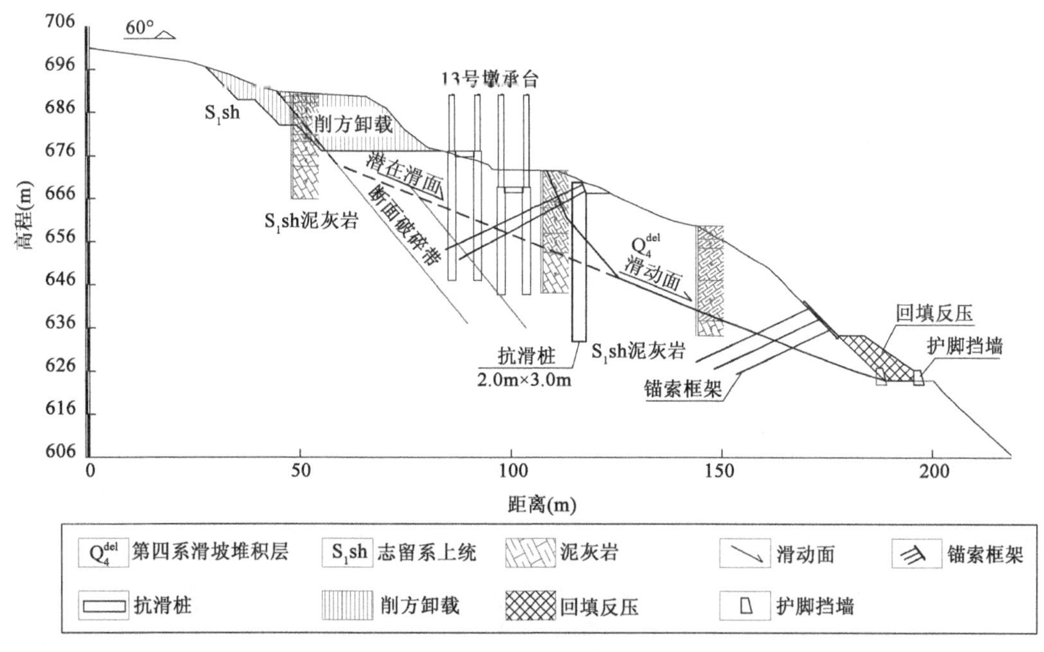

图6-13　左滑块支挡工程设计图

牵引变形区：该区域在印江大暴雨后发生变形开裂，为保证施工期间坡体稳定，同时减小滑坡有效推力，采用削方卸载处理。

左侧滑块：13号桥墩外侧增设一排锚索抗滑桩进行支挡，以保证12号、13号桥墩的安全。同时在左侧滑块边坡坡脚增设挡墙及锚索框架防护。

4)处治工程效果

竹林坳特大桥滑坡左侧滑块二次变形出现后，根据预定的治理工程措施，迅速对滑坡进行支挡和加固，2015年完成二期治理工程施工，经过7年的运营和监测，未发现坡体有再次变形的迹象，处治工程效果良好。

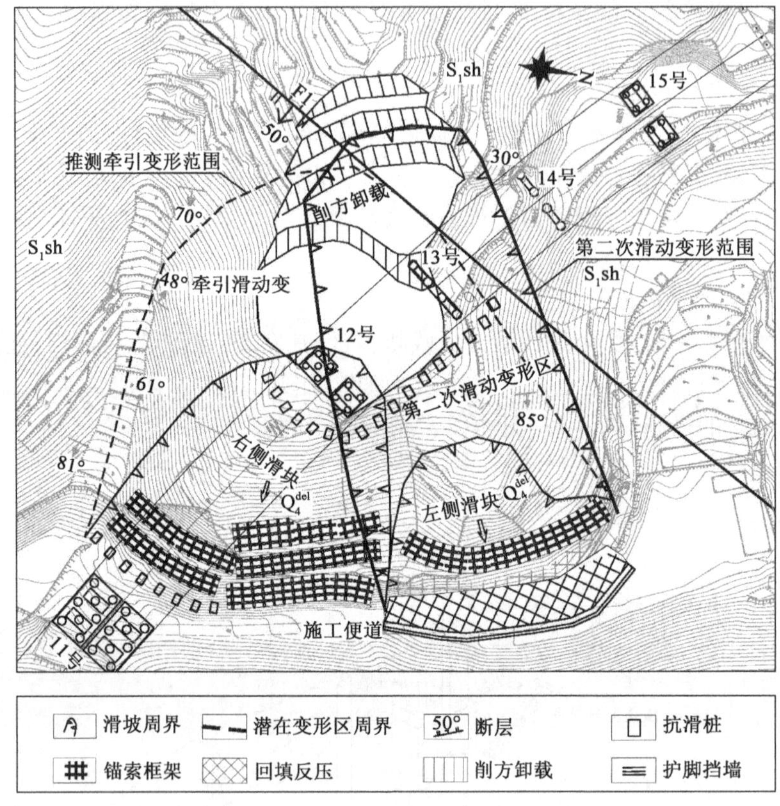

图 6-14　左侧滑块二次变形区域位置及治理工程平面图

第7章　震区滑坡　抢险保通

我国位于世界两大地震带——环太平洋地震带与欧亚地震带之间，地震活动十分频繁，全国有2/3的大中城市处于Ⅶ度以上的高烈度区，多条公路干线工程分布在地震带上，公路工程抗震能力较弱。地震是诱发滑坡、崩塌等次生灾害的动力成因之一，强烈地震发生后，地震力破坏斜坡稳定性，导致大量滑坡和地裂缝产生，在连续降雨等不利条件下又会孕育出新的滑坡和崩塌。在西部山区，地震诱发滑坡等次生灾害比地震本身直接造成的危害还要大。

在强烈的地震作用下，山区公路两侧发育的大量崩塌、滑坡及路基病害，不仅直接造成生命财产的巨大损失，还阻断交通，极大地阻碍和延缓了救援队伍和工程机械进入灾区，加大了救援的难度，成为抢险保通工程的巨大障碍。统计表明，仅在1970—1990年的20年中，地处我国南北强震带上的云南省，发生7级以上地震6次，造成1.8万人死亡，1000多公里公路严重损坏，直接经济损失超过50亿元。据统计，2008年5月12日的汶川8.0级地震，重灾区14个县（市）主要公路全部瘫痪，地震及产生的次生灾害共造成公路受损近2.8万km，其中高速公路近200km，国、省干线公路3849km，农村公路23800km。2015年4月25日，尼泊尔发生8.1级强烈地震，震中距离西藏自治区吉隆县边境43km，距聂拉木县边境42km，地震最高烈度达Ⅸ度。地震共波及西藏地区10个县，造成西藏近30万人不同程度受灾，国道G318线、G216线、G219线、G349线，省道S205线，以及239条农村公路、2条边防公路不同程度受损。

震区的公路在救灾抢险中更是起着生命线工程的作用，交通通畅关系抢险救灾的各个环节。特别是山区及边远地区，公路往往成为联系外界的唯一通道，交通一旦受阻，将严重影响灾区生活必需品、救援人员和救援物资等及时、高效到达。

强烈地震对山区公路造成的巨大破坏以及对抢险救援造成的巨大影响，给我们提出了新的挑战。研究强震区滑坡灾害的特征及其快速保通处置方法,对于震区公路的抢险保通以及震后道路的快速修复均具有重要的意义。

7.1 震区滑坡特征

7.1.1 突发性强、规模大、危害严重

地震是崩塌、滑坡等地质灾害的主要诱发因素之一,地震诱发的地质灾害具有影响范围广、灾害规模大、破坏性强、危害严重等特点。仅 20 世纪,地震地质灾害已经造成了数万人丧生和几十亿美元的损失。据估算,汶川大地震所触发的滑坡、崩塌、碎屑流灾害总数达3 万 ~5 万处,其中对震后人员安全和临时安置构成直接威胁的灾害隐患点就达到 12600 余处(四川 39 个重灾县统计),规模大于 1000 万 m^3 的巨型滑坡达数十处。其中安县大光包滑坡,是目前有记载的世界上规模最大的地震触发巨型滑坡,其体积达到 7.5 亿 m^3,形成的滑坡坝高 690m。数量众多的次生地质灾害使地震重灾区山河易色、家园被毁、交通中断、救援受阻,造成了大量的人员伤亡(表 7-1)。北川县城城西滑坡导致 1600 人被埋死亡,数百间房屋被毁,是汶川地质触发的最严重的滑坡灾难,举世罕见。

汶川“5.12”地震大型滑坡灾害死亡人数表(不完全数据)　　表 7-1

序号	灾害点名称	灾害点位置	灾害体规模(万 m^3)	因灾死亡(人)
1	城西滑坡	北川县老城王家岩	480	1600
2	樱桃沟滑坡	北川县陈家坝乡茶园梁村	188	906
3	北川新中滑坡	北川县新县城中学新区	240	500
4	景家山滑坡	北川县城南主干道	50	60
5	韩家山滑坡群	北川县桂溪乡杜家坝村	30	50
6	陈家坝滑坡	北川县陈家坝场镇	1200	400
7	红岩村滑坡	北川县陈家坝乡红岩村	480	141
8	太洪村滑坡	北川县陈家坝乡太洪村	200	150
9	东河口滑坡	青川县红光乡东河口村	1000	260
10	郑家山滑坡群	平武县南坝镇新平村	1250	60
11	林家坝滑坡	平武林家坝	200	60
12	马鞍石滑坡群	平武县水观乡马鞍石村	400	34
13	罐滩滑坡	安县睢水镇罐滩	144	100
14	红村电站滑坡	石邡县石亭江洪村电站	100	150

2015 年 4 月 25 日,尼泊尔 8.1 级地震造成与尼泊尔毗邻的樟木口岸和吉隆口岸灾害频发、道路中断,其中吉隆口岸 G216 线的 K81 滑坡体积达到 $270 \times 10^4 m^3$,治理费用高达 1.2 亿元;樟木口岸地质灾害集中爆发,樟木镇至友谊桥段尤其严重,仅公路交通部门恢复樟木镇至友谊桥段 8.1km 道路工程造价高达 4.99 亿元,国土部门对樟木口岸地质灾害治理费用约 5 亿元。

7.1.2 灾害链效应加剧灾害活动及威胁

地震除直接诱发山地灾害外,同时又为后期降雨作用而引发次生灾害提供了物质基础,具有灾害链效应。我国西部山区受特殊的地形地貌、地质环境和气候条件控制,常常由一种灾害诱发出另一种或几种灾害同时或相继发生,其危害之严重、损失之大往往无法估量。

灾害链包括串发性灾害链与并发性灾害链两种。前者是指因某一种原生灾害发生后,诱发产生的一系列的灾害现象;后者则是指某一原因或在某个地区同时所产生或发生的一系列的灾害现象。灾害链过程具有灾情累加与放大作用,前期灾害为后期灾害的演化提供条件,后期灾害进一步扩大前期灾害的时空影响程度和范围。根据崔云等学者研究发现,汶川地震次生山地灾害链可分为4级(表7-2),并具有以下特点:

地震次生山地灾害链类型分级　　表7-2

等级	类　型	演化特点
Ⅰ级	地震—崩塌灾害链 地震—滑坡灾害链	地震发生之初最为常见的灾害链形式,崩塌、滑坡为是灾害链下级演化的过渡形式
Ⅱ级	地震—崩塌—滑坡灾害链 地震—滑坡—泥石流(碎屑流)灾害链 地震—滑坡—(崩塌)—堰塞湖灾害链	地震发生后,由于其他外在激发因素的影响(主要是水),崩塌、滑坡灾害又进一步转化为次级灾害
Ⅲ级	地震—崩塌—滑坡—泥石流灾害链 地震—崩塌—滑坡—二次崩塌(滑坡)灾害链 地震—崩塌—滑坡—堰塞湖灾害链	崩塌转化为滑坡后,在其他外在激发因素的影响下(主要是水),转化为泥石流、堰塞湖等灾害体
Ⅳ级	地震—崩塌—滑坡(泥石流)—堰塞湖—洪水(泥石流或碎屑流)灾害链	这是地震次生山地灾害链转化最为彻底的一种类型,当所有条件都具备,堰塞湖在天然或人为作用下溃决致洪

(1)地震次生山地灾害链不是只有一条,而是有多个不同演化线路的链条交织在一起,共同组成了次生山地灾害链的网状转化过程。

(2)地震次生山地灾害链灾害体间的转化受到外界激发因素的影响,受到激发因素的类型和强度的制约,不是一次性就完全转化,可能是间断多次完成。

(3)地震次生山地灾害链就单条灾害链而言,由于灾害链的连锁性,各个灾害体间是相互作用的,就同一空间的多条灾害链而言,各个链条之间也是相互关联,相互影响的,演化进程不是某一个灾害因素决定,而是各种因素关联作用的合力取向。

地震次生山地灾害链涉及的灾害体类型多样,各种灾害体的转化方向也是多样的,演化条件具备崩塌、滑坡灾害既可以转化为二次崩塌、滑坡灾害,也可以继续转化为泥石流或堰塞湖,并非按照某一个既定的顺序完成转化,这也充分体现了地震次生山地灾害链的成灾演化的复杂性(图7-1)。

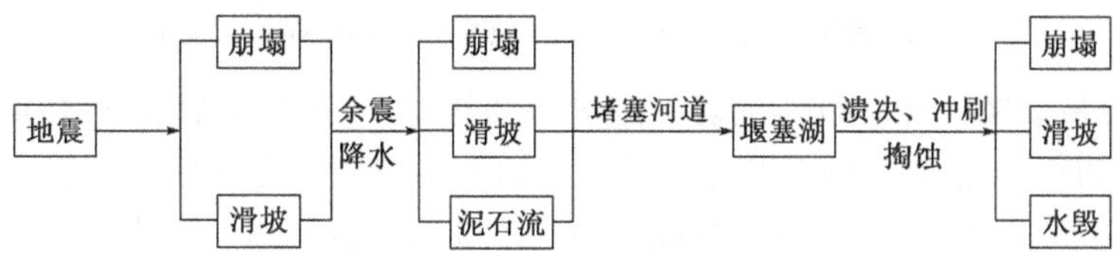

图7-1　地震次生灾害链演化关系图

7.1.3 灾害活动后效应明显

在西部山区强震除了会触发大量的同震滑坡、崩塌及相关地质灾害，还会带来明显的强震后效应，使得震区数年内崩塌、滑坡、泥石流等灾害密集频发。由于强震对于一定范围内的地质环境的强烈冲击，导致灾区范围内山体的松弛、震裂。因此，强震过后，山区崩塌、滑坡和泥石流等地质灾害现象将呈现出显著增强的趋势，并在很长一段时间内处于活跃期。通常情况下，这种地质灾害显著增强的现象要延续相当长一段时间，直到随着灾区生态和地质的逐渐恢复，才会显著降低并恢复到震前水平。

国内专家学者总结统计了汶川地震后地质灾害后效应，认为震后地质灾害总体呈现以下特点：

(1)地质灾害的数量较震前显著增加，对比震前，震后暴雨年地质灾害的数量约为震前暴雨年的 2 倍，而非暴雨年，震后地质灾害的数量为震前的 4 ~ 5 倍。

(2)地质灾害性质发生了根本的变化，从以崩塌滑坡为主，转化为泥石流灾害为主。

(3)泥石流规模巨大，且具有集中群发性。

(4)震后地质灾害往往具有极强的隐蔽性和突发性，难以识别和预警。

日本学者研究 1923 年关东大地震后滑坡活动规律表明，地震后滑坡活动分为 4 个阶段，即产生阶段、不稳定阶段、恢复阶段和稳定阶段，共持续 40 ~ 50 年。1950 年西藏察隅地震后当地泥石流活动出现约 20 年的活跃期。1976 年的四川松潘地震引起震区滑坡在震后 5 ~ 6 年内一直持续发生。1999 年台湾集即地震后研究表明，震后灾区滑坡数量有显著上升趋势，其变化与台风强降雨有密切关系。地震后 5 年内灾区滑坡极为活跃，保持了较高的强度，10 年后，滑坡强度才明显减少，但仍没有恢复到震前水平。根据黄润秋等人的研究成果，汶川地震灾区震后地质灾害活跃期将延续约 20 年(图 7-2)。

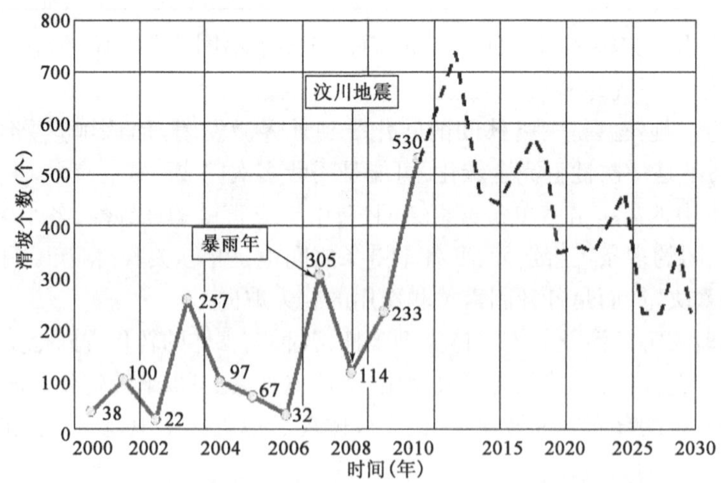

图 7-2 汶川地震灾区 2000 年以来地质灾害数量随时间的变化

通过对比分析表明，强震过后，地震灾区滑坡、泥石流等地质灾害显著增强是一个普遍性的现象，其持续的长度至少在 10 年以上，长者达 40 ~ 50 年，强震后 5 ~ 10 年地质环境极为不稳定，是地质灾害最为活跃、灾害发生频度最高的时期，强震后，地质灾害的活跃程度与降雨有密切的联系。

7.2 震区滑坡防治关键技术

7.2.1 应急抢险快速保通技术

地震期间,公路往往成为联系外界的主要通道,在运送抢险救灾物资和人员中发挥着不可替代的作用。在强烈的地震作用下,山区公路两侧发育有大量崩塌、滑坡及路基病害,经常造成交通中断,需要对灾害路段进行应急抢险与快速保通。

地质灾害的应急抢险技术主要包括交通布控与安全监测、地质灾害评估技术支持与决策、专业抢险技术方案及组织3个方面。

(1)交通布控与安全监测。

应急抢险前需要布置好交通防控措施,避免抢险施工造成行车安全等问题。同时需要注意抢险人员、设备的安全。在抢险过程中需要建立地表监测、裂缝监测、深部位移监测等综合监测系统,抢险施工过程中设置专职巡查人员,密切注意滑坡的滑动速度,如果出现滑坡变形加剧等情况,应立即启动应急预案预警,避免滑坡失稳造成更大的危害。

(2)地质灾害评估技术支持与决策。

灾害调查是地质灾害应急处治的基础性工作,是制订应急抢险方案的前提。通过灾害调查查明灾害点的范围、规模、变形特征与破坏机制,评估其稳定状况并分析其危害方式。

应急抢险方案的制订是在灾害专业调查快速评估的基础上,有针对性地采用一些简单易行的应急措施,快速稳定滑坡体并恢复道路的通行。滑坡的应急抢险措施一般技术简单,施工方便;工期短,见效快;能够多断面、多机械、多方位同时实施。对于一般的滑坡灾害,抢险工程主要目的是快速稳定滑坡,有效阻止滑坡加速下滑的势头,为永久治理工程施工创造时间以及空间条件。通常采取的滑坡应急抢险措施可归纳为砍头、压脚、挡腿、束腰、固体、排水共6种方式。

对于强震区滑坡灾害的应急抢险,首要目的是打通生命线工程、快速恢复道路通行功能。因此,除了上述6种常规滑坡处治措施外,需充分利用公路工程的特点,灵活利用路线的平纵面指标,选取有利的位置通过或者绕避滑坡路段,通过局部改线的方式达到减少工程对灾害体扰动、快速恢复交通的目的。公路滑坡应急处治措施主要作用及效果见表7-3。

公路滑坡应急处治类型、措施、主要作用及效果 表7-3

<table>
<tr><th>类型</th><th>措　施</th><th>主 要 作 用</th><th>主要施工方法</th><th>施工难度</th><th>应急效率</th><th>长期效果</th></tr>
<tr><td>局部调线</td><td>调整平纵面指标</td><td>绕避或减小滑坡灾害的威胁实现快速恢复道路通行</td><td>路基土石方挖填、格宾石笼挡墙、架设钢架桥等</td><td>简易</td><td>高</td><td>一般</td></tr>
<tr><td>砍头</td><td>后缘削方卸载</td><td>减少下滑力</td><td>土石方机械开挖</td><td>简易</td><td>高</td><td>好</td></tr>
<tr><td>压脚</td><td>前缘堆载反压</td><td>提高抗滑力</td><td>土石方机械堆载</td><td>简易</td><td>高</td><td>好</td></tr>
<tr><td rowspan="3">挡腿</td><td>钢管桩(微型桩)</td><td rowspan="3">提高抗滑力</td><td rowspan="2">钻机成孔、下钢管(钢筋笼)、注浆、施做连系梁</td><td>复杂</td><td>中等</td><td>一般</td></tr>
<tr><td>微型桩群抗滑桩</td><td>复杂</td><td>低</td><td>一般</td></tr>
<tr><td>格宾挡墙</td><td>编织格宾网,装填片块石</td><td>中等</td><td>中等</td><td>一般</td></tr>
</table>

续上表

类型	措　　施	主 要 作 用	主要施工方法	施工难度	应急效率	长期效果
束腰	锚索(杆)加固	提高抗滑力	造孔、下锚杆(锚索)、注浆、预应力锁定	复杂	低	好
固体	材料置换(旋喷桩、碎石桩等)	增强岩土体强度	造孔、置换材料	中等	中等	好
排水	地表、地下排水措施(如截排水沟、支撑渗沟等)	降低有效应力,提高岩土体强度	排水类型不同,施工特点不同	简易	高	好

(3)专业抢险技术方案及组织。

抢险就是抢时间、抢速度、抢工期,通过应急抢险措施有效地降低重大滑坡灾害损失,实现防灾减灾效益的最大化。在抢险过程中,抢险方案及现场施工组织尤为重要,优质可行的抢险方案及施工组织可以达到事半功倍的效果,既可节约抢险时间,又能有效防止次生灾害的突发。

2015 年,尼泊尔“4.25”地震,国道 G216 线距口岸约 13km 处 K80 + 970 ~ K81 + 300 段发生特大山体滑坡,滑坡堆积体约 $270 \times 10^4 m^3$,造成通往吉隆口岸的生命通道中断。由于 G216 线位于滑坡体前缘附近,按照原线位保通需对大部分滑体进行挖除且可能造成滑坡二次滑动,存在较大的施工风险。通过对滑坡特征进行综合分析,采用了局部调线方案,从滑坡体的中上部挖方通过。保通便道共开挖 7 级边坡,每级坡高 10m,坡率 1:1,每级平台宽 3m。为保证抢险保通快速高效的进行,抢险施工采用全断面自上而下分级开挖,共投入大型挖掘机械 8 台,电力保障车一辆,油料车 3 辆,每台挖掘机械控制 30m 施工作业面,24 小时不停工抢险,共计挖掘土石方量约 $32 \times 10^4 m^3$。经过 10 天紧张有序的抢险施工作业,生命通道终于被打开。如图 7-3 ~ 图 7-5 所示。

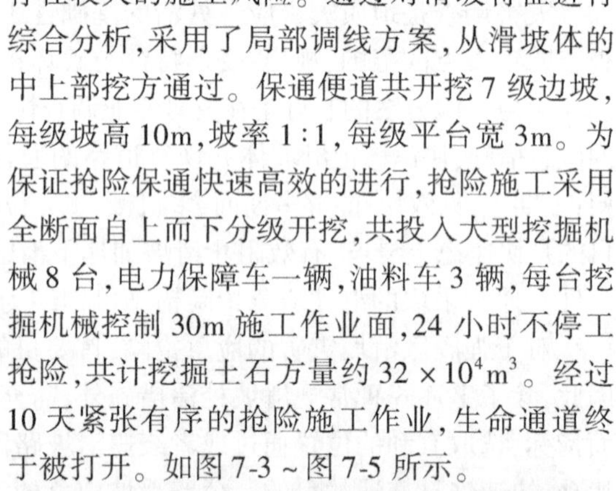

图 7-3　地震后滑坡摧毁公路阻断交通

a)

b)

图 7-4　现场施工作业

a)

b)

图7-5 保通后照片

7.2.2 柔性防护技术

汶川地震后,对公路边坡灾害进行灾害调查,发现沿线公路边坡崩塌存在点多面广的特点,而且以边坡表层震裂、松弛所产生的碎落以及溜塌为主,厚度数米。通过"4.25"地震后对受灾严重的西藏聂拉木县、吉隆县的公路灾害排查,发现次生地质灾害以崩塌为主、滑坡次之,是公路主要震害类型,桥梁震害相对较轻,隧道基本无震害。

地震导致崩塌、滑坡灾害与地震波的传播方式有关。边坡的坡表是一个自由界面,地震波在介质内传播,遇到不连续界面时将产生反射,入射、反射的应力波在某深度产生干涉叠加而放大。对于简谐波,反射产生的最大拉应力在距自由面 $\lambda/4$ 处(λ 为波长)。振动台试验表明,边坡坡表的加速度放大率平均可达1.4,远大于坡体内部的放大率(接近或仅稍大于1),因此,坡表和坡体内部将产生明显的不协调运动,造成坡面附近产生"拉应力"效应,进而导致坡体被拉裂破坏。

以锚固工程为主的柔性防护技术是震区滑坡防护中最常用的工程措施之一。采用锚索、锚杆等边坡锚固工程,可有效控制浅表层动力响应。设置锚固工程后,坡体表层的自振频率有一定程度的提高,而地震波的能量主要集中在低频范围,坡表自振频率的提高,能减轻地震波激励的共振作用,减小加速度放大效应。锚索、锚杆等锚固结构穿过浅层的破坏面,以预应力或锚固力抵消地震波在坡表反射造成的拉裂作用,将坡体内部与坡表连成整体,消除两者的不协调运动,控制坡表的加速度响应和浅表层破坏。而挂网喷混工程和主动防护网工程,由于锚固深度较浅,坡表刚度较小,对坡表位移的抑制程度有限,故抗震效果不及锚索和锚杆框架工程。总言之其防护效果锚索工程 > 锚杆工程 > 挂网喷混工程 > 主动防护网工程。

7.3 典型案例

青藏高原是全世界大陆地震最活跃的地区之一。据史料统计,里氏震级 $Ms \geq 7$ 的地震占欧亚大陆的43%,占中国内地的60%以上,喜马拉雅山为最主要的地震带。樟木口岸位于西藏自治区西南部,冈底斯—念青唐古拉山以南,处位于喜马拉雅—地中海地震带南缘,是新构造运动最为强烈的地区,横贯尼泊尔主边界深大断裂带,地震发生频繁。据不完全统计,自

1833年以来，在樟木镇周围100~200km范围内，曾发生8级或8级以上强震3次，5级或5级以上地震(含强震)28次。地震活动尤其是破坏性地震($Ms \geqslant 5$)频发，可直接引发崩塌、滑坡等地质灾害。

樟木地区河谷深切，岸坡高陡，特殊的地质、地貌条件致使巨型滑坡灾害集中发育。仅樟木口岸就有福利院古滑坡、帮村东古滑坡、友谊桥古滑坡三大滑坡群，以及扎美拉山崩塌、迪斯岗崩塌两大崩塌区，地质灾害成为制约樟木口岸发展的重要因素。

2015年“4.25”地震后，在丰沛的降水作用下地质灾害集中爆发。2016年7月5日，樟木镇上游的樟藏布流域发生山洪泥石流，波曲水位暴涨8~10m，泥石流的强烈冲刷加剧了沿线地质灾害的发展。泥石流爆发当日，樟木镇至友谊桥段3号滑坡发生滑动，1.3km国道被完全损毁；2017年8月中旬，体积约$1000 \times 10^4 m^3$的友谊桥1号滑坡发生滑动，滑体上的三盘国道共1.7km严重损毁，震后恢复重建工作也被迫暂停。

“7.5”山洪泥石流发生后，樟木镇至友谊桥段公路中断，中尼边境地区正常贸易和人员往来受到严重影响。公路交通是灾区主要的运输方式，更是带动地区经济建设的火车头，樟木镇至友谊桥段公路灾后恢复对实现樟木口岸早日通关具有十分重要的意义。

自20世纪90年代起，工程人员针对樟木镇福利院古滑坡、帮村东古滑坡，进行了较多的勘察、监测及研究工作，取得了丰富的研究成果。但对于樟木镇通往友谊桥这段8km交通要道上的友谊桥滑坡群开展的研究工作还极为有限。“4.25”地震及“7.5”山洪泥石流发生后通过对友谊桥滑坡群实施大量的勘察及监测预警工作，积累了丰富的基础资料。通过对这些资料进行多角度、深层次的系统分析，研究友谊桥滑坡群的特征和发展趋势，对樟木镇至友谊桥段恢复重建对策进行科学探讨。

7.3.1 区域环境地质条件

樟木镇至友谊桥段公路位于喜马拉雅山脉南坡，波曲下游峡谷区左岸斜坡上，公路全长约8km。起点为樟木镇老海关，海拔2200m；终点为友谊桥，海拔1732m，道路起终点高差468m。为克服高差，在波曲左岸的友谊桥滑坡群上布设了6盘道路盘旋而下。

波曲是区内唯一河流，呈近南北向发育，在友谊桥以上河段长约72km，平均纵坡降81‰，年均流量$31.7m^3/s$，6~9月为汛期，其中8月水位最高。波曲在樟木至友谊桥滑坡群段河流宽度急剧变窄，平均宽度约10m，最窄处宽度仅为5m，河流纵坡达到116‰，河流在该段具有流速快，冲刷能力强的特点。

研究区内最大的张性断裂为波曲断裂，走向为北北东—南南西方向，向南东东方向陡倾，倾角约65°。受波曲断层影响，河流两岸山体地形差异较大，波曲河谷沿断层深切呈典型“V”形谷，海拔高程1670~3600m，垂直高差达1930m。波曲断层下盘尼泊尔侧，山体陡峻挺拔，坡度达65°~90°，基岩大面积出露，植被稀疏；断层上盘中国侧，山体长期沿节理和断层发生的崩塌为樟木镇及友谊桥段巨厚松散层的形成提供了碎屑物来源，在降雨及波曲的冲刷作用下，滑坡灾害密集频发。

研究区地层较为单一，基岩以震旦系达玛桥组(AnZd)黑云母片岩为主，节理裂隙较为发育，表部为第四系崩、滑堆积物，结构松散。

7.3.2 滑坡特征

樟木口岸滑坡灾害可划分为樟木镇滑坡群和友谊桥滑坡群。友谊桥滑坡群属于巨型古滑坡群,滑坡的形成受到早期波曲张性断裂影响,后期在波曲不断下切作用下分解,具有多期、多层、多条、多块、多级的特点。

友谊桥滑坡群在1981年、1983年两次爆发山洪泥石流后曾发生较大规模变形,形成了4处滑坡分布的格局。2016年"7.5"山洪泥石流爆发后,这4处滑坡再次复活。依据滑坡群的变形特征,沿波曲流向将其划分为1号滑坡、2号滑坡、3号滑坡和道班沟滑坡(图7-6)。滑坡群规模、特征、造成的破坏程度见表7-4。

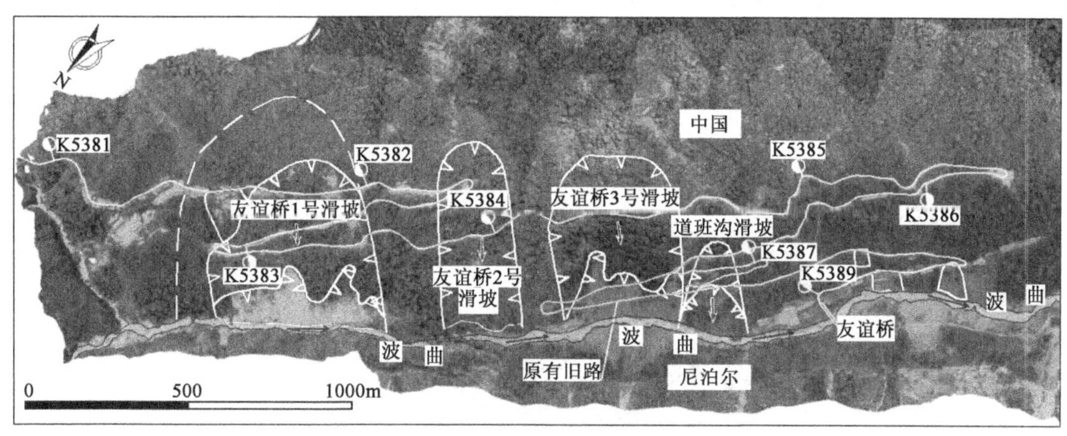

图7-6 友谊桥段滑坡群分布图

友谊桥滑坡群统计要素 表7-4

滑坡名称	纵轴长(m)	横轴宽(m)	厚度(m)	体积(m^3)	高差(m)	造成破坏
1号滑坡	470	475	40~75	1.0×10^7	360	1.7km道路、4处房屋损毁
2号滑坡	500	200	35~50	4.0×10^6	345	路基下沉约50cm
3号滑坡	550	360	17~32	5.2×10^6	320	1.3km道路被毁
道班沟滑坡	260	140	10~17	5.5×10^5	158	110m道路损毁

1)1号滑坡

1号滑坡是友谊桥滑坡群中规模最大的滑坡体,纵长约470m,均宽475m,滑体厚度40~75m,体积约$1000\times10^4m^3$,属超深层、特大型滑坡体(图7-7)。滑坡前缘剪出口位于波曲河床附近,高程1830~1890m,后缘位于山体陡缓交界处,高程2180~2192m,前后缘最大高差约360m。滑体由块(碎)石堆积体组成,滑床为前震旦系达莱玛桥组黑云母片岩。

1号滑坡滑动面分为浅、中、深三层,浅层滑面深度15~25m,中层滑面深度40~45m,深层滑面中前部基本沿古滑动面发育,深度介于65~75m之间,为堆积层与下伏基岩的接触界面(图7-8)。浅层及中层滑动面物质主要由砂砾组成,透水性较好;深层滑动面由厚度1~3m的全风化黑云母片岩组成,受滑坡滑动挤压作用影响,呈泥状,干强度较高,遇水迅速软化。

图 7-7　友谊桥 1 号滑坡全貌

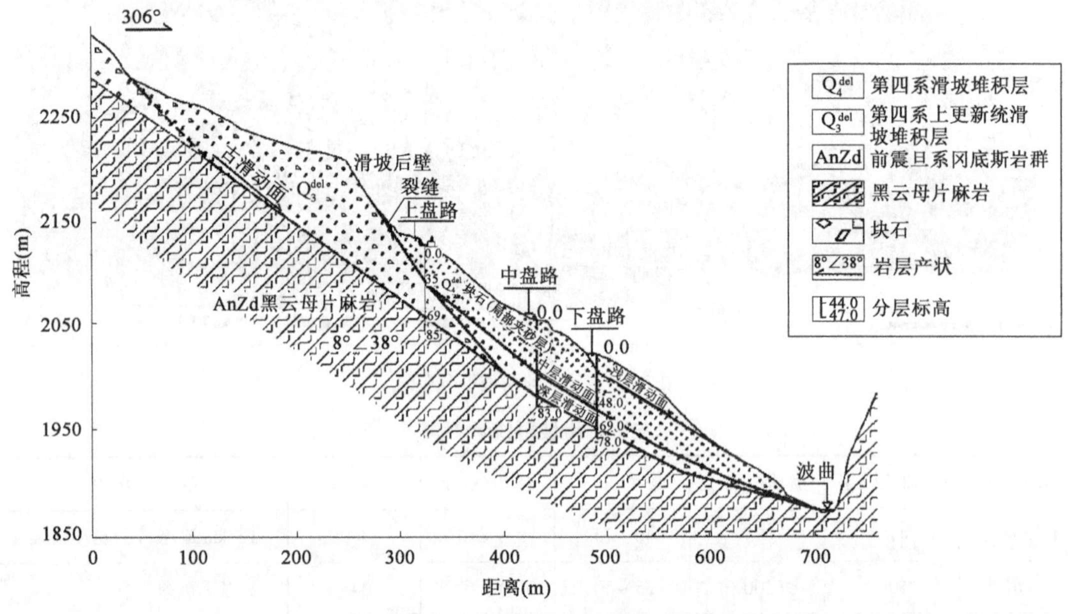

图 7-8　1 号滑坡典型剖面图

1 号滑坡于 2015 年“4. 25”地震后浅层滑体出现蠕动变形，2016 年“7. 5”山洪泥石流爆发后，滑坡体前缘宽约 400m，纵长约 120m，厚度 10 ~ 20m，体积约 $100 \times 10^4 m^3$ 的山体冲入波曲，被泥石流带入下游。受失稳坡体牵引，变形不断渐进后退式扩展，2017 年 8 月中旬，纵长发展至 470m 的 1 号滑坡剧烈滑动，滑体向前滑移 8 ~ 10m，在其后部形成了高 10 ~ 20m 的高陡滑壁，位于滑坡体上的三盘道路被错断，滑体两侧边界处形成高 10 ~ 17m 的错坎（图 7-9、图 7-10）。

2）2 号、3 号滑坡及道班沟滑坡

2 号滑坡纵向长约 500m，横向宽约 200m，厚度 35 ~ 50m，体积约 $400 \times 10^4 m^3$。波曲在 2 号滑坡段剧烈下切，在滑坡前缘切割形成高约 30m 的陡立基岩岩壁，滑坡剪出口位于岩壁上方，因此该滑坡未受到“7. 5”山洪泥石流冲刷影响，仅在“4. 25”地震后沿浅层滑面发生变形，震后经两排抗滑桩治理后，滑坡稳定。

a)

b)

图 7-9　1 号滑坡滑动后形成的错坎

3 号滑坡纵长约 550m，均宽约 360m，厚度 17～32m，体积 $520 \times 10^4 m^3$，为深层、大型牵引式堆积层滑坡，滑坡前缘剪出口位于波曲河床。3 号滑坡的活动性记录可追溯到 1981 年樟藏布流域山洪泥石流发生后，至 1988 年，3 号滑坡发展成为长 400m，均宽 280m 的滑坡体。2008 年，滑坡体活动范围逐渐缩减为纵长 270m，均宽 260m。2009 年交通部门工程人员在滑坡体上第四、五盘道路外侧设置了两排抗滑桩进行支挡，并在滑体前缘设置护岸墙防护。2016 年“7.5”山洪泥石流爆发后，3 号滑坡对岸尼泊尔侧堆积物滑动挤压河道，泥石流对 3 号滑坡前缘顶冲、掏蚀，致使 3 号滑坡桩前滑体产生滑动。受前缘滑动牵引，变形不断向后扩展，已实施的两排抗滑桩也因悬臂过高而造成倾倒、折断，1.3km 道路完全损毁（图 7-11、图 7-12）。

图 7-10　1 号滑坡滑动后牵引右侧房屋破坏

图 7-11　3 号滑坡前缘滑动后道路损毁

图 7-12　抗滑桩倾倒与折断

道班沟滑坡紧邻3号滑坡，滑坡均宽140m，纵长260m，滑体厚度10～17m，体积约55×10^4m^3。道班沟滑坡滑动主要受前缘冲刷以及3号滑坡滑动拖曳作用影响，位于滑体上的第六盘道路出现路基滑移现象。

7.3.3 滑坡形成机理

1）地震动力作用影响

研究区构造发育，地震频繁，场地地震动峰值加速度为0.20g，地震反应谱特征周期为0.45s，相应的抗震设防烈度为Ⅷ度。据不完全统计，自1833年以来，在樟木镇周围100～200km^2范围内，曾发生8级或8级以上强震3次，5级或5级以上地震（含强震）24次。历史上对樟木镇影响较大有记录的大地震共3次，分别为：1833年8月26日聂拉木8级地震，震中位于希夏邦马峰以西，地理坐标为东经85°30′，北纬28°18′，烈度Ⅺ度，影响烈度≥Ⅹ度，樟木距震中63km。1934年1月5日印度达班加的8.4级强震，震中位置的地理坐标为东经86°30′，北纬26°30′，烈度Ⅺ度，5级以上余震多发，樟木镇就曾发生余震，震中东经86°，北纬28°，震级5¼，烈度Ⅵ度。2015年“4.25”尼泊尔Ms8.1级强震及其余震，是近期对研究区影响最大的一次事件，震级在Ms7.0～Ms7.9之间的强余震就有2次。据区域地震台网的不完全记录，自1970年至2015年5月樟木镇域内共记录到ML≥4.0级地震3次，其中5级、6级地震各一次，最大地震为1974年3月24日ML6.1级地震，震中位置位于樟木东南约15km处，震源深度20km（图7-13）。

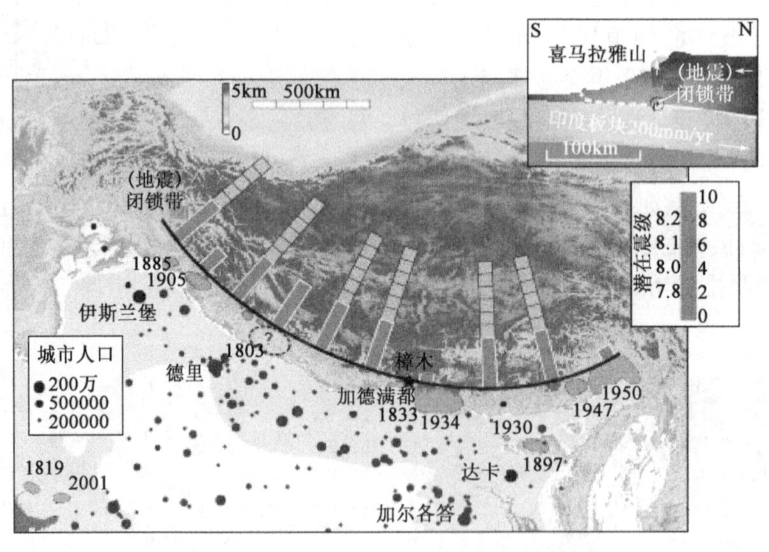

图7-13　喜马拉雅地震危险性分布和地震机理示意图

地震活动尤其是破坏性地震（大于5级的地震）频发，一方面直接造成崩塌、滑坡等地质灾害，一方面又加剧了冰湖溃决等自然灾害的发生，形成了灾害链，进一步加剧沿线各种其他地质灾害的爆发。

2015年“4.25”地震后，仅国道G318线聂拉木亚来乡至樟木口岸段道路共新增地质灾害104处，震后统计表明，诱发的新生灾害中崩塌灾害最为发育，受其影响樟木镇一度成为“孤岛”。友谊桥滑坡群主要由崩、滑堆积物组成，滑体浅部架空现象较为明显，中深部较为密实，物探揭示滑体物质剪切波速 $V_s = 240 \sim 730\text{m/s}$，场地卓越频率介于 $0.9 \sim 2.8\text{Hz}$ 之间，在强震作用下极易形成共振效应，并诱发滑坡产生动力失稳。

通过震后调查，友谊桥滑坡群虽未与地震波耦合产生强动效应诱发滑坡破坏，但是研究区附近强震频发造成了滑坡体大范围松动变形及震裂，降低了滑坡体稳定性。

2）山洪泥石流的影响

樟木口岸地处陆陆碰撞边缘区内外动力耦合作用灾害效应影响区，同时也是海洋性冰川覆盖密集区，区内冰川泥石流以及冰湖溃决泥石流频发，对沿线公路危害巨大。波曲河支流冰川发育，其中次仁玛错和贡巴通沙错极易发生溃决。次仁玛错先后在 1964 年、1981 年和 1983 年共 3 次爆发大规模冰湖溃决泥石流灾害。强烈的地震灾害效应为冰湖溃决泥石流创造了有利条件：一方面地震活动为泥石流提供了丰富的水源，在樟藏布流域，地震引发了大量的雪崩、冰崩，堆积于沟道甚至冰湖内，随着天气转暖，积雪融化，为冰湖溃决提供了充足的水源条件；另一方面地震引发大量的崩塌、滑坡灾害，使大量的松散堆积物汇入河道内聚集，成为泥石流的重要物质来源。2016 年 7 月 5 日贡巴通沙措冰湖溃决后，洪水裹挟着沟道两侧大量的堆积物迅速汇入波曲，导致波曲洪水混杂泥石流流量增加且流速加大，对狭窄的河谷及岸坡的冲刷及侧蚀作用加强，在友谊桥滑坡群一带泥痕高度达 15m，山洪泥石流对滑坡前缘的抗滑段破坏严重，直接造成 1 号滑坡及 3 号滑坡前缘产生滑动，并逐渐牵引老滑坡进一步复活（图 7-14、图 7-15）。

图 7-14　泥石流涌入边检海关大楼

图 7-15　7.5 泥石流泥痕高度

3）降雨作用的影响

樟木地处喜马拉雅山南坡，印度洋暖湿气流北进受喜马拉雅山阻隔，形成气旋雨、地形雨、山地雨等，致使樟木口岸降雨集中且雨强极大，成为西藏少有的暴雨中心之一。近年来受极端天气的影响，降雨不确定因素加剧，高强度持续降雨对滑坡体稳定性影响极大。

樟木口岸年平均降水量为 2820.0mm，6—9 月 4 个月的降水量占全年 80% 以上。2009—2012 年期间，樟木镇 1h 降雨强度 ≥10mm 的平均每年 23 次，6h 降雨强度 ≥20mm 的降雨次数平均每年达 20 次。最大 1h 降雨强度发生于 2012 年的 8 月 25 日，降雨量达 41mm，最大 6h 降雨量发生在 2010 年的 9 月 15 日为 92.5mm，最大 24h 降雨量发生在 2018 年的 7 月 16 日为 107.5mm。经统计 2018 年 8 月降雨量达 705.2mm（图 7-16、图 7-17）。

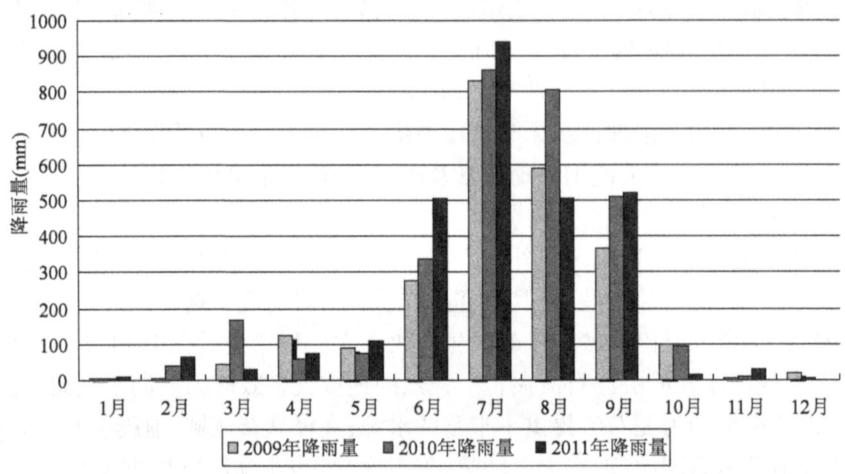

图 7-16　项目区 2009—2011 年降雨量分布

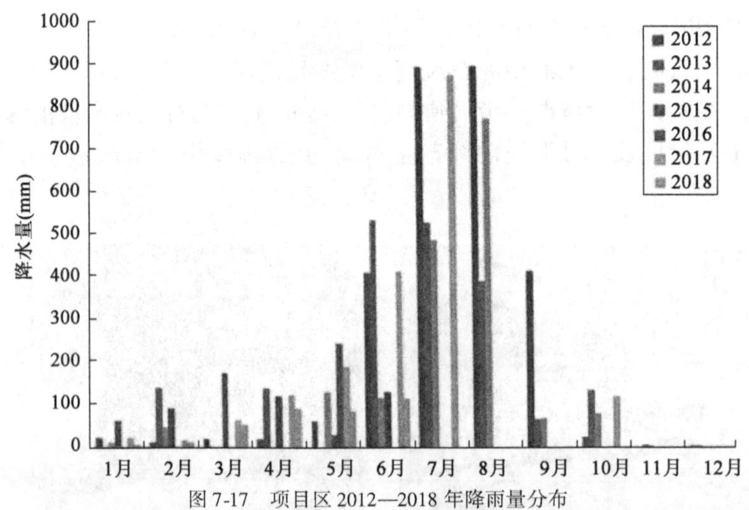

图 7-17　项目区 2012—2018 年降雨量分布

因遭受地震以及泥石流冲刷双重作用,友谊桥滑坡群所处山体已出现大范围的松动变形,滑体内更是巨石遍布,架空严重。极松散的物质结构组成为大量降雨入渗提供了良好的入渗通道。滑坡体主要为块(碎)石堆积体,充填物也基本以砂砾为主,通常认为这种地层为天然排水体,地下水径流速度很快,降雨对滑坡体影响较小。但樟木地区雨季降雨强度极大,当高强度的暴雨汇聚在滑坡体内不能够及时排出时,就在滑坡体内形成浮托力以及渗流的动水压力,加速了滑坡的变形。由于滑体具有良好的导水性,降雨结束滑体内地下水迅速排泄,滑坡变形也立即终止。

对 1 号滑坡体 2018—2019 年监测数据分析表明,滑坡在旱季处于基本稳定状态,6—7 月进入雨季后随着降雨增多滑坡开始出现缓慢变形,8 月随着降雨量加大,滑坡体变形加剧。监测发现 2018 年 8 月 1 号滑坡沿 70m 深度的深层滑动面变形近 40cm,地表累积变形量超过 100cm,最大变形速率发生在 8 月 30 日、31 日,超过 4cm/d(图 7-18)。进入 9 月后,随着降雨量减少,滑坡变形迅速收敛,旱季滑坡未再次出现明显变形迹象。滑坡变形速率与研究区降雨量相对应,如图 7-19 所示。

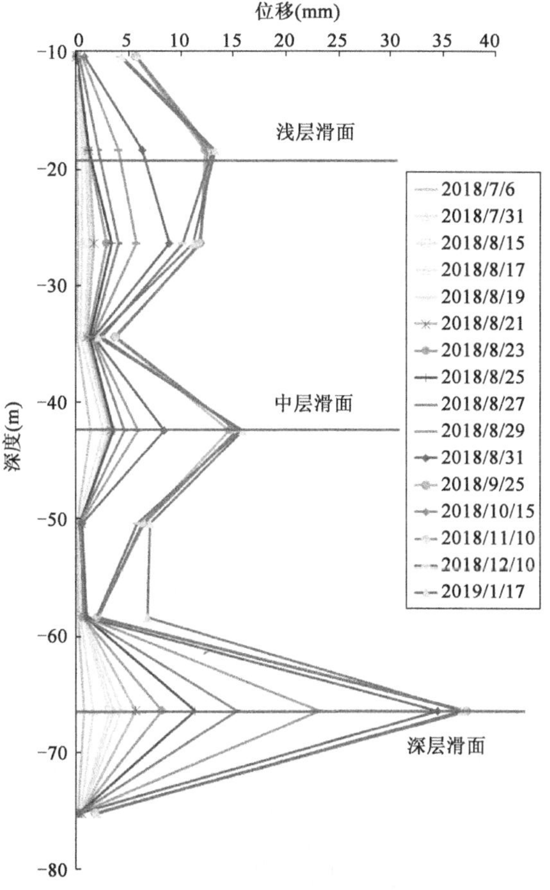

图7-18　1号滑坡深部自动位移监测曲线图

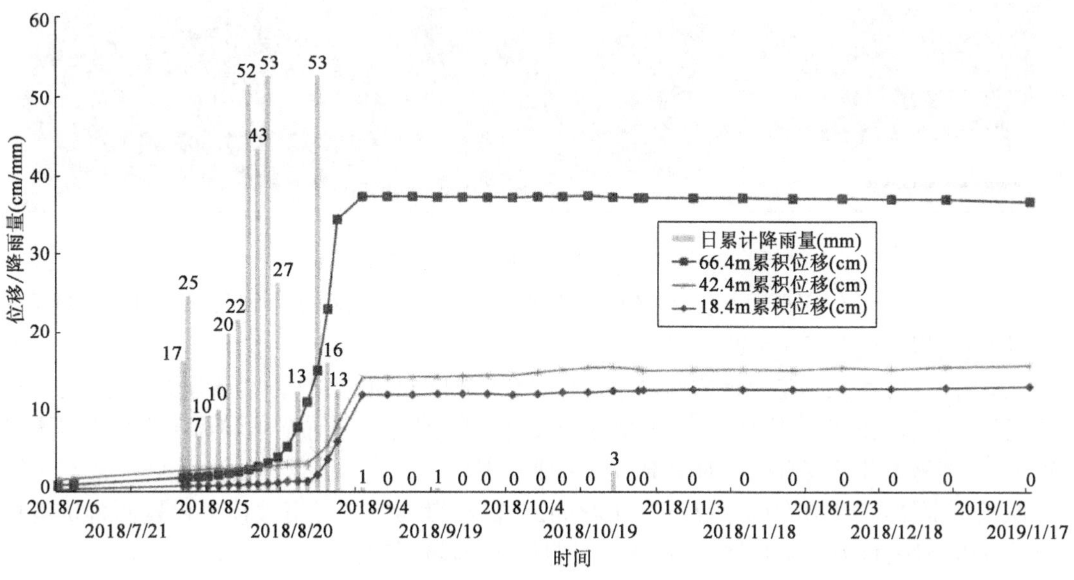

图7-19　1号滑坡滑面累积位移—降雨量—时间关系曲线

7.3.4 公路保通恢复方案及效果

樟木至友谊桥段公路是国道G318线的终点段，是连接中国拉萨至尼泊尔首都加德满都的国际道路，也是西藏最为重要的商贸通道。自1965年建成通车至今，受各种条件制约，道路平、纵面指标尚未达到等级公路技术标准，全线8.078km道路平均纵坡5.8%，原道路最大纵坡15%，全线5处回头弯半径小于10m，最小半径仅为7.9m。公路建成后历次整治改建，均以地质灾害治理为主，局部地形、地质条件具备地段拓宽道路宽度，但对线路平、纵指标基本未做调整，公路处于维持通行水平。地震后受滑坡影响，3.0km道路严重损毁，公路保通恢复方案主要采取了灵活布线和灾害处治两方面的措施。

1)路线恢复方案

受滑坡影响造成破坏的路段共两段：第一段为受友谊桥1号滑坡滑动影响的三盘道路，共计1.7km；第二段为受3号滑坡滑动影响而损毁的道路，共计1.3km。

在第一段道路恢复过程中提出了3个路线恢复方案（图7-20），推荐方案为原线位改建方案，方案一、方案二均为绕避方案。1号滑坡为深层滑坡，虽发生整体滑动，但原有路基仍在，虽滑坡两侧界段落开裂严重，仍具有利用条件，仅需局部调整路线纵、平面，可达到克服滑坡周界处错坎的目的，应急抢险速度较快。而两个绕避方案均需在两个滑坡体上新开线位，不利于快速保通，且公路开挖后可能产生新的次生地质灾害。鉴于此对于1号滑坡受影响段落采取原位恢复路线方案。

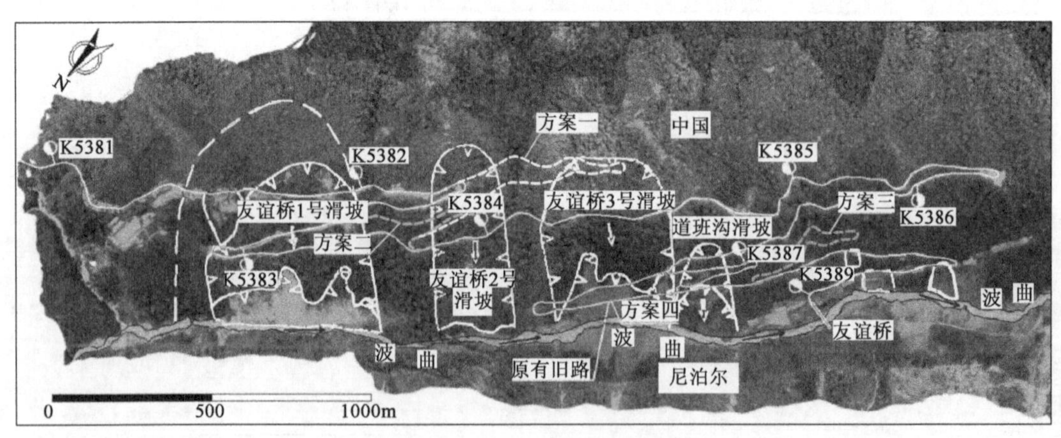

图7-20 1号、3号滑坡影响路线恢复方案示意图

3号滑坡受滑坡作用严重损毁道路共计两盘1.3km，由于原路线损毁极为严重，短期无法恢复，设计过程中提出了3个改线方案。

长线方案（方案三）：道路两次跨越道班沟，路线全长1424m。该方案新建线路较长，道班沟附近虽然基岩出露但山体高陡，施工难度较大，新建线位下方分布着边检海关大楼以及大量的商铺，上部施工开挖落石可能对下部房屋造成损害。

原线位恢复方案（方案四）：路线长1300m，在已经滑动的3号滑坡体上设置两排抗滑桩恢复已损毁道路，该方案工程造价高，施工周期长，受滑坡影响大。

短线方案（推荐方案）：线路全长900.8m。该方案优点为施工速度快，可以充分利用现有的施工便道,工程造价相对较低,对环境影响较小。缺点为线路变短后,新建线路纵坡较大。

通过综合比选,选择了施工速度快对环境影响小的短线设计方案。

2)灾害处治方案

灾后为快速打通道路,恢复重建过程中采用了“先抢通后加固”的理念,通过灵活布设路线、路基挖填、设置柔性格宾石笼等措施克服滑坡形成的高陡错坎,打通公路断点;恢复通行后,在雨季来临前实施锚索抗滑桩、预应力锚索肋板墙等措施加固格宾石笼,防止雨季高填路基产生滑动。公路保通恢复中地质灾害防治是关键,对于沿线地质灾害处治,中、小型滑坡危害相对较小,可知、可治性强,采取措施积极根治;大型地质灾害,适当降低设防标准进行处治;1 号滑坡属于特大型地质灾害,滑面深、规模大,针对灾害成因,河岸设置防冲刷工程切断致灾源,防止致灾条件进一步恶化,重建排水系统,减轻降雨对滑坡稳定性的影响,对损毁路基进行支挡,打通道路,加强管养与监测等工作,实现近期保通(图 7-21 ~ 图 7-23)。

a)

b)

图 7-21 利用钢筋石笼迅速抢通道路(一)

图 7-22 利用钢筋石笼迅速抢通道路(二)

以上措施实施后,经过 2019 年、2020 年两年雨季的考验,取得一定的效果,1 号滑坡在两年雨季均未出现较大的整体变形,仅在滑坡周界处道路出现约 20cm 的变形开裂,在未对滑坡深层进行处治的情况下,通过实施路基防护、排水和河岸防护等工程基本达到了近期保通的目的。

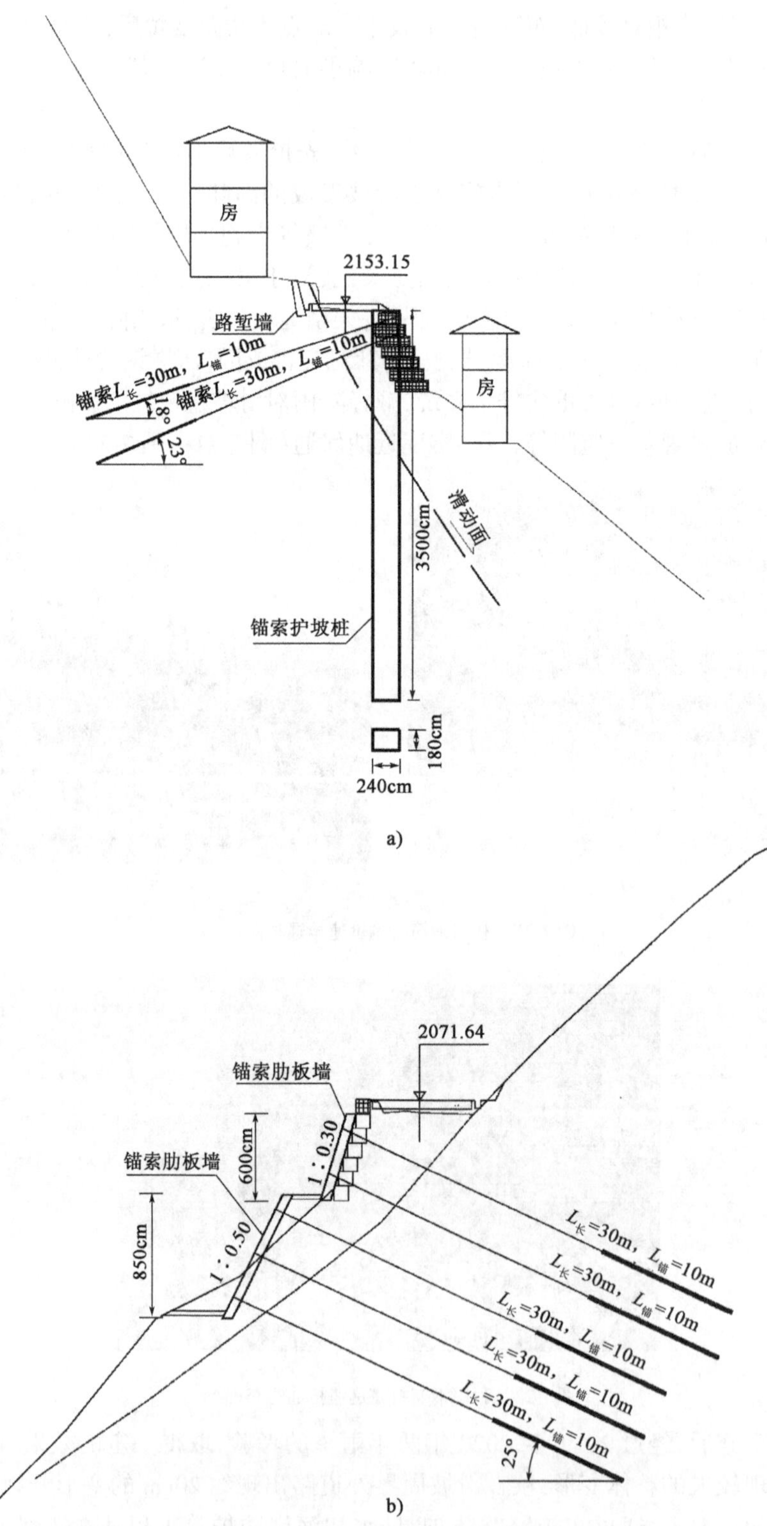

图 7-23　在已实施临时工程的基础上实施抗滑桩、锚索肋板墙等工程加固路基

7.3.5 灾后公路恢复面临的问题及对策

1)公路恢复面临的问题

21 世纪以来,随着全球气候变化异常和人类社会经济活动的不断增强,极端天气和地质事件增多,类似“4.25”地震和“7.5”山洪泥石流等“低频大灾”事件为樟木至友谊桥段公路恢复重建敲响了警钟。樟友公路建设之初,受地形、地质条件限制,为节省投资,道路在密集分布的滑坡群上多次展线,抗灾能力极弱,运营维护费用极高。随着“4.25”地震、“7.5”山洪泥石流的爆发,原有低线位方案所隐藏的巨大隐患逐渐显露,如继续维持原有的低线位道路方案将面临巨大的资金投入和诸多不确定因素。

(1)“低频大灾”威胁持续存在。

波曲支流冰川发育,仅樟藏布流域遥感影像揭示共分布有 8 个冰湖,其中次仁玛错和贡巴通沙错极易发生溃决(图 7-24)。受近年来全球升温影响,冰雪消融加快,而强震作用加剧了冰湖上方冰川的活动性,致使冰湖溃决概率增加。2016 年“7.5”山洪泥石流是由贡巴通沙错冰湖溃决引发,泥石流运动至友谊桥处的流量为 1956.44m^3/s,在友谊桥处形成泥痕高度达 15m,贡巴通沙错溃决后冰湖体积急剧缩小,短期内对下游无威胁。

图 7-24 樟藏布流域的次仁玛错和贡巴通沙错冰湖

资料表明,次仁玛错先后在 1964 年、1981 年和 1983 年 3 次爆发大规模山洪泥石流灾害,1981 年次仁玛错山洪泥石流在友谊桥处流量达 2575m^3/s,受阻雍高度达 25m。泥石流过后,波曲友谊桥及附近建筑全部被毁,约有 6km 道路被冲失,诱发了友谊桥滑坡群多处局部复活。目前次仁玛错冰湖上方的阿玛次仁冰川极其不稳定,在气温升高的情况下极易再次发生崩塌,从而诱发次仁玛错冰湖再次发生溃决,进而引发山洪泥石流灾害。

樟木镇所在的古崩塌堆积体整体位置较高,波曲、电厂沟等区内河流切割深度 180 ~ 200m,沟道已切穿崩滑堆积层到达基岩,即使上游流域再次发生大规模山洪泥石流,对樟木镇滑坡群的稳定影响极为有限。

友谊桥滑坡群剪出口多位于波曲河岸附近,若无较大规模泥石流冲刷诱发,滑坡体一般可处于基本稳定状态。如果遭遇山洪泥石流,随着坡脚冲刷加剧,友谊桥滑坡群中 1 号、3 号、道班沟滑坡前缘将出现滑动变形,并逐步牵引诱发老滑坡复活。由此可见,樟木镇至友谊桥段公路恢复重建所面临最大的威胁为波曲上游流域的山洪泥石流及其所诱发的友谊桥滑坡群复活。

(2)特大型、超深层滑坡短期难以根治。

1 号滑坡体积超过 1000 万 m^3,监测深层滑动面深度达 70m。对于巨型滑坡新建道路一般采取绕避处理,1 号滑坡地处樟木镇通往友谊桥的必经之路,受界河限制,多种治理手段难以开展,仅能在滑坡体上实施排水及抗滑支挡工程。虽然曾经针对 1 号滑坡投入了大量的经费进行处治、对道路进行恢复,但受限于滑坡规模、深度、施工条件、技术工艺等方面的因素,工程多以保通为主,短期内根治难度较大,滑坡将在较长的时间段内处于蠕动变形状态。

2)远期公路恢复对策

"4.25"地震、"7.5"山洪泥石流的爆发使樟友公路低线位方案所面临的巨大隐患充分暴露。根据丁一汇的相关研究,推断藏东南的冰湖溃决泥石流从现在到 2050 年,将处于活跃期,其形成和爆发的频率可能会增加。沟谷灾害链的发生频率可能以 10 年尺度为重现期,远远高于大地震发生的频率。程尊兰对樟藏布沟泥石流研究推测冰湖溃决洪水频率约为 10 ~ 20 年一次。以上研究均表明,樟友公路维持现有线位,将长期面临周期性山洪泥石流的威胁。

樟友段公路恢复重建地质灾害防治是关键,山洪泥石流等特大型灾害的周期性及破坏性,决定了现有减灾工程难以从工程层面满足特大灾害的减灾、防灾需求。特大灾害风险控制,可从线路河谷岸侧选择的宏观决策层面进行研究,寻求可行的解决思路。

波曲左岸中国侧斜坡,滑坡群密集发育,山体稳定性差,地质环境脆弱,对人类活动敏感,而友谊桥的位置和高程决定了道路须在滑坡群上密集展线降坡,不具备在波曲左岸改线绕避滑坡群的条件;波曲右岸尼泊尔侧位于波曲断层下盘,地层为前震旦系达莱玛桥组黑云母片岩,岩质坚硬、地层稳定,工程地质条件良好,技术上具备改移线位的条件。可考虑在樟木镇沟谷较窄基岩山体出露位置架设特大桥至波曲对岸,在尼泊尔境内采取隧道方案穿越陡立山体,绕避友谊桥滑坡群后在地形条件具备地段展线接中尼公路,初步估算改移线路全长约 15km,地形、地质条件均远较波曲左岸中国侧优越,具备以二级公路技术标准建设的条件。

绕避线位采用高桥、长隧方案,可从源头上解决友谊桥滑坡群、山洪泥石流等灾害对道路的影响,相对利用旧路进行地质灾害治理方案,既解决了道路无法升级改造的问题,又解决了管养投入大、"低频大灾"影响风险高等问题。

第 8 章　采动滑坡　知根治底

采动滑坡是指在地下开采矿层的影响下，由于上覆岩（土）体变形破坏而引起的采动山体在重力作用下沿软弱破裂面向较低水准面发生的一种边坡失稳变形破坏灾害。采动滑坡在时间和空间上与地下开采具有一定的关系，但主要取决于地质环境及其他诱发因素的综合影响。只有正确进行下伏采空区稳定性评价才能抓住采动滑坡这一问题的本质，才能科学合理地对采动滑坡稳定性进行评价，做到知根知底，最终提出合理可行的采动滑坡治理方案。

8.1　采动滑坡特征

公路下伏采空区按其开采规模可以分为两大类：一是大、中型矿山开采形成的采空区，其特点是年产量一般在 50 ~ 90 万 t/a 以上，矿山开采系统比较正规，开采方式以壁式、柱式为主，通常具有较长的回采（即采矿）工作面。这种矿山一般是国营或地方经营，开采后的采空区形态较规则。二是小型矿山开采形成的采空区，其特点是年产量一般在 90 万 t/a 以内，矿山开采系统不正规，开采方式以巷道式、房柱式或短壁式为主。一般是集体或个人经营，开采后的采空区形态极不规则。当矿层被采出后，采空区周围的岩层发生了较为复杂的移动和变形，形成采空区塌陷，在其他工程地质条件、水文地质条件、工程活动、地表水入渗等综合影响下形成采动滑坡。

当山体坡度超过 25°，地表为砂质黏土和一般坡积物，由于长时期受风化侵蚀或水流冲刷而处于自然平衡的临界状态，受到采矿影响时，很容易出现裂隙、继而出现大面积整体边坡失稳变形，形成滑坡。受采矿影响而引起的山体滑坡在全国各地的矿区已多次发生。如太原市西山矿区由于采矿而引起的坡体坍塌、崩塌等突发性的采矿滑坡180余处，滑坡影响面积约$3km^2$。2008年9月中旬至10月下旬，太原煤气化股份有限公司炉峪口煤矿风峁顶西部山体出现宽约200m、长约230m的裂缝带，滑坡导致山顶处蓄水池歪斜，信号转播塔倾斜；山腰处地面裂缝，炉(峪口)~镇(城底)铁路专用线K1+450m处铁路轨道外移变形，山脚处公路路基开裂、护墙外倾等现象。风峁顶滑坡不仅极大地影响了企业的日常生产，而且威胁着公路、铁路交通安全和对面炉峪口村居民的生命财产安全，带来了巨大的经济损失和不良社会影响。

缓倾斜层状结构的自然斜坡一般不易发生大规模的整体破坏，其破坏形式多以局部崩塌变形为主，但对于矿区缓倾层状结构的滑坡，采空区的变形破坏是其最主要的诱发因素。采空区的冒落破坏，使斜坡岩体变形松动，再加上降雨的促进作用，严重威胁了斜坡稳定性，由此而产生的采动滑坡灾害层出不穷，见表8-1。

缓倾矿层采空区破坏诱发矿区滑坡统计表 表8-1

滑坡名称	位置	体积($\times 10^4 m^3$)	备注
盐池河崩滑	湖北宜昌	150	摧毁矿山死亡284人
象山滑坡	陕西韩城	1000	建筑物严重损坏
鸡尾山滑坡	重庆武隆	700	74人死亡
南元阳老金山滑坡	云南元阳	56	死亡111人，失踪116人
阳泉矿区滑坡	山西阳泉	310	及时搬迁
新岭煤矿滑坡	河南汝州	9.3	威胁矿区生产
马达岭滑坡	贵州都匀	190	威胁都匀至香格里拉高速公路

公路采动滑坡问题是不同于“三下”采矿的另一种地质灾害问题，是由多个系统协调作用而产生的工程地质灾害问题，在工程实践中具有非常重要的研究意义。

8.1.1 公路采动滑坡特点

公路采动滑坡在时间和空间上与地下开采具有一定的关系，但主要取决于地质环境及其他诱发因素的综合影响。除具有一般滑坡的基本特征以外，公路采动滑坡还具有如下几个特点：

(1)采空塌陷是采动滑坡形成的最重要原因。

一般的滑坡形成因素主要包括临空面地形、强度较差的地层岩性、降水下渗和地下水、工程开挖、堆载或者地震等。在采动滑坡的产生过程中，采空区塌陷变形是主要外因之一。对于采空区稳定性的评价分析是采动滑坡分析的最关键的工作内容，也是采动滑坡的最主要的特点之一。

(2)滑坡稳定程度与下伏采空区的相对位置关系密切。

采空区在边坡坡脚附近时，边坡的安全系数降低可达20%左右；边坡中部的采空区对边坡的稳定性影响取决于采空区几何中心相对于滑动面的水平位置，采空区几何中心在滑动带内将引起边坡稳定性增加，采空区几何中心在滑动带外将引起边坡稳定性减小；采空区在边坡脚下部时，在距边坡脚水平距离一定范围内，采空区会引起滑坡体体积增大，边坡安全系数降低。因此，采动滑坡的稳定程度与下伏采空区的位置关系非常紧密。

(3)突发性,不易预测。

采动滑坡受地下开采引发的上覆岩土层塌陷的影响,其失稳变形通常具有突发性,难以预测。采空区塌陷的不易预测性也是采动滑坡的一个重要特点。

(4)范围大,破坏巨大。

采空区的埋深变化较大,不稳定的采空区,埋深越大,引发的边坡失稳规模就越大,不仅存在公路构筑物侧向位移失稳,而且地基沉降的破坏作用更大,综合破坏作用巨大。

(5)采空治理费用高昂,绕避为主。

采空区塌陷引发的公路滑坡因采空区埋深一般较大,动辄数百米埋深,工程治理费用高昂,是整个建设工程项目的控制性关键工程。因此,一般以路线绕避为最优方案,只有在路线绕避受限的情况下,才考虑采空区滑坡的工程治理方案。

8.1.2　采动滑坡形成条件

采动滑坡的发生必须具备三个条件,即地形上具有临空面、地下采空及上覆岩层中存在软弱岩土层面。

1)临空面的地形条件

在较陡的边坡下采矿时,开采影响主要表现为:

(1)地下采空使边坡失去下卧支撑。

(2)地下开采引起的覆岩拉伸变形使地表产生裂缝,降低了边坡岩土层的强度。同时,边坡岩(土)体的受力平衡因覆岩拉伸变形而发生改变,产生剩余下滑力,在其他因素作用综合作用下发生位移运动,进而导致采动滑坡的发生。

2)松散物坡积地层

此类地形包括冲积土坡和人工堆积坡,开采移动变形破坏了堆积层的力学性质,降低了其抗剪强度,加上地表水的渗透作用,致使坡体失稳,失稳形式为:

(1)沿平面滑动面的直线型滑坡,此类滑坡多在黏聚力很小的人工堆积坡中,在强降雨的作用下,可能发生边坡失稳滑动。

(2)沿圆弧形滑动面的滑坡,此类滑坡多发生在土质边坡或者类均质破碎岩体边坡内。

3)软弱岩土层面

软弱岩土层面包括黏土层、泥岩、软质砂岩、岩层面、断层破碎带、基岩风化面等,开采影响主要表现为强度较低的软弱层首先产生破坏而导致滑坡,滑坡形式为:

(1)沿软弱层面缓慢蠕滑的滑坡。此类滑坡多发生在软弱层面埋藏较深且倾角较小的边坡中。

(2)沿岩土界面或者基岩风化界面滑动的滑坡,此类滑坡的软弱岩土面埋深较浅,多由于地表开采裂缝使地表水渗透至岩土界面或者风化界面处停滞下来,滞水处的岩层吸水软化造成采动滑坡。

此外,在老滑坡或者古滑坡的下方进行采矿,由于采空塌陷破坏了覆岩结构,降低了岩土体的抗剪强度,易导致已经稳定的滑坡体复活,形成新的采动滑坡,如阳泉二矿的大型古滑坡体。由于下方采矿的影响,使该滑坡体近几年急剧复活,后缘产生宽大的裂缝,错台高大10m以上,滑坡体推动前缘台坡发生蠕动,使路床鼓起,破坏了铁路和临近的地下管道。

8.1.3 采动滑坡分类

不同的岩土性质、水文条件以及构造条件，都会产生不同性质、不同成因的采动滑坡。

(1)根据采矿活动导致滑坡的直接性与间接性关系分类，具体为：

①主导型采动滑坡。即由采矿活动而直接导致坡体产生破坏的滑坡，其中采矿活动造成了决定性作用，这种滑坡的形成，是由于地下开采直接改变了坡体整体的结构以及应力平衡状态，从而导致滑坡的发生。

②诱导型采动滑坡。在这类滑坡中采矿活动是诱发滑坡的因素，而不直接对坡体的结构造成破坏，只是对坡体的变形以及滑动起到诱导作用。

(2)根据滑动性质分类，具体为：

①崩塌性滑坡。此类滑坡坡体高度较高、坡面上部较陡而下部较缓，其形成原因主要是由于在坡脚处的矿层开采使得坡顶处的应力高度集中，从而产生高速塌落并促进下方坡体的滑动。这类滑坡常常发生于坡体为覆盖层组成的采动滑坡，以及由于露天与井下的联动开采而引起的滑坡(即露天矿边帮下方井采)。

②陷落性滑坡。此类滑坡是由于坡体下方的矿层开采而造成采空塌陷，引起坡体沿着不规则的凹型滑动面进行滑移，其下陷的深度往往大于滑移的距离，而在坡体表面则出现堑状陷落以及产状异常等现象，若坡体主要为覆盖层，其滑床常为土岩接触面。

③挤出性滑坡。常发生于岩土层的倾向与坡体的倾向一致，且土层与岩层的产状相对平缓的坡体中。其形成原因是采矿沉陷，使得坡体后缘在重力的作用下滑移，在其后缘出现明显的落差，同时对滑体前部产生了推挤作用，造成滑体常沿着软弱带进行滑动，该类坡体表面的形变则较为明显。

④顺层滑坡。此类滑坡主要由覆盖层与基岩层组成，其滑动面往往是位于覆盖层与基岩的接触面上，并且其坡体坡向与岩层的倾向一致，其发生主要是由降水条件以及采动条件而诱发的，具体表现为覆盖层的透水性较好，但下方基岩的透水性差，则较易形成隔水层，使得其土岩接触面成为降雨存水的良好场所，加之受到采动的影响更加促进了雨水的运移，从而有利于滑坡的产生。

(3)根据矿层(岩层)的倾向、采空区的发展方向及地表倾向的相对关系分类，见表8-2。

采动滑坡分类一览　　表8-2

地层倾向与斜坡倾向关系	采空区推进方向与斜坡倾向关系		
	相同	相反	斜交
地层水平	推动切层、挤出性	牵引式切层、挤出性	推移式切层、挤出性、牵引式切层
地层倾斜(同向)	推移式顺层	牵引式顺层	推移式顺层、推移式切层、牵引式顺层、牵引式切层
地层倾斜(反向)	推移式切层	牵引式切层倾倒型	推移式切层、牵引式切层倾倒型

8.1.4 采动滑坡失稳破坏模式

采动滑坡变形破坏形式受到多种因素的控制,在不同的岩体结构、地层组合、岩性条件以及构造条件下,采动滑坡破坏形式是不同的。根据采空区与坡体的相对位置关系以及矿层的赋存状态,将采动滑坡的失稳破坏模式分为以下几类:

(1)悬臂—断裂型失稳破坏模式。这类失稳破坏模式主要发生在坡面较为陡立,且在坡脚处有明显矿层出露现象的坡体中,一般在矿层出露的地方常常会留有一定距离的矿柱。矿层的开采方向则与坡体的倾向相反,当矿层开采后其上方覆岩失去支撑而整体下沉,同时在重力的作用下对残留的矿柱进行挤压,致使矿柱产生塑性变形破坏。这时,采空区上方的岩体可以用悬臂梁这一力学构件来表示,在采空区边界处产生了一定的弯矩,并随着采空区面积的增加而增加。在坡顶处地表产生拉应力集中区,当采空区的面积达到一定程度时,坡体顶部的拉应力超过了岩体自身的抗拉强度时,在悬臂梁的上方将会出现突发性断裂,从而导致坡体的失稳破坏,如图 8-1 所示。

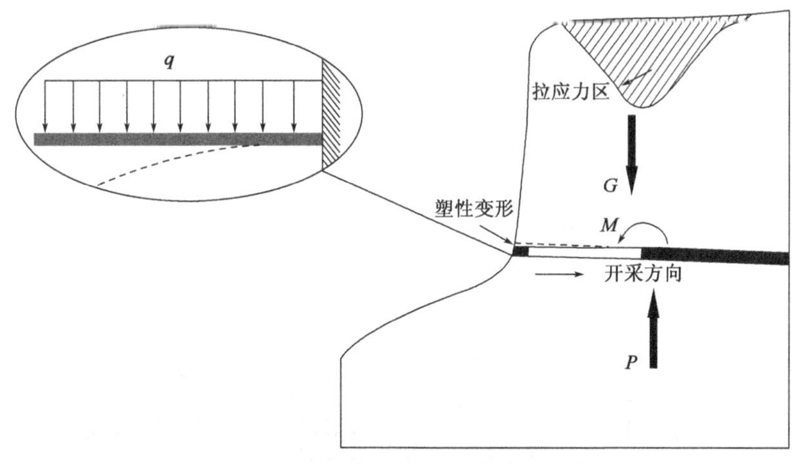

图 8-1 悬臂—断裂型

(2)外倾—拉裂型失稳破坏模式。此类失稳破坏模式同样发生在坡面较为陡立,且矿层出露的坡体中,但不同的是,这类坡体的矿层出露点与坡脚的位置相对较远。同时,矿层的赋存状态是与坡体倾向相反的即急倾斜矿层开采岩层中,这类岩层在形成时受到强烈的构造运动影响,因此,在此类边坡坡顶处常存在有原生裂隙,矿层开采后对上部岩体造成范围较大的塌陷作用,坡脚处的岩体,由于失去了支撑作用进而产生了朝向内侧的凹陷,并沿着采空区边界指向空区内部的倾倒移动。在坡体的顶部由于坡面的陡直、下部岩体的凹陷以及原生裂隙的存在,造成顶部拉应力的高度集中,并产生以采空区右侧边界为轴,指向外侧临空面方向的倾倒式拉裂,此类坡体的上部常形成多条裂缝切割后的柱状结构,如图 8-2 所示。

(3)内倾—推挤型失稳破坏模式。此类失稳破坏模式常发生于坡面较缓以及矿层呈水平分布,且矿层的露头离坡体较远,同时矿层的开采是在坡体的后方,当矿层开采后,由于采空区的存在而造成的沉陷作用,使得坡顶后方整体下陷,整个坡体产生指向采空区内侧的变形移动,并在滑动面处形成由下到上逐渐减小的张拉应力。同时,由于坡脚处的岩层呈水平状态,造成了岩层之间的剪切错动形成剪切裂缝,当坡顶的张拉裂缝与坡脚的剪切裂缝在外界条件下(降雨或振动)逐渐贯通时,就会使得坡体的稳定性急剧下降,从而导致滑坡的发生,如图 8-3所示。

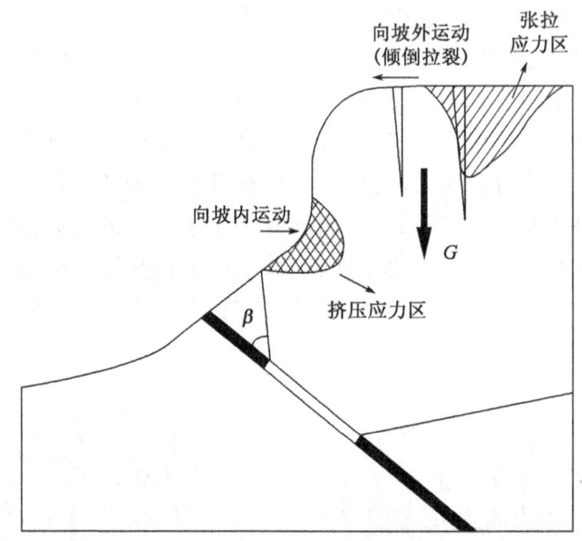

图 8-2　外倾—拉裂型

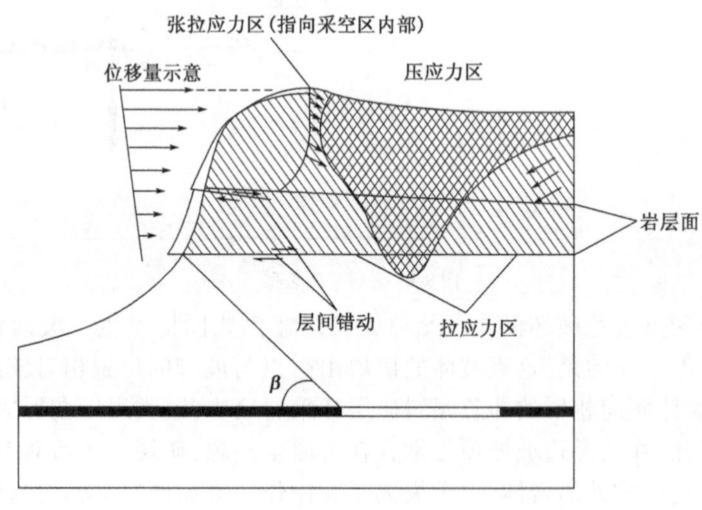

图 8-3　内倾—推挤型

(4)牵引—滑动型失稳破坏模式。此类失稳破坏模式主要发生在矿层近水平,且无出露的情况下,坡体下部较缓而上部较陡的坡体。采空区位于坡脚处,当采空区形成后上覆岩层在自重应力的作用下产生沉陷,而采空区边界处的岩层则向其内部移动,此时在坡脚处产生牵引张拉应力,使得坡脚部分岩体向采空区内部移动,当移动到一定程度后,坡顶上方由于坡面较为陡立以及失去了下部岩体的支撑,进而产生崩塌体并推挤坡体进行移动,如图 8-4所示。

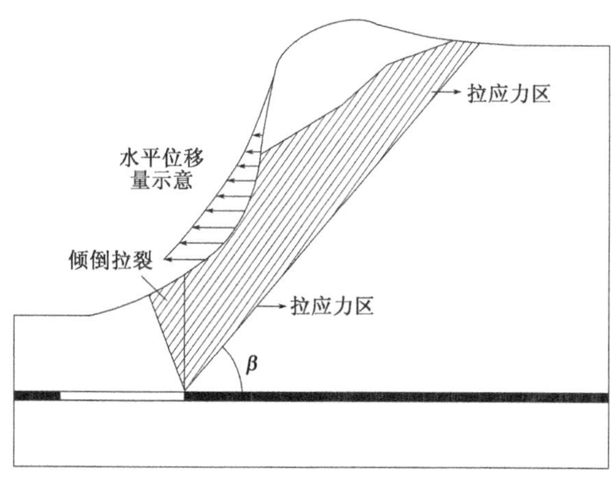

图 8-4　牵引—滑动型

8.2　采动滑坡防治关键技术

采动滑坡是由边坡工程地质条件（如地形条件、地层岩性、地质构造等）、水文地质条件、降水、边坡开挖填筑以及矿层的开采（即开采方式、开采深度、覆岩组成）等因素共同决定的，是由多种因素综合作用而产生的一种工程地质灾害问题。其中，采空区稳定性对采动滑坡有着非常重要的影响。因此，采动滑坡的成功治理是建立在采空区稳定性正确评价的基础之上的。只有将下伏采空区对采动滑坡的影响作用研究清楚，才有可能正确进行采动滑坡的工程治理。对于采动滑坡治理过程中的关键技术问题，主要从采动滑坡的勘察评价和治理设计两大方面进行阐述。

8.2.1　采动滑坡勘察评价

采动滑坡勘察评价的关键是知道问题根源，即正确进行采空区稳定性勘察评价。虽然采空滑坡勘察评价与一般滑坡勘察评价的勘察手段基本相同，但是各种勘察方法手段在勘察过程中的重要性差别较大，比如采空区资料的搜集非常重要，工程物探比工程钻探的地位更高作用更大，这也是采动滑坡勘察关键技术的具体反映。

1）采空区资料全方位搜集是正确进行勘察的前置条件

采空区采矿资料搜集是采动滑坡最基础的勘察手段，同时也是其他勘察手段的一个前提条件，是下一阶段工程物探工作量布设的重要依据。

采空区资料搜集工作主要应充分收集区域及项目区地质资料、矿产及其采掘资料、采空区地表塌陷资料、区内建筑工程和公路工程的勘察资料等基础资料。

（1）项目区地质资料主要包括项目区的区域地质、遥感解释、地形地貌、工程地质、水文地质、地震、水文气象、植被及人类工程活动等资料。

（2）矿产及其采掘资料包括各有关矿区的采空区资料（矿层的分布、层数、层厚、埋藏深度），矿区地质普查勘探资料及矿山开采资料，包括建矿时间、年产量、总产量、采掘方式、顶板管理方式、回采率、巷道充填情况、地下水情况、井上下对照图及采掘工程图。

(3)采空区地表塌陷资料主要包括采空区地表开裂、陷落的特征和分布规律、采空区上方和附近地面建筑物开裂、变形及其地表变形观测资料。

(4)区内建筑工程和公路工程的勘察资料主要是项目区前期已有公路和建筑工程项目的采空区方面的勘察设计报告。

(5)采空区与采空滑坡的相对空间位置的基础资料。

相对而言,大、中型矿山开采的采矿资料较为齐全,可信度较高,而小型矿山开采形成的采空区资料不仅缺失严重,而且可信度较低,后期需要做大量的资料补充和可靠性分析验证工作,如有可能,尽可能进行井下实地调查和必要的测量工作,保证采空资料的客观性,为后续技术工作的顺利展开奠定坚实的基础。

2)工程物探在采空区勘察中的支配性作用明显

采空区一般范围较大,埋深较大,若大量进行工程钻探工作以查清采空区,勘察费用非常大,建设单位难以承担。虽然目前工程物探精度有待提高,但物探属于一种面积性测量,对于采空区这类位于埋深较大、勘察范围较大、相较钻探手段而言,工作效率高、费用较低,物探具有很高的应用价值和现实意义,优势明显,为采空区勘察中的最主要的勘察手段,处于支配性地位。

煤系地层主要包括覆盖层、煤、泥岩、砂岩、灰岩、采空区。覆盖层因物质成分复杂,电性不均。覆盖层与下伏煤系基岩地层接触面分界明显。在基岩中,煤为相对中高阻,其他岩性(泥岩、砂岩)为低阻特征,基岩与采空区塌陷破坏带电差异非常大,采空区及其塌陷区根据其积水程度,电性特征为高阻(采空区)或者低阻(积水)。

物探方法的选用,一般应根据场地条件和采空区特点选用两种或者两种以上的工程物探方法进行相互验证,以保证采空区物探成果的准确性。

采空区物探主要查明采空区的空间形态、地下水分布以及上覆岩土层的三带分布,为后续的钻探验证提供物探数据支持。其中对于断层破碎带等疑似采空区的物探异常区也应提高重视程度,因为断层破碎带区域岩体较为破碎,导水性强,其电阻率值与采空塌陷的电阻率阻值较为接近,易与采空区相混淆,引起误判,这一特点应引起技术人员的充分重视。

另外,后期应在钻孔中进行超声波测井,计算围岩的完整性系数,为采空区的稳定性评价提供地质依据。

3)在验证物探成果的基础上,通过工程钻探判别采空区三带

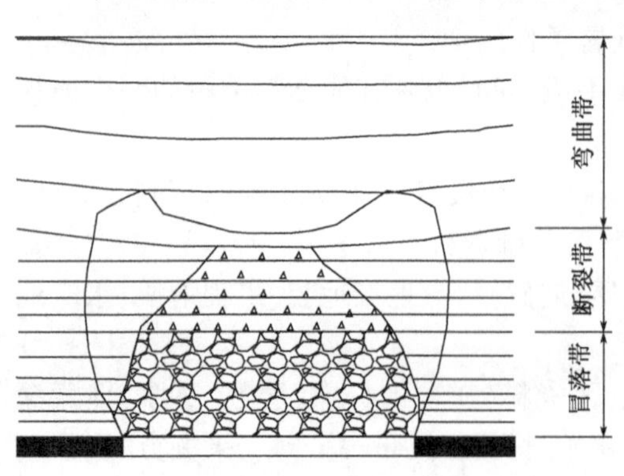

图 8-5　采空区三带示意图

当矿层被采出后,采空区周围的岩层发生了较为复杂的移动和变形,按其破坏程度,可分为冒落带、断裂带和弯曲带。如图 8-5 所示。

(1)冒落带位于采空区的顶板岩层中,在自重和上覆岩层重力作用下,所受压力大大超过本身压力,移动变形很大,使顶板岩层断裂破碎塌落,堆积于采空区。

(2)断裂带位于冒落带上部,在重力作用下该部位岩层所受应力超过本身的强度,移动变形很大,岩层产生裂隙或断裂,但尚未产生塌陷。

(3)弯曲带位于断裂带上部,该部位岩层在重力作用下,所受应力尚未超过岩层本身的强度,变形较小,整体尚未遭受破坏,也未产生断裂,仅出现连续平缓的弯曲变形。

采空区三带的判别直接关系到采动滑坡的稳定性分析准确与否。钻探工作是一种最直接、可靠的勘探手段,是对物探解释三带成果检验的最有效直观的方法,为采空区勘察中的辅助性手段。

由于工程物探已基本查明采空区分布情况,钻孔紧密结合工程物探异常区域的分布,重点在采空区边界内外侧布设钻孔,以满足采空区勘察要求。

钻孔验证采空区的过程中,技术人员应高度重视岩层地质构造与采空塌陷三带中破碎岩层的甄别,主要从国内外已有的三带分布主要特征、高度范围等研究成果以及区域地质构造等方面综合判断,最终给正确的采空区勘察成果,为后续的稳定性评价分析提供可靠的地质依据。

4)采空区稳定性评价是采动滑坡的稳定性评价的前提基础

采动滑坡的稳定性评价应首先考虑下伏采空区的稳定性定性评价和定量评价,其次再考虑采空区是否对滑坡稳定性有影响以及影响程度大小。

(1)采空区稳定性定性评价。

国内外采矿经验认为,采深与采厚比大于30(即 $H/m>30$),地层中没有较大地质破坏的情况下,矿层采出一定面积后,会引起岩层移动并波及地表,其地表沉降和变形在空间上和时间上都有明显的连续特征和一定的分布规律,常表现为地表移动盆地;在采深与采厚比小于30(即 $H/m<30$)的情况下,矿层采出一定面积后,会引起岩层移动并波及地表,其地表沉陷和变形在空间和时间上都有明显的不连续特征,地表变形剧烈,采空区上方的地表常形成较大裂缝或塌陷坑。

依据前人的研究和工程经验,对于古窑采空区、不规则的柱式采空区以及长壁陷落法采空区的边缘区和其他难以进行地表移动预计的采空区或地下空洞区,其地表的稳定性应按采空区的开采条件、停采时间(地下空洞的形成时间)和开采深厚比(地下空洞的深高比)等因素综合确定:

①停采5年以上、周围无新的开采扰动、开采深厚比大于200的采空区;或开采深度大于200m、开采厚度小于1m的薄矿层采空区,其地表应属于稳定型,采窄区不经治理即可进行公路建设。

②停采3~5年、开采深厚比40~200之间的采空区;或开采深度100~200m的薄矿层采空区,其地表为过渡稳定型,采空区应在勘察、评价的基础上经重点治理后方可进行公路建设。

③停采时间少于3年,或停采3年以上又有新的开采扰动,开采深厚比小于40的采空区;或开采深度小于100m的薄矿层采空区,其地表属不稳定型,采空区必须经过适当治理之后方可进行公路建设。

(2)采空区稳定性定量评价。

公路采空区的稳定性定量评价主要是依据《采空区公路设计与施工技术细则》(以下简称《细则》)相关规定进行计算分析,主要包括采空区场地的稳定性评价和采空区对拟建工程影响及危害程度评价两部分。场地稳定性评价应以采空区剩余下沉量作为评价依据。公路工程地基稳定性评价应以各类工程地基容许变形值作为评价依据。

①公路采空区场地稳定性评价方法。

开采条件判别法适用于巷柱式采空区、不规则房柱式采空区以及其他难以进行地表移动变形计算的采空区;地表移动变形预计法(概率积分法)适用于长壁式、条带式以及房柱式采空区;地表移动变形观测法适用于长壁式和条带式采空区;极限平衡分析法适用于开采范围较小,上覆岩层能形成冒落拱的近水平单一巷道采空区;数值模拟法适用于多层采空区以及桥梁隧道等重要工程或压覆采空区等复杂工况的采空区。

不同类型的采空区稳定性评价标准不同。长壁式垮落法采空区根据停采时间、地表剩余变形值、地表高精度沉降观测确定;不规则柱式采空区根据采深采厚比确定;单一巷道式根据极限平衡法计算稳定系数确定;其他条带式、短壁式、充填式以及其他类型采空区参照上述方法进行评价。

根据前人工程实践,对于条带式开采的采空区,按照停采时间计算处于稳定状态的采空区很可能还没有塌陷完成,部分采空区还剩余空洞,这就要求技术人员结合其他采空区稳定性计算方法进行正确分析评价。

②公路工程地基稳定性评价。

公路工程地基稳定性评价标准根据公路地基容许变形值进行评价。随着当前计算机仿真技术的飞速发展,对于多层采空区的叠加位移分析预测的准确性越来越高,是未来采空区稳定性计算分析的一个趋势。

③采动滑坡稳定性分析。

如果根据前述采空区稳定性评价,采空区对滑坡没有影响,则按照不受采空区影响的滑坡进行稳定性计算分析。

如果滑坡受到下伏不稳定采空区影响,则应根据滑坡地层岩性和滑动软弱面的性质不同,采用正确的直线形、折线形或圆弧形等滑面,根据土工试验成果选取正确的岩土体物理力学参数,分别考虑正常工况、持续暴雨工况以及地震工况(如有)来进行滑坡稳定性计算。详细的滑坡稳定性计算关键技术参照其他章节,不再赘述。

8.2.2 采动滑坡治理工程设计

对于采动滑坡,应优先考虑路线绕避方案,其次才考虑工程治理。

采动滑坡的治理工程设计是建立在正确的采动滑坡的稳定性评价分析基础之上的,即必须查明采空区稳定性状况以及采动滑坡的稳定性状态。在此基础上,才能从根本上进行采动滑坡的治理,即“知(采空区)根治(采动滑坡)底”。

采动滑坡治理工程设计包括采空区治理设计和采动滑坡自身治理设计两部分。采动滑坡的工程治理应首先进行下伏采空区治理,然后再进行采动滑坡自身的抗滑支挡设计。

1)下伏采空区工程治理方案的适宜性分析

采空区治理方案主要依据地表的变形特征、地质与采矿特征等因素确定,包括有桥或板跨采空区方案、支撑法治理方案、充填方案、注浆治理方案、路基抗变形方案及修建后维修方案等。各种方案的适宜性特征如下:

(1)桥或板跨方案。

桥或板跨采空区方案是将桩基放在采空区下部的稳定地层之上,采用桥式或板的方式通过采空区地区,该方案适用于采用桩基穿过埋深不超过40m的采空区或采用桥梁跨越宽度不超过40m的巷道或带状采空区,或采用梁、板跨越宽度不超过5m的巷道或带状采空区。其缺点是桩基深度大、施工困难、工程费用大。

(2)支撑法方案。

支撑法治理方案是在采空区形成类似桥基的墩台,支撑采空区不再继续沉降塌陷,该方案适用于采空区未完全塌落、空间较大、埋深浅、通风良好,并具备人工作业和材料运输条件的采空区或正在使用的巷道止浆墙。

(3)开挖回填方案。

开挖回填法是对路基下浅层或挖方边坡内规模较小的采空区或巷道先进行开挖,然后采用干砌或浆砌方式回填。但该方案只适用于埋深小于6m的采空区,上覆顶板完整性差、岩体强度低、易开挖或埋深6~20m、周围无任何建筑物,可采用爆破采空区顶板,回填后采用强夯或重锤夯实的采空区。

(4)强夯法方案。

强夯法适用于采空区埋深小于10m,上覆顶板完整性差、岩体强度低的地段、爆破开挖回填后,或主变形已完成的采空区地段或采空区边缘地带裂缝区的地表处治。

(5)采空区内充填方案。

采空区内充填方案是指在地表实施钻孔,通过钻孔将砂带入采空区内,类似煤矿井下水砂充填法,充填后的砂体阻止上覆岩体进一步的塌陷冒落变形;或在井下人能进入的巷道内,采用片石干砌的方法,填充采空区,以阻止上覆岩体进一步的塌陷冒落,保证公路工程的安全。

钻孔内水砂充填采空区方案优点是经济上合理,缺点是在技术上实施比较困难,充填效果无法保证;采空区内片石干砌方案优点是对于采空区治理工程本身而言经济上合理,缺点是由于采矿后采空区内有一定的塌陷,需要进行巷道的修整,恢复巷道的通风、运输等相应的工程等辅助工程量较大,且井下施工时间长,整个工程造价较高。

(6)采空区注浆方案。

注浆法适用于矿层开采后覆岩发生了较严重的垮塌、滑落或经稳定性评价处于欠稳定或不稳定的公路路基部位的采空塌陷区。注浆法治理方案是在地面上钻孔,通过注浆孔将水泥粉煤灰浆注入采空区,其结石体不仅充填到采空区及上覆岩层的裂隙中,同时阻止上覆岩层进一步的塌陷冒落,该方案施工相对简单,安全性高,施工工艺成熟,施工易于管理,治理后的采空区路基能满足公路工程的要求,但缺点是材料用量较大。

(7)路基抗变形方案。

路基抗变形方案是指在地表变形较小的采空区路段(即处于基本稳定和欠稳定的采空区),当采用路堤通过时,可在路基底层加铺土工织物,以提高路基整体的抗变形能力,保证公路工程的安全。

(8)建成后维修方案。

该方案是在采空区路段,设计为柔性路面,并在基底处铺设土工织物,减小不均匀沉降,公路建成后在一定时间内维修。在路基底层和填土层加铺土工格栅,以防止路基路面的不连续变形。公路建成后,每隔 7 ~ 10 年的时间维修一次,主要是重新填铺路面。建成后维修方案优点是技术上可行、经济上合理;缺点是维修工作困难,后期路面养护费用较高,公路运营性价比较低。

公路下伏采空区治理方案的选择,不但要考虑采空区的埋深、规模、成因、水文地质工程地质条件、矿产开采方式、开采时间等诸多因素,而且与经济条件、地基条件、道路条件、施工技术等因素有关。因此,针对适合不同采空区条件的处治技术的选择是采空区治理设计的一个非常重要的关键技术,需要工程技术人员进行综合比选分析,才能提出一个科学合理可行的采空区治理技术方案。

2)公路采动滑坡治理设计分析

采空区沉陷容易造成路基、路面结构开裂、桥涵以及隧道沉降变形等。由于公路工程为线性工程,长度大,宽度窄,重点是处治影响临近公路构筑物的采空区。为了保证公路安全运营,规范中路基、桥梁、涵洞以及隧道的变形允许值有所差别,即使同一种采空区治理方案设计参数也不尽相同。

在对公路下伏采空区成功治理的基础上,也应结合采空区的稳定性分析结果进行滑坡自身抗滑支挡设计方案的选择。

滑坡的抗滑支挡结构自重差别较大,因为新增加的工程结构自重对下伏采空区稳定性有一定程度的不利影响,应优先考虑放缓边坡和轻型支挡结构方案,以降低下伏采空区的工程治理费用。

以山西省太原市西山地区的一处采动滑坡为例加以说明。太原市西山地区的煤矿采空区埋深变化较大,最浅处为地表出露矿层,最深处达 350m。对于存在下伏采空区的公路滑坡治理,从公路的重要性等级和投资限额等方面考虑,也不可能通过注浆方案对采空区进行根本治理后再进行滑坡的工程治理。这就需要工程技术人员从采空区稳定性评价着手,分析这类滑坡的变形机理和稳定性状况,在此基础上,采用科学合理的工程措施保证公路的安全运营。

8.3 典型案例

该滑坡位于太原市农村旅游及森林防火公路 K45 + 100 ~ K45 + 230 段,地处太原市西郊的万柏林生态园内。公路以挖方路基的形式通过,位于西峪煤矿 2 号和 3 号矿层采空区内,其中 3 号矿层采空区于 2014 年 12 月底才完成保安矿柱的回采工作,西峪煤矿仍在进行开采活动。该滑坡最早于 2014 年 12 月 15 日开始出现多处路面横向裂缝和路面鼓胀,尤其是 K45 + 100 圆管涵处,沥青混凝土路面拱起开裂,路面拱起达 40cm 之多,2015 年 1 月 22 日,该段路已经形成一个主滑方向近似平行于公路中线的顺层基岩滑坡,滑坡全貌如图 8-6所示。

因西峪煤矿仍在进行开采生产活动,无法对该段公路下伏采空区进行根本治理,但该段公路地处距离市中心约 5km 的万柏林生态园内,节假日休闲出游的人流车流密集,一旦滑坡速滑,对过往人员车辆的安全构成严重威胁,必将带来极其恶劣的社会影响,急需进行工程治理。

图8-6 滑坡全貌

8.3.1 区域环境地质条件

1)地形与地貌

项目区在地貌类型上属构造剥蚀低中山地貌，地表起伏，地形较复杂，表层多覆盖黄土，山体走向近东西向，西高东低，松树、灌木等植被较发育，西侧为宽缓斜长平台，东侧为一深沟。该区域海拔高度介于1000~1048m，相对高差约48m。该段公路大部分以路堑形式通过，局部路段为半填半挖路基。其中分布有两处高路堑边坡，最高路堑边坡高18m。

2)气象水文

太原市属于温带大陆性季风气候，据太原市气象局资料，多年平均气温9.5℃，极端最高气温39.4℃，极端最低气温-25.5℃，多年平均降水量464mm，降水量年内分布不均，夏季6—8月降水量最多，占全年降水量60%左右，冬季12月至次年2月份降水量最小，仅占全年总量的5%左右，历年最大降水量621.0mm，年最小降雨量274.1mm。历年月最大降雨量269.0mm，历年日最大降雨量92.6mm。太原市风向夏季以东南风为主，冬季以西北风为主，年平均风速1.6m/s。太原市多年平均蒸发量为1798.3mm，无霜期170天左右，最大冻土深度1.06m。

2013年7月太原市降水量相较历年平均降雨水平明显偏大，该月发生降雨天数为17天，月降水量达到了167.6mm，其中上半月降水量为90.8mm，日最大降水量达到了39.2mm(7月9日)。

项目区域属汾河中上游流域，主要河流多为季节性河流，有少量常流水，河水补给主要来自降雨。汛期河水猛涨猛落流量大，枯水期流量小，水量不稳，变化大；流程短，水流急，下切侵蚀冲刷严重，泥沙含量高。

3)水文地质条件

项目区地下水类型主要为第四系松散堆积物孔隙水、基岩裂隙水。

第四系松散堆积物孔隙水位于覆盖层中，受大气降水补给，部分地表水通过垂直入渗进入土体中，形成地下潜水，在堆积体内以垂向径流到达下伏砂泥岩隔水层，沿岩土接触带顶面通过侧向径流向低处排泄，大体呈现先垂直入渗，后侧向径流的方式排泄孔隙潜水。第四系松散堆积物孔隙水量小，主要受大气降雨控制，季节变化大。

基岩裂隙水主要赋存于砂、泥岩裂隙中，接受大气降水和堆积层孔隙水的渗入补给。节理裂隙和层面是基岩裂隙水的主要赋存场所和运动通道。地下水的流向受地形控制，总体流向地势低处，主要以渗水的形式在坡体前部排出。根据地质调绘，项目区基岩裂隙水不发育。

项目区属于太原市万柏林万亩生态园，公路两侧均种植有大量绿化植物，目前还属于绿化植物养护期内，常对其进行浇灌，浇灌水少部分以蒸发的形式进入大气循环，大部分通过垂直入渗进入土体中，形成地下潜水。

4）地层岩性

项目区分布的地层主要为第四系人工填土（Q_4^{ml}）、第四系全新统滑坡堆积物（Q_4^{del}）、第四系黄土（Q_3^{eol}）和二叠系下统山西组（P_1s）。地层由新至老依次是：

（1）第四系人工填土（Q_4^{ml}）。

人工填土：黄褐色，松散、稍湿、粉质黏土呈可塑～硬塑状，碎石含量10%，碎石母岩为砂岩、泥岩，粒径2～5cm，棱角状。主要分布在该段路基左侧填方区域。

（2）第四系滑坡堆积物（Q_4^{del}）。

第四系滑坡堆积物可分为两部分：一部分为滑坡表层黄土，褐黄色，结构致密，土质较均匀，含少量植物根系，可见少量白色条纹状钙质薄膜，偶见蜗牛壳残片，虫孔，针状小孔发育，可塑，最大厚度约12m；另一部分为砂泥岩互层，紫红色、灰白色，中厚层状构，厚3～8m。

（3）第四系黄土（Q_3^{eol}）。

黄土为褐黄色，结构致密，土质较均匀，含少量植物根系，可见少量白色条纹状钙质薄膜，偶见蜗牛壳残片，虫孔，针状小孔发育，可塑。广泛分布于滑坡区以外的地表。

（4）二叠系下统山西组（P_1s）。

主要分布于路堑边坡下部和滑坡堆积层以下，主要岩性如下：①泥岩：浅黄色～紫红色，由粉砂和黏土组成，泥质胶结，中厚层状构造，节理裂隙较发育；②粉砂岩：灰～灰白色，粉砂状结构，中厚层状构造，多为钙质胶结，部分为泥质胶结，节理裂隙发育。

5）地质构造及地震

（1）地质构造。

项目区所处构造单元属华北断块区吕梁—太行断块五台山块隆构造单元南部的次级构造单元：古交掀斜地块和晋中新裂陷西北角的太原断陷等构造单元。古交掀斜地块地层展布为南新北老，总体向南南东缓倾，南部产状平缓，中部、北部地层产状较平缓，局部显示规模不大的断裂和微弱的褶皱。

据现场调查和查阅相关资料，项目区岩层稳定产状为14°∠13°～16°，岩体节理裂隙较发育。

（2）地震。

该区新构造运动以差异性的升降运动为主导。该区的新构造运动主要特点是山、丘区不断上升，盆地相对下降，在全区共分为上升运动与断裂伴生区和相对沉降两个构造运动区。

根据《中国地震动参数区划图》（GB 18306—2015），滑坡区地震动峰值加速度为0.20g，地震动反应谱特征周期为0.35～0.40s，相当于地震基本烈度为Ⅷ度。

6）西峪煤矿采空区概况

太原市西峪煤矿整个矿区为一单斜构造，岩层倾角8°～15°，倾向NE。据太原西峪煤矿提供采矿资料显示:西峪煤矿在新建公路 K45 + 100 ~ K45 + 230 段附近区域的已开采矿层为 2 号和 3 号两个矿层,6 号、8 号和 9 号矿层尚未开采,采空区变形严重。采矿方法为走向长壁后退式采矿法,全部垮落法管理顶板,综合回采率达 90%,其中 2 号煤层于 2009 年采完,3 号煤层于 2014 年 12 月完成保安矿柱的回采,回采率达 90%。2014 年底保安矿柱回采时,中央巷道的变形就较为剧烈。采空区分布如图 8-7 所示。

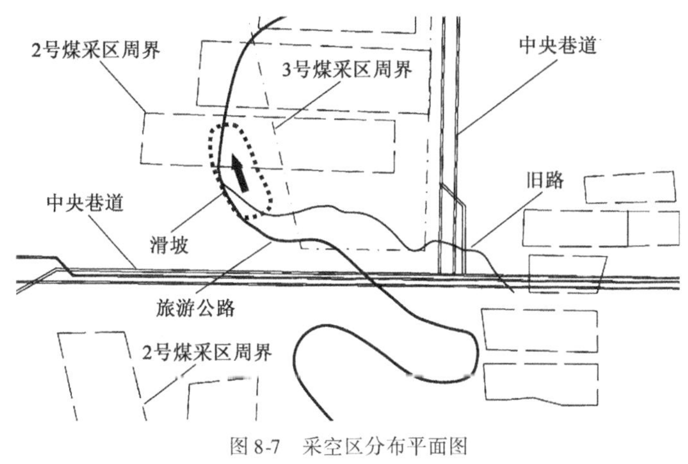

图 8-7 采空区分布平面图

8.3.2 滑坡特征

该滑坡平面形态上呈“舌”形,沿路线方向纵向长约 150m,宽约 55m,滑体平均厚度约为 8m,滑坡体积约为 $6.6 \times 10^4 m^3$,属顺层基岩滑坡,主滑方向基本与路线平行,滑坡工程地质断面如图 8-8 所示。

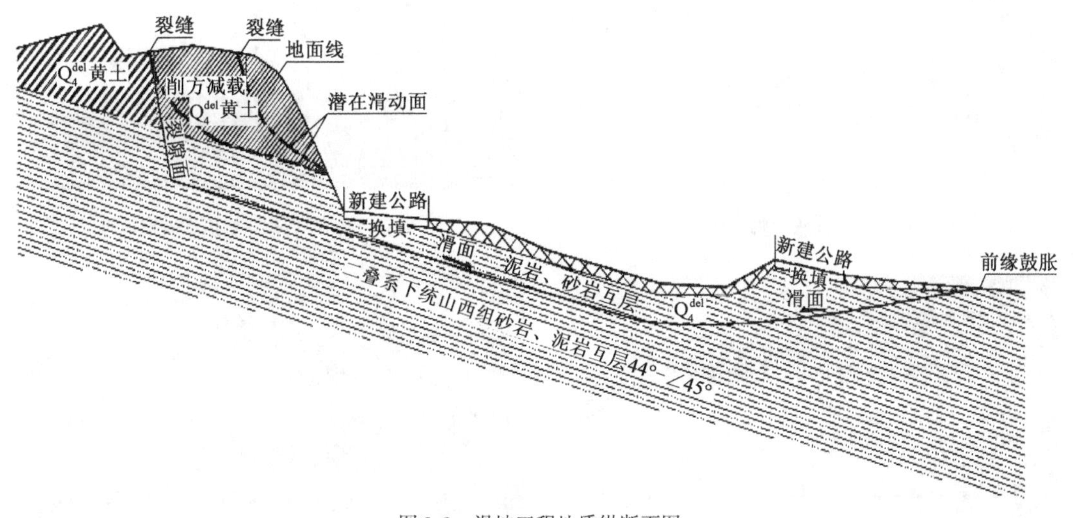

图 8-8 滑坡工程地质纵断面图

滑坡体主要物质组成为上部的覆盖层黄土和下部的砂泥岩互层。黄土为褐黄色,结构致密,土质较均匀,最大厚度 12m;砂泥岩互层,紫红色、灰白色,中厚层状构造,厚 3 ~ 8m。滑带位于泥砂岩互层的泥岩顶面,浅黄色,由粉砂和黏土组成,该层风化严重,近呈土状。

该滑坡前缘受挤压鼓胀隆起,在涵洞和通往高尔夫球场的旧路上也形成多道鼓丘;后缘路面上开裂，裂缝最宽达12cm之多（图8-9～图8-11），内侧盖板边沟也拉裂破坏，并延伸至路堑边坡上，最终形成一道长约20m的贯通弧形裂缝。位于滑坡中后部的K45+180～K45+230段路堑边坡变形尤为严重，距坡口线5m处拉张裂缝最宽达15cm，在路上可以明显看见一道深1.5m的豁口（图8-12），该段路堑边坡与后侧土体基本脱离，易发生次级滑塌。滑坡右侧界滑带明显剪出，如图8-13、图8-14所示。

图8-9　滑坡后缘路面拉裂

图8-10　滑坡前缘涵洞处鼓胀

图8-11　前缘坡脚反翘

图8-12　中后部路堑边坡变形

图8-13　滑坡右侧界滑带出露

图8-14　滑带局部剪出明显

8.3.3 采动滑坡形成机理及发展趋势

1)采空区埋深和影响范围

滑坡区地面高程1000~1050m,2号矿层高程610~660m,3号矿层600~650m。根据附近高尔夫球场旧路外侧的煤矿钻孔4/310资料可知,钻孔高程为992.04m,2号矿层底板深度324.33m,厚1.89m;3号矿层底板深度332.15m,厚4.78m。两个矿层的埋深和埋深采厚比统计见表8-3。

各矿层采深采厚比一览表

表8-3

矿 层 号	矿 层 厚 度	矿 层 埋 深			H/m
		H_{min}	H_{max}	H	
2号	1.89	332	382	357	189
3号	4.78	340	390	365	76

据《细则》采空区分类,2号矿层采深采厚比大于120,为深层采空区,3号矿层采深采厚比介于40~120之间,为中深层采空区。

依据《细则》附录D中式(D.0.1-4),采空区边界地表主要影响范围半径为:

$$r = \frac{H}{\tan\beta} \tag{8-1}$$

式中:H——采空区的底板深度(m),3号矿层底板平均深度为365m;

$\tan\beta$——主要开采影响角的正切值,近似值按照表D.0.1-1条件相近的实际资料确定,在该项目中,$\tan\beta$取1.92~2.40的均值,为2.16。

$$r = 365 \div 2.16 = 170.0\text{m}$$

从3号矿层采空区和中央采空巷道向外侧扩展170m后得到其影响周界(图8-15)。从图中可以看出,新建公路K45+100~K45+230段主要位于西峪煤矿3号矿层采空区变形影响区内。

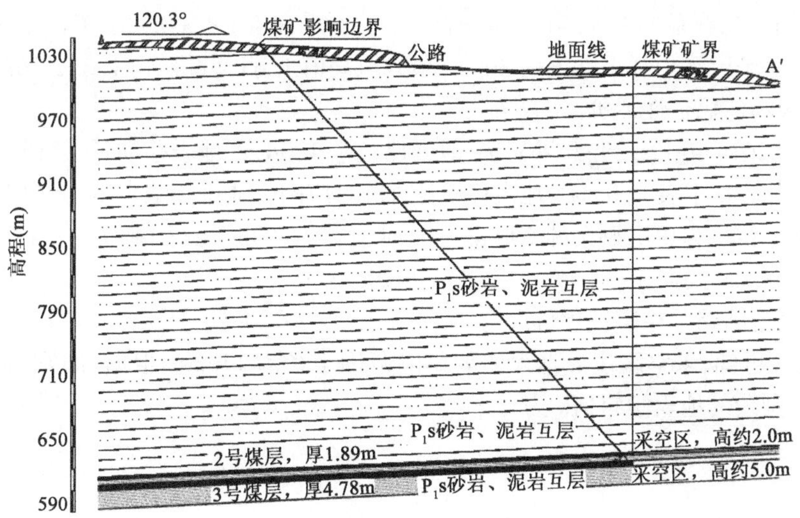

图8-15 采空区分布断面图

2)采空区稳定性评价

采空区上覆岩层主要为砂质泥岩、粉砂岩、中砂岩等,根据《细则》中附表D.0.1-1的覆岩分类判定为中硬覆岩。

西峪煤矿采用走向长壁后退式采矿法,全部垮落法管理顶板。根据《细则》4.2规定,对长壁垮落式采空区按照停采时间确定其稳定程度。对于2号矿层,停采时间为2009年,大于3年,采空区是稳定的。对于3号矿层,停采时间为2014年12月底,小于1年,采空区是不稳定的。

2号矿层已于2009年开采结束,开采结束时间为6年,为老采空区。根据长壁式垮落法管理顶板的老采空区变形发展规律,该层矿采空区地表移动变形已基本结束。该项目主要针对3号矿层采空区进行稳定性分析评价。

3号矿层的开采结束时间少于1年,为新采空区。根据《细则》4.4.2规定,长壁式垮落法新采空区稳定性评价应计算采空区地表剩余变形量,按照地表移动变形值进行采空区场地稳定性和公路工程建设适宜性评价。

(1)地表最大下沉值计算。

据西峪煤矿资料显示,滑坡区西峪煤矿的矿层倾角为13°,属于缓倾矿层。根据《细则》附录D中式(D.0.1-1),中硬覆岩的长壁式垮塌法采空区的地表最大下沉值为:

$$W_{\max} = mq\cos\alpha \tag{8-2}$$

式中:m——矿层厚度(m),3号矿层厚度为4.78m;

q——下沉系数,近似值按照表D.0.1-1、表D.0.1-4条件相近的实际资料确定,在该项目中,q取0.55~0.84的均值,为0.695;

α——矿层倾角(°),该项目取值为13。

$$W_{\max} = 4.78 \times 0.695 \times \cos13° = 3.24\text{m}$$

(2)地表移动延续时间T确定。

根据《细则》附录D规定,无实测资料时,地表移动延续变形时间由表D.0.3-1的回归关系确定:

对于山西石炭二叠系煤矿区,当$300\text{m} < H_0$(平均开采深度)$< 500\text{m}$时,$T = (1.3 \sim 2.0)H_0$,在该项目中,3号矿层平均开采深度为365m,系数取均值1.65,可得$T = 1.65 \times 365 = 602\text{d}$。

(3)采空区场地稳定性评价。

3号矿层于2014年12月底开采完毕,时间已过去120d,占地表移动延续时间的20%。

据《细则》附录D中表D.0.3-2,地表移动各时段对应的特征量一览表,3号矿层采空区变形处于活跃期中,下沉率为0.6,剩余的变形量为$0.4W_{\max}$,为1.29m。这比规范中表4.2.1-2中的剩余变形值限值400mm要大,因此,该采空区为不稳定采空区。

(4)采空区公路路基稳定性评价。

由前述计算可知,采空区边界地表主要影响范围半径为170m。根据《细则》附录D中表D.0.1-2可知,剩余的地表倾斜值i为:

$$i = \frac{W}{r} = \frac{1290}{170} = 7.6\text{mm/m}$$

根据《细则》表4.4.2采空区地基容许变形值2可知,二级和二级以下公路的倾斜值为4.0~6.0,低于剩余倾斜值7.6,这表明采空区影响范围内的该段公路地基是不稳定的。

综上所述,K45+100~K45+230段滑坡位于3号矿层采空区,采空区场地是不稳定的,公路路基的剩余变形值也超出了公路地基容许变形值,其地基也是不稳定的。

8.3.4　滑坡防治措施及效果

1)设计理念

因西峪煤矿采空区正处在变形活跃阶段,且煤矿还没有完全停止生产,没有条件对其进行一次根治。本着"以人为本,安全第一"的设计原则,拟定该采空区滑坡的治理工程设计方案。

滑坡治理工程结构宜采用锚索或者锚杆等轻型支挡结构进行工程设计。但是,由于该滑坡滑动方向与路线走向大致平行,前缘无临空面可布设施工轻型支挡结构,若在旧路内侧陡坎处设置轻型支挡结构,受力方向与滑坡方向垂直,无法起到抗滑支挡作用,同样也没有实施轻型结构的条件。考虑位于到中后部的K45+180~K45+230段高路堑边坡变形剧烈,易发生次级滑塌,对其进行刷坡减载,不仅可以提高该滑坡的稳定程度,也可以消除K45+180~K45+230段高路堑边坡失稳破坏带来的新建公路上人员和车辆的安全威胁。因此,主要采用削方减载进行滑坡治理。设计削方减载后滑坡稳定性变化情况见表8-4。

削方卸载前后滑坡稳定性系数变化表　　表8-4

主断面工况	稳定性系数(削方前)	稳定性评价	稳定性系数(削方后)	稳定性评价
正常工况	0.98	不稳定	1.28	稳定
非正常工况Ⅰ	0.91	不稳定	1.22	稳定
非正常工况Ⅱ	0.77	不稳定	1.09	稳定

2)工程措施

(1)削方减载。

对K45+160~K45+240段滑坡范围内的右侧路堑边坡进行削方减载,为了与小桩号方向绿化平台保持协调,从护脚墙墙顶开始设15~21m不等宽缓坡,坡率为1∶10,在缓坡坡顶按照10m一级,坡率为1∶0.75进行分级刷坡,两级边坡之间设2m宽刷坡平台(图8-16)。刷坡土石方约为2.0万m^3。

(2)植树绿化。

采动滑坡位于万柏林生态园内,环境美观也很重要,植树绿化不仅可以保持美观,也可以涵养水源,保持水土,对滑坡的长期稳定有利。削方后于各级削方平台种植油松绿化,各级削方边坡种紫穗槐绿化。

3)工后效果

该段滑坡治理工程已于2015年4月顺利完工。根据竣工后的第三方单位的定期监测资料,工后半年累计位移为4.08mm,工后一年新增位移为零,证明刷坡减载后该段滑坡已经稳定,滑坡治理工程取得了圆满成功。

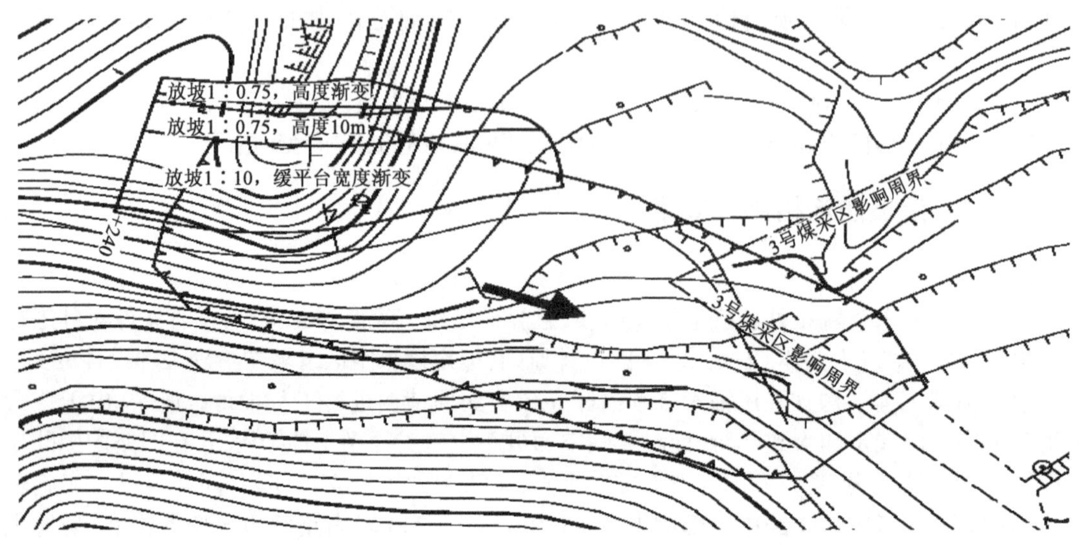

图 8-16　削方卸载平面布置图

第 9 章　强烈变形　应急处治

滑坡的发生是一个动态的过程，有其特有的规律，认识滑坡变形规律是为了有效的预防并加以治理，滑坡处在不同的发育阶段，其预防和治理措施是不同的。一般将滑坡发展分为以下4个阶段：蠕动挤压阶段，缓慢滑动阶段，加速滑动或剧滑阶段，停滑阶段。其中，加速滑动阶段或剧滑阶段为滑坡的强烈快速变形阶段。当在建公路工程施工中出现强烈变形滑坡，或者已建公路运营中路基边坡产生滑动险情时，要根据滑坡变形状态、险情性质、规模等及时启动相应的滑坡应急处治工程，以控制滑坡的变形发展，防止滑坡演变成更大的灾害，保证在建工程施工安全和已建工程的交通运营安全，并为后续防治工程实施赢得时机和可能。

滑坡应急处治方案应基于现场实际滑坡诱因、地质情况、威胁对象、现场材料、抢险力量等因素综合考虑制订，尤其要根据滑坡在防治期间的变形破坏动态变化开展动态设计和动态防治。滑坡应急处治关键技术包括以下三方面：一是建立立体监测网络，明确滑坡的动态变化；二是采用临时工程，控制滑坡的大变形，保证勘察和施工作业的安全；三是防护工程应绿色经济，需考虑应急抢险工程与后期永久加固工程的衔接和综合运用。

9.1　强烈变形阶段滑坡特征

滑坡处于加速滑动或剧滑阶段时，为强烈变形阶段，此时滑坡现场存在重大险情，需要启动应急处治工程。

强变形阶段滑坡主要特征为滑坡体上有裂缝及少量沉陷等异常现象，可见滑坡体上树木倾斜。滑坡后缘地表或建(构)筑物张拉裂缝多而宽且贯通，内侧下错。滑坡前缘有隆起，有放射状裂缝或大体垂直于等高线的鼓胀裂缝，有时有局部坍塌、出现湿地或有泉水溢出。滑坡两侧出现雁行羽状剪切裂缝。滑坡主滑段滑带已大部分形成，部分探井及钻孔可发现滑动带有镜面、擦痕及搓揉现象，滑体局部沿滑动带位移。该阶段滑坡处于欠稳定状态。

滑动阶段滑坡主要特征为滑坡体上有差异运动形成的纵向裂缝，中后部水塘、水沟、或水田渗漏，滑坡体上有树木倾斜，滑坡整体位移。滑坡后缘张裂缝常出现多个阶坎或地陷式沉陷带，滑坡壁较明显。滑坡前缘出现明显剪出口，剪出口附件湿地明显，有一个或多个泉眼，有时形成滑坡舌，滑坡舌常明显伸出，鼓胀及放射状裂缝加剧并常伴有坍塌。滑坡两侧出现羽状裂缝与后缘张拉裂缝连通，滑坡周界明显。整个滑坡已全面形成，滑带土特征明显且新鲜，绝大多数探井及钻孔发现滑动带有镜面、擦痕及搓揉现象，滑带含水率常较高。该阶段滑坡处于不稳定状态。

9.2 滑坡应急处治关键技术

滑坡应急阶段，勘察、设计、施工和监测等工作需同时推进，不仅工程地质条件有待逐步查清，而且处治需求也是动态的。若按照常规的设计模式，一旦早期结论有误，后期将难以挽救，甚至引发应急事故。因此，滑坡应急处治工程一般采取现场会商方法，在应急调查评估的基础上，综合评估滑坡危害性，承载体重要性、应急治理能力和工程可行性，确定工程处置的目标，提出主体工程和整体部署建议，明确治理措施、工程布置和施工工艺，并跟踪采集、加工和使用施工地质资料及应急信息，予以动态优化。

总体来看，滑坡应急处治的难点是技术风险较高，因为应急处治过程中，地质勘察不足、应急情景又是动态的。建立标准的滑坡应急处治流程非常困难，实践中需要依赖于对地质稳定性、危险性状态、承载体状态、处置需求和应急资源调配等动态信息及其趋势的把握能力。应急抢险作为滑坡治理的一个特殊阶段，主要需遵循以下几方面的原则：

(1)"快、准、狠"的原则。

(2)优先采用卸载、反压和截排水的原则。

(3)积极主动的加固原则。

(4)有效的被动加固防护原则。

(5)永临结合的原则，即临时措施和永久措施相结合。抢险工程的首要任务是提高滑坡稳定性至基本稳定状态(稳定系数 >1.05)，为永久工程治理赢得宝贵时间。尽量将抢险工程作为将来永久工程的一部分，避免工程浪费。

(6)就地取材原则。滑坡应急抢险常通过简化工程布置与工序，就地取材、加大工程资源投入，提高施工效率。

(7)基于监测和开挖揭示的地质情况，及时进行现场核对，进而进行动态设计的原则。

9.2.1 立体监测技术

滑坡应急抢险初期，需要在滑坡区布设周密的变形监测措施，为了解滑坡动态变化，进行滑坡稳定性评价及应急方案制订提供基础资料。滑坡监测的主要方法包括：变形监测(地表位移监测、裂缝监测、深孔位移监测)，气象监测，地下水监测，必要时还应进行应力监测。滑坡监测手段中,必须布置一定量的自动化监测设施,因为在特别危险的情况下可利用非接触式监测或视频监控手段,实施远程指挥作业,减少现场监测人员,保证监测数据的连续性。滑坡应急抢险期间,滑坡监测应以位移监测和人工巡视巡查相结合,位移监测应以地表位移和裂缝监测为主,深部位移监测为辅,重点监控滑坡位移变化速率。根据滑坡动态变化,确定应急抢险工程合理工序及进度安排,阻止滑坡进一步发展。当滑坡出现变形加速或剧烈变化等情况且有大滑动的可能时,应及时作出预报,停止施工作业,封闭交通,疏散人员和设备,避免造成事故。

采用地表位移监测资料评价滑坡稳定性时,滑坡若出现上部下沉和外移,而下部没有位移,表明抗滑段未受力,滑坡处于弱变形阶段。若抗滑段抬升和外移,表明滑坡处在强变形阶段。当滑坡上、中、下以同一速率位移时,滑坡进入整体滑动阶段。当位移加速时,一般每天速率大于10mm,即认为滑坡进入剧滑破坏阶段。采用深部位移监测资料评价滑坡稳定性时,当滑坡前部每天位移小于3mm时,滑坡处于弱或强变形阶段;每天位移3~5mm时,滑坡进入滑动阶段;每天位移大于10mm时,滑坡进入加速滑动阶段;整体滑动前测斜管常被剪断而不能继续监测。另外,地下水位、滑带土孔隙水压力等变化也与滑坡稳定性有相关性,但目前尚无规律性的数据,有待进一步积累。许多大型滑坡剧滑前能听到滑带岩土剪切破坏发出的声音,滑坡前缘流出浑浊的地下水,这些也都是滑坡稳定性判定的重要信息。

9.2.2 临时工程技术

滑坡应急处治方案确定是基于现场实际病害诱因、地质情况、威胁对象、现场材料等综合考虑的结果。但合理的考虑卸载、反压和截排水,应是一般情况下工程抢险的首要之选。没有特殊情况,切忌采用大体积混凝土结构、注浆等起效慢或可能恶化坡体的工程措施,适宜采用见效快、施工便捷的锚索工程或微型桩工程。结合具体情况,可以采用以下应急措施:

(1)初步调查测绘后,应尽快夯填地表裂缝,增加临时或永久排水沟,防止地表水渗入坡体和灌入裂缝促使变形加剧。

(2)若系施工开挖或填方堆载而引起变形,应立即停止施工,反压土石方,待查清变形性质,采取相应措施后再施工。

(3)若系水利水源(如生产和生活用水、渠道或池塘、管道漏水等)渗入坡体而引起变形者,应立即切断水源并将其引出不稳定坡体。

(4)若系施工大量爆破震动而引起者,应立即停止爆破施工,待观测变形变化之后再决定施工方法。

(5)对性质比较复杂的滑坡或老滑坡的局部复活,应尽快开展地质调查和必要的勘探(如完成主轴断面),判明其性质、范围、原因、危害性和发展趋势。在未确定其性质前,不可在滑坡前缘刷方,以免进一步削弱抗滑段的抗力,促使滑坡扩大(如向后牵引)和剧滑。

(6)对变形发展较快、危害严重的滑坡,特别是坡面高陡、下滑力较大的滑坡,应立即在滑坡上部牵引段和主滑段进行减载,应对减载方式和数量进行设计和计算,一般挖去滑体总量的1/7~1/10可取得明显效果。有条件时把滑坡上部减载的土石移到滑坡前缘压脚更能收到事半功倍的效果。当滑坡地下水比较发育或有地下水渗出时,采用施工较快的仰斜排水孔排出滑带水,减小其孔隙水压力,提高抗滑力,也是很有效的应急措施。

(7)结合滑坡地形地质条件,选择合适的位置,设置钢管桩、钢轨桩等微型抗滑桩或进行预应力锚索加固。微型桩是近年来用于边(滑)坡加固的典型结构,具有快速、方便、灵活的特点,目前已经在多项公路滑坡工程中得到了成功应用。微型桩还可以与框架梁或墩、锚索(杆)、挡墙等结构组合,形成不同的结构形式。如图9-1所示。

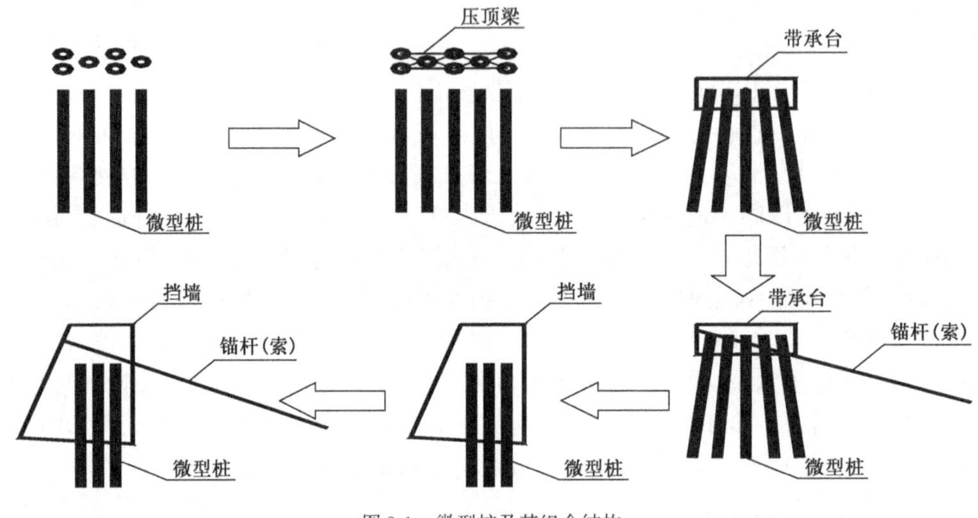

图9-1 微型桩及其组合结构

9.2.3 永临结合技术

当滑坡险情得到控制后,经评估认定具备常规防治工程实施的条件后,应进行滑坡地质补充勘察、稳定性定量评价及永久防治工程设计。此时,必须考虑滑坡应急抢险阶段临时措施和后期永久防治措施相结合的问题,即永临结合问题。永临结合主要考虑以下两方面的工程匹配性:一是两阶段工程空间位置的匹配性;二是工程效果叠加问题。

永临结合应尽量将应急抢险工程作为将来永久工程的一部分,避免工程浪费。但由于滑坡范围有限,尤其是可设置加固工程的位置更为有限,一般滑坡前缘下滑推力较小,该部位可有效利用滑坡抗力,从而可减少防治工程措施,降低工程造价,防治工程主要布设在滑坡前缘,这就要求在应急抢险阶段尽量不要在滑坡前缘布设大型构筑物,尤其是避免在滑坡前缘密集性布设长大锚固工程,而造成永久工程没有合适空间位置的尴尬局面。

滑坡治理后期,应急抢险工程措施将分为两类:一是后期可利用的临时措施;二是后期需拆除的临时措施。为此需要慎重的评价以上两类措施的工程效果,可利用的临时工程措施,对减小滑坡下滑力、增加滑坡抗滑力的作用有影响;需拆除的临时工程措施,对增加滑坡下滑推力、减小滑坡抗滑力的作用有影响。从而合理地评价永久工程需要承担的滑坡剩余下滑力,科学布置永久工程力度。

9.3 典型案例

深圳市坝光收费站内侧路堑边坡挖方高度32.2m,共分5级开挖,在边坡基本成形的情况下,项目区进入雨季后,边坡发生滑动变形。通过现场连续监测可知,坡脚挡墙累计变形量

65cm,二级平台抗滑桩累计变形量25cm,边坡发生重大险情,现场随即成立灾害处治应急指挥部。在暴雨和台风频繁侵扰下,滑坡一度濒临整体失稳风险,对下部通行的收费站构成极大的威胁。应急指挥部通过对滑坡建立"空天地"立体化监测系统,科学分析滑坡成因及合理组织现场资源,在降雨间歇期积极实施滑坡应急抢险工程,最终使滑坡安全度过雨季,成功治理滑坡。

9.3.1　区域环境地质条件

1)地形与地貌

项目区地处深圳市东部大鹏湾沿海地带,属于海岸低山丘陵与半岛海湾冲积平原,地势呈南低北高。微地貌属低山丘陵地貌单元山前缓坡,地面高程一般为40~100m,山体自然坡度一般为10°~15°,其缓坡后部与陡峭山峰相接,受长期雨水冲蚀,山峰呈现"鸡爪"状地形特征。公路由西向东横切山坡,从坡前以填挖结合的形式通过,如图9-2所示

图9-2　项目区地形地貌

2)地层岩性

项目区地层自上而下分为:第四系坡洪积层(Q_4^{dl+pl})含漂石粉质黏性土、侏罗纪梧桐山组(J_{2-3w})流纹质岩屑晶屑凝灰岩。边坡地层岩性典型断面如图9-3所示。

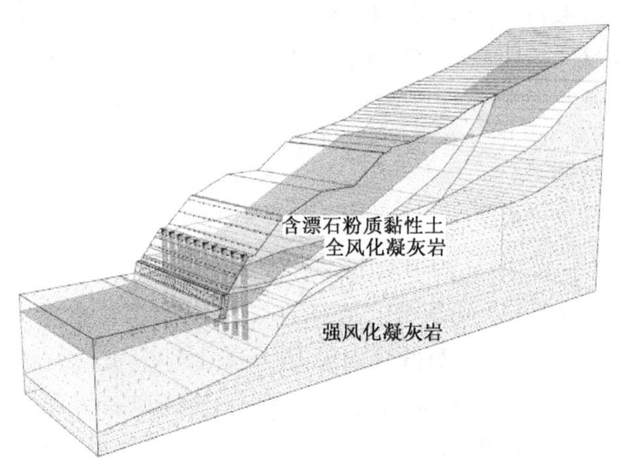

图9-3　边坡地层岩性典型断面

(1)第四系(Q_4)。

坡洪积层(Q_4^{dl+pl}):主要物质组成为褐黄色含漂石粉质黏土,漂石含量10% ~40%,母岩成分火山碎屑岩,粒径20~50cm不等,呈圆形、亚圆形,磨圆度较好,中间被砂及碎石充填,较为松散,透水性好,稍湿,中密,揭露厚度8~22m,普遍分布于坡体表层。

(2)侏罗纪梧桐山组(J_{2-3w})。

①全风化为流纹质岩屑晶屑凝灰岩:灰、灰黑等色,原岩结构基本破坏,裂隙极发育,层厚约30m。岩芯干燥时呈坚硬土状,手捏可碎,浸水易于软化、崩解,可捏成团,为边坡区的主要不良地层。

②强风化为流纹质岩屑晶屑凝灰岩:灰、灰黑等色,原岩结构清晰可见,裂隙较发育。岩芯多呈坚硬土夹碎块状,碎块用手可折断,遇水易软化,偶夹有中风化岩块。

流纹质岩屑晶屑凝灰岩,主要矿物成分为石英晶屑、长石晶屑、火山尘等,含少量暗色矿物晶屑、刚性晶屑及铁质及不透明矿物等,凝灰结构,块状构造,属于相对隔水层。

3)地质构造与地震

场区内发育的断裂均为非活动性断裂,自晚更新世以来未见断裂活动,对场地建筑影响较小。根据《中国地震动参数区划图》(GB 18306—2015)和《建筑抗震设计规范》(GB 50011—2010),该区地震动峰值加速度0.1g,地震动反应周期为0.35s,相应地震基本烈度为Ⅶ度。

4)水文地质条件

(1)地表水。

边坡后部山体汇水面积较大(总汇水面积约0.46km^2),表面冲沟分布众多,雨期降水汇聚成地表径流或股流,其水量随降雨量的增加而增大。2018年9月17日,台风"山竹"来袭,单日降雨量达145mm/d,山体表面6处地表径流,根据现场统计,地表水总流量为0.5m^3/s(43977.6m^3/d)。

(2)地下水。

项目区地下水主要为第四系孔隙潜水,赋存于含漂石粉质黏土层孔隙中,受大气降水及地表水补给,其水位因气候、季节变化而异。在勘察过程中(雨季期间),通过钻孔测得场地内稳定水位埋深为4.46~28.42m,对应高程11.98~92.76m,推测地下水水位年变幅约1~3m,由高处向低洼谷地及大海排泄,而通过对仰斜排水孔出水流量统计,测定雨季地下水出流量约为1000m^3/d。综上可知,该区地下水与降雨关系密切,主要补给源为大气降水,其水位埋深、水量、赋存时间随降雨强度呈动态变化,雨季大量降雨经由地表下渗补给地下水,使得地下水极其发育。

5)气象

项目区位于深圳市东部,地处南亚热带,气候温和湿暖,相对湿度较大,多年平均湿度80%以上,有显著的海洋性季风气候特征。夏季盛行东南风、冬季吹西北风。多年平均气温为22.2℃,最高月均温28.2℃(7月),最低月均温16.2℃(1月);极端最高温度38.7℃(1988年7月9日),极端最低温度0.2℃(1986年3月1日)。每年5—9月为雨季,年平均降雨量1948mm;6—9月多为台风型暴雨,日最大暴雨量412mm,日平均最大暴雨量282mm,小时最大暴雨强度99.4mm。

9.3.2　滑坡特征

1）滑坡概况

坝光收费站于2016年9月30日开工建设，至2018年1月左侧路堑边坡已基本施工完毕。路堑原设计为5级边坡开挖，最大挖方高度32.2m，一级边坡采用仰斜式挡墙防护，二级边坡采用锚杆框架防护，并在二级平台处设置抗滑桩，三、四级边坡采用锚索框架防护，五级边坡进行挂网植草（图9-4）。2018年5月28日边坡发生变形，通过现场连续监测可知，坡脚挡墙累计变形量65cm，抗滑桩累计变形量25cm，边坡内部形成滑动面，滑坡周界清晰。滑坡在平面上呈近“矩形”状，滑动方向与路线走向垂直，滑坡长110m，宽430m，滑体平均厚度约20m，滑坡总体积$96.8\times10^4m^3$，属于中层大型滑坡（图9-5）。2018年8月底连降6天大暴雨，大量雨水渗入收费站左侧边坡，软化下伏全风化凝灰岩地层，坡体内部形成滑动面，致使边坡出现持续变形和裂缝，存在整体失稳倾向。

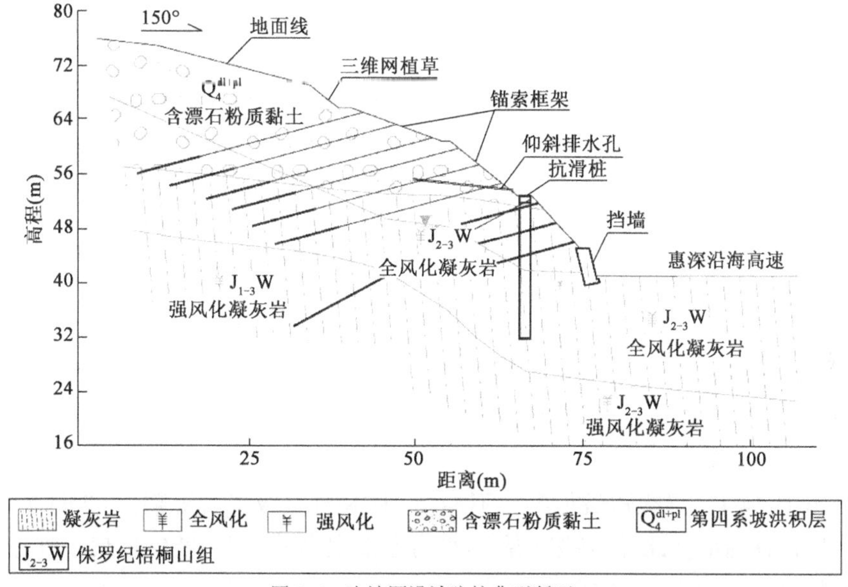

图9-4　边坡原设计防护典型断面

图9-5　坝光收费站滑坡全貌

2)滑坡变形演化过程

通过布设“空天地”一体的综合性立体监测系统,采用北斗监测系统、全站仪自动监测、深孔位移自动监测系统和雨量监测预报系统,对坝光收费站左侧滑坡变形发展开展跟踪监测和调查,将滑坡的变形演化过程分为4个阶段。如图9-6所示。

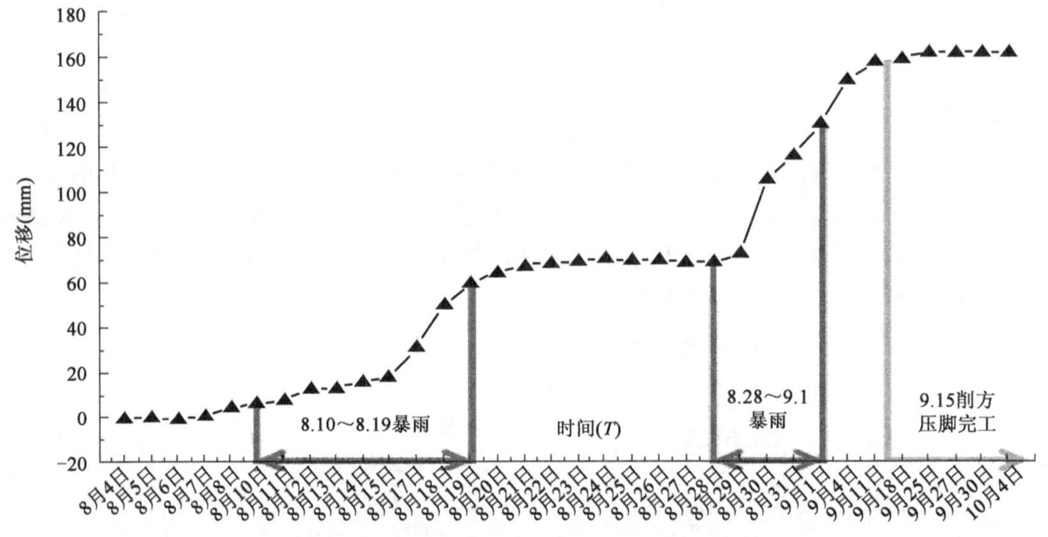

图9-6 边坡位移—时间曲线分布图

(1)蠕动变形阶段。

2018年5月,滑坡区进入雨季,受长期降雨影响,大量雨水浸入坡体;5月28日,坡脚挡墙墙趾部位土体产生隆起现象,至6月7日墙体出现显著位移。该阶段边坡变形表现形式为降雨冲刷坡面、入渗软化土体、坡脚挡墙发生位移变形。

(2)匀速变形阶段。

2018年6月14日,二级边坡框架梁下挫,6月18日二级平台沉陷,至7月7日二级平台处抗滑桩产生位移变形。此外,各级平台排水沟上发现多处裂缝,坡体呈现下挫迹象,整体处于匀速变形阶段。

(3)加速变形阶段。

2018年7月19日,边坡后缘产生第一道拉张裂缝,8月8日产生第二道拉张裂缝。8月17日—8月19日连降暴雨,坡体变形加速,变形量达27mm/d(地表位移监测警戒值5—10mm/d),8月28日—9月1日受台风降雨侵袭,滑坡变形量约为56mm/d。该阶段滑坡体呈牵引式破坏,变形加速,具有突发性,对降雨条件极为敏感。

(4)变形收敛期。

2018年9月15日,坡顶削方卸载和坡脚反压工程完成,同时在坡体上设置了仰斜排水孔、降水井等截排水设施,滑坡变形逐渐收敛。

3)滑坡变形破坏特征

坝光收费站滑坡周界清晰,在平面上呈“矩形”状,滑动方向为151°,与高速公路路线走向垂直。根据现场调查和裂缝测量,挡墙在K28+455处产生明显开裂(图9-7),K28+445～

K28 +455 段轻微开裂,K28 +445 处至小里程侧未见明显变形,判定 K28 +445 处为滑坡小里程侧边界。同样,公路大里程侧 K28 +820 处挡墙开裂明显(图 9-8),K28 +820 ~ K28 +880 段轻微开裂,K28 +880 处至大里程侧未见明显变形,判定 K28 +880 处为滑坡大里程侧边界。此外,在边坡上部坡口外产生两条拉张裂缝,判定为滑坡后缘(图 9-9);挡墙墙趾处鼓胀变形明显,路基边沟开裂,判定为滑坡前缘(图 9-10)。

图 9-7 K28 +455 处挡墙裂缝

图 9-8 K28 +820 处挡墙裂缝

图 9-9 滑坡后缘拉张裂缝

图 9-10 坡脚挡墙墙趾部隆起

由挡墙里程—位移曲线分布(图 9-11)可知,K28 +445 ~ K28 +776 段挡墙发生显著位移,而 K28 +297 ~ K28 +445 段几乎未发生位移变形,说明 K28 +445 处为滑坡小里程侧向边界;挡墙位移量最大为 35mm,其中 K28 +445 ~ K28 +600 段和 K28 +685 ~ K28 +776 段为凝灰岩出露段落,位移量较大且变形保持一致,K28 +600 ~ K28 +685 段变形量较小,但变形同样保持一致,说明受特殊的凝灰岩地层影响,凝灰岩体分布段落滑坡变形破坏严重。

由挡墙位移—时间曲线图可知,挡墙位移量随里程的变化整体呈增大的趋势,且表现出阶段性突变的特征。8 月 10 日—8 月 19 日和 8 月 28 日—9 月 1 日为连续暴雨天气,挡墙位移量迅速增大,9 月 1 日累积位移量达 96mm(相对于 8 月 1 日),说明降雨对滑坡稳定性影响较大;8 月 10 日前,挡墙位移出现小波动,但位移变化幅度较小,说明滑坡触发前期变形模式主要以蠕滑为主;9 月 15 日以后,采取了相应的截排水、削方压脚措施,滑坡变形的速率减小(图 9-6)。

由深孔位移曲线(图 9-12)可知,地面以下 20m 范围内深孔位移量较大,且位移随时间推移逐渐增大,可判断出滑体厚度约 20m;8 月 10 日前,地面以下 20m 范围内深孔位移量变化幅度较小,8 月 10 日—8 月 19 日位移迅速增大,8 月 19 日—8 月 27 日位移变化幅度减小,8 月

28 日—9 月 2 日位移再次速度增大,9 月 2 日后位移逐渐收敛,进一步说明该滑坡前期主要以蠕滑变形为主,而受降雨影响,滑坡变形呈现突变性,但伴随着应急工程措施的实施,滑坡变形速率减缓,且逐渐收敛。

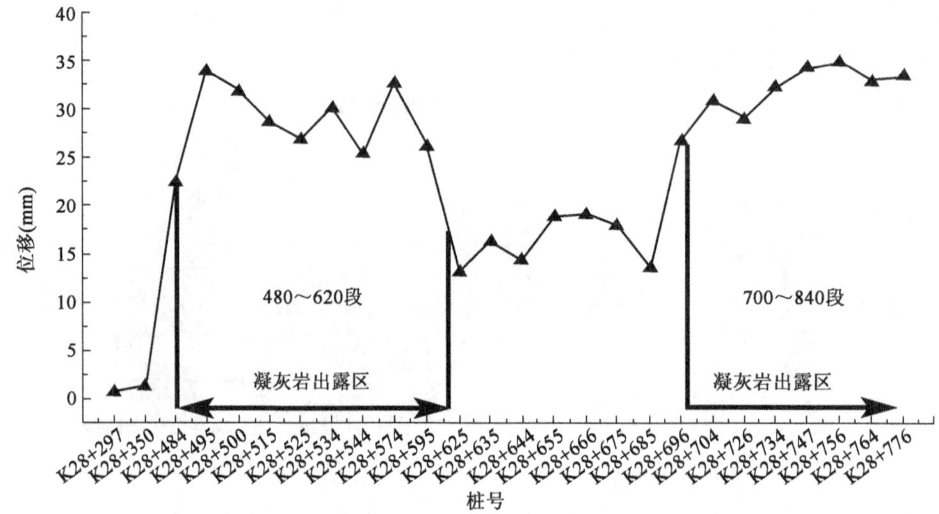

图 9-11　既有挡墙顶位移—里程曲线分布图

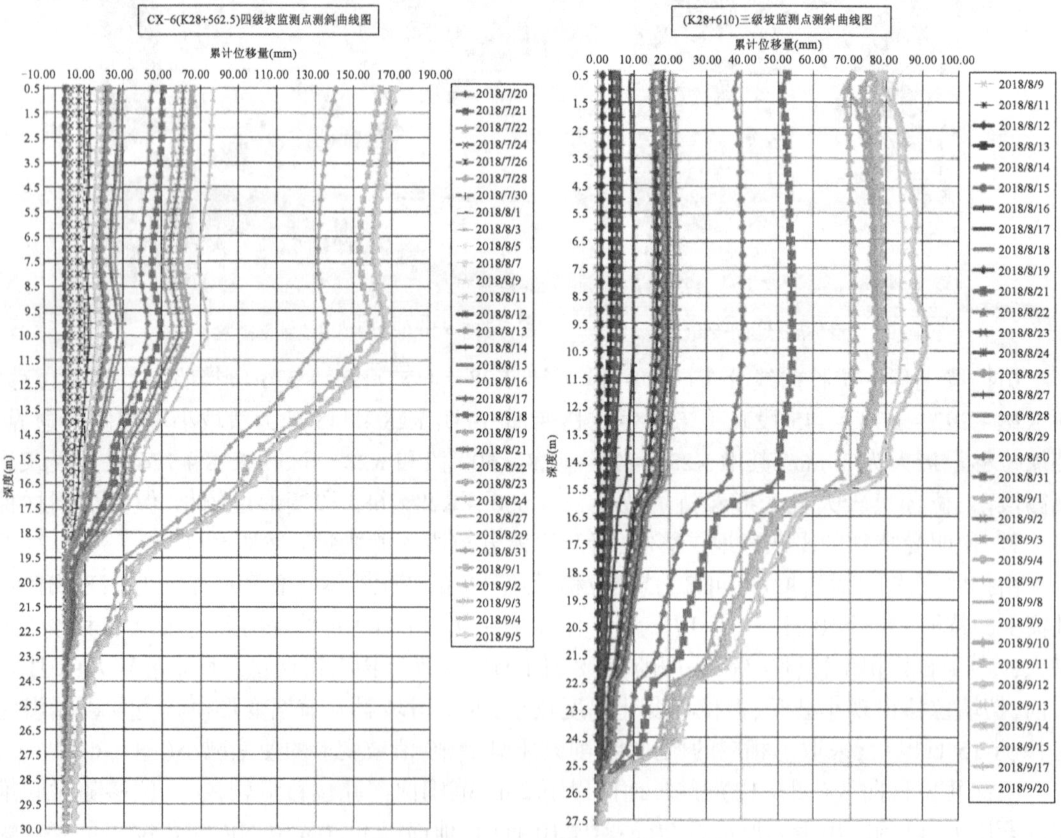

图 9-12　滑坡区深孔位移测斜曲线图

9.3.3 滑坡形成机理及发展趋势

1）滑坡形成机理

受特殊的凝灰岩地质条件和降雨的影响，深圳坝光收费站滑坡的变形呈现阶段性，不同阶段表现出不同的破坏特征，一定程度上体现了致灾因素对边坡滑坡变形的综合作用。经分析，该滑坡变形的主要致灾因素有：

（1）不良工程地质。

滑坡区下伏基岩为凝灰岩地层，岩体风化程度较高，岩质软弱，透水性差，遇水易软化、崩解，通过凝灰岩崩解试验可以看出3～5h崩解率可达100%，其抗剪强度在饱水状态下衰减率可达近50%，这种地层特性在国内极为罕见，属不良工程地质，其为滑坡的形成提供了内在基础（图9-13）。岩体覆盖层为含漂石粉质黏性土，透水性较强，大量雨水下渗赋存于其内部，形成充沛的地下水，而部分地下水进一步下渗，软化全风化凝灰岩地层，使其崩解形成深层软弱滑面。

图9-13 凝灰岩揭露分布情况

（2）降雨充沛。

研究区年平均降雨量达1948mm，5—9月进入雨季，8月28日—9月1日连续暴雨，8月29日更是遭遇自1952年以来8月份深圳市日最大降雨，日降雨量达量417.2mm。滑坡监测数据显示，K28+475处抗滑桩仅8月29日单日水平位移量达到59mm，而随着降雨量减少，抗滑桩水平位移表现出减缓趋势。同时，研究区属低山区，滑坡后部汇水面积大，且分布洼地、冲沟，大量降水汇聚为径流从边坡开挖区排出，冲刷坡面，造成既有框架梁脱空、下挫，防护效用降低。

（3）地下水丰富。

边坡覆盖层含漂石粉质黏性土中赋存有大量地下水，地下水下渗软化下伏不透水凝灰岩地层，使其崩解、强度降低，形成软弱层。而充沛的降雨为地下水提供了充足的补给，造成地下水短时间内无法排除，增大了土体重度与静水压力，使得滑坡下滑力在短时间内急剧增大。

(4)工程活动。

边坡开挖改变了原始坡体结构,致使覆盖层下伏全(强)风化凝灰岩地层暴露,地层原始边界条件改变,凝灰岩风化作用加速,不利于边坡稳定。

综合分析深圳坝光收费站滑坡变形各致灾因素,归纳总结其变形机理如下:边坡开挖改变了原始坡体结构,揭露了全(强)风化凝灰岩地层,加速了岩体风化。强降雨作用冲刷坡面、掏空框架梁下部土体,同时对地下水进行充足补给,造成地下水短时间内无法排除,增大了静水压力和岩土重度,部分地下水下渗软化下伏凝灰岩地层,形成软弱层。随着降雨作用的加强,既有防护结构变形破坏,岩土性质逐渐发生变化,滑体沿软弱层产生滑动,挤压边坡前缘抗滑桩、挡墙,造成其位移、开裂。滑体滑动后形成新的临空面,进一步牵引后部山体,滑坡的变形范围进一步扩大。

2)滑坡稳定性分析

有限元数值分析伴随着计算机技术的发展在工程领域逐渐被推广应用,其利用数学近似的方法对真实物理系统(几何和载荷工况)进行模拟,对工程实践中某些复杂问题进行高精度计算,受到广大工程者的青睐。因此,通过地质调绘勘察、土工试验及变形监测建立滑坡地质灾害模型,借助有限元计算软件对其变形破坏模式进行进一步分析验证。该次数值分析选取Abaqus有限元计算软件,考虑滑坡区地层结构,采用Mohr-Coulomb本构模型(适用于单调荷载下的颗粒状材料)进行计算分析。

通过数值计算可以看出(图9-14),滑坡滑面形态呈折线状,挡墙中部、前缘路面位移较大,与现场挡墙出现的中部开裂及路面反翘鼓胀现象相对应;受挡墙、抗滑桩、锚索框架等既有支挡结构作用的影响,滑体位移云图呈现区块式分布,其中以二级坡位移影响最大,即该区段为主滑区。综合分析可知,滑坡整体呈推移式滑动,而受既有支挡结构作用影响,滑面向深层发展,使得支挡结构效用降低,出现坡体前缘反翘鼓胀的现象,因此,可采取削方卸载+坡脚反压的方式稳定滑坡。

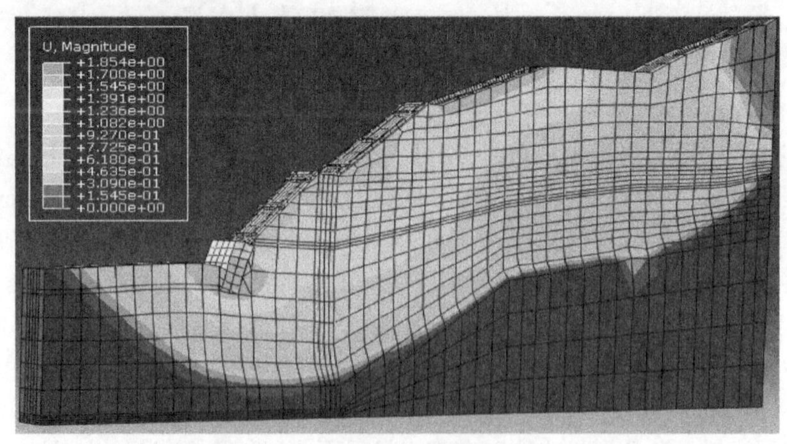

图9-14　滑坡位移云图

基于调查分析、数值验证明确了滑坡性质,然后根据滑面的变形活动特征及相应稳定程度进行滑面力学指标的反演计算,并结合土工试验结果及经验值综合确定最终滑面计算参数。

最后,采用传递系数法在最终滑面计算参数条件下对不同处治阶段滑坡的稳定性进行分析评价,并获取滑坡最大剩余下滑力以确定支挡结构类型和尺寸。

9.3.4 滑坡防治及效果

1)滑坡主要防治措施

滑坡防治措施是以滑坡调查测绘、勘探、测试及观测、监测数据为基础信息,通过分析滑坡滑动机理和破坏机制,综合考虑技术可行性和现场条件的可实施性而确定。但是,对于大型应急保障工程,除参照滑坡治理的常规流程外,还需考虑暴雨、台风等异常天气对滑坡治理过程的影响,在综合性的监测方法(如地表位移监测、北斗自动监测、机器人自动监测、深孔位移监测等)和行业内无人机结合 BIM 技术和光纤自动变形监测等先进技术指导下,治理中厘清主次、随机应变、动态防治。在坝光收费站滑坡治理工程中,截排地表水、地下水是工程治理成败的关键所在,通过建立立体式排水工程可有效减缓凝灰岩地层性质的变化。同时,针对推移式滑坡,削方卸载、堆载反压可作为应急处治的不二选择,为滑坡的永久加固争取宝贵时间。此外,注重既有工程、应急处治工程、永久加固工程的平顺衔接和景观工程的美化也应成为滑坡治理工程中一个新的理念,其在体现工程安全可靠性的同时,做到经济合理、以人为本。最后,也将滑坡监测作为滑坡治理工程中的重要内容之一,高效地监测往往可以起到事半功倍的效果,而建立、健全滑坡监测系统也将成为岩土工程领域开拓性事件,仍需广大岩土工作者们的共同努力。

在此次坝光滑坡治理过程中,基于滑坡的性质、规模、特征及发展对滑坡进行了分阶段处治。应急抢险阶段重在"稳坡",为滑坡永久加固争取时间,通过滑坡变形现象观察总结规律,进而进行滑坡发展态势的研判。永久加固阶段则重在"固坡",保证公路的安全运营,在滑坡加固的同时,实现既有工程、应急处治工程、永久加固工程的平顺衔接和景观工程的美化。

滑坡治理工程布置平面、断面如图9-15、图9-16所示。

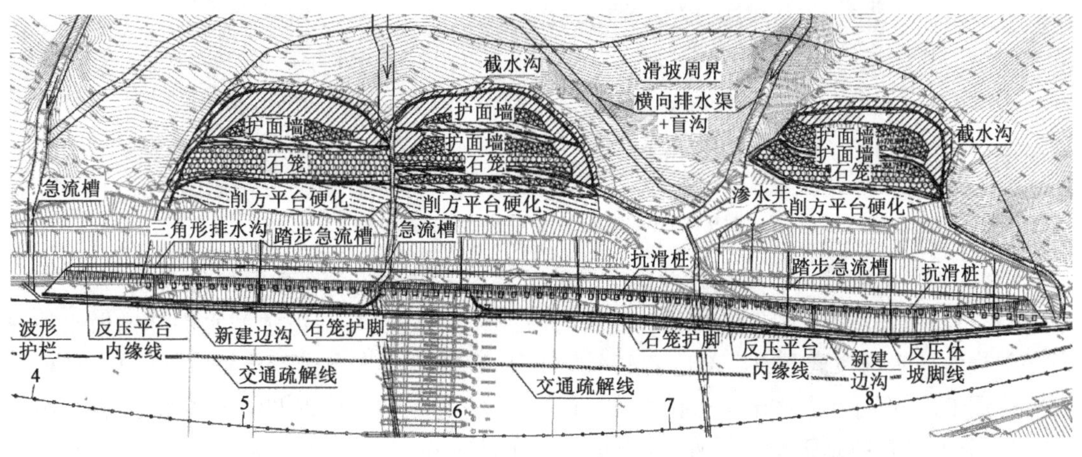

图9-15 滑坡治理工程布置平面图

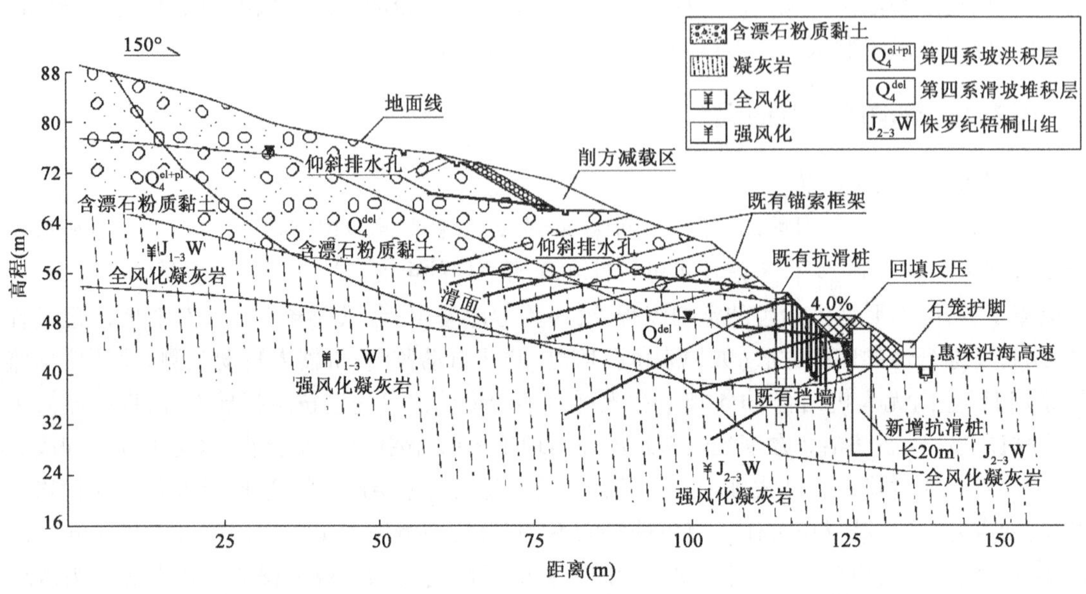

图 9-16　滑坡治理工程布置断面图

(1)应急抢险阶段。

深圳坝光收费站滑坡变形破坏正值雨季,其间又经历台风"山竹"的侵扰。监测数据显示,受降雨影响,滑坡变形呈现出阶段性突变的破坏特征,且变形持续增大。为抑制滑坡变形,采取截排水、后部削方卸载、前缘堆载反压、临时加固等措施对滑坡进行应急处治(图 9-17 ~ 图 9-19)。

图 9-17　应急抢险阶段主要工程现场施工照

丰富的地表水和地下水是诱发此次滑坡的重要因素之一。为有效截排地表水,在雨水天气采用彩条布覆盖坡面,消除地表水对坡面的冲刷和坡体入渗;在坡顶截水沟外侧做水泥抹面,并新构筑截水沟拦截滑坡后部地表汇水。同时,对边坡出水点进行排查,清除出水点处植生袋,采用 PVC 管将水引排至平台排水沟;在第二、三、四级坡脚设置仰斜式排水孔,在二级平台上设置降水井截排地下水。此外,在滑坡后缘山体上布置"支"字形大型排水沟,排水沟下部设盲沟,分散排导汇水径流。

图 9-18 应急抢险阶段滑坡后山冲沟铺砌

图 9-19 应急抢险阶段坡面排水工程

其次，结合坝光滑坡变形特点，对滑坡上部进行削方卸载，卸载土方用于坡脚堆载反压。而为控制挡墙位移，采用锚索对挡墙变形段进行补强加固。同时，凿除抗滑桩顶部约 50cm，露出受力主筋，构筑钢筋混凝土冠梁，并在冠梁中部增设锚索，补强抗滑桩，达到排桩协同支护的效果。

(2)永久加固阶段。

通过实施应急处治措施，有效抑制了滑坡变形，使得变形快速收敛，取得良好的抢险效果。但是，由于滑坡规模大、受降雨影响严重、凝灰岩地层性质复杂，同时需兼顾收费站运营安全性和美观性，故必须对滑坡进行系统地永久加固治理。

以滑坡不同工况下最大剩余下滑力为设计依据，结合反压体反压堆载情况，在反压体体量较小挡墙外侧（收费站雨棚段）设置桩径 2.0m×3.0m、桩长 20m、桩距 5m 的单排抗滑桩；在其他变形段挡墙外侧设置桩径 1.8m×2.4m、桩长 20m、桩距 6m 的单排抗滑桩。如图 9-20 所示。抗滑桩顶部预留锚索孔，桩后与挡墙间的空隙采用混凝土充填。此外，采用石笼挡墙对削方区一级边坡和反压体坡脚进行防护，防止次生灾害的发生。

图 9-20 永久加固阶段新增抗滑桩工程

其次，加强坡体排水仍是永久加固工程的重要内容之一。在二级边坡坡脚处设置盲沟，并与反压体内部的石笼排水跺相接。石笼跺每隔 50m 布设一道，连接反压体坡脚处矩形盖板边沟。边沟下设盲沟，用以排除路基垫层内积水。

最后，为降低雨水对坡面的冲刷、减缓雨水入渗，对削方区二级坡面采用护面墙进行护坡。同样，为增加坡面美观性、减小坡面水土流失，对反压体以上二级坡面采用浆砌片石护坡。排水工程挖方土体按照就地消化的原则处置，对弃土表面进行喷播植草绿化。而在对边坡监测至少一个雨季，待监测成果稳定后，根据实际情况处置反压体，即临时存放期对反压体进行必要的景观处理，收拢反压体坡脚，修正坡面，在坡面进行喷播植草绿化。此外，为保证施工期及运营期安全，对边坡区进行长期变形监测，内容包括深孔位移监测、锚索拉力监测、地表位移监测等。

2）滑坡整治效果

该滑坡发生时险情突出，基于现场实际灾害诱因、地质情况、威胁对象、现场材料等综合考虑的结果，在滑坡现场“空天地”立体监测系统的辅助配合下，合理制订了滑坡应急阶段和永久加固阶段工程治理措施。通过综合治理，该滑坡得到成功治理（图9-21），最大限度降低滑坡灾害经济损失和不良的社会影响。

a)

b)

图9-21　滑坡治理后项目区全貌

第10章　卸载反压　平衡有效

卸载反压作为常用的滑坡处治措施，广泛应用于全国各地的公路建设过程中。卸载就是挖除滑坡后部主滑段的滑体，有效降低滑坡下滑力，快速稳定滑坡；反压就是在坡体前部剪出口位置堆载，抵抗滑体下滑，有效稳定坡体。两种方法相辅相成，可起到快速降低滑坡变形速率、提高滑坡稳定性作用，具有施工快捷、效果显著等特点，对于已经有变形迹象的滑坡防治较为有效。

卸载反压方法能有效减少支挡工程量，节约工程投资，是一种平衡有效的滑坡防治方法，但是卸载反压方法有其适用条件，在实际应用中，需规避其缺点和不足，充分发挥其快速经济的特点。

10.1　卸载反压方法

对于一般的公路滑坡，削方卸载方法主要适用于推移式滑坡或者主滑段滑面高陡的滑坡治理或应急处治。推移式滑坡的推力主要来源于滑坡体的中后部，并具有上陡下缓的滑动面，通过采取滑体后部卸载的方式可以有效降低滑坡的下滑力，起到阻止滑坡进一步滑动的目的。削方卸载具有施工方法简单、工程造价低廉、可机械施工、作业面大、工期短、收效明显等特点，但在具体实施时，需对其适用性及经济性进行研究论证，避免削方卸载引起次生灾害，增大治理费用。

回填反压就是采用土石等材料堆填在滑坡体的前缘，通过回填反压可以增加滑坡体抗滑力，起到快速降低滑坡变形速率，提高滑坡稳定性的作用。回填反压既可作为永久工程稳定滑坡，又可作为临时工程为抗滑支挡工程实施创造条件。回填反压工程的优点是施工工艺简单，施工速度快、效率高,收效明显等,但应注意回填反压技术与排水工程、支挡工程的有效结合。

削方卸载常需要大范围开挖山体,会对原有山体的自然环境状态进行一定程度的破坏;而回填反压方案可利用弃渣填平沟壑,大范围整平土地,增加土地资源供应。对于公路建设中的弃土以及滑坡削方卸载的弃渣,可利用山区内大量的“V”形沟谷进行弃土场设计,通过“V”形沟谷的弃渣填筑,使得反压体与生态相协调,还能进一步提高山体岸坡稳定性。

10.2 卸载反压防治关键技术

10.2.1 合理卸载有效反压技术

1)合理卸载

削方卸载作为整治滑坡或防止潜在滑坡产生的一种措施,无疑是技术最为简单、施工效率最高、防治效果最为明显的处置措施,这种方法应用极为广泛且应用历史悠久。但削方卸载方案并非对所有的滑坡均适用,而是要对滑坡的形成条件、产生原因、变形破坏机制、几何边界条件进行分析研究,只有对以上各方面正确认识并将之应用于设计中才能达到治理的目的,对于削方卸载这种措施在设计中需要注意以下事项。

(1)牵引式滑坡、膨胀土滑坡卸载易产生坡体应力松弛诱发新的次生灾害。

对于滑坡体厚度较大、主滑段滑面倾角较陡而前缘较缓的滑坡体,削方卸载方案效果显著;而对于滑动面角度变化不大、滑体厚度较小的牵引式滑坡或者岩土体具有膨胀性质滑坡,削方卸载往往会破坏地表植被保护层,改变坡体的应力状态,加之地表水作用,岩土体抗剪强度急剧降低,易引发次生灾害。如1990年8月11日上午,天水锻压机床厂区北侧山梁坡体滑坡,即是由于修路建厂削坡卸载,破坏地表植被保护层,坡体产生应力松弛及卸荷作用,坡体经水浸湿后岩土体抗剪强度急剧降低,引起上部坡体发生次级灾害,造成15人死亡和3000多万元的直接经济损失;在西汉高速公路洋县、汉中段建设过程中遇到了大量的膨胀土滑坡,坡体开挖后,沿开挖边坡产生浅层滑动变形。早期处治过程中,多采取放缓边坡方案,将边坡坡率放缓至1:1.5甚至1:2,不仅没能有效控制滑坡,反而使滑坡范围扩大、变形加剧。后期采取坡面封闭、坡体支挡以及排水等措施有效治理了滑坡。

对于牵引式滑坡、膨胀土滑坡及边坡的设计,不能简单依靠削方卸载放缓边坡来增加其稳定性,应将稳定性建立在可靠的坡体保护和排水措施设计上。

(2)顺层岩质滑坡、富水滑坡慎重采取削方卸载方案。

对于由泥化夹层控制的顺层岩质滑坡、富水滑坡等,滑坡形成机制往往较为复杂,尤其对于受软弱层面控制的顺层滑坡,除滑坡后部存在陡立的拉裂缝外,其滑动面沿基岩层面发育,呈直线形,没有明显的主滑段和抗滑段,采用削方卸载方案对滑坡稳定性的提高极为有限,防治方案的制订需对滑坡的形成机制进行细致的分析,慎重采用削方卸载方案。如1991年四川省荥经县龙板溪水电站顺倾坡地段岩层在卸载后,岩体沿层面滑动形成规模大小不等的次生滑坡群,体积最大可达万余立方米。

(3)放缓边坡不是减重,对于老滑坡及受卸荷作用影响的岩质边坡不宜轻率放缓边坡。

当公路从古老滑坡体中前部通过时,路堑切割滑体,其变形往往首先出现在开挖坡口线附近，如发生局部坍塌和坡顶开裂，若误认为是边坡过陡而放缓，势必进一步降低整体滑体的稳定条件，引起全面的滑动。此类型的边坡应引起重视，特别是在滑坡密集频发的区域，首先要查明边坡或滑坡体的结构特征。

同样对于受河谷下切产生应力释放，向临空面方向发生卸荷回弹变形的岩质边坡也存在类似的问题。坡体卸荷作用，破坏了边坡岩体结构的完整性，卸荷带内的不利结构组合在工程开挖扰动作用下，在边坡坡口线附近易产生开裂变形，若不能够查明强卸荷岩体的分布、厚度及发育情况，认为是边坡太陡而造成的坡体开裂，采取放缓边坡处理，往往会引发更大范围的变形滑动。对于该类型的滑坡和岩质边坡，需查明坡体的结构特征，采取适当放缓边坡和锚固支挡相结合的措施有针对性地对坡体进行处治。

四川仁寿某高速公路顺层岩质边坡，地层为侏罗系中统沙溪庙组（J_2s）强～中风化泥岩、砂岩，边坡岩层产状为320°∠10°，路线开挖处边坡坡面倾向252°，设计最大开挖高度37.5m。前期工程地质勘察揭示岩体中存在两组剪节理及一组层理，分析边坡现状处于稳定状态，但节理裂隙的切割造成岩体破碎，使边坡开挖过程中局部可能产生不稳定楔形体，建议进行锚杆系统加固处理。设计采用“1∶0.75边坡＋两级框架锚杆＋植草”的形式进行防护。边坡开挖后2017年6月出现第一次坡体滑塌，随后设计采取放缓边坡、锚杆、锚索加固措施，但在后续施工过程中边坡陆续出现了崩塌、滑移破坏，至2019年7月两年期间坡体共出现6次较大的变形破坏，边坡综合坡率从1∶1放缓至1∶2.5，仍不能够稳定边坡，且坡体变形破坏还有进一步发展的趋势。经多次方案论证，最终采用了两排锚索抗滑桩＋挡墙＋锚杆防护的方案才有效处治了滑坡。如图10-1所示。

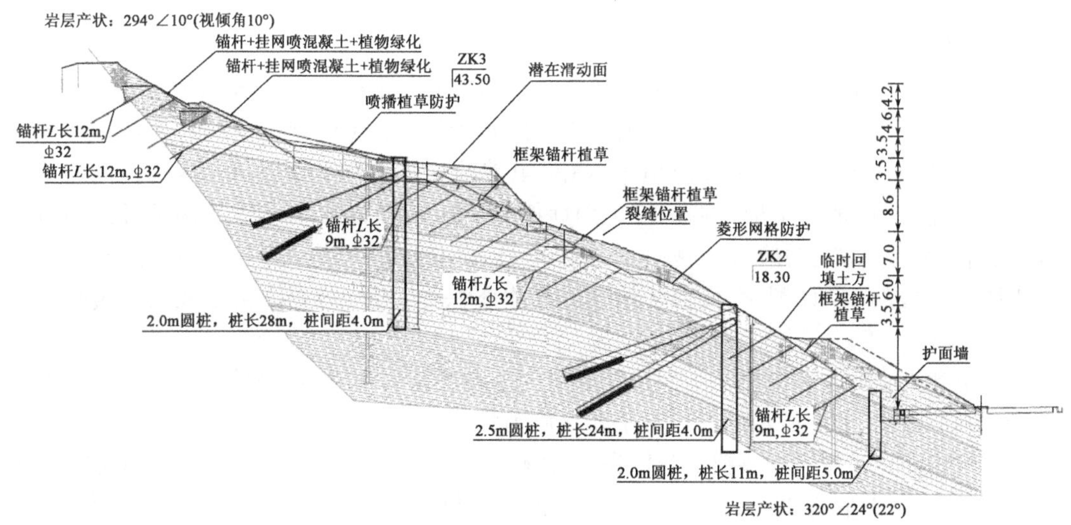

图10-1 四川仁寿某高速公路顺层岩质边坡处治措施（尺寸单位：m）

分析该滑坡的变形过程，坡体内不存在整体深层滑动面，但开挖过程中局部变形破坏范围却不断扩展。究其原因，不断放缓边坡所引发的岩体持续卸荷是变形持续发展的主要因素之一。

2）有效反压

坡脚回填反压是通过坡脚压土来增加坡体稳定性、防止不稳定坡面发生重力滑移的一种沟坡防护方法。但若反压体高度不够,则存在滑坡越顶滑动的可能性。填土可筑成抗滑土堤,土体需分层夯实,达到一定密实度,确保填筑土体能够提供有效抗力,增加坡体稳定性。

坡脚回填反压在增加滑坡体稳定性的同时,也较大范围地改变了滑坡体的地形、地貌条件,并在一定程度上改变或恶化了滑坡体的地表及地下水径流通道,使地下水位升高,造成滑体软化,抗剪强度降低。填土时严禁堵塞地下水排泄通道,需提前做好地下水引排工程及坡面排水工程。尤其在"V"形冲沟或有季节性流水、长年流水冲沟进行回填反压时,因改变固有排水通道,会造成地下水位上升,影响两岸山体稳定性。

填方时如果未充分考虑地下水影响,往往会导致排水条件恶化可能诱发新的滑坡产生,攀枝花机场滑坡是该类型滑坡中比较典型的一个案例。该滑坡处治时在缓倾顺层砂泥岩斜坡上高填方,填方最大高度达128m,高填方改变了地表及地下水径流通道,挖山填坡造成汇水面积增大,虽然部分汇水通过排水系统排走,但大量的地表降水渗入填方坡体,向临空方向渗流。加之高填方下部未设置地下排水系统,强降雨后大量的地表汇水渗入坡体,短时间内无法排走,一方面浸润软化滑带土降低抗剪强度;另一方面形成动静水压力,使滑坡的下滑力增大,最终使坡体产生剧烈滑动。

坡脚回填反压体位于河道附近,需尽量避免反压土体侵占河道,若受限于外部条件,必须侵占河道,可根据滑坡的实际条件单独或与其他支挡防护工程联合使用,最大限度限制河水对反压体的冲刷侵蚀作用。

10.2.2 卸载反压中的环境保护

我国西部山区地质灾害频发,地质环境和生态环境较为脆弱,地质灾害的发生不仅造成工程投资增加,还会破坏地表植被,对土地资源极为匮乏的山区产生严重影响。削方卸载方案常需要大范围开挖山体,会对原有山体的自然环境状态造成一定程度的破坏,所产生的弃渣若随意丢弃,不但会占用土地资源,在地表径流和雨水冲刷作用下还可能诱发泥石流滑坡等次生灾害。而回填反压方案可利用弃渣填平沟壑,虽然改变原有山体的地形地貌,但同时也大范围整平了土地,增加了土地资源供应。因此卸载反压治理方案应将环境保护理念贯穿于治理全过程,尊重自然、顺应自然;坚持"设计上最大限度保护、施工中最小限度破坏、完工后最大限度恢复"的设计理念,做到防治技术与生态保护结合,达到防治方案与环境保护协调统一。

贵阳至黄平高速公路山体在工程开挖期间发生顺层基岩滑动,滑坡体厚度8~20m,体积约$55 \times 10^4 m^3$,如图10-2所示。滑坡体主要物质为强风化白云岩,岩层顺倾,倾角12°,白云岩层间存在软弱泥化夹层。坡体前缘开挖失去支撑,在连续降雨软化作用下,沿泥质夹层发生剧烈滑动,滑坡后部形成宽20~25m、深8~13m的拉裂槽。滑坡剧烈滑动后与后部山体脱离,滑床裸露,基本不具备进一步牵引后部坡体的条件。同时,滑坡体在滑动中解体、裂缝遍布,考虑到临近互通匝道填筑需要大量填料,而取土场位置较远,滑坡卸载土石方可直接就近利用填筑互通匝道。经多因素比选,采取削方卸载方案(图10-3),沿滑动面按照1:4~1:5的坡率对滑坡体进行卸载,共计卸载土石方约$46 \times 10^4 m^3$。经造价分析,采用该方案仅匝道填筑运费一项即可节约100万元,道路左侧地形由原突兀起伏的地形转变为平整的缓坡地形,进行覆绿改造后视觉效果更佳。

图 10-2 贵黄高速公路 K66 滑坡体全貌

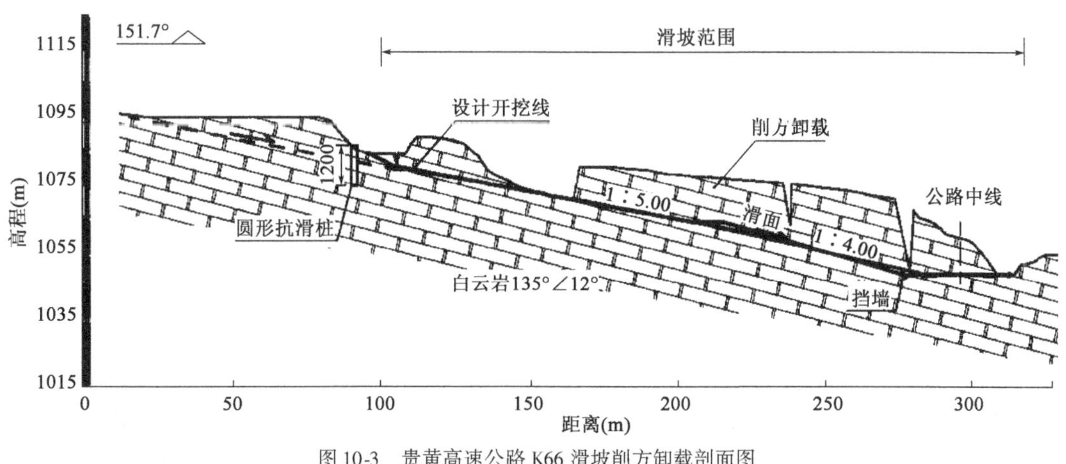

图 10-3 贵黄高速公路 K66 滑坡削方卸载剖面图

随着我国高速公路的里程不断增加,高速公路逐渐向西部山区以及地质环境和生态环境比较脆弱的地区推进。在高速公路建设过程中,设置了较多的高桥长隧,同时也产生了大量的弃渣,不仅占用土地资源,也会对生态环境造成一定的影响。对于滑坡灾害也是如此,采用削方卸载会产生大量的弃渣,如果弃渣处理不当,不但会破坏生态环境,还有可能诱发滑坡和泥石流等次生灾害。对于公路建设中的弃土以及滑坡削方卸载的弃渣,可利用山区内大量的"V"形沟谷进行弃土场设计,用弃土填平沟壑,改造原有的地形、地貌,增加山区土地资源供应;通过"V"形沟谷的弃渣填筑,还能进一步提高山体岸坡稳定性,控制"V"形沟谷溯源侵蚀现象,减少水土流失,增加绿化,与生态保护相协调。

10.3 典型案例

青海省道 S101 线西(宁)久(治)公路滑坡群治理项目位于青海省东南部玛沁县河北乡境内,公路从山坡中前部以路基形式通过,项目区泥岩顺倾、强度低,在季节性水流冲刷下易软化,形成滑坡群,历史上曾发生过多次、多块、多级、多层的位移和滑动。通过对滑坡分布特征、影响因素和变形破坏机制的分析,采取了回填反压、填壑增田的设计方案,对滑坡进行了治理。

10.3.1 区域环境地质条件

项目区位于青海省东南部,青藏高原东部,北及西倾山,界南邻阿尼玛卿山。境内为少石多土的高原丘陵区,海拔高程在3300~3600m之间,地势总体比较平缓,相对高差小于300m,属中~浅切割区。项目区属大陆性山地气候,干燥、寒冷、多风、缺氧。年平均气温为3.4℃,年降水量400~510mm,区内高原气候对植物生长发育不利,亦易于使基岩裸露,增强风化。

该区出露的地层岩性主要为新近系(N)紫红色、暗红色泥岩、泥质粉砂岩,夹中厚层砂岩,局部夹砂砾岩。岩石固结程度相对较低,成岩性较差。滑坡区岩层产状变化不大,主要岩层产状为280°~330°∠9°~15°。新近系以来,青藏高原开始大范围强烈抬升,隆起范围增大,隆起速度加快。该区新构造运动受东昆仑构造带总体构造格局的制约,以断块升降运动为主导,主要表现为断裂构造的继承性活动和山—盆耦合的振荡性不均匀升降以及地震的多发性。该区抗震设防烈度为Ⅷ度,设计基本地震加速度值为0.20g。

项目区属黄河水系,主要支流为西哈垄、赛曲等河流,这些河流弯度较大,落差明显,流量较大。其他支流流量小,而且多为季节性河流。S101线西久公路沿溪而上,受溪流冲刷作用影响,滑坡沿公路密集分布。滑坡区地下水富集,在滑坡前部可见大量串珠状泉水出露,钻探揭露公路以下坡体含水丰富,其初见水位一般在地表以下10m以内,地下水主要受雨水补给和融水补给,具有一定的承压性。

10.3.2 滑坡特征

青海省省道S101线西久公路是连通青海省至四川省的交通干线,阿毛垭口至大武段改建工程是省道S101线的重要组成部分,该路段位于青海南部青藏高原山区,穿越阿尼玛卿山东部黄河断陷盆地,地形地貌复杂多变、地层岩性不良、地质构造复杂,褶皱和断裂破碎带较为发育,又是新生代(K_Z)以来新构造运动最为活跃的地区,沿线地质灾害频发,其中K323+480~K326+926段发育9处滑坡,形成滑坡群,严重影响路线的运营安全。

项目区沟壑纵横,线路在该段内多以半填半挖形式从坡体中前部通过,泥岩成岩性差、强度低,岩层顺倾,在季节性水流冲刷下易软化,滑坡前缘冲沟冲刷下切严重。从地貌分析滑坡区历史上曾发生过多次、多块、多级、多层的位移和滑动,该滑坡群(1号~9号滑坡)具有沿冲沟向分布的特征(图10-4、图10-5),滑坡群规模、特征、造成的破坏程度见表10-1。

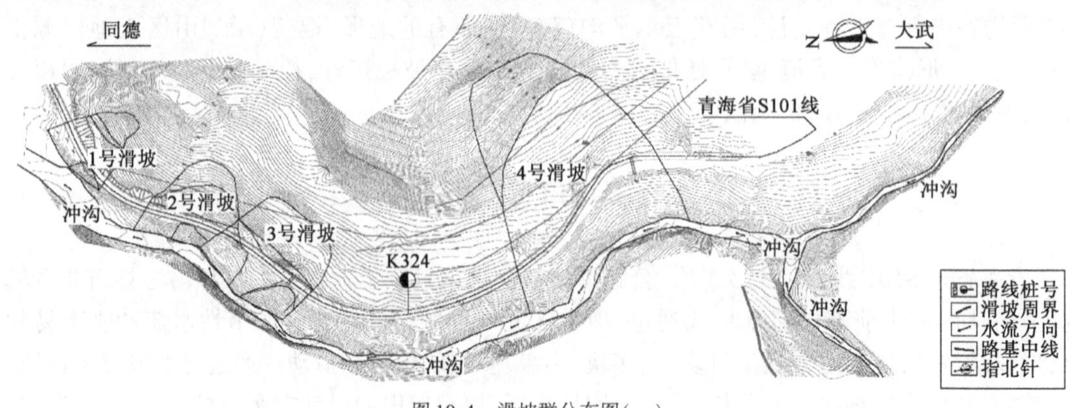

图10-4 滑坡群分布图(一)

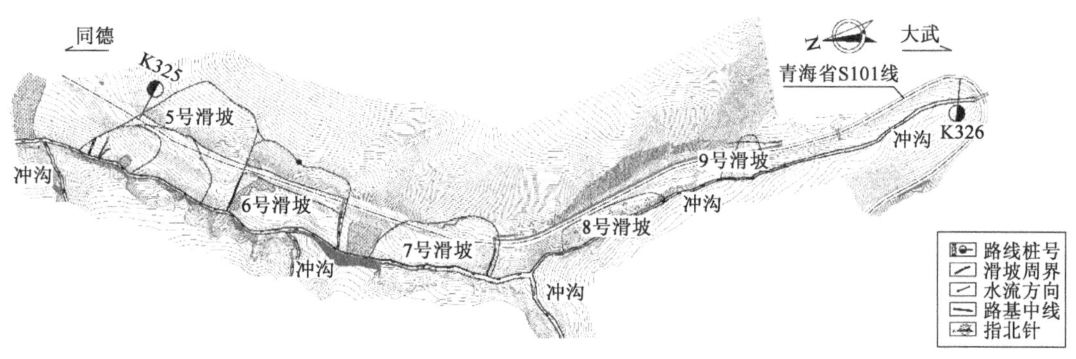

图 10-5　滑坡群分布图(二)

滑坡群统计要素表　　表 10-1

滑坡名称	纵轴长(m)	横轴宽(m)	厚度(m)	体积(m^3)	造成破坏
1 号滑坡	105	82	4.8 ~ 7.9	4.3×10^4	路基损毁
2 号滑坡	100	130	4.8 ~ 12	17.2×10^4	河岸坍塌,路基损毁
3 号滑坡	120	120	2.2 ~ 10.8	13.1×10^4	路基开裂,损毁
4 号滑坡	240	209	5 ~ 20	65×10^4	路基开裂,外移沉降
5 号滑坡	120	179	17.5	18×10^4	路基开裂严重
6 号滑坡	60	115	9.5	3.8×10^4	路基下沉,最大下沉量 60cm
7 号滑坡	50	40	4.2	0.8×10^4	路基下沉,最大下沉量 40cm
8 号滑坡	20	40	3.5	0.28×10^4	路基下沉,最大下沉量 10cm
9 号滑坡	35	20	4.6	0.32×10^4	路基下沉,最大下沉量 25cm

项目区海拔较高,岩土体冬季发生冰劈作用,翌年消融,季节性降雨反复淋滤,加之不良地质作用下,导致滑坡整体的地层结构和形态特征较为复杂,呈现出典型的老滑坡地貌形态。本书选取较为典型的 2 号 ~4 号滑坡进行分析。

2 号滑坡为一沟槽形堆积层老滑坡,沿路线宽约 115.5m,平面形态上为舌状,滑体主要物质组成为残坡积成因粉质黏土,滑床物质主要为风化程度不均的泥岩,岩层顺倾、并属于隔水层、雨水聚集于此,软化滑面。

2 号滑坡的滑动面分为浅、中、深三层(图 10-6),浅层滑面厚度 4.8 ~5.7m,剪出口位于路基内侧;中层滑坡滑体厚度 2.9 ~8.5m,剪出口位于坡体中部;深层滑坡出口位于前缘沟底,滑体最厚可达 12.0m,滑坡体积 $10.4\times10^4m^3$。受冲沟内流水冲刷作用,滑坡变形严重,对公路的运营安全造成威胁,如图 10-7、图 10-8 所示。

3 号滑坡纵长 120m,均宽 120m,滑体厚度 2.2 ~10.8m,体积约 $13.1\times10^4m^3$,属于中层中型滑坡。滑坡前缘高程 3350 ~3422m,后缘位于山体陡缓交界处,滑坡前后缘最大高差约 70m。滑体由强风化泥岩及砂黏土组成,滑床为中 ~微风化泥质粉砂岩,如图 10-9 所示。

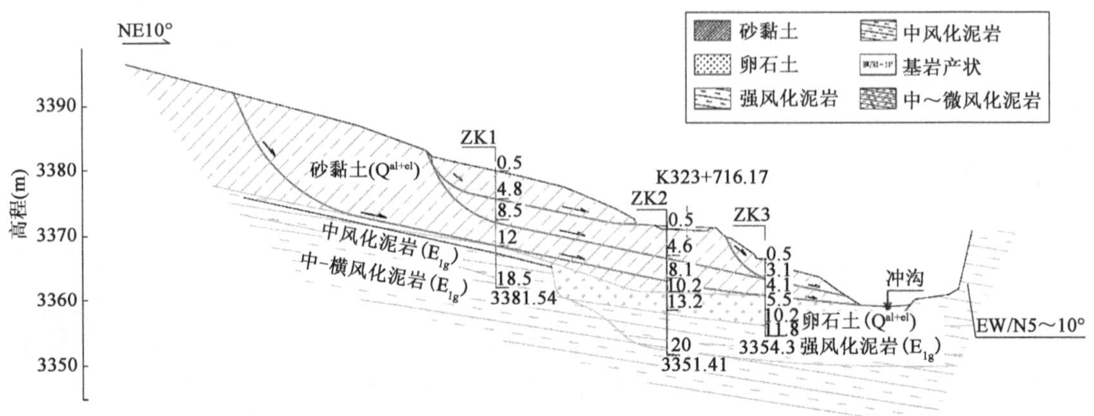

图 10-6　2 号滑坡典型剖面图

图 10-7　2 号、3 号滑坡全貌

图 10-8　2 号滑坡下边坡滑塌严重威胁公路

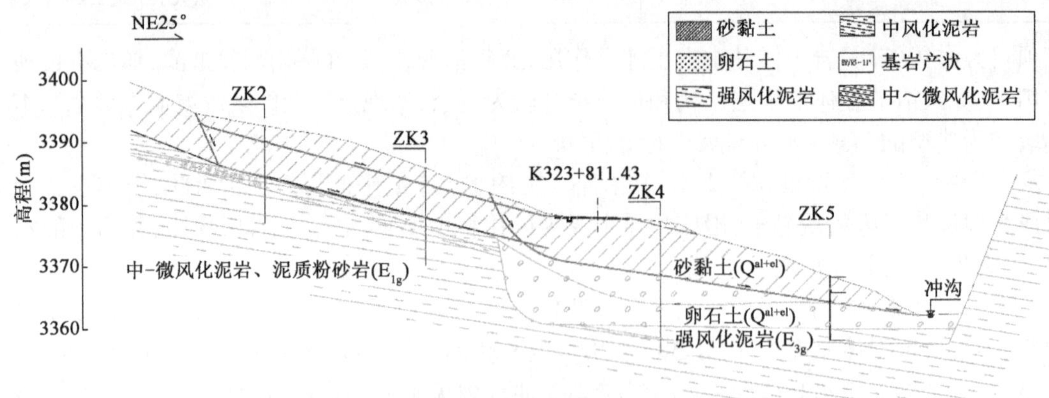

图 10-9　3 号滑坡典型剖面图

3 号滑坡分为前、后两级，前级滑坡滑体厚度 4.5 ~ 10.8m，滑坡体积 $6.0\times10^4m^3$；后级滑坡有浅层和深层两层滑带，浅层滑体厚度 2.2 ~ 3.7m，出口位于路基内侧，出口处渗水较多

(图10-10)。深层滑坡为顺层岩石滑坡,滑体厚度6.0~8.5m,滑坡体积$4.9\times10^4m^3$,滑带主要依附于泥岩中的风化界限,前缘在路基内侧附近,前级滑坡后缘处,如图10-11所示。

图10-10　地下水丰富

图10-11　3号滑坡路基沉陷

4号滑坡是该滑坡群中规模最大的滑坡,纵长240m,均宽249m,滑体厚度5~20m,体积约$65\times10^4m^3$,属于中层大型滑坡,如图10-12所示。滑坡前缘剪出口位于冲沟附近,高程3453m,后缘位于山体陡缓交界处,高程3389m,滑坡前后缘最大高差约70m。滑体由10~20m的全风化泥岩(老滑坡堆积物)夹少量原岩块体及钙质结核组成,滑床为强风化泥岩,岩层顺倾并属于隔水层,雨水聚集于此,软化滑面。

图10-12　4号滑坡全貌

4号滑坡呈圈椅状,具有明显的老滑坡地貌形态,整体可分为上下两级,上级滑坡受下级滑动牵引形成,为强风化基岩滑坡,下级滑坡规模较大,地貌形态明显,公路从下级滑坡滑舌上通过;下级滑坡滑动面深度较深,两侧裂缝已贯通,前缘位于河沟沟底。如图10-13~图10-15所示。

图10-13　4号滑坡前缘滑塌

图10-14　4号滑坡后缘裂缝发育

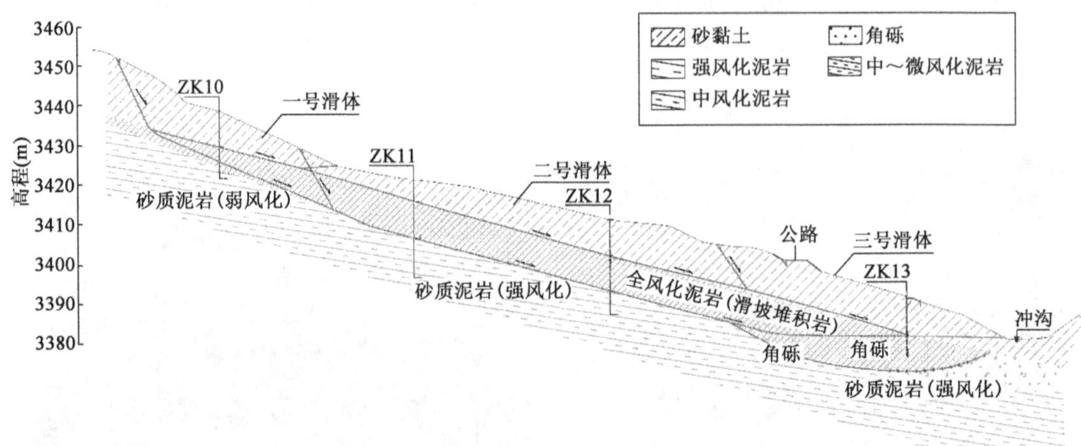

图 10-15　4 号滑坡典型剖面图

10.3.3　滑坡形成机理及发展趋势

1)滑坡成因分析

(1)地质作用影响。

新近系以来,青藏高原开始大范围强烈抬升,隆起范围增大,隆起速度加快。受东昆仑构造带总体构造格局的制约,该区新构造运动以断块升降运动为主,主要表现为断裂构造的继承性活动、山—盆耦合的振荡性不均匀升降以及地震的多发性。在南北向挤压构造和北西向压扭性构造的共同作用下,滑坡群岩体节理、裂隙发育,地表水沿裂隙下渗后在相对隔水地段富集,软化滑动面,从而诱发滑坡。

不良的地质条件是滑坡群形成的基础。滑坡群位于单斜岩层分布区,边坡由第三系贵德群紫红色泥岩组成,泥岩胶结程度低、成岩性较差、强度低,且泥岩具有弱膨胀性,在地下水的作用下易风化致使强度降低。滑坡所在斜坡的前缘存在冲沟,冲沟不断下切和冲蚀使滑坡前缘失去支撑,为滑坡的形成提供了滑动空间,这也是该处滑坡的主要诱发因素。

(2)冻融作用影响。

受气候条件的影响,该路段冬季浅层黏性土及泥岩在地表水下渗后发生冻胀,翌年夏初消融,使砂黏土及强风化粉砂质泥岩产生热融滑坍,促使表层土层向下蠕动;夏季降雨集中,滑体含水率在很短的时间内迅速提高,地表水下渗软化了滑带土,使滑带土强度指标急剧降低,最终导致滑坡发生滑动变形。

冬季地表水沿裂隙下渗冻结,形成脉冰、网状冰、透镜冰、楔形冰,对浅层岩土体产生冰劈作用,使岩土体进一步破碎,为地下水下渗和径流提供了良好的条件。

(3)河流的冲刷及溯源侵蚀作用。

滑坡群前缘位于"V"形沟沟底,冲沟的下切和冲蚀为滑坡的主要诱发因素。随着水流的冲刷,溯源侵蚀的加剧,不仅加剧现有滑坡的活动性,还将引发新的次生地质灾害,使滑坡规模、范围进一步扩大。

(4)人类工程活动的影响。

路基边坡开挖、填筑路基、行车产生的振动,以及公路修建改变了原始地形状态,进而改变了地表水的排泄方式、造成局部地下水聚集等,都会对滑坡的形成产生影响。

2)滑坡发展趋势分析

项目区内物质组成以成岩性差、强度低的泥岩为主,且岩层顺倾,在季节性水流冲刷下易软化,滑坡前缘冲沟冲刷下切严重,导致多次、多块、多级、多层的位移和滑动。在后期降雨及地下水等不良作用下,滑坡体前缘冲沟不断下切,临空面加大,应力集中,加之高原地区反复冻融作用,滑坡稳定性进一步降低,发生大规模破坏。

10.3.4 滑坡群的防治及效果

1)方案论证

滑坡群影响范围大、里程长、滑面深,结合滑坡剪出口多处于“V”形沟底的特点,对滑坡群治理可能采取的方案进行了分析论证,选择最安全有效、经济合理的治理方案。

抗滑支挡方案:该方案主要包含抗滑桩、锚索、挡墙等支挡工程,由于滑坡群的影响范围大、里程长、滑面深,若所有滑坡均采用抗滑支挡措施,治理费用较高,经济性较差。

填方方案:滑坡群前缘处于“V”形沟内,“V”形沟的下切和冲蚀成为滑坡的主要诱发因素。随着水流的冲刷,溯源侵蚀的加剧,不仅加剧现有滑坡的活动性,还将引发新的次生地质灾害,使滑坡规模、范围进一步扩大。对“V”形沟进行开发性填垦,可降应力作用下的流域侵蚀,减少流域内地表层层剥离、输移,从而防止流域自然环境的大幅度改变,如地形起伏变化和水土资源的改变等。

通过治理方案对比,该滑坡群采用“V”形沟开发性填垦辅以其他少量支挡措施及截排水措施处治。该治理方式不仅对滑坡前缘进行了有效的反压支挡,增加了牧民的土地资源,还能够有效控制“V”形沟谷溯源侵蚀现象,减小水土流失,同时也解决了沿线改扩建过程中的弃方处理问题。

2)滑坡群治理

通过前述分析发现,随着“V”形沟的不断下切、冲蚀,滑坡群的稳定性将会进一步降低,治理工程应具有针对性。考虑4号潜在滑动面及老滑动面的影响,主要采用“V”形沟开发性填垦+抗滑桩+截排水措施,滑坡群内其他滑坡主要采用“V”形沟开发性填垦+截排水措施,图10-16~图10-18所示。

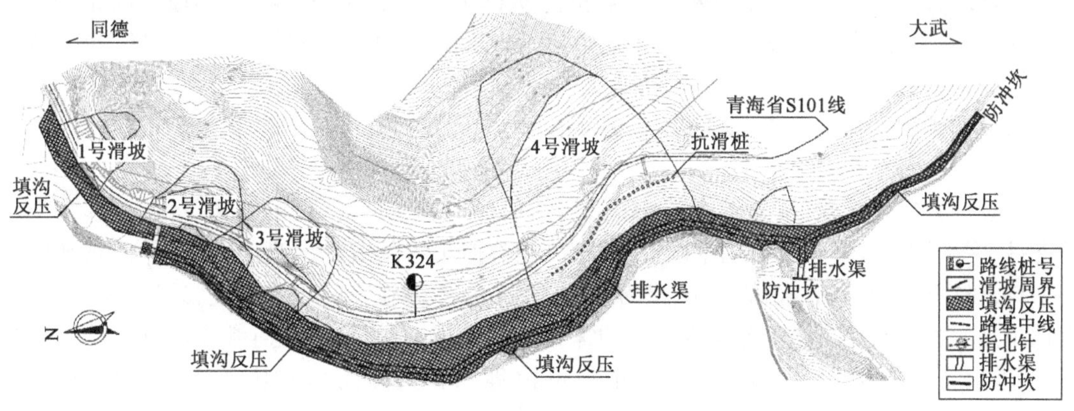

图10-16 “V”形沟开发性填垦布置图(一)

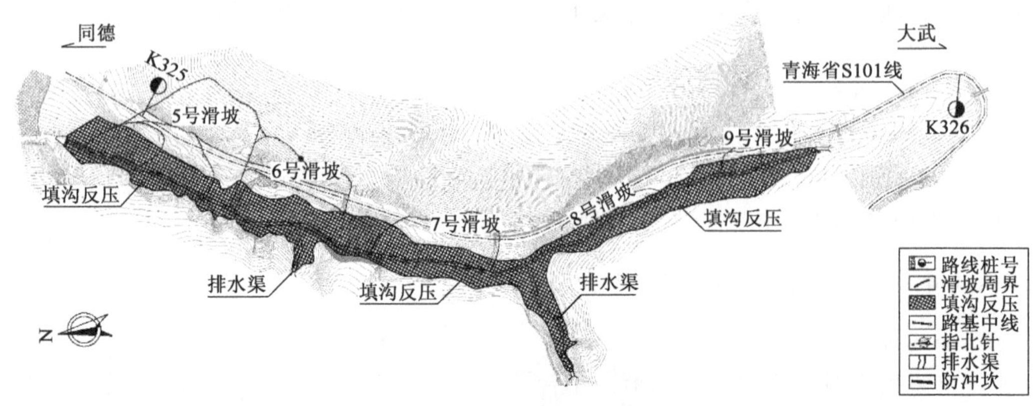

图 10-17 “V”形沟开发性填垦布置图(二)

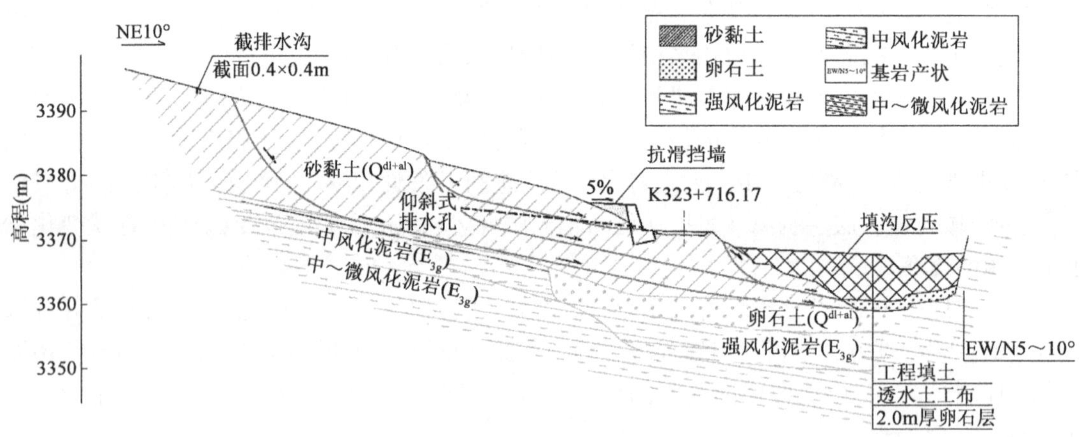

图 10-18 工程布置典型断面图

3) V 形沟开发性填垦流程

滑坡群坡体内地下水较为丰富,为便于坡体排水,对冲沟回填反压前先铺设 2m 厚卵砾石,在卵石上铺设一层透水土工布,其上填土并分层碾压,填土压实度不低于 85%。回填卵石应严格控制细颗粒含量,小于 0.5mm 颗粒含量应小于 5%。

设计填方高度 7m,填土表面横坡坡率 5%,纵向坡率控制在 3% ~5%。填土前先铲移路基外侧至冲沟边缘之间的表层草皮,并集中码放,待填土反压完成后,再将草皮移栽至填土表面。

滑坡群治理工程施工工序如图 10-19 所示。

4) 治理工程效果

该设计方案的实施,统筹考虑滑坡群沿线的地形地貌条件、滑坡的性质、特点及其水文地质条件,在滑坡群稳定性分析的基础上,结合以往类似工程的成功治理经验,以保证路基稳定为宗旨,以“技术上可行、经济上节约”为原则,并充分考虑施工的难易程度,采取“V”形沟开发性填垦 + 少量支挡措施 + 截排水措施的综合治理措施,对滑坡群进行综合治理。治理完成后,滑坡群变形收敛,治理效果良好。滑坡群治理工程实施前后对比如图 10-20、图 10-21 所示。

a)

b)

c)

d)

e)

f)

图 10-19 滑坡群治理工程施工工序

a)场地修整;b)铺设级配砾石;c)铺设渗水土工布;d)分层碾压填筑;e)排水渠修筑;f)植草绿化

图 10-20 滑坡群治理工程实施前

图 10-21 滑坡群治理工程实施后

第 11 章　综合治理　对症下药

治理滑坡的目的在于消除或降低其可能造成的危害,提高公路的抗灾能力,保障公路设施的正常服务功能。滑坡治理原则一般是能避开者尽量避开,能预防者尽可能预防的,对于那些避不开又无法预防的,应根据滑坡成灾机理和主控因素,对症下药、综合治理,达到一次根治,不留后患。

11.1　综合治理方法

滑坡的综合治理就是从其孕灾环境、地层结构、水文地质条件等方面入手,详细掌握滑坡的性质、规模和特点,并对滑坡诱因作出准确判断,对症下药,采取主要工程措施消除或控制形成滑坡的主控因素,辅以其他措施控制形成滑坡的次要因素,形成综合治理体系。

滑坡综合治理措施根据不同的分类原则有不同的划分方法,按照滑体应力应变和破坏特征可以分为减少下滑力、提高抗滑力两类。减少下滑力主要有调整路线纵坡,后缘减载、排除地表水地下水等主要工程措施;提高抗滑力主要有前缘堆载反压、滑带土改良、支挡锚固和排泄地下水等措施。堆载反压应根据滑坡前缘地形条件,合理布设,不仅适用于前缘地形比较开阔地段,也适用于前缘沟道狭窄地段,后者需结合沟道纵坡综合确定。滑带土改良包括滑带注浆或爆破、旋喷桩、灰土桩、焙烧和抗滑键等措施。支挡锚固工程包括抗滑桩、抗滑挡墙、抗滑明洞、预应力锚索、锚杆、挡土墙、支撑渗沟、微型桩、排架桩等。

11.2　综合治理防治关键技术

11.2.1　滑坡成因机理分析

张倬元对坡体变形破坏的力学机理概括为蠕滑(滑移)—拉裂、滑移—压致拉裂、弯曲—拉裂、塑流—拉裂和滑移—弯曲5类。黄润秋提出了滑坡的5种发生机制,即滑移—拉裂—剪断"三段式"机制、"挡墙溃屈"机制、近水平地层的"平推式"滑坡机制、反倾向层状岩体中倾倒变形机制、顺倾向层状岩体边坡的滑移(弯曲)—剪断机制。

滑移—拉裂—剪断"三段式"机制主要表现在滑坡形成过程中,由于坡体整体的卸荷回弹变形,从而驱动滑坡沿坡脚的缓倾结构面发生回弹,并在坡顶形成拉张应力区,出现后缘拉裂,坡体在自重应力的长期持续作用和驱动下,沿缓倾角结构面发生持续的蠕滑变形,并导致坡体后缘拉裂缝向下扩展,当后缘拉裂加深到某一深度时,"锁固段"的应力积累将使这部分岩体进入累进性破坏阶段,并最终剪断锁固段,发生突发的脆性破坏。

"挡墙溃屈"机制主要表现为坡体整体结构较为松弛(如强、弱风化带),但在坡体下部或中下部存在局部完整性和强度均很高的"刚性"地质体,其起到类似挡土墙的作用,它承担和"挑住"因上部坡体变形而传递下来的巨大"推力",起到维系边坡整体稳定的关键作用。随着坡体变形的进一步发展,锁固段最终会因为应力的过量积累而产生突发性的脆性破坏,形成高速滑坡。

近水平地层的"平推式"滑坡机制是在近水平或缓倾坡外地层中,由地下水的静水压力和作用在潜在滑动面上的孔隙水压力联合作用,而发生顺层面推移—滑出的一类滑坡形式。这类滑坡的典型特征是一般发育于近水平或缓倾坡外的砂、泥岩互层状地层,强暴雨作用下诱发,滑面通常产生于砂、泥岩界面之中,后缘表现出明显的张裂塌落(陷)带,其宽度基本代表滑体的水平位移量。由于是顺层推出,所以滑体一般呈分块式解体,表现出多个次级滑面。

反倾向层状岩体中倾倒变形机制主要表现在地质孕育演化过程中,岩层发生很大的柔性弯曲,而其破坏是变形发展到极致的产物。这类边坡滑动面的形成完全是自身演化的结果,而不是像顺倾滑坡那样,存在一些先决条件的潜在滑动面。正是因为这样,这类边坡的变形现象比较常见,而演化到形成滑坡的情形并不常见;而一旦演化到滑坡阶段,由于其长期的地质历史积累,必然是深层的、大规模的。

顺倾向层状岩体边坡的滑移(弯曲)—剪断机制表现在顺倾向坡体潜在滑动面倾角大于坡角,由于潜在滑动面不直接在坡面出露,而是向下隐入坡脚以下,因此其滑动面的形成和贯穿是一个复杂的地质力学过程,也正因为此,判明这类边坡的稳定性状况及其对工程的影响是复杂和困难的。但是由于其从变形到失稳,一般都要经历很长的时效变形过程,因此,只要能正确识别这类滑坡,对其下部阻抗体部位加以合理的保护,则发生滑坡的情形还是较少见的。

实际上各个滑坡的地质条件和作用因素不同,发生机理各异,以主滑段滑带土的应力应变和破坏特征,概括为以下4种情况,滑坡失稳或由一种或几种机理的组合,其对应的综合治理措施各不相同。

(1)坡体的剪应力大于主滑段滑带土的抗剪强度。河流冲刷坡脚、人工开挖坡脚等牵引式滑坡，应侧重坡脚防护或反压，再结合支挡措施、截排水工程综合治理。坡上堆载和地震造成坡体上部崩塌加载等改变了斜坡的应力状态，使主滑带的剪应力大于其抗剪强度等推移式滑坡，应侧重削方减载措施，再结合滑坡坡体结构和水文地质条件采用一定的支挡和排水措施。

(2)主滑段滑带土强度降低，不能平衡坡体的剪应力。因地表水下渗软化滑带土、地下水位抬升增大滑带土孔隙水压力、水库浸淹主滑带及振动液化等降低滑带土的强度形成的“富水”滑坡，往往采用地表、地下截排水措施可起到事半功倍的作用，再结合滑坡变形特征和稳定性评价结果采用必要抗滑支挡措施进行抵挡。

(3)坡体剪应力增大和主滑段滑带土强度降低同时发生。由河流冲刷或人工开挖坡脚、坡体松弛、地表水下渗、坡顶堆土加载等混合式滑坡，应结合滑坡空间特征和周围环境、保护对象、坡体的地层结构、地下水赋存条件等，以提高坡体剪应力和滑带土强度为目的，采取不同的处治措施。

(4)高陡斜坡下伏软弱岩层或煤层，在河流下切过程中坡高增大，卸荷裂隙张开，坡脚应力增大，或煤层被开采，造成下伏软岩承载力不足或丧失，从而引起上覆岩层的崩塌和错落性滑坡等。这类滑坡失稳一般是下覆软弱岩层被揭露后，其强度短时间迅速降低，造成其承载力难以承担上部坡体自重，治理措施应重在提高或避免降低软弱岩层的强度，有物理、化学加固法(如注浆、焙烧法)，封闭法(如坡面喷混、浆砌片石)，抗滑支挡措施(如抗滑桩、抗滑键、锚固工程)，再辅以截排水的综合处置措施。

11.2.2 与构(建)筑物相协调的治理工程技术

1)与桥隧相协调

作为仅能承受小变形的桥隧结构物，在较大的滑坡推力作用下，桥隧将承受较大的挤压作用，必将发生变形破坏。在处治桥隧滑坡问题时，其相互之间关系尤为重要，不仅需要考虑滑坡整体稳定性的问题，还需要考虑控制桥隧的变形问题。

桥隧不管以何种方式穿越滑坡体，首先应采取控制滑坡稳定的措施，避免桥隧受到滑坡推力作用。其次，滑坡体整体虽稳定，仍然存在局部变形，仍会导致桥隧偏位或变形破坏，必须采取一定的支挡或预加固措施限制滑体局部变形。再者，桥隧构筑物在墩柱或衬砌设计中，应适当提高墩柱和衬砌的强度，增强其受力模式和抗变形能力，减少滑坡对结构的破坏。最后，构筑物改变地下水的条件，应结合地下水的路径，采取必要的排泄地下水的措施。

2)与路基相协调

路基作为道路的基础，在公路工程中起着重要作用，是与原地质地貌直接结合部，受自然环境影响因素较多，尤其路基通过滑坡地段，路基工程应与滑坡治理工程紧密结合，确保路基安全稳定。

路基通过滑坡前缘，一般尽可能采取抬高路基高程回填反压坡脚，增强滑坡的抗滑力，提高滑坡稳定性；路基通过滑坡后缘，在具备削方条件下，优先采取削方减载处置措施；对于以路堑或路堤形式通过滑坡体的路基，应结合路基上下防护工程，考虑采用合理恰当的支挡工程和截排水工程，共同协调抵挡滑坡的下滑推力，有必要的情况下，兼顾周边人文、景观环境，在工程表面附着一定的装饰材料，使工程与环境相融合。如深汕高速公路 K101 东滑坡采用抗滑明洞治理,完美解决了滑坡支挡工程与路基防护的协调性。

3)与既有工程相协调

随着公路运营里程的不断增加,促使公路的发展重心逐步从建设向运营养护转移,而早期的防护工程由于种种因素年久失修、破损、老化,难以抵抗滑坡的影响,养护在整个公路工程系统当中主导地位越来越突出。

既有道路滑坡发生往往具有突发性,其防治工程具有应急抢险特点,势必要求抢险施工周期短、占地少、机械化程度高。常规的削方减载、抗滑桩、锚索框架等处治措施很难满足应急抢险要求,很难达到与既有工程相互兼容,难以保持和提升防护工程支挡效果。应采取快速、轻量化、装配化、绿色环保的治理新结构体系的基本构件,利于其与原有工程结构协同受力,对原有工程扰动小或不扰动,达到新结构体系和原防护工程组合防护的目的。

对于在役公路边坡发生滑坡,不仅需要分析当前滑坡体的稳定性,而且对边坡的发展历史需分析边坡的应力应变特征,分析滑坡的演变过程,特别是边坡支护工程完成后,斜坡整体的变形与受力情况,还原滑坡发育过程与变形机理,更好地把握滑坡稳定性。分析和评价过程应考虑前期支护结构对边坡应力应变状态的改变,再结合后期加固工程结构形式,计算多种支护措施干预下在役公路滑坡的稳定性,确定合理的支挡加固措施,使前后期工程相互衔接、相互协调,确保工程边坡安全稳固。

另外,对于规模较大、性质复杂的滑坡,一般都存在多次、多级、多层、多块的特点。从滑坡的变形迹象、危害对象的特点、滑坡的认识程度和治理的经济性等综合考虑,满足工程建设的需要,采取分级、分区勘察治理的思路,针对不同区域、不同条块的具体情况拟定不同的防治方案。首先采取应急工程防止灾害恶化,再逐步勘察、分期治理,应急工程与根治工程、前期工程与后期工程、一期工程与二期工程统筹规划、相互补充、相互协调。

11.2.3 施工控制

施工工序应结合滑坡特点、施工条件、保护对象和建设要求等,对治理工程的工程具体情况进行充分了解,统筹规划后做出全局性部署,明确施工的总体设想,对工程设计的任务、资源、时间、空间总体安排,确定及解决工程施工重大问题,合理划分分部分项工程,确定工程竣工时间。实际实施治理工程期间,因不合理的施工组织或工序导致工程失效的事故屡见不鲜。

北京戒台寺滑坡规模大,成因机理复杂,采用一般滑坡的治理措施不易奏效,且欲一次性全部治理,费用和时间都不允许。针对滑坡的变形特征及危害情况,制订了分期分批治理的原则。首先采用应急抢险工程,充分利用预应力锚索主动防护的特点,在寺院和古树等关键部位实施一些“短、平、快”的锚拉加固工程,快速减缓寺院内的坡体变形,防止滑坡滑动对文物及人员造成损伤,为后续工作争取时间。其次在详细地质勘察工作的基础上,根据滑坡推力大、滑面深的特点,提出多锚点抗滑桩;针对坡体地下水发育,设置了集水洞,抽排地下水;对寺内下水管道进行了特殊处理,设计了钢筋混凝土沟槽,杜绝生活污水下渗。治理工程以锚索抗滑桩为主体工程,辅以裂缝带注浆、地表截排水、下水道改造、地下水疏导、寺内外挡墙局部加固等措施。

奉云高速公路挖断村滑坡位于奉节县朱衣镇挖断村西,高速公路在该处由挖断村与奉节中学之间穿过,为深挖方路段,挖方最大高度37m。由于认识的局限性,原设计边坡共4级,坡面采用“人字形”骨架防护,开挖至一级平台时坡体发生大范围滑动,设计单位及时对该边坡坡脚采取回填反压,在二级坡顶设置抗滑桩及锚索框架联合防护的预加固措施,待其支挡工程实施后顺利完成了一、二级边坡的开挖。

中巴经济走廊KKH二期赫韦利扬—塔科特改建项目不仅是中巴经济走廊陆路大通道的核心路段和巴基斯坦国家南北干线公路网的主骨架,也是巴基斯坦北部地区的交通纽带,建设过程中K142~152段为加快进度,未按照开挖一级防护一级的工序,开挖后坡体防护不及时造成大面积滑坡,给项目造成了较大损失。

从滑坡整体的施工过程来看,结合以往的施工经验,施工的重点和难点存在两个方面。重点就是影响工期的分项工程工序安排;难点在于施工安全保证,抗滑支挡工程总体上属于隐蔽工程,施工中各种安全隐患无处不在且防不胜防,如何制订详细的各种安全措施及安全方法至关重要,且一直伴随工程的整个过程。

滑坡综合治理工程施工过程中应严格按照合理施工工序进行,总体上施工的先后顺序为:截排水工程→夯填裂缝→卸载反压工程→抗滑支挡工程施工→坡面处治→路基工程。

施工过程中,要以施工组织进度和工期要求为依据,及时编制实施性施工组织设计,落实施工方案,报监理工程师审批。根据施工情况变化,不断进行优化,使工序衔接,劳动力组织、机具设备、工期安排等更趋合理和完善。另外,要根据工程过程的网络计划,编制分阶段计划,及时发现关键工序的转化,确定阶段工作重点。进行网络计划动态管理,及时掌握进度,分析调整,使项目实施处于受控状态。

11.3 典型案例

2015年4月25日14时11分,尼泊尔(北纬28.2°,东经84.7°)发生了8.1级强烈地震,震源深度20km,距该项目仅43km,项目区受此次地震的影响烈度为Ⅸ度。吉隆镇至吉隆口岸道路K81滑坡位于距离口岸大约13km处吉隆藏布左岸斜坡上,国道G216线里程桩号K80+970~K81+290段。受地震影响,滑坡掩埋了国道G216线,造成道路断通。如图11-1所示。

图11-1 吉隆口岸K81滑坡全貌图

滑坡位于吉隆藏布江左岸,国道G216线穿越滑坡前缘,地貌特征属高山峡谷地貌形态,微地貌属于斜坡陡坡地貌。该滑坡区原始地貌形态总体上、下陡,中部相对较缓。原始地貌形态横向呈中间高两侧低,两侧原为斜坡沟谷凹槽,滑坡区为一略低洼的负地。国道G216老路从斜坡前缘经过,且为挖方路基,滑坡前缘老路路基K81+40~K81+150段内侧为岩质边坡,K81+150~K81+274段内侧为土质边坡。该滑坡虽已整体产生滑动,部分滑体堆积于陡坎下方吉隆藏布河谷中,大部分土体仍停留在斜坡上。斜坡上的滑体虽经应急处理,但目前滑坡堆积体结构松散,加之地形坡度大,在降雨影响下坡面溜滑、滑壁坍塌现象十分严重,随降雨的发生而不间断地对道路形成掩埋堵塞,甚至再次发生大规模的滑动。为保证国道 G216 线的畅通,避免对过往车辆及行人的安全,对该滑坡采取永久性支护措施是非常必要,也非常紧迫的。

国道 G216 线 K81 处滑坡通车之后会给项目区经济带来了全方位的发展及社会影响,结束了国道 G216 线吉隆段以往在该处为瓶颈路段的历史。按照国家"十三五"发展规划,吉隆口岸定为国家对外一级口岸,也是中国与尼泊尔之间的一条国际运输主通道,更是我国"一带一路"倡议南亚陆路大通道的又一主要组成部分。因此,该处滑坡灾害的根治为口岸贸易高效、有效交流提供了交通便利,同时保障了中尼大通道及我国"一带一路"南亚陆路大通道的运营稳定及安全,也为祖国边境地区人民安全出行保驾护航。

11.3.1　区域环境地质条件

吉隆镇至吉隆口岸的道路位于喜马拉雅山脉的南坡,属高山峡谷区,吉隆藏布海拔 2240m 左右,由北向南流经坡脚。滑坡发育在海拔 2360～2550m 的斜坡上,前后高差 200m,滑坡平台坡度约 12°,斜坡坡脚河谷岸坡陡峻,后缘为基岩陡壁,坡度 40°～50°,呈前陡—中缓—后陡的椅状地形。高陡地形为滑坡提供了强大的下滑势能和良好的临空条件。

该区位于喜马拉雅构造带近东西向复式向斜的北翼,构造运动和褶皱异常复杂,断裂和节理发育,地震活动频繁,属强震频发区,基本烈度为Ⅷ度。沙勒断层是区内最大的断裂(图 11-2),走向 100°,倾向 10°,倾角 45°左右,为一逆断层,滑坡位于逆断层的下盘。基岩主要发育三组结构面,产状分别为 J1:278°∠44°、J2:90°∠80°和 J3:175°∠75°。区域构造运动为崩塌、滑坡孕育提供了物质基础。

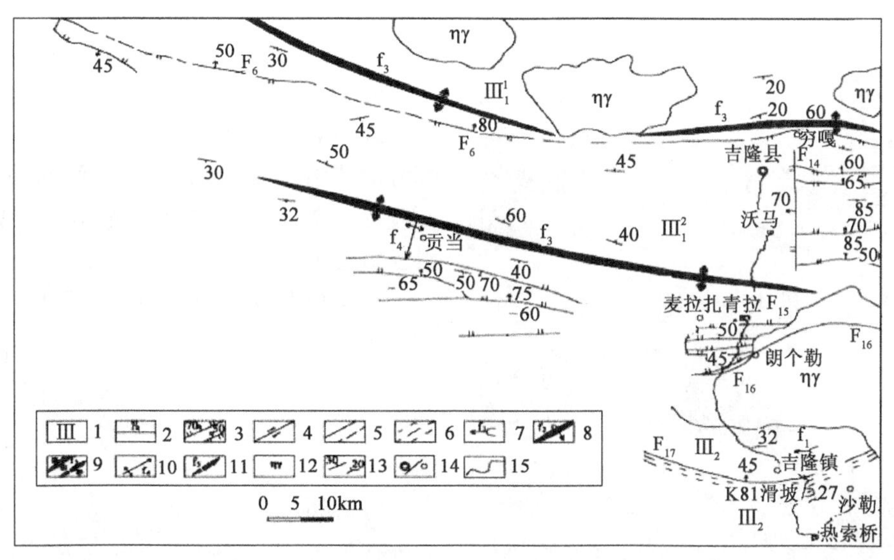

图 11-2　吉隆口岸 K81 滑坡区域构造图

1-喜马拉雅陆块,$Ⅲ_1^1$ 北带,$Ⅲ_1^2$ 南带,$Ⅲ_2$ 高喜马拉雅结晶岩带;2-主要断裂及编号;3-正断层/逆断层;4-走滑断层;5-性质不明断层/推断断层;6-韧性变形带;7-第一期钩状褶皱;8-第二期平卧倒转褶皱;9-第三期复式背斜、向斜;10-第四期小背斜;11-第五期向斜褶皱;12-二长花岗岩;13-岩层/片理产状;14-县名、地名;15-G216 国道区内基岩以震旦系曲乡组(AnZq+)灰白色黑云斜长片麻岩为主,岩层倾向NW,倾角15°~30°,第四系地层主要为残坡积物、崩坡积物和滑坡堆积物。

受印度洋季风气候的控制,吉隆口岸属亚热带半湿润季风气候区,降雨丰富、集中。年平均降水量为1000mm,雨季集中在6—9月,夏季降雨量占年降雨量的80%。丰富的降雨是诱发滑坡、崩塌和泥石流的重要因素。

11.3.2 滑坡特征

K81滑坡位于距离口岸大约13km处吉隆藏布左岸斜坡上,国道G216线里程桩号K80+970~K81+290段。滑坡在平面上呈“簸箕”形,周界较明显,空间上为“圈椅”状地形,滑体长近300m,沿路线宽约310m,平均厚度约22m,具有前后部薄、中部厚的特点,体积约230×10^4m^3,主滑方向268°。前缘剪出口高程2360~2400m,其中K80+970~K81+155段位于保通公路上边坡,K81+155~K81+290段位于保通公路下边坡,高于吉隆藏布约120m,基本沿河谷岸边基岩陡崖顶部剪出;后缘位于陡缓相接的基岩陡坡处,高程2530~2550m,前后缘高差近200m,地面坡度10°~35°。滑面形态总体为前部缓,中后部较陡,角度16°~28°。滑坡滑动后在坡体后部形成沿滑动方向宽78m,垂直滑动方向长170m的滑坡平台。右侧边界位于长流水的冲沟附近,左侧边界位于滑动形成的滑坡错坎处。

滑体物质主要由早期山体崩滑形成的崩坡积松散块碎石组成,块碎石分选差,局部存在架空现象,块石含量60%~75%,粒径30~150cm,最大达5m。滑带为基岩顶面附近的黏性土包裹的碎石土,碎石粒径1~4cm,层厚数厘米至数米不等,碎石具有磨圆迹象。滑床为强风化黑云斜长片麻岩,节理裂隙发育。

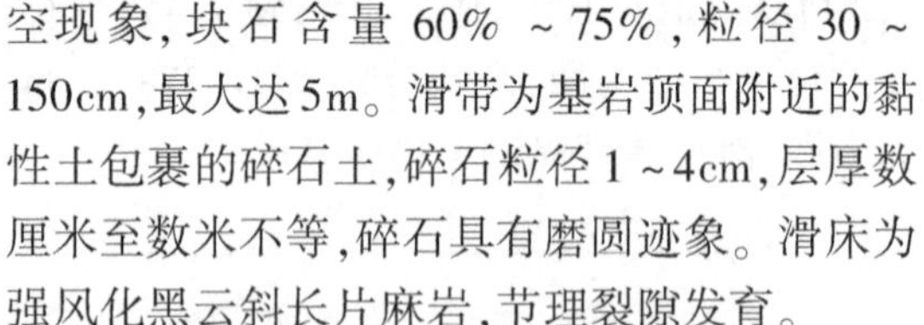

图11-3 滑坡全貌

受“4.25”8.1级地震影响,滑坡掩埋了国道G216线,造成道路断通,后缘下错数十米,部分滑体滑入吉隆藏布江,使江面抬高增宽,两侧形成2~3级数米高的错坎,形成明显的滑坡负地形。

具体情况分别如图11-3~图11-10所示。

图11-4 滑坡前缘

图11-5 滑坡后壁

图 11-6　滑坡左壁

图 11-7　滑坡右壁

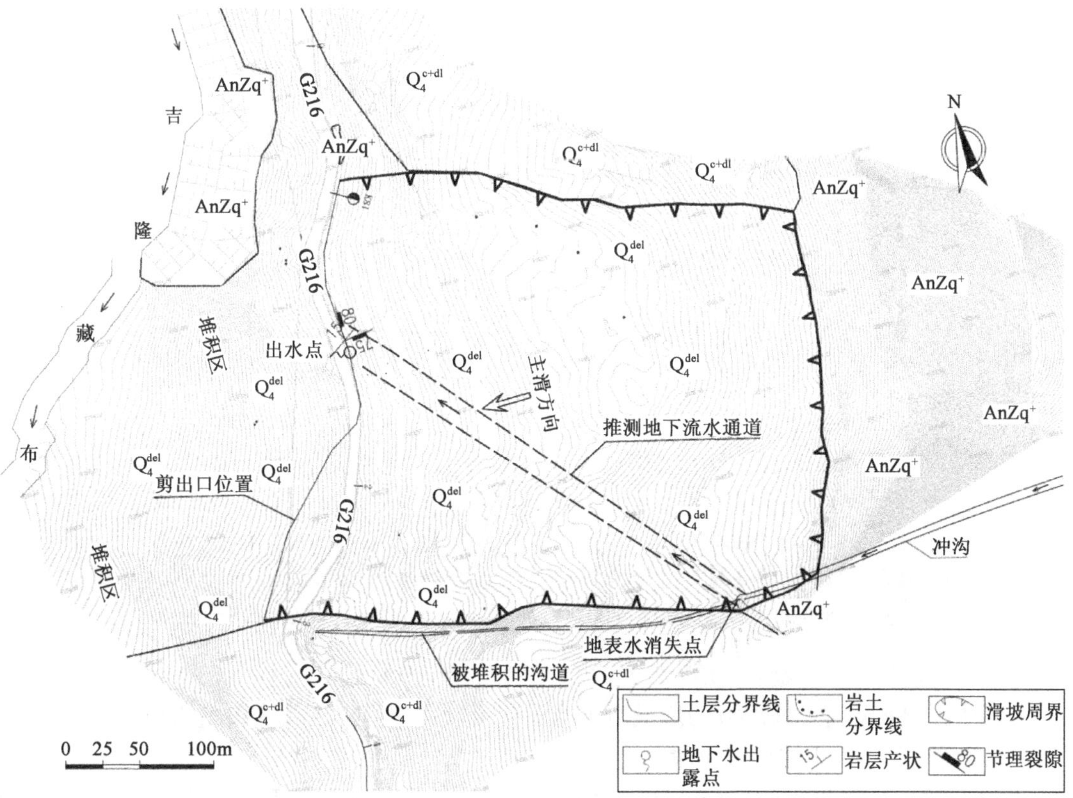

图 11-8　吉隆口岸 K81 滑坡平面图

11.3.3　滑坡形成机理及发展趋势

1)滑坡形成机理

分析该滑坡的形成历史及演化机制,必须同吉隆藏布江岸坡的发育变化过程紧密联系,滑坡区段吉隆藏布江左岸坡所处区域构造作用强烈(岩体破碎),地形落差大(河谷下切作用强烈),造就了该区特殊的河谷岸坡形态,同样提供了广阔的第四系物质赋存空间,并进而演化形成了现有的空间形态和变形表象。

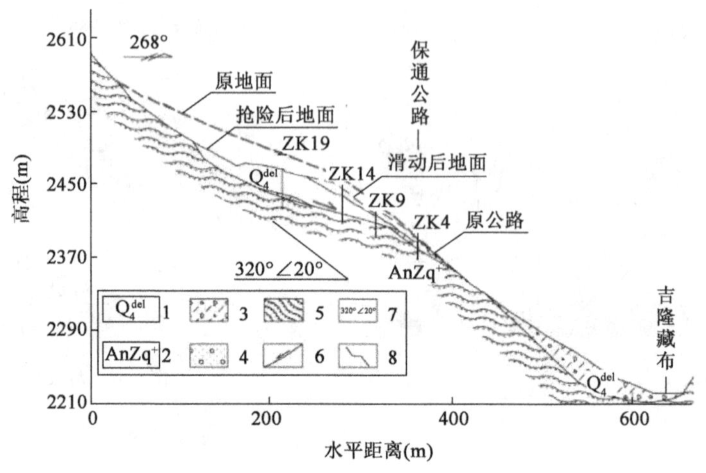

图 11-9 滑坡工程地质剖面图

1-滑坡堆积层;2-前震旦系曲乡组;3-块碎石土;4-砂砾;5-片麻岩;6-滑动面及滑动方向;7-岩层产状;8-公路

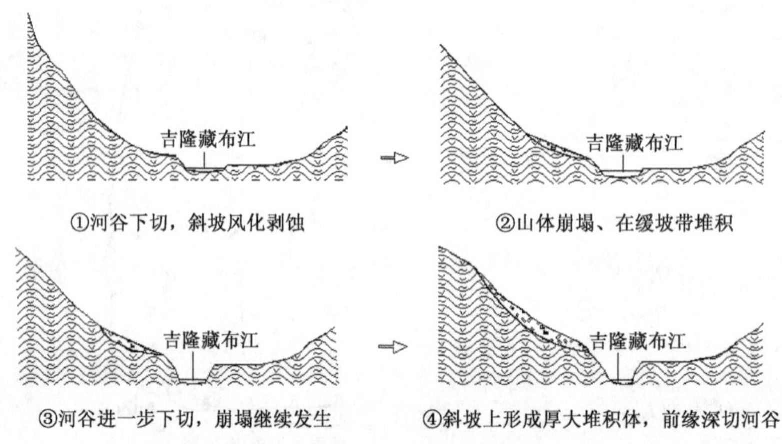

图 11-10 河谷斜坡形成机制示意图

综合研究勘察资料,该滑坡的形成历史及演化机制主要由以下几个阶段组成:

(1)河谷深切、堆积体形成阶段。

由于该区第四系以来的新构造运动地壳以间歇性上升为主,使河流的下蚀与侧蚀作用极为强烈且交替进行。地壳上升运动强烈时,形成"V"字形河谷,由于滑坡区位于吉隆藏布江左岸,该岸斜坡陡峭,受构造及风化解理作用使斜坡上部岩体产生崩塌,向下滚落于斜坡缓坡处堆积。随着河谷的进一步下切,河床宽度逐渐缩小,斜坡前缘形成临空陡坎,上部岩体在长期重力作用和风化作用下,岩体裂隙进一步扩大崩塌并进一步在斜坡中部缓坡堆积。经过长期的崩塌累积及河谷下切作用,斜坡上堆积了较厚的崩塌物,前缘形成了深切的河谷陡坎。

(2)软弱带形成阶段。

通过地质调查,就全线而言,很多地方同样具备丰富的物质基础,地形同样陡峻,也有足够的变形失稳空间,也经历了振动影响,但仅该处形成了滑坡。通过对调查分析,究其原因主要为该斜坡东南侧发育一条常年流水冲沟(图11-11)。受沟道流水影响,沟道水流渗透至斜坡土体,上部土体总体渗透性较好,而土体下部完整基岩形成相对隔水层,该斜坡土体岩体界面处含水率较高,土体内部孔隙水丰富,土体间或岩土界面处黏聚力及内摩擦角相对较低,即形成软弱带。

(3)地震作用下滑坡初始滑动阶段。

2015年4月25日,尼泊尔发生了8.1级强烈地震,震源深度20km,震中位于卡博拉,距勘察区约55km。斜坡上部的岩土体在强烈的地震波动振荡持续作用下产生滑动,岩土体在滑动中发生碎裂,滑体主要沿岩土界面发生碎裂滑动。该滑坡规模大,滑动分级、分块明显,部分滑体堆积在斜坡下方吉隆藏布江内,堆积体在河道内形成堰塞湖(图11-11)。

(4)次级滑动阶段。

根据现场调查该滑坡主要分为两级滑动,由于滑动前斜坡土体呈上薄下厚分布,滑动前斜坡形态呈上陡下缓,岩土界面坡度随斜坡坡面起伏变化,主要呈上陡下缓。在地震作用下斜坡中上部岩土体首先产滑动,滑动后在滑坡后缘两侧形成临空土质陡坎,并在陡坎后内部产生拉伸裂缝,临空土质陡坎在雨水、重力、地震等作用下产生进一步滑动。最终形成了两级滑动的滑体形态。如图11-12~图11-14所示。

图11-11 该斜坡区沟道发育

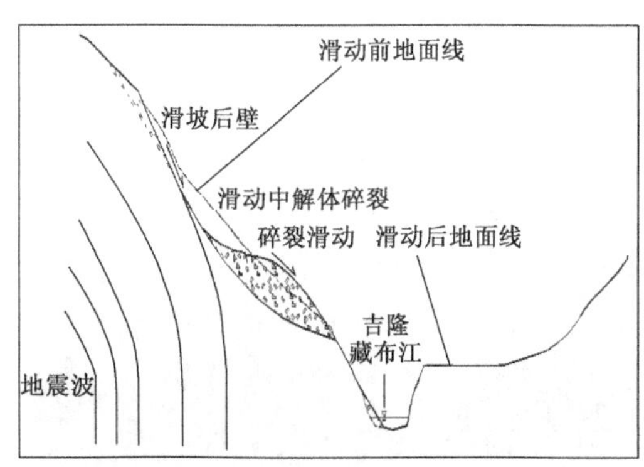

图11-12 滑坡形成机制示意图(一)

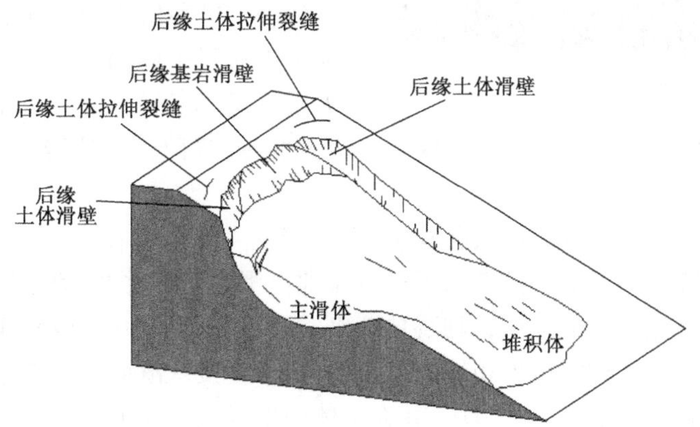

图11-13 滑坡形成机制示意图(二)

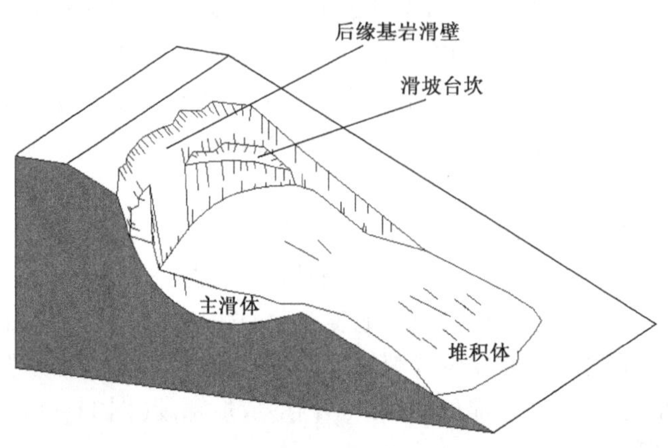

图 11-14　滑坡形成机制示意图(三)

(5)剩余滑体现状变形阶段。

该滑坡虽已整体产生滑动,部分滑体堆积于陡坎下方吉隆藏布河谷中,大部分土体仍停留在斜坡上。为了道路畅通,对滑坡前缘的土体虽经应急处理(对前缘进行了放坡开挖),应急处理后在滑坡前缘形成了高约 50m 的土质边坡。目前滑坡堆积体结构松散,加之地形坡角大,前缘临空条件好,故在降雨影响下,坡面溜滑、滑壁坍塌现象十分严重,随降雨的发生而不间断地对道路形成掩埋堵塞,甚至再次发生大规模的滑动。目前滑坡土体处于变形阶段,整体处于基本稳定状态。如图 11-15 所示。

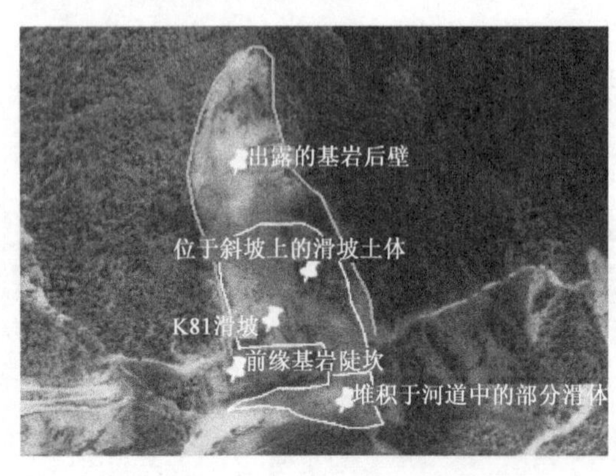

图 11-15　滑坡现状示意图

2)滑坡稳定性分析

该滑坡虽已滑动,但目前仍有大量土体堆积在斜坡上;滑动后虽经应急整治,但未采取任何支挡措施,排水系统未完善,斜坡坡面也未进行任何防护,现状稳定性仍较差。根据滑坡形成的各项因素和形态特征分析,其现状稳定性主要受下列因素影响:

(1)降雨及地下水影响。

滑坡上堆积层为块石土,地表水极易入渗,极大地丰富了土体内含水率,既软化了岩土体、增大了重量,又降低了土体的抗剪强度指标。工作区地处山区,降雨较频繁,易在岩土接触带形成软弱带,降雨将是该滑坡现状稳定性的主要影响因素。

滑坡区地下水类型主要为松散层孔隙水,主要接受大气降水补给,水量较小,降雨入渗转化为地下水后以吉隆藏布江为基准面向下径流排泄。滑坡区地形坡度较大,坡体内块石粒径大,结构较松散,利于地下水的排泄,因此,地下水对滑坡的稳定性影响相对降雨来说较小。但滑坡东南侧常年流水冲沟被滑坡堆积体堵塞,冲沟流水直接从滑坡后缘渗透至滑体内,加之降雨时地表径流入渗转化为地下水至滑床,并在土体内形成统一地下水位时,对整个滑体的稳定性易产生较大影响。

(2)地震影响。

地震前滑坡处于稳定状态,地震直接导致了滑坡的滑动。可见,地震作用不但降低了滑坡的稳定性,也使坡体堆积物更趋松散化,更易于降雨的入渗。现今余震频繁,振动也是斜坡稳定的影响因素之一。

(3)人类工程活动。

为了保障交通运输,地震后对滑坡进行了应急整治,对滑坡前缘进行放坡开挖,保通道路直接在滑体前缘通过。应急整治后虽抢通了道路,对滑坡进行了部分卸荷,但开挖形成的边坡未采取任何防护,清理的部分滑体直接堆积在道路外侧河谷内。因此,人类工程活动也是影响该滑坡稳定的因素之一。

综上所述,随着较大级别余震发生的可能性、频率不断减小,地震对滑坡的影响也逐渐减小,但降雨对滑坡稳定的影响则逐渐凸显出来。降雨时大量地表水渗入土体将促使滑坡体在自重下不断产生变形,当变形累积到一定程度后将使滑坡再次整体失稳。因此,降雨是将来斜坡变形失稳的主要影响因素。

3)发展趋势

受地震作用滑坡虽已产生了滑动,但目前大部分滑体仍然堆积在斜坡上。经过应急整治,对滑坡前缘土体进行了放坡开挖,开挖体积仅占总滑体体积约10%。由于滑体堆积高度大,覆盖层分布范围广,现滑坡土体前缘仍然有较大的临空面,滑坡堆积体主要为松散块石土、砂砾填充。因此,根据坡体形态、结构及变形特征分析,滑坡体仍处于一种极限平衡状态。如果不及时进行治理,坡体在受到强降雨、地震以及人类活动的作用下将继续发生大规模堆积体滑动。

经有限元分析治理前自然工况稳定系数1.004。治理前稳定性分析位移云图及塑性云图分别如图11-16、图11-17所示。

图11-16　治理前稳定性分析位移云图

11.3.4　滑坡防治措施及效果

该滑坡防治分为两阶段:第一阶段为临时保通阶段;第二阶段为永久设计阶段。地震发生后，西藏交通厅立即组织成立抢通专家组，对边坡进行临时保通设计，保通设计方案为自上往下削坡减载，共设置7级边坡，每级坡高10m，坡率1:1，每级坡之间设置2～4m平台。

图11-17　治理前塑性云图

经过为期20天的抢险保通，基本保障了某些特殊车辆的通行，但所修筑的便道上下坡纵坡较大，给大部分车辆的通行造成了不便。为达到所有车辆都能顺利通行的目的，根据西藏区交通厅的指示，在临时保通设计基础之上进行了永久加固设计。

在永久加固设计中，兼顾灾害的变形特征、地层结构和保护对象等，滑坡治理分为4部分：一是抗滑加固工程；二是坡面防护工程；三是路基防护工程；四是截排水工程。

1）滑坡防治措施

在地质灾害治理方案设计中，根据设计原则，兼顾灾害的变形特征、地层结构和保护对象等，采用可行性研究方案中推荐方案对该滑坡进行防护治理。滑坡治理包括抗滑加固工程、坡面防护工程、路基防护工程、截排水工程。滑坡工程设计断面如图11-18所示。

（1）抗滑工程。

抗滑加固工程，主要为锚索抗滑桩、锚索框架工程。锚索抗滑桩共两排，第一排位于K81+170～K81+274段；桩截面2.0m×3.0m，桩长18～25m，桩间距6m；每根抗滑桩顶布设4孔锚索，锚索长28～30m，锚固段进入中风化基岩10m以上。第二排锚索抗滑桩桩截面2.5m×3.5m，长18～38m，桩间距6m；每根抗滑桩顶布设4孔锚索，锚索长32～40m，锚固段进入中风化基岩10m。每孔锚索均采用9束1860级ϕ_s15.2无黏结钢绞线。

在第二排抗滑桩顶部布设一排锚索框架，坡比1:1，高10m，锚索长43～50m，锚固段进入中风化片麻岩10m。每片框架布置8孔锚索，每孔锚索采用7束1860级ϕ_s15.2无黏结钢绞线。

锚索均采用3:1水泥砂浆注浆，砂浆强度不低于30MPa，注浆压力采用0.6～0.8MPa，水灰比0.4～0.45。

（2）坡面防护工程。

由于在保通期间坡面进行了大范围开挖，形成了多段人工边坡，为防止雨水对坡面的冲刷，需对该部分采用锚杆框架防护。锚杆防护坡率包括1:0.75、1:1和1:1.25，每级高度8～

10m,锚杆长度为9m。为增强抗滑桩前滑体的稳定性,在第二排桩前下级坡采用锚杆框架,锚杆长15m。另外,K81 + 170 ~ K81 + 274段,路基外侧边坡采用7m高路堑挡墙防护,墙顶宽1.3m,面坡坡率1∶0.25,背坡坡率1∶0.15。

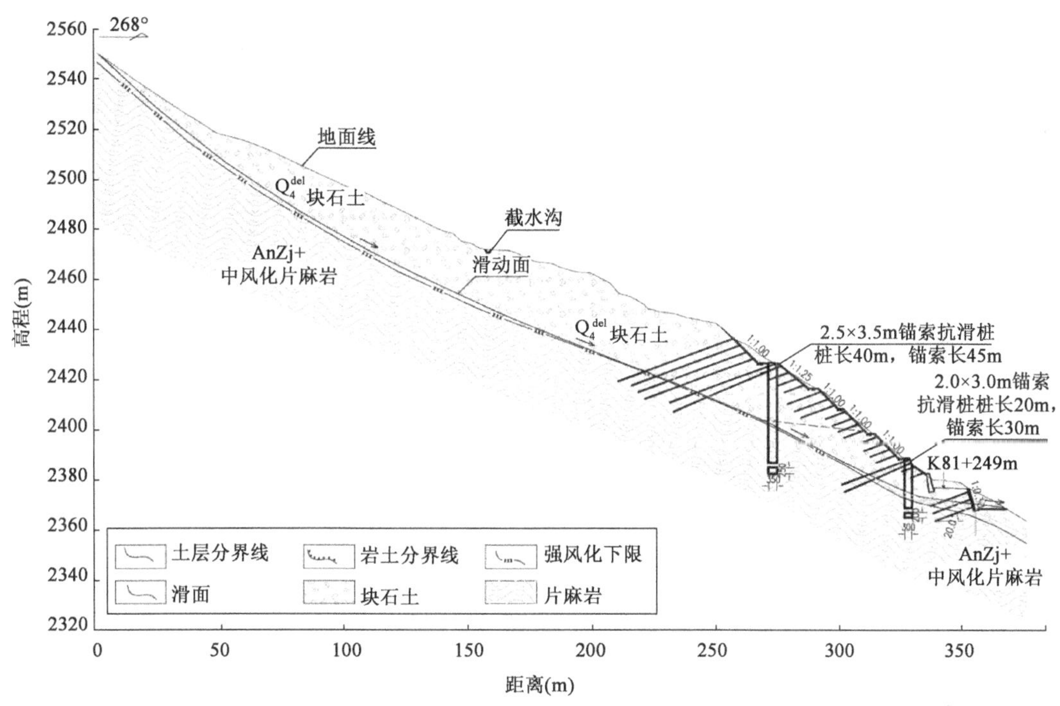

图11-18 滑坡工程设计断面图

受坡体地形控制,不同断面滑体厚度也存在差别,各断面分级坡数不一致,在锚杆框架施工中,应该根据实际地形在过渡段落做渐变处理。另外,第一排抗滑桩与路堑挡墙之间的坡面也采用锚杆框架防护,由于该段坡率差异较大,在施工过程中可根据地形做适当调整。

对K80 + 810 ~ K80 + 970段边坡采用锚索框架进行防护,每级坡比1∶0.75,高8m,共两级。锚索长20 ~ 28m,锚固段进入中风化片麻岩10m以上。

(3)基加固工程。

为防止路基失稳在路基下边坡设置一排锚索肋板墙进行防护,共49片,每片宽6m。坡率1∶0.3,锚索长度17m,高度8.5m,锚固段深入中风化以下10m。

(4)排水工程。

锚杆框架每级平台和桩顶平台均设置0.5m × 0.5m的截水沟,滑坡后缘设置1m宽的梯形截水沟,大桩号侧冲沟设置2m宽排水沟,顺接新建涵洞。此外,为排泄坡体中的地下水,共布设仰斜排水孔26孔,孔距12m,长26 ~ 47m,仰斜排水孔应进入滑面以下2m。

2)效果分析

治理工程实施4年来,经多次设计回访以及公路灾害排查,均未发现滑坡体有变形迹象。自通车运营以来较以往相比线性平顺、运营正常、坡体稳定安全、坡面绿化美观,且较大的提高车辆的通行能力。加固后稳定性分析云图如图 11-19 所示,施工完成后效果图如图 11-20 所示。

图 11-19 加固后稳定性分析云图

图 11-20 施工完成后效果图

第 12 章　运营交叉　组织关键

滑坡是一种灾害性较大的地质灾害,高速公路沿线一旦发生滑坡将直接引起交通瘫痪,甚至造成驾乘人员的伤亡事故。滑坡灾害频发影响着公路交通的正常运营,对人民生命财产安全造成了极大的影响,对区域经济发展及环境也具有一定程度的损害。我国公路总里程数量大,在山区发生滑坡影响交通安全运营的事件时有发生。运营期公路滑坡一旦出现失稳破坏,往往会造成交通阻断及较大的交通安全事故,严重甚至会引起公路的长期断通,造成较大的经济损失及社会影响。

滑坡发生对高速公路交通的影响主要体现在滑坡体覆盖在交通要道之上,掩埋交通车辆及毁坏交通设施。滑坡舌伸入高速公路行车道上,使路面和交通状况恶化,一般会造成其道路通行能力下降,甚至会使部分高速公路被迫关闭。由于滑坡灾害事件的随机性、偶然性,发生的时间、地点难以预测,所以会对正常交通运行产生巨大危害。次生事故是因公路滑坡初次事故后再次发生的交通事故。滑坡导致交通环境改变,车辆更容易发生碰撞,或操作失误造成侧翻、撞击护栏等事故。次生事故的影响程度和范围甚至超过滑坡灾害本身。

随着我国公路路网建设的逐步成熟,山区公路运营期间滑坡灾害问题日益凸显。受降雨、地震等因素的影响,山区公路极易产生滑坡灾害,其发生的时间、空间的不确定性,严重制约着公路长期安全运营,如何在公路运营过程中,有效辨识危险边坡、预测滑坡发生及演化机制,制订合理的不影响公路运营的滑坡防护方案,已成为工程技术人员所关注的一个热点问题。

公路运营期间滑坡防治除应考虑有效、经济、快速的综合防护方案外,还需考虑滑坡防治工程实施期间的交通组织,综合考虑保通期间各方面的通行需求与施工安全进度需求,结合全方位监测成果并实时关注监测数据变动,科学高效地确保施工期间交通运营安全,满足社会通行需求。

12.1 运营阶段滑坡防治重点

运营期间公路滑坡失稳原因复杂多样,常见的原因可概括为滑坡的“自身基因、慢性病及急性病”。首先,由于公路建设前期受建设资金限制、灾害认识程度不充分、地质环境条件差、线路无法彻底绕避等因素影响,导致滑坡先天存在不稳定的因素或有缺陷的防护工程,此种原因可称为滑坡的自身基因缺陷;其次,在公路的长期运营期间,已有防护工程可能会不断老化,导致原有防护工程功能逐渐下降或失效,此种原因可称为滑坡的“慢性病”;最后,在极端强降雨及地震等外界不良因素的作用下,滑坡极易出现失稳破坏现象,此种原因可称为滑坡的“急性病”。

随着全国运营公路里程数的不断增加,针对运营期滑坡自身的“慢性病”“急性病”,运营期公路滑坡灾害的监测预警、稳定性分析及灾害防治已成为保证公路畅通运行的重中之重。经过对多个公路运营期产生的滑坡灾害分析,并重点分析其发育背景、发育特征与成因类型,总结得出以下运营阶段公路滑坡需要关注的重点,具体为:

(1)滑坡与滑坡影响范围内重点工程的监测与预警。

滑坡的发生分为蠕动变形、滑坡破坏和渐趋稳定3个阶段。在蠕动变形阶段,斜坡内部某一部分因抗剪强度小于剪切力而首先变形,发生微小的移动;变形进一步发展,直至坡面出现断续的拉张裂缝;拉张裂缝在渗水等作用下进一步发展,逐渐发展至滑坡破坏阶段。基于此滑坡变化规律,通过监测滑坡地表变形的大小、速率,监控滑坡的发展变化情况,实时掌握滑坡体的位移变化信息。同时,对于滑坡重要支挡结构,重点对结构物变形、应变、应力、地下水等进行重点监测,从而有效实现对滑坡风险的预测预警。

(2)治理方案科学化与防治手段健全化。

在以往的滑坡处治工程实践中,有些滑坡在治理后,便认为一劳永逸。但事实上滑坡在某一特定刺激因素下会产生复活,故滑坡治理方案需综合深入考虑滑动面深度、滑坡影响范围、滑坡长远发展趋势等因素,采取科学全面的防治措施。对于再次复活滑坡,防治方案应以安全、快速、合理兼顾已有工程为主,确保公路安全运营的前提下,最大限度地降低对公路正常运营的影响。

(3)滑坡灾害下公路交通组织设计要点。

公路突发事件下的交通组织设计,首先从公路的路网结构形式着手,分析滑坡灾害发生的位置对区域交通的影响规律,然后提出交通控制方法与突发事件下公路交通组织方法等。一般来说,交通控制方法有信号控制、速度控制、主线控制、匝道控制与交通诱导等。交通组织设计应因地制宜,根据滑坡灾害的影响范围定出事故区、控制区与缓冲区,且各个区当采用不同的交通组织办法。

12.2 运营阶段滑坡防治关键技术

12.2.1 运营期滑坡风险源识别

滑坡的突然发生是由外界因素作用产生的,外因作用的不确定性是导致滑坡发生的不确定性的充分条件。在公路运营过程中,因降雨入渗、地震振动或工程扰动等均可造成滑坡的发生,而这些诱因的发生时间均具有较大的不确定性,同时其对公路交通影响程度也具有不确定性。

公路滑坡灾害风险主要体现于滑坡产生会影响公路交通能力与交通安全。滑坡发生的概率及时间是不确定的且无法预知,其风险因素繁多,各因素错综复杂且相关性较大,通过一定工程经验储备及理论支撑可将这种风险分析并提出适当的处治方案。常用的风险源辨识方法有专家调查经验法、分解分析法及因果关联法等,滑坡灾害风险源随时空有可能变化,受地质水文及外部荷载的影响,因此需要相对应的辨识方法。在评价滑坡风险时,应根据工程经验,并尽量建立滑坡风险评估数据库,遴选出滑坡致灾主要影响因素,作为待评滑坡的灾害风险评估风险源。

当前,交通运输部正在组织实施全国自然灾害综合风险公路承灾体普查,通过普查摸清全国公路承灾体自然灾害风险隐患底数,查明重点地区抗灾能力,客观认识全国和各地区自然灾害综合风险水平。同时,全国正在逐步开展重点地区、高风险边坡监测预警工作,通过此项工作全面把控公路承灾体高风险边坡地段实时变形情况,为道路运营安全保驾护航。

12.2.2 运营期滑坡监测

运营阶段滑坡防治需结合全方位监测成果并实时关注监测数据变动,科学高效确保施工期间交通运营安全与满足社会通行需求。运营期间路段基于滑坡防治与交通组织设计的滑坡监测工作包括以下内容:

(1)监控滑坡变形趋势,如地表位移动态、深部位移动态等,为评价边坡稳定性提供依据。

(2)根据滑坡监测成果,结合已有的地质资料,找出滑面位置、滑动方向、滑动范围,为动态设计提供依据。

(3)为加固措施施工提供监测数据,保证加固工程施工的正常进行。

为达到上述监测目标,一般来说,运营期间滑坡监测项目内容及方法包括地表位移监测、深部位移监测、裂缝监测等。通过分析监测数据,及时了解滑坡应急抢险措施实施效果,掌握滑坡目前所处状态,为分析滑坡稳定性、制订滑坡处治措施提供可靠依据。总之,运营交叉型滑坡应建立健全监测网络,监测预报滑坡变形发展趋势;在整个治理工程施工过程中进行跟踪监测,超前预报,确保施工期间滑坡区施工人员、居民生命财产安全。施工完成后,进行长期监测,实时跟踪滑坡的变形破坏趋势,以便及时发现和预报险情,采取相应措施,防止突发灾害发生时造成大的人员伤亡和经济损失。

12.2.3 既有工程利用加固技术

运营期间,滑坡防治工程加固设计要考虑新旧工程的相容性,在对既有工程科学客观评价的基础上,充分利用既有工程,对灾害防治工程进行加固补强。为了达到滑坡防治效果,运营期间已有防治工程的滑坡治理应考虑以下两点:

(1)空间约束。

滑坡已有防治工程若占据了设置支挡工程的关键设防部位,新增加固支挡工程由于空间局限性难以合理布置,此时需根据各类防治工程特点进行科学规划,合理布局,利用有限空间完成各项防治工程的交叉叠加设置,最终达到根治滑坡的良好效果。以贵阳至都匀高速公路滑坡治理工程项目为例,该滑坡在坡体中前部设置抗滑桩后一段时间桩体发生变形需采取加固措施,但是由于空间受限,难以补设新的抗滑桩支挡工程,对此,对该滑坡开展补充勘察监测工作,并对桩身完整性进行评估,对滑坡安全稳定性进行重新评价,根据勘察及检测评价结果,最终采取在原设抗滑桩顶部设置锚索的方式对原防治工程进行加固,最终取得了良好的治理效果。

(2)新增工程与原有防治工程的兼容协调性。

运营期间滑坡防治工程的设计施工是基于原滑坡防治工程的防护深度或范围未满足要求,故如何实现原防治工程与新增防治工程的兼容协调,是运营期滑坡防治工程的设计施工的难点。一般来说,需要从以下几个方面进行考虑:

①若原防治工程防护深度不满足滑坡防护要求,其仅对浅层滑面进行了一定程度防护,那么新增防护工程应重点考虑滑坡深层滑面变形的防护需求,并在设计计算时考虑原防治工程对浅表层滑面的防治效果。

②若原防治工程防护深度满足滑坡防护要求,那么新增防护工程应重点考虑滑坡变形范围的防护需求,并在设计计算时考虑原防治工程对滑面的防治效果。

③若原防治工程受滑坡变形影响变形位移超过规范允许值,那么原防护工程的防护效果应不予考虑,若其与新增防护工程产生冲突则应视情况进行拆除。

④若原防护工程深度、范围都满足防护要求,但未充分考虑地表地下水对滑坡的不利影响,则应重点考虑地下水对坡体稳定性的影响,新增工程应辅以泄水隧洞、集水井、渗沟、仰斜排水管等地下排水工程,截断补给滑带水源,降低地下水位,有效控制滑坡蠕动变形趋势。

12.2.4 交通组织设计

运营期间路段交通组织设计要遵循以下基本原则:

(1)交通影响最小原则。

在保证工程进度、质量的前提下,应以占路时间短、占地面积小为原则制订交通组织方案,同时,对交通影响较大工序尽量安排在交通低峰时段进行。

(2)安全性原则。

在运营施工期间,通常要求施工路段“边通车,边施工”,施工过程中除了确保公路运营的安全畅通,还必须保证施工人员及器械的安全及工程质量。

(3)交通流量均分原则。

对必须单向或双向占用道路的施工项目,要提前做好周边路网的交通优化,均衡交通流量,缓解施工路段的交通压力。

(4)因地制宜、兼顾一般原则。

充分考虑不同交通设施交通流的实际特点,分别制订科学、合理的交通组织方案。对大型施工工程,应由公安交警牵头,联合公路交通、运输管理单位、建设和施工单位等多部门共同研究交通组织方案,且施工现场有关管理部门应派专人管理,责任到人。

12.2.5 信息化施工

滑坡防治工程一般施工难度较高,故在滑坡防治工程施工中,不仅要注重施工管理,还要合理应用信息管理技术,为防治工程建设提供保障。

滑坡防治工程信息化施工是利用防治工程施工过程中所获取的岩土工程信息反馈用以指导调整施工的工作。由于在施工过程中通过开挖、各类监测等方式可获得大量的岩土工程信息,因此,在规模较大的滑坡防治工程施工中,常安装各种监测系统,用以采集施工中岩土体的各种工程地质信息,如地下水位、水质、岩土体的变形、土压力的变化等数据。根据这些信息及时调整设计,反馈到施工中,这一方面可保证施工安全,另一方面可使设计更加合理。为了实现滑坡防治工程信息化施工,不仅要安装各类监测装置,最主要的就是加入信息技术。信息技术在滑坡防治工程信息化施工中可以有效地实现施工记录资料的系统化管理,进而实现对施工过程的全周期跟踪和记录,综合其主要优点可以表现为以下 3 个方面:

(1)施工记录能够保证及时录入和提交,而且在提交以后,相关资料不能随便进行修改,这样信息管理技术的引进有利于建设单位、施工单位和政府相关建设职能部门对防治工程的施工全过程进行多层次的管理,从而避免了偷工减料等违规操作的出现。

(2)依靠对防治工程施工信息的系统化记录和应用,可以将最新施工信息与已有工程信息进行综合分析,如果遇到一些工程地质条件复杂多变、易发生工程安全事故的岩土工程项目,可以根据具体工程施工场地地下水文地质条件、水质的真实情况,以及岩土体的变形、应力的变化情况等因素,及时地调整相关施工方案,制订切实可行的应急措施。

(3)信息技术的使用将实现施工记录由纸质资料向电子化无纸化办公的转变,这样就极为方便后续的工程施工记录、竣工验收报告等工程资料的整理和归档工作。

滑坡防治工程施工如果工程地质条件比较复杂,在施工过程中遇到突发的且与设计方案不符合的情况时,如果还严格按照原来设计方案施工,就很难保证方案可靠性和工程的安全。信息化施工可以有效地避免这类问题的发生,确保防治工程建设顺利推进。

12.3 典型案例

重庆小三峡公路滑坡为运营期间滑坡治理中较为典型的案例,滑坡地处重庆巫山~奉节高速公路巫山县小三峡收费站处,为巨型深层基岩老滑坡。滑坡机制极为复杂,在漫长的地质历史中多次变形滑动,存在多期、多层、多条、多块、多级的特点。巫奉高速公路于 2008 年开工建设,小三峡公路段以挖方的形式自滑坡中前部穿过,最大挖方高度 23m,施工过程中开挖边坡产生变形,设计采取抗滑挡墙及抗滑桩进行加固,2010 年 9 月高速公路通车运营。2012 年 11 月起,小三峡公路滑坡段再次出现变形,坡体开裂位置距线路中线 350m,部分房屋变形严重以致垮塌,已实施的抗滑桩出现倾斜变形,公路收费站处路面出现多道鼓胀裂缝。2014 年 5 月至 2015 年 3 月,滑坡坡体部分变形继续变大并出现新的裂缝,小三峡收费站地下通道损毁,收费站处路面破损严重,有 6 条车道丧失功能。

2014 年 12 月起,中交一公院对该滑坡进行再次勘察设计,因高速公路处于运营期,滑坡防治工程的开展需与已通行道路保通工作交叉进行。针对该滑坡治理的实际情况,治理工程防治方案以安全、快速、合理兼顾已有工程的利用为主,确保公路安全运营的前提下,最大限度降低对公路正常运营的影响;为确保施工与运营期间安全,滑坡防治期间设置了健全的监测预警体系,设计了专项交通组织方案,在施工期间确保公路保通与施工有条不紊。

12.3.1 区域环境地质条件

1)地形地貌

滑坡区属剥蚀深切谷地斜坡地貌区,地表为缓陡相间的折线型斜坡,总体坡向NNW,斜坡上部延伸至渝巴公路,坡顶地面高程430m左右,下部延伸至大宁河水域。滑坡区地貌特征总体为"三平台+三冲沟",三平台自北向南分布于大宁河南岸、线路附近及线路左侧基岩陡坡下部,平台坡度近水平,分布有大量农田及民房,平台间斜坡自然坡度基本介于10°~15°之间,平台南侧基岩陡坡及河侧陡坡坡度25°~35°;三条"V"形冲沟分别位于滑坡区东西两侧及中部,冲沟水流流向N~NNW,向上逐渐尖灭于S103省道附近,向下与河谷相接,冲沟上窄下宽,最宽处可达150m(西冲沟线路右侧),两侧边坡较陡,沟谷自然坡度约15°左右,坡面植被较发育,生长少量灌木。冲沟将山坡平台切割为多个部分,经现场调查综合分析得出大宁河南岸平台为剥蚀平台,线路附近平台及南侧平台为滑坡平台。

2)气象

滑坡区地处亚热带湿润季风气候区,其特点是春早、夏热、秋凉、冬暖多雾,四季分明,无霜期长,光照充沛,风速较小。多年平均气温16.5℃,历年最高气温43.1℃(7月),常年日照1639.1h,最低气温-9.2℃(1月),高山地区偶有霜冻、冰雹等袭击。滑坡区降雨量大,除6—8月的雨季之外,11月—次年1月降雨也很频繁。滑坡区多年平均降雨量1049.3mm,年最大降雨量1356mm,月最大降雨量445.9mm,日最大降雨量199.0mm。

3)地层岩性

滑坡区出露的地层自上而下依次为第四系滑坡堆积物(Q_4^{del})、三叠系中统巴东组二段(T_2b^2)粉砂质泥岩及三叠系中统巴东组一段(T_2b^1)泥灰岩。

(1)第四系滑坡堆积物(Q_4^{del})。

碎石土(碎石、块石)构成,厚度不均,碎石潮湿~稍湿,稍密~中密,含量60%~80%,次棱角状~次圆状,黏土充填。块石稍湿,松散,块石含量20%~30%。

(2)三叠系中统巴东组第二段粉砂质泥岩(T_2b^2)。

粉砂质泥岩:紫红色夹少量灰黄色、灰绿色,强~中风化为主,泥质结构,层状构造,节理、裂隙较发育,岩石破碎,岩层揉皱发育,可见大量构造擦痕,产状变化较大,夹灰黄色、灰绿色带状、块状分布的中~强风化泥灰岩,局部夹紫红色粉砂岩岩层,为老滑坡滑体的主要组成成分。

(3)三叠系中统巴东组第一段泥灰岩(T_2b^1)。

泥灰岩:灰黄色、灰绿色、灰色、深灰色,中~强风化为主,隐晶质结构,中~厚层状构造,局部薄层状构造,节理、裂隙较发育,岩石破碎,钻探揭露岩芯风化成碎块状,强风化岩层呈灰黄色、灰绿色,中风化岩层呈灰色、深灰色。

4)新构造运动与地震

滑坡区大地构造处于新华夏系第三隆起带和第三沉降带之结合部位,为四川沉降褶皱带之川东褶皱带的一部分。主要构造形迹展布方向为北东、北东东向,区内褶皱主要为巫山向斜、齐耀山背斜和望霞背斜。其中巫山向斜(巫山段)位于塔坪~巫山~坑子一带,轴向N70°~60°~80°E,轴线长110km,北西翼倾角30°~60°,南东翼倾角18°~55°,该向斜南西段核部缓，翼部陡，呈屉形，往北东渐次变狭窄，轴面倾向北，枢纽起伏，两翼基本对称，次级褶皱发育；齐耀山背斜位于桃花山～土地岭，轴向 N55°～75°E，轴线长 226km，两翼倾角 12°～60°，两翼不对称，北西翼较缓，南东翼较陡，轴部略呈弧形，微凸向北西，其南东发育次级褶皱；望霞背斜位于朱家槽～望霞，轴向 N60°～70°E，轴线长 92km，两翼倾角 15°～55°，形态近似箱状，轴部平缓开阔，往两翼变陡，南东翼较陡，并局部倒转，枢纽有起伏，南东翼发育次级褶皱。

滑坡区线路处于齐耀山背斜南东翼、巫山向斜的北西翼上的翼次级褶皱上，地层主要为三叠系中统巴东组第二段（T_2b^2）粉砂质泥岩及第一段（T_2b^1）泥灰岩，岩层产状变化较大，倾向 NW～NE，倾角陡缓不一，次级小褶皱发育，近垂直线路方向可见两处向斜夹一处背斜。

据《中国地震动参数区划图》，滑坡区地震动峰值加速度为 0.05g，地震动反应谱特征周期为 0.35s，滑坡区地震基本烈度为Ⅵ度。

5）水文地质条件

（1）地表水。

滑坡区北侧为大宁河，属长江水系，原水位 110m，三峡库区蓄水致使水位上涨至 173m 左右。滑坡区存在近南北向 3 条冲沟，沟内水流流量自东向西、由南向北增大，向北汇入大宁河。地表水主要接受大气降水、泉水及松散孔隙潜水的补给，用于农田灌溉、生活用水及鱼塘蓄水，一部分沿基岩裂隙下渗，转变为地下径流。

（2）地下水。

滑坡区地下水类型主要有松散层孔隙水及基岩裂隙水，地下水局部具有承压性。松散层孔隙水含水地层为上部第四系残坡积碎石土，基岩裂隙水含水层为巴东组一段（T_2b^1）泥灰岩、第二段（T_2b^2）粉砂质泥岩。其中碎石土结构不均、孔隙大、渗透性好，基岩裂隙发育、岩体完整性较差、渗透性强，加之补给源多样，地下水水量丰富。据勘察资料，地下水，埋深主要集中于 2.5～16.0m，水位年变幅约 2～3m；区内地下水整体流向为 NW18°。

12.3.2　滑坡特征

重庆小三峡公路滑坡线路里程 K28＋310～K28＋900，线路自滑坡群中前部穿过，滑坡群沿线路宽约 690m，垂直线路长近 1000m，整体滑动方向为 NW18°，该滑坡群为顺层基岩老滑坡，如图 12-1 所示。依据地貌及坡体结构特征将滑坡群分为东滑坡和西滑坡，各滑坡又可分为前级、中级和后级三级。

图 12-1　滑坡全貌

1)东滑坡

东滑坡位于滑坡群东侧,线路小里程段,影响线路里程 K28 + 310 ~ K28 + 605,呈长条状,滑坡侧缘均以冲沟为界,滑坡后缘位于山坡南侧基岩出露陡坡坡脚,前缘位于大宁河南岸剥蚀平台内侧。依据地形地貌及地层分布情况将该滑坡分为前级、中级和后级滑块。东滑坡东西横向宽达 400m,南北纵向长约 970m,整个东滑坡体积约为 $904.9 \times 10^4 m^3$,属巨型顺层基岩老滑坡,公路以挖方形式通过滑坡中级滑块,挖方高度约 23m,建设期间在公路内侧坡脚设抗滑挡墙,并于坡口线附近设抗滑桩对坡体进行加固。

东滑坡堆积层自上而下分别为碎石土、粉砂质泥岩,其中碎石土厚度 3.5 ~ 20.1m,分布不均,且由东向西、自下而上逐渐变薄;下伏紫红色粉砂质泥岩厚度 2.0 ~ 25.0m 不等,普遍风化程度高,岩体破碎、节理裂隙发育,下伏滑床为强风化泥灰岩。

东滑坡前级滑块主滑段滑动面倾角 9°,深度 15 ~ 25m,滑带位于强风化粉砂质泥岩与泥灰岩分界附近。中级滑块有两层滑带:浅层滑带埋深 10.0 ~ 23.6m;深层滑带埋深 21.7 ~ 25m,主滑段滑动面倾角 9° ~ 10°。浅层滑体主要沿基岩顶面滑动,滑带附近含水率相对较高;深层滑带位于强风化粉砂质泥岩与泥灰岩分界附近,滑动擦痕明显,该滑坡在路基开挖后沿开挖边坡坡脚剪出,属于中级老滑坡的复活。后级滑块滑带埋深 12.5 ~ 22.6m,滑带位于强风化粉砂质泥岩与泥灰岩分界附近,滑动擦痕明显。

2)西滑坡

西滑坡位于线路大里程段,影响线路里程 K28 + 605 ~ K28 + 900,沿线路宽 295m,垂直线路长约 930m,呈长条状,上窄下宽,西滑坡体积约为 $873.7 \times 10^4 m^3$,属巨型顺层基岩老滑坡。滑坡侧缘均以冲沟为界,滑坡后缘位于山坡南侧冲沟间距变小的缓坡地带,前缘位于大宁河南岸剥蚀平台内侧。依据地形地貌及地层分布情况将该滑坡分为前、中、后三级。公路以挖方形式通过滑坡中级滑块,挖方高度约 23m,建设期间在公路内侧坡脚设抗滑挡墙,并于坡口线附近设抗滑桩对坡体进行加固。

西滑坡滑体具有明显"二元结构",上部为厚度 1.2 ~ 10.4m 的碎石土,下伏厚度 2.0 ~ 22.0m 不等的强风化紫红色粉砂质泥岩。

西滑坡前级滑块滑面深 10 ~ 22m,中级滑块滑面埋深 15.0 ~ 18.5m,后级滑块滑带埋深 14.5 ~ 15.5m,滑动面倾角 9° ~ 12°,滑带均位于强风化粉砂质泥岩与泥灰岩分界附近,滑动擦痕明显。受公路开挖影响,中级滑块沿开挖边坡坡脚剪出。

12.3.3 滑坡变形特征

1)滑坡变形历史

重庆小三峡公路滑坡影响的路段于 2010 年 9 月建成通车,通车运营后对西滑坡进行了深部位移监测,设置于坡体的 3 个深部位移监测孔于 2011 年 11 月中旬剪断,3 个孔的剪断位置深度自北向南依次为 20m、15m 和 12m。

2012 年 11 月,西滑坡坡体再次出现变形,变形范围距线路中线 350m,以前变形的裂缝被再次拉开,部分房屋变形严重以致垮塌,部分抗滑桩发现倾斜变形迹象,线路左侧挡墙开裂,前部路面出现多道鼓胀裂缝。同时,K28 + 312 ~ K28 + 620 段(收费站段)线路左侧已施工完成的挡墙发生开裂变形,部分抗滑桩发现倾斜变形迹象,开挖边坡多处垮塌,通过调查发现距离线路中线350m左右形成多条贯通的拉张裂缝(拉裂带)。直至2013年1月,应急工程设置的仰斜排水孔及微型桩施工完成后,坡体变形才有所减缓。

2014年5月—2015年3月,滑坡坡体部分变形继续变大并出现新的裂缝,道路左侧边沟鼓胀变形继续加大(最大鼓胀处变形约30cm,道路标识牌倾斜歪倒),K28+616.5处左线涵洞边墙被剪切破坏。同时,位于K28+531处小三峡收费站地下通道受滑坡影响,其吊顶、龙骨及侧壁均有不同程度的变形。2015年3月以来,每逢大雨地下通道均积水,最大积水深度可达60cm。滑坡群中部涵洞变形明显,小三峡收费站地下通道损毁。收费站处路面破损严重,有6条车道丧失功能。

2)滑坡变形特征

东西滑坡变形均仅限中级滑块(图12-2),路基开挖后形成新的临空面,导致该滑坡自开挖坡脚剪出。东滑坡中级滑块后缘形成多条拉张下错裂缝,裂缝宽3~55cm,下错5~45cm,裂缝整体呈弧形分布,向两侧冲沟延伸,拉裂带附近民房损坏严重;滑坡前缘部分已施工抗滑桩可见倾斜变形迹象,挡墙外侧路面局部可见鼓胀;挖方边坡岩土体垮塌严重,坡脚已施工挡墙发生开裂变形,排水沟反倾。

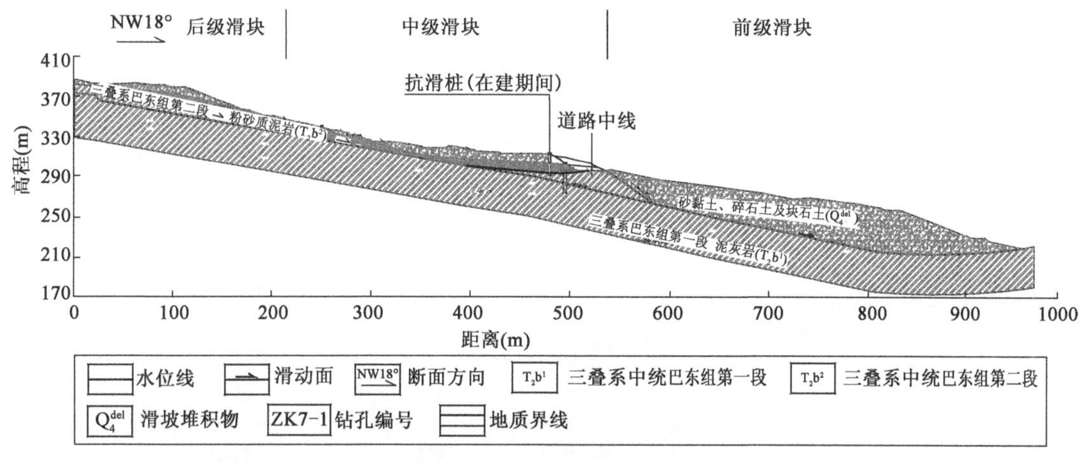

图12-2　典型工程地质断面图

与东滑坡有所差别的是,西滑坡中级滑块形成多条拉张下错裂缝,裂缝宽10~30cm,下错10~50cm,裂缝整体近NW40°向两侧冲沟延伸,拉裂带同样造成附近民房损坏严重;滑坡前缘部分已施工抗滑桩可见倾斜变形迹象,挖方边坡岩土体垮塌严重,坡脚已施工挡墙发生开裂变形,左幅路面发生鼓起变形,可见大量鼓胀裂缝,局部可见近垂直路面剪切裂缝。

3)滑坡变形监测

据深部位移监测结果,在2011年9月16日—11月9日期间,西滑坡一直处于蠕动变形阶段。结果显示:滑面处最大位移达150mm,孔口位移最大140mm;监测孔内水位持续上涨;地表出现了宽15cm、下错15cm的东西向裂缝。

在2012年11月25日—2013年2月3日期间,位于东滑坡(Ⅱ-Ⅱ、Ⅳ-Ⅳ断面)中级滑块的监测孔存在变形迹象或被剪断,位于西滑坡(Ⅵ-Ⅵ、Ⅶ-Ⅶ断面)中级滑块的监测孔均发生变形迹象。位于东、西滑坡前、后级滑块的监测孔均未见明显的变形迹象,滑坡监测点布置如图12-3所示。

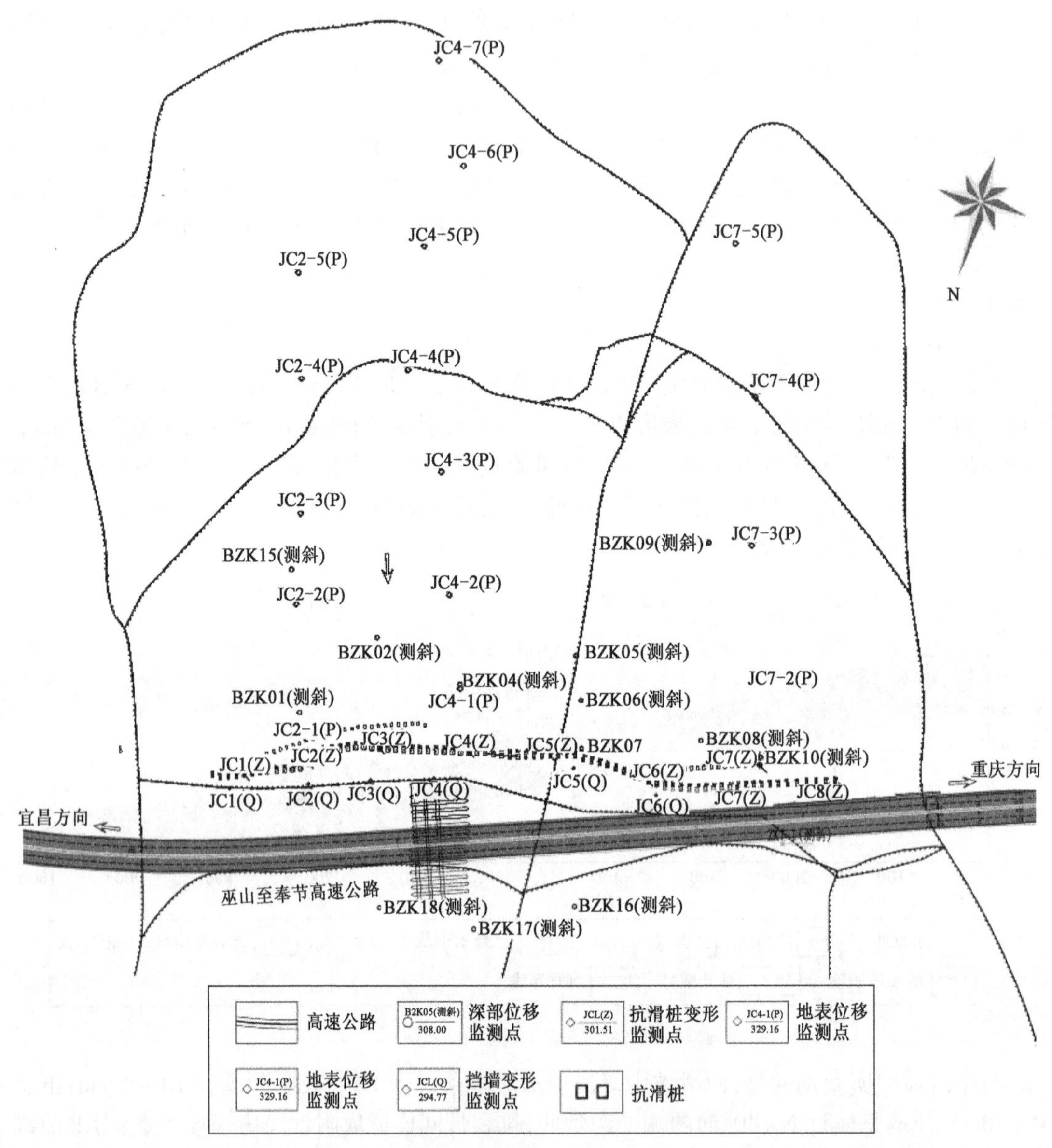

图 12-3 滑坡监测点布置平面图

深部监测孔监测资料显示，东滑坡(Ⅱ-Ⅱ断面、Ⅳ-Ⅳ断面)中级滑块存在明显的变形迹象，位于东、西滑坡中间的Ⅴ-Ⅴ断面(中级滑块)监测数据存在明显变形迹象，其变形深度和工程地质钻探揭示的深度基本一致。具体如图 12-4 ~ 图 12-6 所示。

12.3.4 滑坡形成机理及发展趋势

1)滑坡形成机理

(1)不良的地质条件是滑坡发育的基础。

滑坡地处巫山向斜 NW 翼的次级褶皱上，距离向斜核部较近，该向斜轴向近 NE，区内地层整体北倾，向斜翼部存在多条平行于主轴构造的次生褶曲，使得岩层呈陡缓相间的台坎状分布，加之垂直主轴构造方向小褶皱的发育，导致滑坡区内地层较为杂乱，岩层厚度及分布范围差异较大，岩体极为破碎。

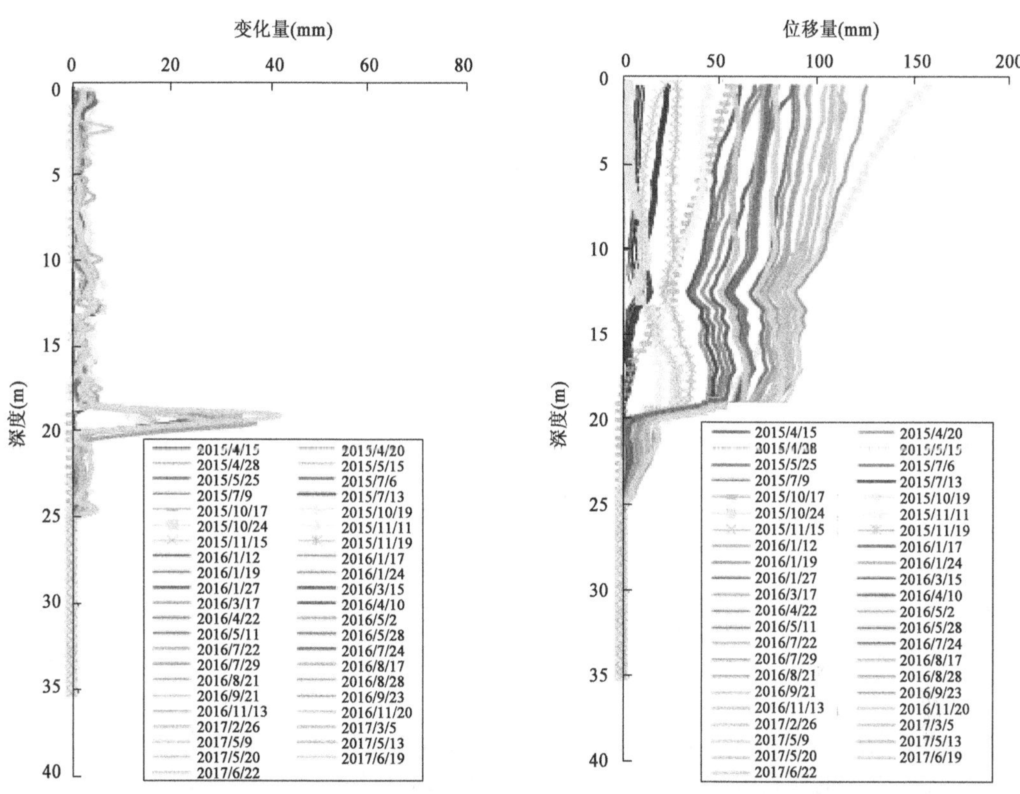

图 12-4　BZK05 深孔位移监测结果

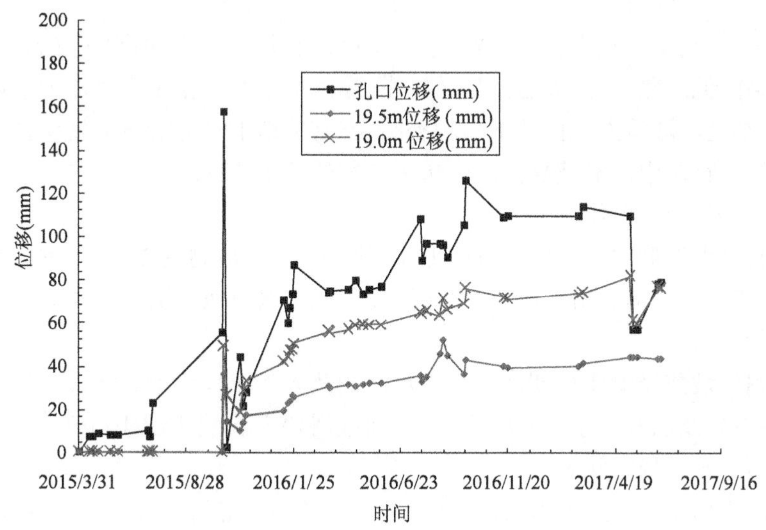

图 12-5　BZK05 孔口及滑面处累计位移—时间曲线

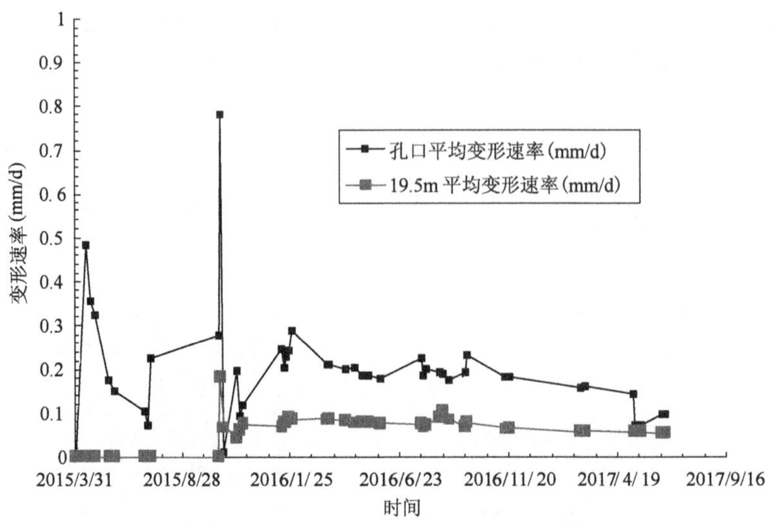

图12-6 BZK05孔口及滑面处平均变形速率—时间曲线

滑坡区三叠系中统巴东组第二段(T_2b^2)粉砂质泥岩和三叠系中统巴东组第一段(T_2b^1)泥灰岩是三峡库区典型的"易滑地层"。根据相关研究,三叠系巴东组(T_2b)内广泛分布软弱带,该软弱带为富含黏土质的软弱夹层,碎裂岩软弱带,溶蚀改造软弱带和软岩软弱带。软弱带的矿物成分以绿泥石、伊利石、石英和方解石为主,黏土矿物含量变化较大,多者可达70%。软弱带经历了层间剪切变形,并牵引周围岩体形成较宽的破劈理或碎裂岩带,其微观结构显示的擦痕及矿物定向排列线理,揭示了软弱带经历了顺层剪切滑动,并伴有重力蠕滑特征。软弱带物理力学试验显示:在反复剪切和地下水长期作用下,其剪切强度将大幅下降。这些特征说明三叠系巴东组软弱带在地下水长期作用下必将加剧滑坡的深部形变,进而发生沿软弱带的深部蠕滑。

综上,复杂多样的地质构造、软弱破碎的顺倾地层是老滑坡产生的地质基础,也是开挖边坡引起中级老滑坡复活的基本条件。

(2)自然因素(气候、水)。

山坡坡面平缓,利于雨水聚积,大量雨水下渗进入破碎岩土体,加剧深层岩体的风化,使得岩体的强度逐渐降低。此外,山坡居民生活排水、灌溉用水及池塘水等水体为坡体内地下水的重要补给来源,加之滑坡后方山体地下水的补给,丰富的地下水为滑坡的发生提供了极为有利的自然条件,是老滑坡、中级滑坡复活产生次级滑坡的基本条件之一。

(3)人类工程活动的影响。

高速公路自老滑坡群中前部以挖方的形式通过,挖方边坡高达23m,开挖边坡形成新的临空面,切断原中级滑块与前级滑块的应力传递,使得原中级滑块复活。

2)滑坡发展趋势

小三峡公路滑坡前级滑块长期以来受雨水冲刷及人类工程活动破坏,未见明显变形迹象,结合现场踏勘、调查及已有勘察资料综合分析,前级滑块在自然工况下处于稳定状态,在暴雨工况下处于基本稳定~稳定状态。

中级滑块前缘由于开挖边坡形成新的临空面,导致中级老滑块复活,沿前缘已有施工挡墙墙脚附近剪出,坡脚渗水明显,其后缘形成贯通的拉裂带。滑坡体上房屋垮塌严重,地表位移监测结果变形明显,深部位移监测孔变形趋势明显,且个别深部位移测斜管已被剪断。故中级滑块处于蠕动变形阶段,在自然工况下处于欠稳定状态,在暴雨工况下处于不稳定状态。

后级滑块由于中级滑块的支撑,未见明显变形迹象,但是在中级滑块持续变形的情况下,会牵引该级滑块进一步发生滑动变形,故分析后级滑块在自然工况下处于基本稳定状态,在暴雨工况下处于欠稳定状态。

12.3.5 滑坡防治措施及运营交叉组织设计

小三峡公路滑坡在建期间,采取在中级滑块前部设置抗滑桩进行治理,但是由于桩长过短,锚固段未能进入稳定地层,导致滑块在前缘已有施工挡墙墙脚附近剪出,鉴于后期滑坡下方道路已正常运营,故治理工程需兼顾前期防治工程及公路运营安全。针对滑坡潜在滑动面的影响,增设地表和地下排水工程,降低滑坡地下水位,减小土体流变性,避免其蠕动变形危害。同时,由于滑坡区道路段已处于运营状态,必须针对公路保通与防护工程施工制订科学合理的施工措施。

1)滑坡治理工程设计

通过前述分析,由于滑坡在建期间在中级滑块前部设置的抗滑桩桩长过短,锚固段未能进入稳定地层,导致滑体再次发生滑移。第二次治理工程考虑潜在滑动面的影响,采用桩径3.0m×3.6m的锚索抗滑桩,桩长28m,桩间距6m。其余区域分别依据推力计算结果设置了1.8m×2.4m、2m×3m、2.4m×3.6m等桩径。

为减小地下水对滑坡的影响,在边坡不同位置设置了截排水沟+冲沟铺砌的地表排水设施,同时利用仰斜排水孔疏导坡体内地下水,后期由于仰斜排水孔排水效果有限,在滑体中部增设了泄水隧洞。工程布置典型断面如图12-7所示,泄水隧洞布置立面设计断面分别如图12-8、图12-9所示,竖向渗水孔设计如图12-10所示。

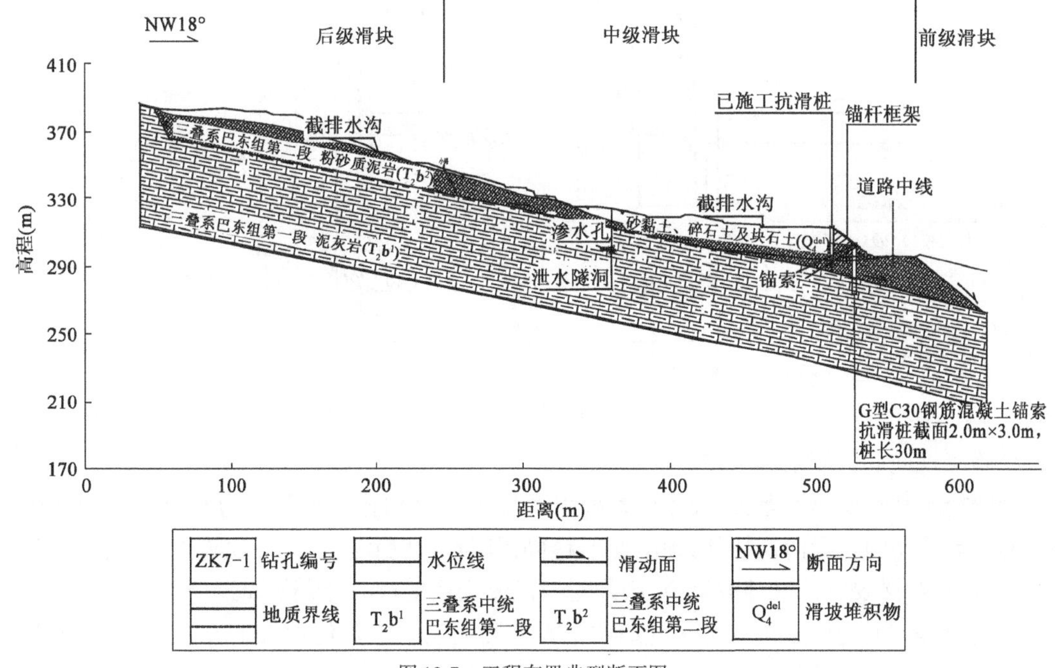

图12-7 工程布置典型断面图

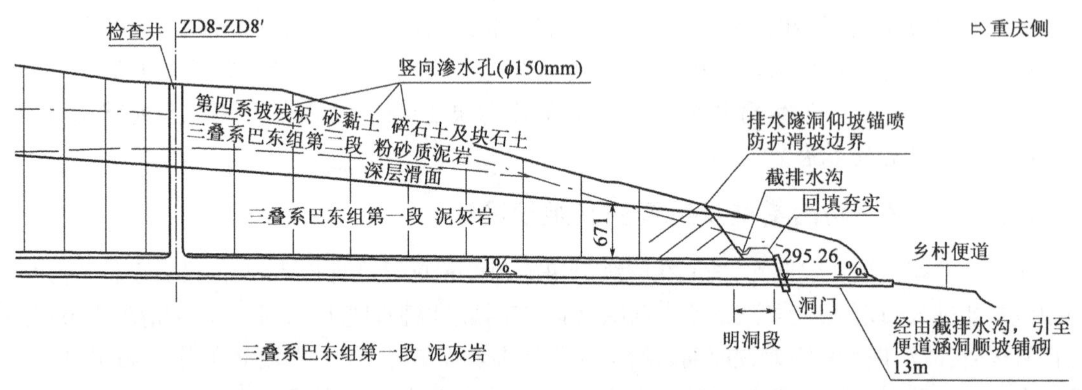

图 12-8 泄水隧洞布置立面图

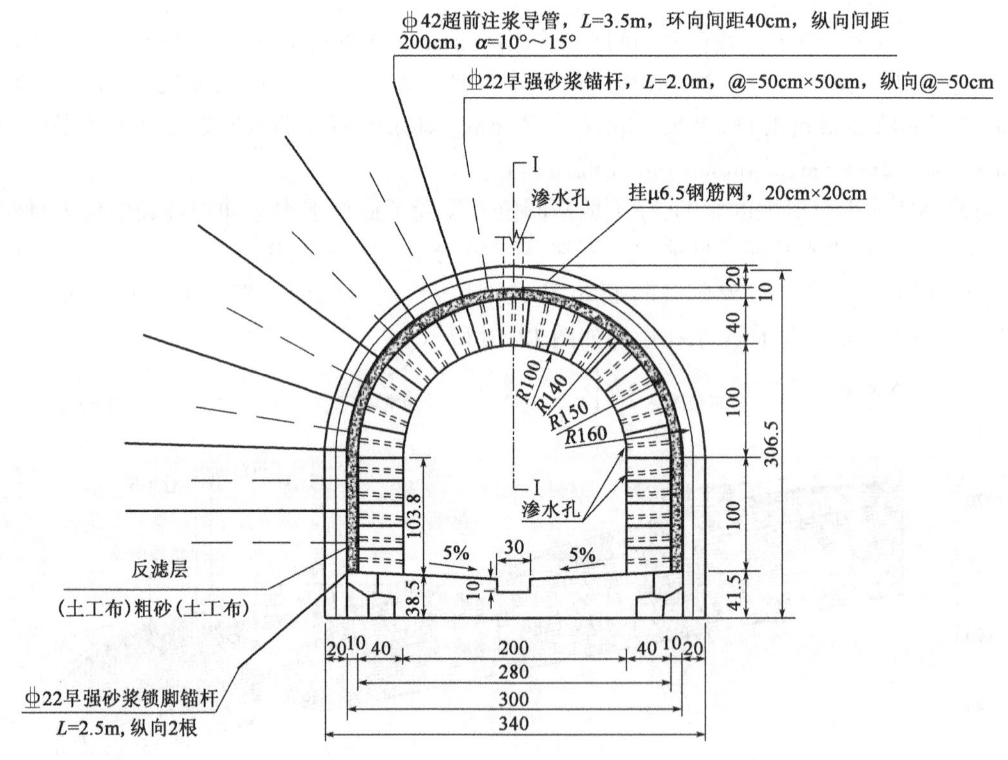

图 12-9 泄水隧洞设计断面图(cm)

2)施工期间的监测措施

滑坡处于蠕动变形状态,滑坡体内多处出现墙体裂缝和地面拉裂。为及时了解滑坡体在施工期和运营期的变形活动特征,预测变形趋势,判断滑坡稳定状态,保证施工安全,并对防治效果进行检测,必要时采取补救措施,必须对滑坡范围内的已有建(构)筑物及滑坡的变形(治理前后)进行监测,建立整个变形区的地质灾害监测网络。主要包含人工坡体巡查、地表及结构物监测、深孔位移监测等措施。具体工作方案如下:

(1)地表裂缝监测。

对拉裂缝埋设0.2m×0.2m的位移观测标,裂缝应位于观测标的中间。观测标用M10水泥砂浆埋设,间距20m一个。

(2)地表位移监测。

采用视准线法,在滑坡体的后缘、中部、前缘各埋设位移观测桩,滑体外埋设控制桩。滑坡体的控制桩应保证其位于滑坡体外稳定岩土体上,并利于对观测点进行监测测量;观测桩应分散布置于滑坡体上,要求能反映整个滑坡的位移变化情况并且不宜损坏、通视情况良好。

(3)支挡结构物监测。

在支挡结构物设置一排变形观测桩,进行位移观测;对抗滑桩应力、应变采用预埋压力盒进行监测;对挡土墙变形监测,采用全站仪进行监测。

(4)深部位移监测。

为了掌握滑坡的连续变形情况,了解滑坡的动态变形,在对已有深部监测孔进行监测的同时,新增埋设测斜管(共计14孔)进行深部位移监测。

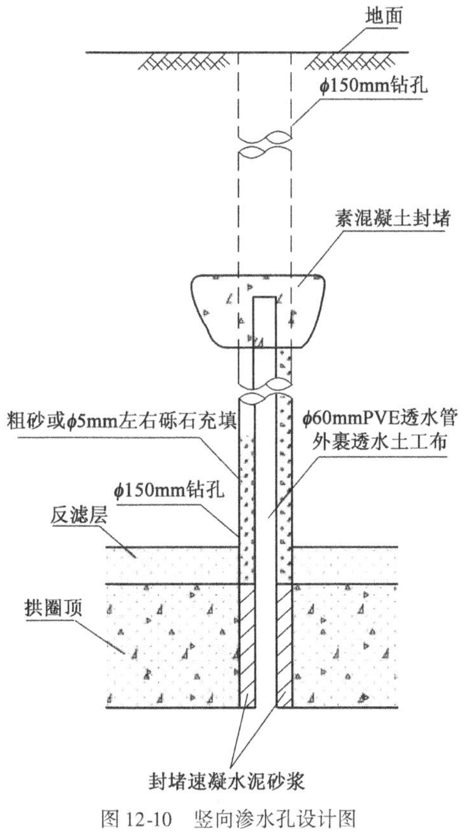

图12-10　竖向渗水孔设计图

滑坡深部位移监测孔在成孔时取芯,并做好地质编录,注明有可能成为滑面(带)的软弱结构面(带);成孔后,全孔下入安装具有导向轨槽的铝合金管(或高强度UPVC塑料管),管外用水泥浆固定,测斜管埋设完毕后对孔口进行封锁,以防测斜孔堵塞。深部位移监测孔深度一般以进入预测最深滑面以下5~10m为宜。采用钻孔倾斜仪沿测斜管探测滑坡深部,特别是滑带的位移情况。

(5)测量精度。

地表变形监测:点位误差要求不超过5mm;水准测量每公里中误差要求不超过2mm。地表裂缝的测量精度为1mm。钻孔倾斜仪系统总精度不超过±5mm/15m。

对滑坡的加速变形阶段进行了细分,并给出了基于变形的滑坡4级综合预警判据(图12-11)。一旦滑坡监测数据超出预警值,立即采取停止施工及高速公路封道等措施。

3)交通组织方案

由于该滑坡运营通车后发生滑动,故务必保证应急工程及时施工,为保证先实施抢险工程部分16根抗滑桩及相应附属工程的顺利施工,必须制订科学合理可行的交通组织方案。

考虑到该工程施工特点,过往车辆、收费站设施、人员安全是重点。对此,制订了详细的《交通平面布局图》(图12-12),对现场进行科学封闭管理。G42沪渝高速公路出城方向至滑坡位置实行占道(占用紧急停车道和部分行车道)施工,出城方向小三峡主线收费站封闭最右侧2个收费站,如图12-13所示。

同时,抢险工程工期紧,施工干扰大,安全保障压力大并要在规定的工期内完成,关键在于

精心组织,周密安排,必须有各方的大力支持和保障。对此,现场必须执行施工道路安全畅通的保证措施如下:

(1)施工路段利用沿线收费站设置醒目清晰的施工提示标志牌。

(2)施工进场后,与建设单位、监理单位沟通,协商确定施工交通保通方案,明确各项规定、要求和措施,并据此制订完善的施工组织设计方案,确保收费站正常通行。施工过程应该合理组织施工,加强施工区域与通行路段的隔离和安全措施。

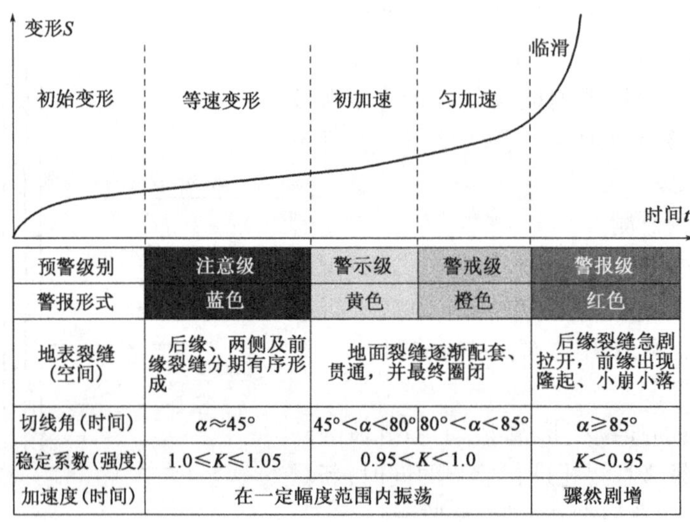

预警级别	注意级	警示级	警戒级	警报级
警报形式	蓝色	黄色	橙色	红色
地表裂缝(空间)	后缘、两侧及前缘裂缝分期有序形成	地面裂缝逐渐配套、贯通,并最终圈闭		后缘裂缝急剧拉开,前缘出现隆起、小崩小落
切线角(时间)	$\alpha \approx 45°$	$45° < \alpha < 80°$	$80° < \alpha < 85°$	$\alpha \geqslant 85°$
稳定系数(强度)	$1.0 \leqslant K \leqslant 1.05$	$0.95 < K < 1.0$		$K < 0.95$
加速度(时间)	在一定幅度范围内振荡			骤然剧增

图 12-11　基于变形观测的滑坡 4 级综合预警

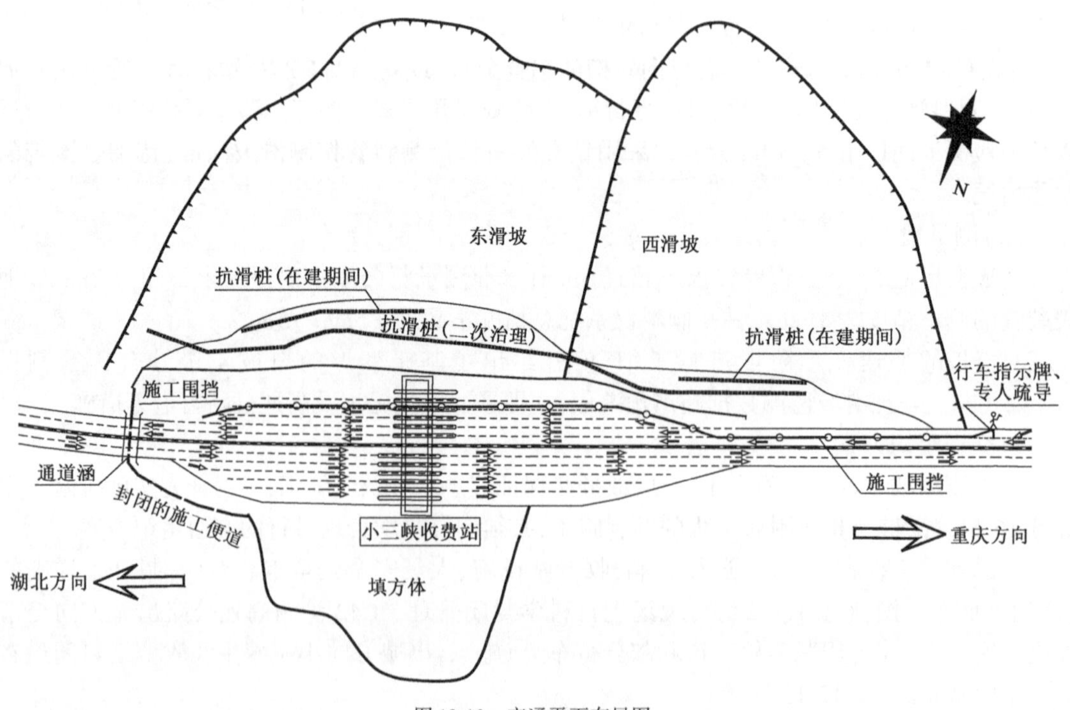

图 12-12　交通平面布局图

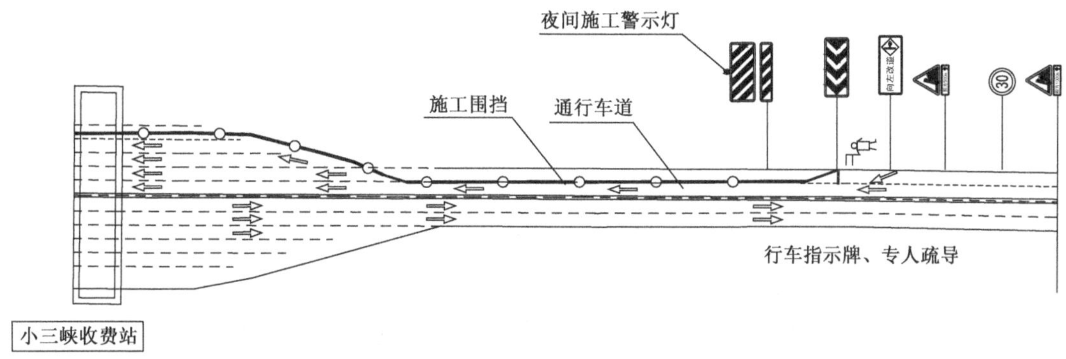

图 12-13 施工交通组织示意图

(3)特殊情况下运输车辆需横穿现有公路,现场设置专职安全指挥员指挥交通,对过往车辆实施临时交通指挥通行。

最后,必须制订全面科学的安全施工保证体系,制订交通安全组织措施和交通应急预案,以便保证现场有序施工与运营。

在施工隔离区前方,设置警告、限速、前方施工、前方车道变窄、禁止通行等必要标志;进入施工路段前2km时,设置"前方2km施工"标志牌,并配备专职安全维护人员,在施工段落行车1km、500m、200m处的硬路肩处侧,依次摆上"前方1km施工""前方500m施工""前方200m施工""车辆慢行"等反光标牌。

在工地东侧利用既有通车涵洞建设一条封闭的施工便道,便于工程车辆通行。以围墙的形式使便道与地方道路隔离封闭。避免社会车辆、人员利用施工便道进入高速公路。

12.3.6 滑坡长期监测及治理效果分析

滑坡勘察设计施工期间共开展了38个深孔位移监测孔(其中13孔为第一次勘察期间监测孔,14孔第二次勘察设计期间新增监测孔,11孔为施工期间新增钻孔)对滑坡进行监测。

第一次勘察设计期间,在监测期间、监测深度范围内均未见明显变形趋势。

第二次勘察设计期间,深部位移监测共布设14孔监测孔,2015年3月31日取得初始值,截至2017年5月进行了多次监测。

治理工程实施的同时,为及时掌握滑坡变形情况,施工期间新增钻孔共11个,2016年4月底取得初始值,截至2017年6月底分别进行了多次测量,测孔涵盖上、中、下级滑坡、变形区域及潜在变形区域,监测滑面变化情况及地下水位的升降。

通过监测结果分析,滑坡变形主要与施工不同阶段滑坡应力状态及地下水位埋深相关,工程前期主要受滑坡应力状态影响,主体抗滑工程完成后蠕变阶段受地下水位埋深影响较大,合理的施工工序是有效控制滑坡变形的关键。

泄水隧洞完成后,在泄水隧洞作用下,滑坡范围内地下水位下降明显。2017年6月以来监测显示滑坡无明显变形,整体处于稳定状态。

第13章　国外滑坡　因地制宜

随着经济全球化发展,尤其我国“一带一路”倡议的提出,中国与世界各国联系更加紧密。大量中国交通基础设施建设企业走出去,承担了大量的国外工程,“中巴经济走廊”“中尼公路”“阿尔及利亚干线公路”等大型交通工程建设项目,留下了中国工程师的智慧,见证了中国和世界各国人民的友谊。

类似于国内的公路工程建设,受控于当地的环境地质条件,国外公路项目在建设中同样存在滑坡灾害风险,如阿尔及利亚东西高速公路建设工程中,大部分路段穿越被西方工程师称为“岩土工程师灾难”的复理石地层发育区域,出现了大量滑坡灾害,需要进行防治。

从滑坡机理层面来看,国外公路滑坡与国内滑坡并无区别,防治方法也基本相同,但是,由于国外国家与中国在技术标准方面存在较大差异,工程建设项目管理体制、体系也有不同,因此,在执行国外公路项目过程中,面临勘察设计标准理念和思维方式的激烈碰撞,国外公路滑坡治理最大的难点在于结合所在国相关要求,按照指定的勘察设计标准,因地制宜地制订防治工程方案。

13.1　国外公路滑坡防治工程特点

国内外滑坡防治措施基本类似,主要分为改变坡体几何形态、排水、支挡、改良土体(包括坡体加筋),国际岩土学会对滑坡的主要治理措施见表13-1。

但是,国外公路滑坡治理工作作为涉外工程建设的一部分,具体的勘察、设计、施工均带有强烈的国外工程属性,这主要是由于国外项目承包合同条款决定的。国外公路滑坡防治最大的特点在于因地制宜地制订滑坡治理措施，其特点体现在：国外勘设标准的执行、多目标设计、设计施工一体化、文件编制、属地国特殊性等。下面结合主要特点作具体介绍。

国际岩土学会滑坡治理措施简表　　表13-1

1. 改变斜坡的几何形态
1.1　对滑坡滑动区减载(可用轻型材料代替)
1.2　对滑坡抗滑区反压(反压护道或填土)
1.3　减缓斜坡坡度
2. 排水
2.1　地表排水，把水排到滑坡区外(集水沟或管)
2.2　充填渗水材料(粗卵砾石或土工合成纤维)的浅沟或深沟排水
2.3　粗粒材料的支撑盲沟排水
2.4　用泵抽水或自流排水的垂直孔群(小直径)排水
2.5　重力排水的垂直井群(大直径)排水
2.6　地下水平孔群或垂直孔群排水
2.7　隧洞、廊道或坑道排水
2.8　真空排水
2.9　虹吸排水
2.10　电渗排水
2.11　种植植物(水文作用)
3. 支挡结构
3.1　重力式挡土墙
3.2　框架式挡土墙
3.3　笼式挡墙
3.4　被动式桩、墩和沉井
3.5　现浇的钢筋混凝土挡墙
3.6　聚合物或金属的条或片的加筋挡土结构
3.7　粗粒材料的支撑扶壁(盲沟)(力学作用)
3.8　岩石边坡的固定网
3.9　岩石崩塌的减缓和阻止系统(拦石的沟、平台、栅栏和墙)
3.10　抗冲刷的保护性岩石或混凝土块
4. 斜坡内部加固
4.1　岩石锚栓
4.2　微型桩群
4.3　土钉
4.4　锚杆(预应力的或非预应力的)
4.5　注浆
4.6　石头的或石灰/水泥柱
4.7　热处理
4.8　冻结
4.9　电渗锚杆
4.10　种植植物(根系的力学作用)

1)国外规范标准

我国规范标准受苏联影响较大，与国际通行的欧美公路勘察设计所采用的标准规范有很大的差异性。我国的标准规范，各行业自成系统，专业性强，规范可操作性强于欧美标准规范系列，有其自身的优势，便于工程师掌握应用。欧美规范，计算方法总体比较自由，属于推荐或原则性规范，只要按照推荐的方法中选择一种即可，但有时也要根据当地习惯进行选择；相对于计算方法，验算方法比较严格。形象地来讲，如果工程师仔细翻阅中国和国外规范，可以发现中国规范非常严格，每一步计算的公式和系数都体现在规范上；欧美标准是非常简略的原则性规范，很少出现设计具体公式和参数。加之语言的障碍，在具体工作中双方对于标准的采用和理解往往存在着分歧和差异，进一步加大了工作的难度，与外方的沟通协调也耗费了大量的时间。

2)多目标设计

设计工作对技术标准的掌握、技术方案的确定、材料选择、合同索赔等均应最大限度地满足总承包人的利益，同时要充分考虑现场的施工工艺、材料价格、施工难度以及工期要求。但是设计同时还要通过建设单位、外部监督的审查，设计成为各方利益博弈的焦点，是综合考虑总承包人利益、建设单位审查、方便施工、造价控制、保障工期的多目标设计。

设计工作需要花费更多的时间和精力权衡各方的利益，为了通过外方的审查往往要进行多方案比选和充分的计算，与建设单位的沟通要具有充分的论据和说服力。

3)设计施工一体化

设计施工一体化模式是国外项目的最大特点。以往在国内的建设模式中设计和施工单位分离，两者的工作目标和利益不同。设计工作服务于建设单位的工程规模、造价控制和技术要求，与建设单位和各级地方政府共同确定重大技术方案；施工单位基本上是按图施工、单价支付，对于方案选择、材料设计没有主动权。

国外项目设计、施工均属于承包人的服务范围，施工图设计不是一个阶段，而是伴随着施工全过程。总承包人具有工程规模控制、重大方案选择、材料采购的主导权，拥有了为自己创造效益的极大空间。

4)设计具体要求

首先，国外滑坡设计过程中更重视基础资料，重视钻孔记录、试验资料以及测量等基础资料，勘探和试验工作量远远高于国内，项目区测量数据要求很高；第二，国外滑坡设计将地勘与设计文件融为一体，地勘报告与滑坡的计算书合在一起组成一份文件，并且设计人员与地质人员共同研究设计参数，地勘报告推荐的岩土体参数即为设计选用参数；第三，国外滑坡治理更重视环保和排水措施，排水的设计要求较高；第四，国外滑坡治理更重视计算书，滑坡的坡体稳定性计算、支挡结构内力计算(包括一些构造性防护措施)等均需逐段进行计算，每段排水沟、截水沟、边沟等均需进行水文水力计算；计算内容是否合理，直接决定了治理文件能否通过外部审查。

计算书的编制主要步骤如下：

(1)建立地质模型。

根据现场地调及勘察成果，建立滑坡的地质模型(包括地下水)，输入滑体、滑带、滑床物质参数，以上参数基本依据室内试验成果获得。由于滑带的特殊性，滑带参数也可通过反算获得。滑坡稳定性反算时，国外并未对滑坡不同变形阶段进行区分，一般依据滑坡正常工况稳定性系数为1.0。在此基础上计算滑坡正常工况和地震工况的初始稳定系数，这点也有别于国内规定，国外没有暴雨工况，而在不同的地震设防烈度下，均需计算滑坡地震工况稳定性。

(2)计算滑坡加固后滑坡稳定性。

在第一步的基础上,在模型中添加不同的滑坡治理工程,此处的滑坡治理工程包括减载、反压、排水、坡体加筋、挡墙、锚索(杆)、抗滑桩等,依据不同的工程措施选取设防安全系数,正常工况安全系数取值在1.1~1.5(措施可靠性高时,取低值),也就是工程设防后滑坡稳定系数较初始状态提高10%~50%,国外并未对地震工况设防安全系数作出具体规定,根据与国外工程师交流,地震设防安全系数取1.0即可。计算滑坡加固稳定性其实是一个试算的过程,根据设防需要达到的目标安全系数,调整治理工程的几何尺寸,非构筑物结构计算基本到该步骤即结束(如加载、反压、排水、加筋、锚索、锚杆等);而构筑物结构需要试算出作用于结构物上的滑坡推力(如挡墙、抗滑桩),为下一步的结构内力计算提供依据。

(3)构筑物内力计算。

依据第二步中计算所得构筑物的滑坡推力,进行构筑物的内力分析。国外构筑物内力分析也和国内有较大区别,国内根据不同工况选取滑坡推力最大值进行构筑物内力分析,而国外依据不同工况下滑坡推力值,分别进行承载能力极限状态(ELU)、正常使用极限状态(ELS)、偶然作用极限状态(ELA)3种状态下的内力计算,最终选取构筑物承受的最大内力(弯矩、剪力、轴力),完成构筑物的材料强度设计。

5)属地国特殊性

设计方案制订过程中必须考虑项目属地国的法律、用工、材料等特点。比如国内大型滑坡治理多采用技术成熟的大型矩形抗滑桩,抗滑桩施工过程中需要进行人工开挖,而国外基本没有该工种人员,且受当地法律限制,无法开展该种高风险作业,因此国外一般采用圆形抗滑桩进行滑坡支挡加固,可以实现机械化施工、施工周期短、安全风险低,但是一般工程造价相对较高。再比如非洲地区,由于该地区大量的建筑材料需要外购,有时考虑到时间及成本问题,需要结合当地既有材料制订合理的设计方案。由于国外土地私有制的特点,给用地带来相当大的困难,原本可以采用削方减载处理的一些滑坡,由于征地问题,只能在坡脚采用强支挡方案。

13.2　国外公路滑坡防治关键技术

由于国外法律、规范、工程师习惯的差异性,以上多种因素均制约国外公路滑坡防治方案的最终制订,因此滑坡防治措施必须因地制宜。结合中交一公院多年国外公路滑坡工程设计经验,主要将具有海外特殊性、应用较为普遍、治理效果明显的滑坡防治关键技术做简要介绍。

13.2.1　大型排水盲沟+石笼挡墙技术

国外滑坡治理中更注重排水措施,滑坡排水工程包括地表排水工程和地下排水工程。地表排水工程主要包括截水沟、排水沟等;地下排水工程主要包括盲沟、仰斜排水孔、降水井、排水隧洞等,形成立体综合排水效果。国外地表排水工程基本与国内无异,而地下排水工程应用较多的为盲沟,考虑到应用效果及施工安全,国外滑坡治理中对盲沟做了大量的改进设计。主要是加大盲沟尺寸,即采用大型排水盲沟(图13-1),并对盲沟排水出口局部段落采用石笼挡墙进行防护。大型盲沟+石笼挡墙的优点主要体现在以下3个方面:一是按照两级开挖施工,加大盲沟的排水深度，更有利于滑坡稳定性的提高；二是增加了盲沟宽度，便于机械化施工，提高盲沟的施工进度和施工安全性；三是采用石笼挡墙对盲沟出口段进行边坡防护，增加了盲沟出口处的稳定性。

大型排水盲沟的结构形式如图 13-1 所示。可分两级开挖，第一级挖至滑面以上 3 ~ 4m，并保证第一级底宽不小于 6m，以便于挖机下一步开挖施工，两侧临时边坡坡度为 1∶1.0（也可根据地层情况调整，保证临时边坡稳定即可），必要时两侧边坡可增设挂网喷锚进行临时防护；第二级开挖至滑坡以下 0.5m 处，该级挖深主要由挖机性能决定，一般为 3 ~ 4m，在及时回填的情况下，该级两侧临时坡率可采用 6∶1，该级底宽约为 1m（由挖机铲斗宽度决定）；盲沟底部设置排水管及隔水土工膜，底部 1m 范围内采用粒径较小的碎石回填，以免损伤排水管，沟底 1m 至地表以下 1m 范围内采用普通碎石回填，地表以下 1m 范围采用素土及黏土回填，在盲沟顶部设置一道截水沟，碎石回填周界布设土工布，以免细粒土堵塞碎石层。

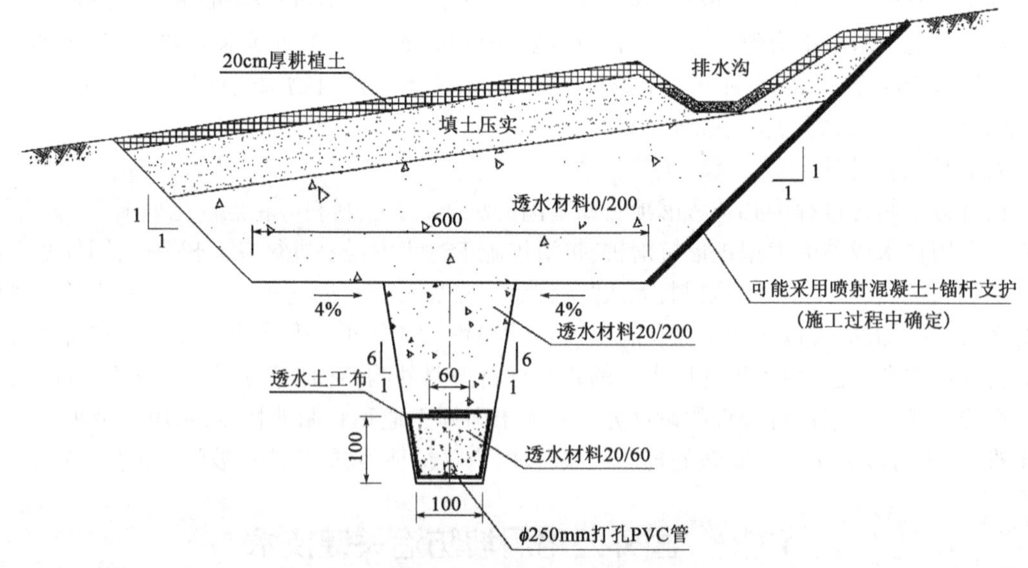

图 13-1　大型排水盲沟结构设计图（尺寸单位：cm）

大型排水盲沟设计时应符合以下要求：①盲沟宜顺滑坡滑动方向平行布置；②盲沟底应置于滑面以下稳定地层内 0.5m 以上，寒冻地区应置于最大冻深线以下 0.25m；③滑动面坡度较大时，盲沟基底应设置为台阶状，台阶宽度 2 ~ 4m，台阶外倾 2% ~ 4%。

13.2.2　重力罩面防治技术

重力罩面是将全部滑塌体清除，按照设计坡率回填碎石或砂砾等透水性材料，并充分压实，依靠回填材料本身重力对边坡产生一定的支撑作用，且对后侧边坡内地下水有疏干的作用。重力罩面必须埋置在滑动面以下的稳定地层中，下部应设置为台阶形，台阶宽度不宜小于 3m。根据后侧岩土体性质考虑是否在重力罩面和后侧岩土体之间设置反滤层或透水土工布。如图 13-2、图 13-3 所示。重力罩面设计时需要注意以下几点：重力罩面回填面坡坡率一般不陡于 1∶1.5，以满足回填材料自身稳定性要求；重力罩面分层回填宽度均不小于 3m，以便机械化回填及碾压要求。

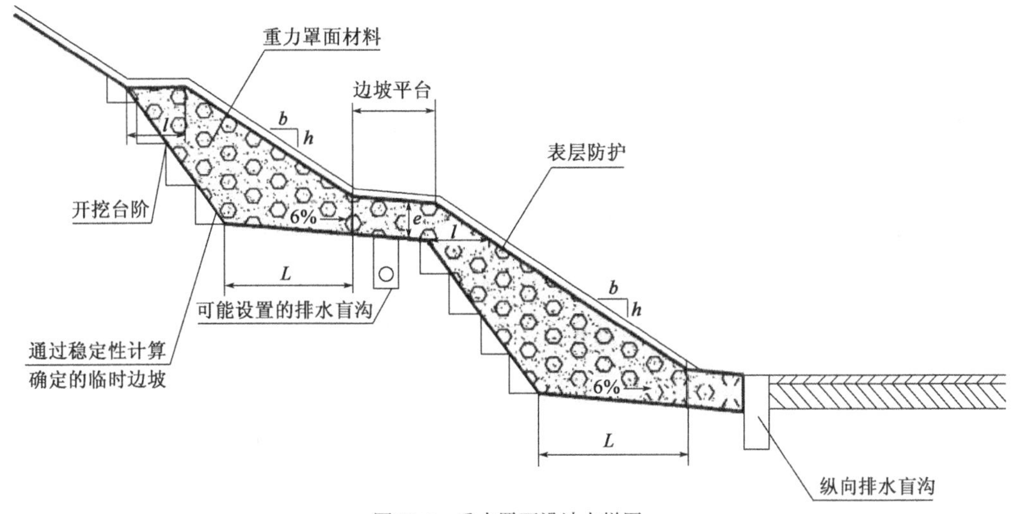

图13-2　重力罩面设计大样图

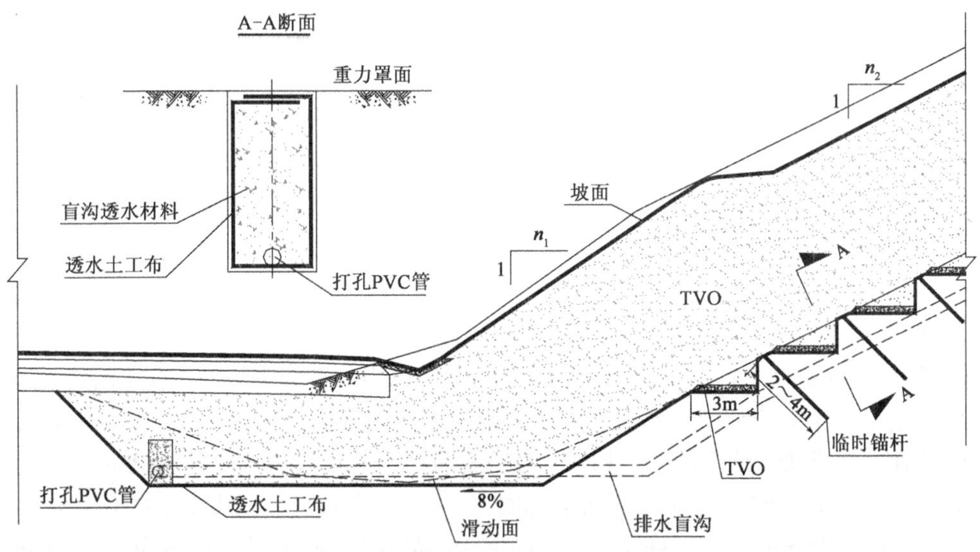

图13-3　重力罩面设计详图

在采用重力罩面的路段可以采用如下工程措施：临时锚杆 + 喷射混凝土，开挖台阶，防滑铲，坡面横向排水盲沟，坡脚纵向排水盲沟，重力罩面与坡面交界处铺设透水土工布等。

临时锚杆 + 喷射混凝土防护适用于重力罩面后侧临时边坡稳定性不足或者可能碎落掉块的路段，锚杆间距可以取4m，锚杆长度根据岩性不同取2～4m。在清除完滑塌体，施工重力罩面时，为增强坡面稳定性，在临时锚杆之间应开挖台阶。

防滑铲设置于边坡坡脚处，采用倒梯形断面。防滑铲材料与重力罩面本身相同。在防滑铲的内侧底部设置纵向贯通的碎砾石盲沟，将汇水引至填方段排除。

在回填重力罩面时，对于后侧土体可能污染重力罩面，使透水能力降低的路段，应在重力罩面与后侧坡面之间全断面铺设透水土工布。为防止压实过程中使土工布破坏，应采用防刺破的透水土工布。

为保证坡面渗水快速排除,在后侧坡面处间隔设置坡面排水盲沟,排水盲沟连通至坡脚纵向碎石盲沟处。也可以施工新型土工材料,比如复合排水材料。

重力罩面适用于已发生滑塌的边坡,尤其是膨胀岩土地区浅层滑坡(塌)。该项工程措施具有施工简单、快速、施工完毕后不改变坡面原始形态、外形较美观等优点,在国外滑坡灾害防治中大量应用,国内滑坡治理中该项措施还未见使用,在国内具有较强的借鉴意义。

13.2.3 圆形抗滑桩群支挡技术

抗滑桩因其具有抗滑能力强、适用条件广、施工方便、对滑坡扰动相对较小、对滑坡的根治能力强等优点而被广泛应用于滑坡治理中。方形截面抗滑桩因其截面惯性矩大、受力性能优、材料节省等优点,而被广泛应用在国内大型滑坡治理中,方桩施工过程中需要进行人工开挖,而国外基本没有该工种人员,且受当地法律限制,该种高风险工作有可能给总承包人带来较大的法律风险,因此国外一般采用圆形抗滑桩进行滑坡支挡加固,可以实现机械化施工、施工周期短、安全风险低。但对于中、大型滑坡,由于圆桩一般截面较小、单桩抗滑能力有限,因此需要设置圆形抗滑桩群进行支挡,一般常用的布桩形式分为两类:一是多排桩;二是椅式桩(图 13-4)。

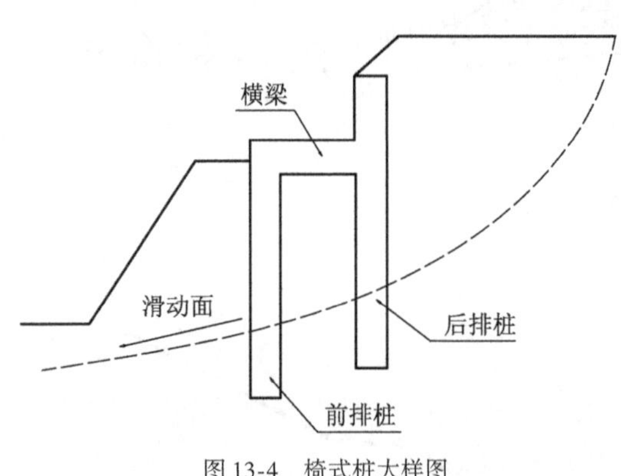

图 13-4 椅式桩大样图

多排桩即为滑坡体上设置两排及以上的抗滑桩,一般前、后排桩距离较大,要求各排抗滑桩应满足分级支挡的要求,即后排桩应对其后部滑坡下滑力进行完全支挡,且不考虑桩前抗力。前排桩对前、后排之间的滑体下滑力进行支挡。抗滑桩受力计算步骤与单排桩基本一致。

椅式桩是一种新型支挡结构,它是在滑坡地段的适当位置设置前、后两排钢筋混凝土桩(排间距一般小于5倍的桩径),并在桩顶用横梁把前、后两排桩联结起来,形成一种刚架桩支护的空间结构,其形状与传统的椅子相似。椅式桩抗滑结构在没有锚杆的情况下,发挥空间组合桩的整体刚度和空间效应,并与排间土协同工作,支挡滑坡体,达到保持坡体稳定、控制变形、满足施工和周围环境安全的目的。椅式桩属于超静定结构,受力计算较为复杂,也阻碍了其在工程中的应用,但随着有限元计算软件的普及,使其应用慢慢变多。

13.3 典型案例

阿尔及利亚东西高速公路是马格里布高速公路的重要组成部分,2006 年中资单位一举中标阿尔及利亚东西高速公路中、西两个合同段,合同段里程长达 528km,中标合同额高达 62.5 亿美元,是当时中资单位中标的最大国外项目。按照合同要求,该项目需按照欧标执行,咨询、监理单位均为国外知名的建筑企业。由于环地中海沿岸分布有大量的第三系泥灰岩,该套地层风化作用强烈,节理裂隙极为发育,质地极软,具有遇水后快速膨胀软化,失水后崩解的不良特性(被国外同行喻为“工程癌症”),造成公路边坡建设中出现大量的滑坡灾害。面对陌生的规范要求和棘手的滑坡险情,中方因地制宜地制订了公路沿线滑坡防治方案,为工程的如期竣工提供了有力的保障。

中标合同段M3标段(PK137+120~PK137+420)滑坡为现场最具代表性的灾害案例,该路段原设计为6级挖方边坡,在边坡开挖基本成形的情况下,该处泥灰岩边坡发生大面积滑坡。经过对该滑坡详细的勘察,重点分析了泥灰岩的不良地质特性,分析了滑坡形成机理,通过充分的方案比选,最终采用重力罩面的工程措施对滑坡进行了成功处治。

13.3.1　区域环境地质条件

1)地形地貌

滑坡地处M3合同段低山区,滑坡场地为东西走向的"V"字形峡谷地貌,地形南高北低,"S"形脊状地形。滑坡区地面高程483~561m,高差约80m。

2)气象

项目区属地中海气候,年平均气温9℃~23℃,每年8月最热,平均最高气温31.2℃;1月最冷,平均最低气温5.9℃,每年6—9月为旱季,平均降雨量15mm,11月—次年3月为雨季,平均降雨量为116mm。全年的主导风向为北风,有时夹杂西南风,年平均风速2.35m/s,统计最大风向为220°,最大风速为32m/s,即115.2km/h。

项目区总体特点是旱季雨量稀少,但多为暴雨,持续时间短但降雨强度大;雨季降雨集中、持续,强度虽然不大,但历时长。

3)地层岩性

滑坡地层结构较为简单,岩性以白垩系页片状泥灰岩为主,局部含砂岩或石灰岩薄夹层,上部有薄层第四系松散堆积层。

(1)第四系残坡积碎石土(Q_4^{el+dl}):包括坡积碎石土、含碎石黏土,黄褐或灰褐色,主要为页片状泥灰岩全风化残积土,局部地段因人工活动等有小型滑坡堆积,厚度1~5m。

(2)页片状泥灰岩:灰黑色,薄层或微层状、片理发育,遇水软化,易崩解、裂解。含石灰岩、砂岩薄夹层。强风化层厚度小于10m。弱风化页片状泥灰岩抗压强度0.8~3.4MPa,重度23.0~26.2kN/m³。如图13-5、图13-6所示。

图13-5　刚刚揭露的新鲜页片状泥灰岩

图13-6　暴露月余的页片状泥灰岩

4)区域地质构造与地震

(1)区域地质构造。

路线所经地区在大地构造上属于阿尔卑斯—喜马拉雅造山带中的阿特拉斯—阿尔卑斯褶

皱带,在地中海地区代表了欧亚板块和非洲板块的汇聚处。近年来的空间和测量结果(Arguseral. 1989,De Mets et al,1990)显示在阿尔及利亚北部地区这两大板块的汇聚速度为4~5mm/年。区域大地动力环境造成了阿尔及利亚北部地区的强烈构造变形,形成阿特拉斯山系的褶皱(背向斜)以及以逆断层为主的活动性断裂构造,M3 合同段位于该构造带前沿。

布那什(Bounashene)背斜:为 M3 合同段的一级构造,塑造了该合同段地层岩性的总体分布格局和产出特征,总体而言,岩层产状与开挖坡面呈有利组合。但是,由于强烈的动力地质作用,滑坡区岩体节理裂隙发育、小型断层发育、层间褶区发育,构成了坡面稳定性的潜在不利推手。

F3 断裂:位于滑坡前沿沟谷,为平行于白垩系背斜轴向的压扭性大断层。东西向延伸长度大于 10km,破碎带宽度 50~100m,以一系列平行发育的次级断裂、层间褶曲为特征,有显著的层间错动,带内见有断层泥、断层角砾、构造透镜体等。受其影响滑坡范围内岩体结构揉皱、挠曲变形显著。

(2)地震。

根据 DTRB-C2-4《Règles Parasismiques Algériennes》(RPA 99/ Version 2003)规定,该项目工程均属于 1A 组工程(非常重要的工程),应该满足公共安全和国防的需要。根据地震频率区域图,该合同段属Ⅱb 区。

规范规定,不同的地震区域对于不同的工程应有不同的加速度系数,见表 13-2。

地震区划对应各用途组的地震动峰值加速度系数　　表 13-2

用途组	地震区划			
	Ⅰ	Ⅱa	Ⅱb	Ⅲ
1A	0.15	0.25	0.30	0.40

根据表 13-2 可知,项目所在区地震动峰值加速度系数为 0.30g。

13.3.2 滑坡特征

东西高速 M3 合同段地处阿尔及利亚北部的 BOUMERDES 省和 BOUIRA 省境内,路线区经过地段总体为低山、丘陵区,地形起伏大,沟谷纵横,地势陡峻。合同段全长约 27.46km,中心桩号 PK124 +640~PK152 +100。

图 13-7　滑坡区全景照

此滑坡案例位于 M3 合同段(PK137 +120~PK137 +420),该段为深挖方,位于路基右侧,边坡共 6 级,坡比 1:1.5、平台宽度 3.0m,第三级平台宽度 6.0m。中心最大挖深约 18.30m,线路走向 75°。如图 13-7 所示。

该段挖方于 2008 年 7 月开始施工,10 月中旬基本成形,开挖过程中未见异常,开挖坡面平顺、规则、未见地下水;揭示地层与前期勘察结果基本吻合。

2008 年 11 月 16 日,发现局部坡面开裂变形,

11 月 22 日裂缝迅速发展并延伸至坡口以外,11 月 24 日发展至坡口以外 120m 处,12 月 12 日发现坡脚外侧 3m 处出现滑坡剪出口,12 月 19 日于坡脚外侧 10 ~ 14m 处出现了新的滑坡剪出口,且滑坡持续活动、变形日趋强烈、规模逐渐扩大。

1)滑坡形态特征

由于 PK137 滑坡是从最初的坡面岩体的倾倒变形逐步发展而来,变形区域平面外形呈三角形。就滑坡现状及发育阶段,以 F12 裂缝为界又可分为倾倒变形区及滑移变形区两部分,变形范围上游达左副路基中线以南 230m 处老便道,前沿至左副路基中线以北 5. 1m 处,变形范围长度 235. 1m,宽度 210m。

2)滑坡结构特征

(1)滑体特征及物质组成。

PK137 滑坡为一岩质滑坡,滑体主要由岩块或碎石组成,成分为强风化或弱风化页片状泥灰岩。

块、碎石土(滑坡体):灰褐色、黄褐色,成分主要为强风化页片状泥灰岩,因主体以倾倒变形为主,滑移,岩体节理面有明显的风化迹象,岩体相对完整,滑面带上下相对破碎。

(2)滑面(带)特征。

滑坡滑面(带)为含角砾的黏性土,软塑、流塑状,厚度不大于 20mm,没有明显的擦痕。如图 13-8 ~图 13-11 所示。

图 13-8 TC5 揭露的滑面

图 13-9 TC1 揭露的滑面

图 13-10 滑面(带)容易留下指痕

图 13-11 SR07 揭露的滑带(面)

(3)滑床特征。

滑床岩体完整性较好,岩体结构致密,相对干燥、无地下水。

3)滑坡变形特征

该滑坡由于其特殊的岩性组成、发育特征及发育历史在滑坡体不同部位塑造了遽然不同的变形特征。

(1)滑坡前缘:主要指目前开挖坡脚至前沿滑坡剪出口。以12月12日及19日相继出现的两条滑坡剪出口为主要特征,地面鼓胀不断增高,滑坡堆积体不断向前推进,同时出现泉水,推挤变形显著。如图13-12所示。

图13-12 滑坡前沿剪出口

(2)推挤滑移变形区:主要指一级坡面及部分二级坡面,以Fm06裂缝为界,坡体向下游有明显鼓胀,坡面有小范围浅层滑移,发育小型倾倒裂缝,裂缝高度通常不足100mm,局部显示"V"字形组合,推挤变形特征显著。如图13-13、图13-14所示。

图13-13 一级坡面变形情况(一)

图13-14 一级坡面变形情况(二)

(3)倾倒滑移变形区:主要指Fm06、F12裂缝(图13-15)为上下边界的滑坡段落,为滑坡的主体，也是滑坡体变形最为剧烈的段落，不断增高、沿岩层走向平行发育的倾倒裂缝，相对完整的变形块体，破碎的岩石边坡是该段落的突出特点，该段也是滑坡体变形最为活跃的部分，可见裂缝上下盘最大高差1.8m。钻探揭露有明显的软弱结构面及富水、集水段落，F12裂缝附近有明显的拉张裂缝出现，结合前缘剪出口、钻孔、探井揭示及地质分析，滑坡已基本成型。

图13-15 坡面裂缝

(4)倾倒变形区：主要指F12裂缝上游至老便道，沿山脊线纵向坡比小于1∶7，坡体变形以一系列平行发育的倾倒裂缝为特征，裂缝上下盘高差一般在0.1～0.4m之间，倾角60°～70°，11月26日以后虽然变形(图13-16)仍在持续，但变形强度远较F12裂缝下游微弱。

图13-16 倾倒变形段侧视照

13.3.3 滑坡形成机理及发展趋势

1)滑坡形成机理

(1)基本因素。

①地层岩性是导致边坡变形的基本因素。

页片状泥灰岩具有遇水软化、易崩解、膨胀等不良地质特性，如图13-17所示。

泥灰岩风化过程表明其具有膨胀岩湿胀干缩的特性，泥灰岩在野外失水干燥，并且吸湿压力增大，产生大量的裂隙，岩体龟裂。泥灰岩遇水在短时间内就急速崩解成泥状，其降解系数DG平均值达165，具极强降解性。泥灰岩的崩解性导致其在野外易于产生地表开裂，并易于地表水的入渗，进而恶化下部地层的工程特性。第三系泥灰岩矿物化学成分测试结果统计见表13-3。

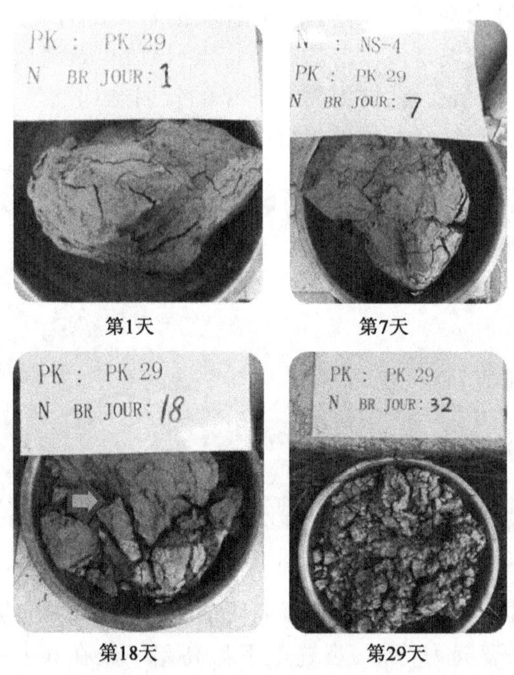

第1天　第7天

第18天　第29天

图 13-17　泥灰岩野外崩解过程

第三系泥灰岩矿物化学成分测试结果统计表　表 13-3

矿物、化学成分		组数	最大值	最小值	平均值	方差
矿物组成(%)	石英	6	34	20	28	5.47
	方解石	6	19	13	16	2.34
	白云石	6	3	2	3	0.55
	钠长石	6	7	4	5	1.22
	正长石	3	9	5	6	2.31
	伊利石	6	17	8	13	3.83
	高岭土	6	15	9	12	2.61
	蒙脱石	6	20	13	17	2.70
	绿泥石	—	—	—	—	—
	斜绿泥石	—	—	—	—	—
	其他	6	6	5	6	0.41

由表 13-3 可知，黏土矿物成分含量一般在 34% ~42% 之间，以蒙脱石、伊利石、高岭土为主。泥灰岩矿物成分表，其蒙脱石含量均值达到了约 17%，具较强膨胀性能。

根据对泥灰岩抗剪强度与含水率曲线分析可知，泥灰岩的黏聚力随含水率的增加而降低，其关系曲线呈对数关系，在含水率较低时，含水率对黏聚力影响较大，即在低区间含水率的变化对黏聚力的影响较为敏感，在含水率接近液限值时，其黏聚力接近于零。泥灰岩内摩擦角与含水率变化关系曲线为幂函数关系，初始原样其含水率为 13.0%，内摩擦角为 35.0°，随着含水率的增加，内摩擦角急剧变化，在含水率在 32% 时，其内摩擦角降至 3.5°，随后含水率增加其内摩擦角趋于稳定。可见,含水率对泥灰岩抗剪强度影响较大。

②岩体结构面。

页片状泥灰岩本身薄层或微层状,受区域地质应力及 F3 断裂影响滑坡区岩体片理发育、节理裂隙发育、小型断层发育、层间褶区发育。特别是 Fm06 裂缝以下的一、二级坡面,岩层倾向及倾角变化较大,甚至局部变为顺坡向。

近年来的研究表明,当岩体地层走向与坡面走向交角小于或等于 30°,岩层倾角介于 30°~70°、岩层倾向与坡向相反而又同时存在倾向与坡向基本相同或相近的机构面时容易产生倾倒变形破坏,以上几点在 PK137 滑坡范围内几乎全部满足,见表 13-4。

岩体主要结构面产出特征 表 13-4

结构面类型	倾　向	倾　角	特　征
层理	195°	38°~70°	平顺、光滑、延展性好
节理 1	315°	40°	平顺、铁锰质胶结(强风化)或闭合(弱风化)、贯通率大于 70%
节理 2	15°	38°	稍粗、铁锰质胶结(强风化)或闭合(弱风化)、贯通率大于 50%
片理			无序
边坡坡面	345°~355°	24°~34°	

(2)诱发因素。

①坡体开挖。

坡体开挖是造成边坡变形的诱发因素。边坡开挖前,岩土体在长期的地质应力作用下,坡体长期处在静力平衡状态,但边坡开挖必然导致这种平衡条件的破坏,引起岩体应力重分布和应力分异、应力集中等效应,产生侧压力释放,岩土体的卸荷回弹变形,加之斜坡开挖破坏了坡面表土层的天然防护结构,导致岩体裸露,加剧了岩体的风化、裂解及地表降雨的入渗。

种种迹象显示,斜坡变形最初由 PK137+250~PK137+330 段二级、三级坡面的倾倒变形开始的。主要因为土方开挖导致其开挖坡面岩体卸荷裂隙的迅速形成,卸荷裂隙的形成使得岩体面临的大气、水环境发生了根本性的改变,导致了坡面岩体强度的迅速降低,并形成浅层局部位移,岩体变得碎裂;紧接着这并不十分突出的位移为上部岩体最初的倾倒变形提供了足够的变形空间,并导致上部岩体的倾倒;倾倒变形一方面使原来的岩体静力学平衡条件被打破,产生主动土压力,同时使得下段页片状泥灰岩的变形破坏继续向深部发展;另一方面倾倒变形本身产生的多米勒骨牌效应,使上段岩体的倾倒变形迅速向斜坡上游发展。

②降雨。

雨水沿变形裂缝入渗坡体,一方面进一步导致岩体软化、破坏,另一方面产生静水压力,增大了倾倒变形体的总应力。一级边坡的土方开挖是在 2008 年 10 月、11 月期间,适逢雨季,防护工程没有及时跟上同时又未采取任何有效的临时防水、排水措施;坡面倾倒变形发生后,特别是 12 月上旬的持续强降雨最终导致了坡体滑移失稳,同时也完成了由坡面变形到滑坡的转变。

2)滑坡稳定性分析

(1)定性分析。

该处滑坡是一处因边坡开挖导致坡面产生倾倒变形,持续降雨加速了坡面倾倒变形,进而形成滑坡的典型边坡，根据现场调查可知，目前滑坡滑移变形仍在持续，整体处在不稳定状态；在降雨或地震状态下，随着滑带土力学性质的降低，滑坡将进一步恶化。

(2)滑坡稳定性数值分析。

边坡开挖一段时间后由于泥灰岩的风化作用，其强度降低，后因降雨渗入坡体，坡体饱和。*X* 和 *Y* 方向位移急剧增加，坡顶开裂形成台阶，坡脚突起，岩层裂开，形成台阶，并且岩层出现扭曲变形，塑性区坡顶和坡脚处进一步发展，基本相连出现破坏形成较大变形甚至滑坡。根据 UDEC 分析软件对边坡的变形情况进行了模拟计算(图 13-18 ~ 图 13-20)，计算结果分析的倾倒变形边坡破坏机理和现场观测情况一致。

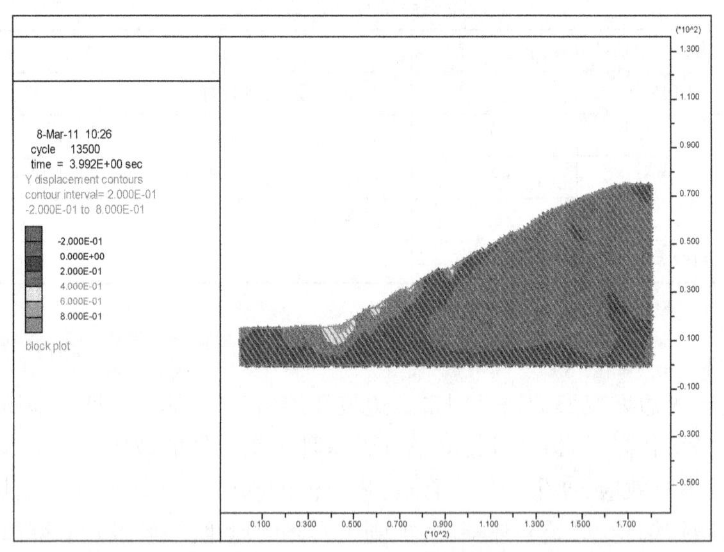

图 13-18 开挖后一段时间 *X* 方向位移云图

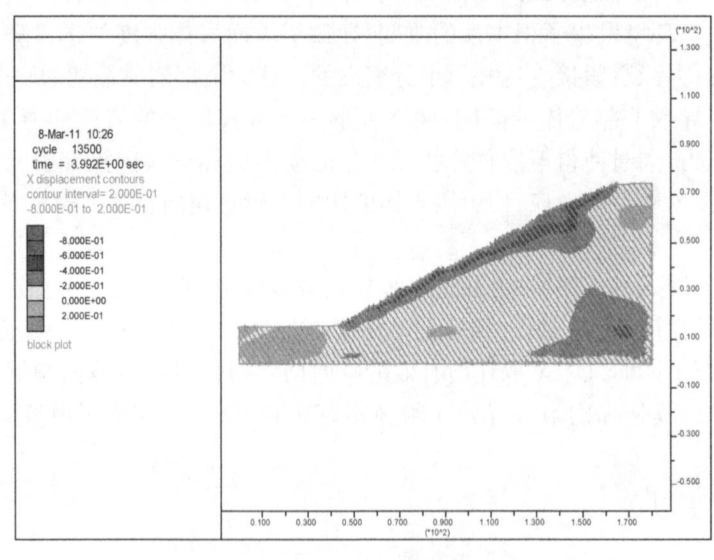

图 13-19 开挖后一段时间 *Y* 方向位移云图

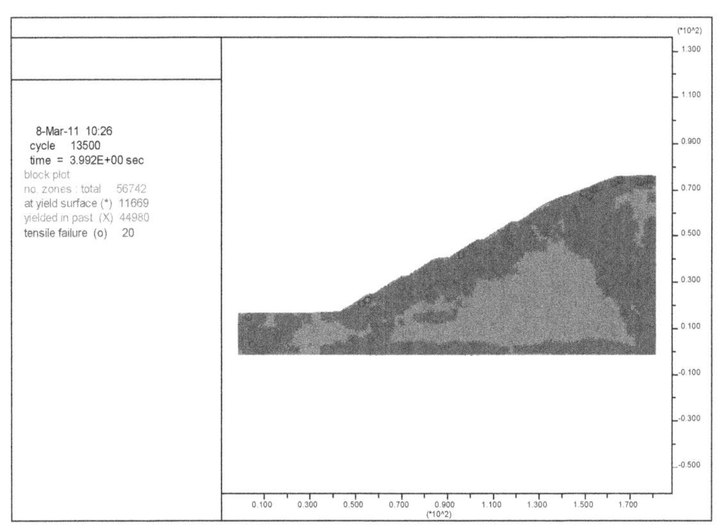

图13-20　开挖后一段时间的塑性区开展图

13.3.4　滑坡防治措施及效果

1)滑坡防治措施

该滑坡是由倾倒变形开始,雨水下渗软化结构面而形成滑坡。由于不存在绕避的条件,所以只能考虑加固方案,结合现场情况,初期拟定了3种滑坡加固方案:一是锚索加固;二是抗滑桩加固;三是重力罩面加固。分析以上3种加固方案可知,泥灰岩属于软质岩,且具有膨胀性,锚索拉拔试验正常,但是锚固效果时间效应不明确,如图13-21所示。若采用抗滑桩方案,需采用多排桩,以防止滑坡多级剪出可能,工程造价较高,且后排圆桩机械施工难以到位(国外禁止采用人工挖孔方桩),施工难度大,如图13-22所示。重力罩面方案首先清除已变形滑体,再采用碎石材料回填坡面,该方案机械化程度高,就地取材,工程造价较低,如图13-23所示。加之当地监理和建设单位顾问团都比较接受重力罩面方案,综合考虑,按照因地制宜的原则,最终确定采用重力罩面处置方案。

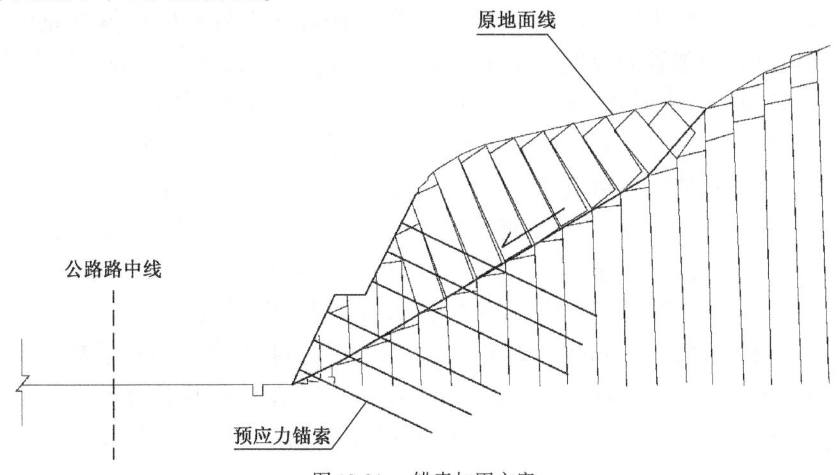

图13-21　锚索加固方案

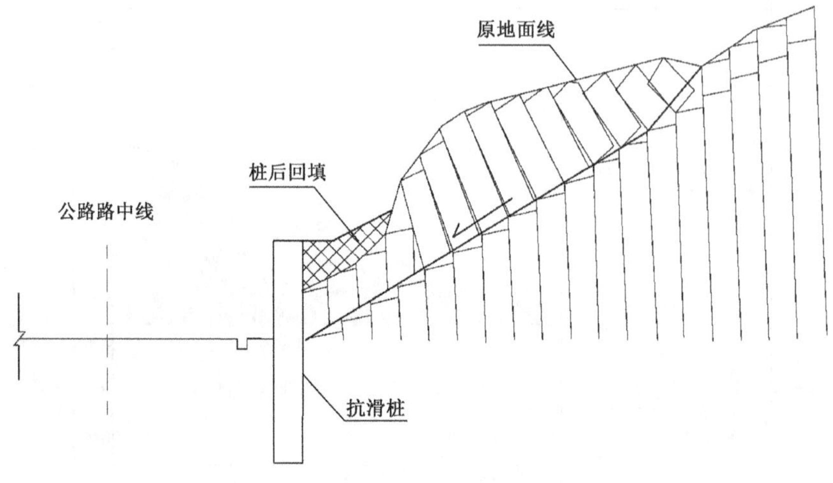

图 13-22 抗滑桩加固方案

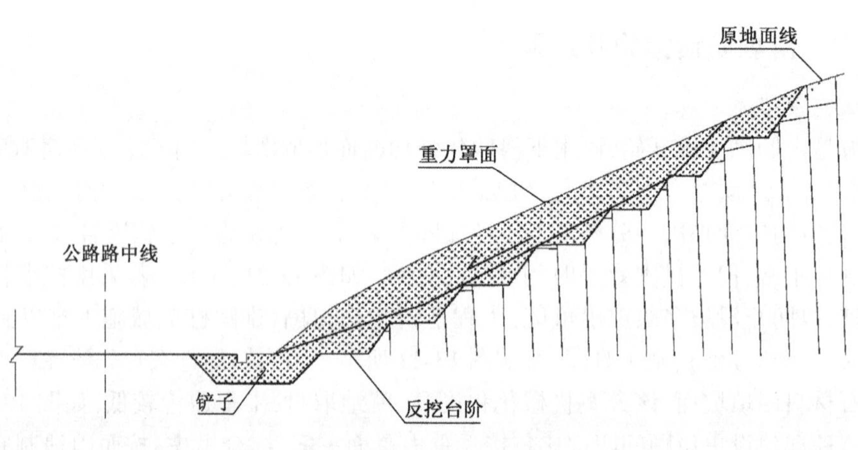

图 13-23 重力罩面加固方案

重力罩面的主要工作原理为:采用工程性质较好的碎块石置换原坡体表面易滑地层(类似于大型石笼挡墙),一般置换厚度大于 3m,便于机械化施工,施工效率较高。其主要作用机理有两方面:一是利用碎块石较高的抗剪强度在坡前起到支挡加固的效果;二是利用碎块石的透水性,将坡体内地下水顺利导出,减小地下水对坡体稳定性的不利影响。该工程措施取材方便、施工机械化程度高、施工周期短、后期抗变形能力强,在国外使用较为普遍,但在国内还较少采用,是一种国内值得借鉴的滑坡治理措施。该滑坡具体工程措施如下:清除滑坡体和倾倒变形体,同时对临时边坡进行临时锚杆支护,锚杆长度依据临时边坡稳定状况采用 2 ~4m,并在后侧山坡的临时锚杆之间开挖台阶,在坡脚设置防滑铲,同时铺设土工布。然后自下而上按照 1 : 2.0、1 : 2.0、1 : 2.0、1 : 2.5 的边坡坡率回填重力罩面材料,重力罩面材料采用 GNT(未处理碎石),大块片石,TVO(未处理砂砾)等。重力罩面上部清方采用 1 : 2.5 的边坡坡率,并采用植灌防护。平台宽度为 3.0m,设 8% 向外横坡加强排水。具体滑坡治理工程平面、断面布置如图 13-24、图 13-25 所示。

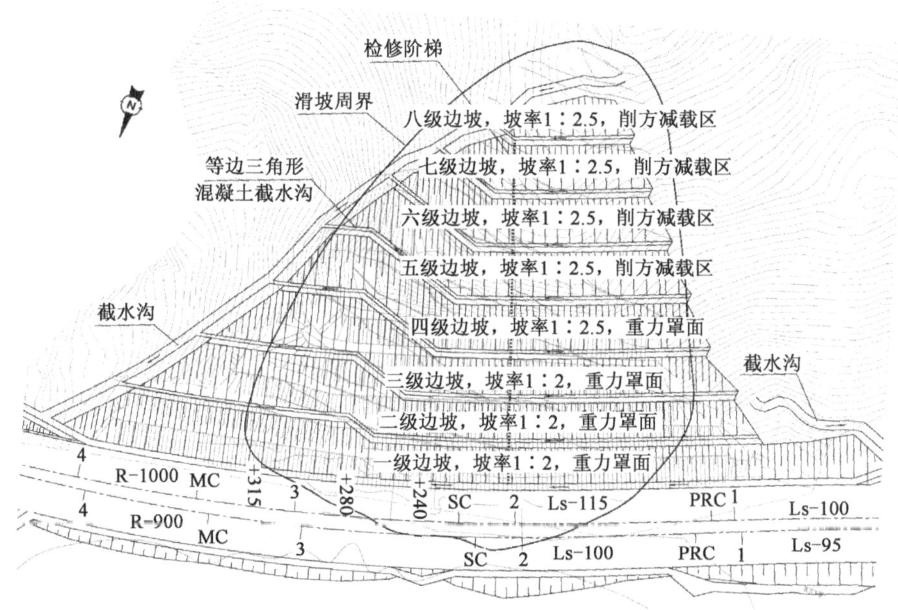

图 13-24　工程布置平面图

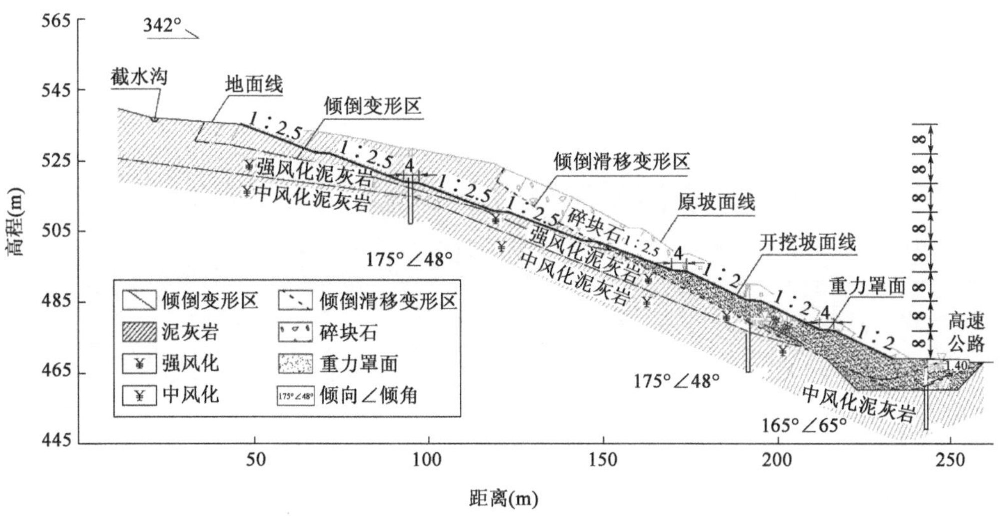

图 13-25　工程布置断面图

2）滑坡防治效果

该滑坡治理工程于 2009 年实施完毕，从公路 10 余年运营监测情况来看，治理后滑坡处于稳定状态，治理效果明显，有效提高了滑坡段公路运营安全，如图 13-26 所示。

重力罩面工程措施具有施工简单、快速、施工完毕后不改变坡面原始形态、外形较美观等优点,在海外滑坡灾害防治中大量应用,并在国内具有较强的借鉴意义。

图 13-26　治理后边坡全貌

参考文献

[1] 王恭先,马惠民. 大型复杂滑坡和高边坡变形破坏防治理论与实践[M]. 北京:人民交通出版社股份有限公司,2016.

[2] 黄润秋. 20 世纪以来中国的大型滑坡及其发生机制[J]. 岩石力学与工程学报,2007,26(3):433-454.

[3] 王恭先. 滑坡防治中的关键技术及其处理方法[J]. 岩石力学与工程学报,2005(21):20-29.

[4] 张倬元,王士天,等. 工程地质分析原理[M]. 北京:地质出版社,2008.

[5] 郑颖人,陈祖煜,王恭先,等. 边坡与滑坡治理[M]. 北京:人民交通出版社,2007.

[6] 徐邦栋. 滑坡分析与防治[M]. 北京:中国铁道出版社,2001.

[7] 王恭先,徐峻龄,等. 滑坡学与滑坡防治技术[M]. 北京:中国铁道出版社,2007.

[8] 黄润秋,徐则民,许模. 地下水的致灾效应及异常地下水流诱发地质灾害[J]. 地球与环境,2005(03):1-9.

[9] 殷跃平. 汶川八级地震地质灾害研究[A]//中国岩石力学与工程学会. 汶川大地震工程震害调查分析与研究. 北京:科学出版社,2009:13.

[10] 马惠民,王恭先,周德培. 山区高速公路高边坡病害防治实例[M]. 北京:人民交通出版社,2006.

[11] 朱颖,姚令侃,魏永幸. 复杂艰险山区铁路减灾选线理论与技术[M]. 北京:科学出版社,2016.

[12] 成永刚. 公路工程斜坡病害防治理论与实践[M]. 北京:人民交通出版社股份有限公司,2020.

[13] 丁小军,刘卫民,王佐,等. 软质岩边坡倾倒变形机理及处治工程实例[M]. 北京:人民交通出版社,2011.

[14] 喻林青. 西藏地区预应力锚固工程机理及应用研究[D]. 兰州:中国科学院寒区旱区环境与工程研究所,2008.

[15] 贾志裕,鲁安新,焦明,等. 川藏公路灾害信息系统特征与实现[J]. 遥感技术与应用,2008,23(06):705-711+608.

[16] 赵冬,朱冬春,车晶,等. 西藏樟木镇至友谊桥段公路灾后恢复对策研究[J]. 工程地质学报:2021,29(3):817-824.

[17] 祝建,雷英,赵杰. 西藏樟木口岸特大型古滑坡形成机理分析[J]. 水文地质工程地质,2008(01):49-52.

[18] 贾志裕,喻林青,蔡庆娥,等. 川藏公路 102 滑坡群整治工程技术研究[R]. 中交第一公路勘察设计研究院,2005.

[19] 祝建,吴臻林,雷曙辉. 西藏吉隆口岸 G216 国道 K81 特大型滑坡形成过程和机理分析[J]. 工程勘察,2017,45(07):20-24.

[20] 喻林青,蔡庆娥. 冰碛物滑坡中的锚固工程试验[J]. 山地学报,2007(01):99-102.

[21] 国道 318 线川藏公路通麦至 105 道班整治改建工程场地断层活动性鉴定报告. 中交第一

公路勘察设计研究院,2010.
[22] 王恭先. 王恭先滑坡学与滑坡防治技术文集[M]. 北京:人民交通出版社, 2010.
[23] 黄润秋,赵松江,宋肖冰,等. 四川宣汉县天台乡滑坡形成过程和机理分析[J]. 水文地质工程地质,2005,32(1):13-15.
[24] 喻林青,蔡庆娥,赵冬. 悬臂锚索桩张拉阶段受力机理研究[J]. 路基工程,2009(05):69-71.
[25] 文和鹏,赵建林. 重庆奉溪高速邱家大桥滑坡基本特征及稳定性分析[J]. 长春工程学院学报(自然科学版),2015,16(03):89-93.
[26] 赵冬,蔡庆娥,刘卫民,等. 秦巴山区富水公路滑坡监测分析及工程效果研究[J]. 工程地质学报,2014,22(01):24-29.
[27] 胡敏. 国道216线81km处滑坡破坏变形机制[J]. 工程与建设,2017,31(04):513-515.
[28] 刘文红,李宝田. 海通沟滑坡形成机制及治理方案研究[J]. 路基工程,2018(S1):200-206.
[29] 陈明,王运生,梁瑞锋,等. 白龙江流域大型滑坡发育分布规律研究[J]. 工程地质学报,2018,26(02):325-333.
[30] 边陇超. 山区高速公路滑坡处治方案[J]. 工程技术研究,2020,5(4):261-262.
[31] 王栋. 公路洪水灾害危险性分析与区划研究[D]. 西安:长安大学,2013.
[32] 李伟锋. 浅谈高速公路滑坡成因及防治措施[J]. 中国新技术新产品,2012(05):80.
[33] 卢宇明. 滑坡稳定性变化对隧道变形破坏的影响分析[D]. 西安:长安大学,2012.
[34] 程志刚. 基于GIS的凤台县地质灾害评价与预测[D]. 淮南:安徽理工大学,2006.
[35] 西部地区公路地质灾害监测预报技术研究[R]. 贵州省交通规划勘察设计研究院,2009.
[36] 夏霁丰. 浅谈公路工程路基滑坡预防及处理措施[J]. 四川建材,2020,46(01):146-147.
[37] 李明. 吴起大路沟滑坡治理方案优选研究[D]. 西安:长安大学,2008.
[38] 王丽红,鲁安新,贾志裕,等. 川藏公路西藏境道路病害遥感调查研究[J]. 遥感技术与应用,2006(06):512-516.
[39] 郑书彦,李占斌,李甲平,等. 大型堆积层滑坡侵蚀弹塑性有限元分析[J]. 西安科技大学学报,2005(01):37-41.
[40] 陈诺. 地形艰险灾害严重山区选线策略初探[D]. 成都:西南交通大学,2018.
[41] 扎西仁增. 地震作用下公路滑坡稳定性分析研究[D]. 重庆:重庆交通大学,2009.
[42] 刘聪. 预应力锚索在滑坡加固工程中的应用研究[D]. 西安:长安大学,2004.
[43] 胡高社. 巨厚松散层高陡斜坡的形成机理及其防治工程效应研究[D]. 西安:长安大学,2006.
[44] 王培高,张华. 川藏公路102滑坡群形成机制及其稳定性分析[J]. 公路,2001(12):7-11.
[45] 罗元斌. 边坡工程稳定性分析及处治技术研究[D]. 长沙:中南大学,2006.
[46] 刘芳. 边坡加固方法浅谈[J]. 科协论坛,2008(06):1-2.
[47] 佀赟. 软岩基座上高陡危岩体加固及稳定性分析研究[D]. 南京:河海大学,2006.
[48] 胡小林. 预应力锚索抗滑桩加固机理及在滑坡整治中的应用[D]. 长沙:中南大学,2009.

[49] 熊浩. 单桩悬臂法设计的改进研究[D]. 武汉:武汉理工大学,2005.

[50] 陈悦,张强,李作山,等. 锚杆(索)技术加固高速公路挖方边坡的设计探讨[J]. 北方交通,2006(05):3-5.

[51] 杨平,王建明,崔普查,等. 路堑高边坡加固技术研究[J]. 昆明冶金高等专科学校学报,2007(05):61-66.

[52] 杨伟,黄俊生,余海生. 公路边坡稳定性评价方法及滑坡防治措施[J]. 筑路机械与施工机械化,2007(04):1-4.

[53] 韩镭. 山区公路滑坡边坡稳定性分析与处治措施[D]. 重庆:重庆交通大学,2013.

[54] 陈增新. 高速公路高边坡加固的设计方法[J]. 中国科技信息,2008(13):50+52.

[55] 刘卫东. 浅析高速公路高边坡加固方法[J]. 交通标准化,2008(01):94-96.

[56] 王学文. 高速公路边坡加固设计方法研究[J]. 建材与装饰,2018(34):280.

[57] 彭杰. 重庆三峡地区易滑地层路基边坡安全评价技术研究[D]. 重庆:重庆交通大学,2012.

[58] 汪劭祎,赖增成. 富水土质地层滑坡特征及治理关键技术[J]. 公路交通科技(应用技术版),2015,11(06):165-166+200.

[59] 孙德永. 南昆铁路八渡车站的滑坡与整治[J]. 铁道工程学报,2005(S1):320-326.

[60] 徐颖. 强降雨作用下类土质滑坡演化过程及破坏机理研究[D]. 武汉:中国地质大学,2014.

[61] 林孝松. 滑坡与降雨研究[J]. 地质灾害与环境保护,2001(03):1-7.

[62] 仵彦卿. 地下水与地质灾害[J]. 地下空间,1999(04):303-310+316-339.

[63] 孙云志,苏爱军. 复杂滑坡体地下水分层观测技术与应用[J]. 地球科学——中国地质大学学报,2005,30(2):241-244.

[64] 孙红月,尚岳全. 浙江上三公路6号滑坡的地下水作用与控制[J]. 岩石力学与工程学报,2006(03).

[65] 张作辰. 滑坡地下水作用研究与防治工程实践[J]. 工程地质学报,1996,4(4):80-85.

[66] 张卫民,陈兰云. 地下水位线对土坡稳定的影响分析[J]. 岩石力学与工程学报,2005,(S2):5319-5322.

[67] 孙红月,尚岳全,龚晓南. 工程措施影响滑坡地下水动态的数值模拟研究[J]. 工程地质学报, 2004,12(04):0436-0441.

[68] 魏丽敏,何群,林镇洪. 考虑地下水影响的滑坡稳定性分析[J]. 岩土力学,2004(03),816-823.

[69] 常宏,王旭升. 滑坡稳定性变化与地下水非稳定渗流初探——以三峡库区黄蜡石滑坡群石榴树包滑坡为例[J]. 地质科技情报,2004(03).

[70] 卢萍珍, 曾静, 盛谦. 软黏土蠕变试验及其经验模型研究[J]. 岩土力学, 2008, 29(4):1041-1044.

[71] 李守定,李晓,吴疆,等. 大型基岩顺层滑坡滑带形成演化过程与模式[J]. 岩石力学与工程学报,2007(12):2473-2480.

[72] 任杰. 含双软弱夹层顺层岩质滑坡的滑动模式及变形规律研究[D]. 太原:太原理工大

学,2019.
[73] 齐信,唐川,陈州丰,等.汶川地震强震区地震诱发滑坡与后期降雨诱发滑坡控制因子耦合分析[J].工程地质学报,2012,20(04):522-531.
[74] 黄润秋.汶川8.0级地震触发崩滑灾害机制及其地质力学模式[J].岩石力学与工程学报,2009,28(06):1239-1249.
[75] 崔云,孔纪名,吴文平.汶川地震次生山地灾害链成灾特点与防治对策[J].自然灾害学报,2012,21(01):109-116.
[76] 黄润秋.汶川地震地质灾害后效应分析[J].工程地质学报,2011,19(02):145-151.
[77] 肖进.重大滑坡灾害应急处置理论与实践[D].成都:成都理工大学,2009.
[78] 胡桂胜,陈宁生,苏鹏程,等.西藏聂拉木县"4·25"尼泊尔地震次生山地灾害与防灾减灾对策[J].自然灾害学报,2016,25(04):70-76.
[79] 文安邦,游勇,苏鹏程,等.西藏樟木口岸地质灾害评估报告[R].成都:中科院水利部成都山地灾害与环境研究所,2017.
[80] 胡瑞林,张小艳,马凤山,等.西藏樟木堆积体结构及其稳定性[J].工程地质学报,2014,22(04):723-730.
[81] 易顺民,唐辉明.西藏樟木滑坡群的分形特征及其意义[J].长春地质学院学报,1996(04):33-38.
[82] 陈剑,王全才,李波.西藏樟木滑坡特征及成因研究[J].自然灾害学报,2016,25(02):103-109.
[83] 张小刚,强巴.中尼公路友谊桥滑坡的发育特征分析[J].山地学报,2003(S1):139-142+160.
[84] 程尊兰,朱平一,宫怡文.典型冰湖溃决型泥石流形成机制分析[J].山地学报,2003(06):716-720.
[85] 罗永红,李石桥,王梓龙.尼泊尔地震诱发地质灾害发育特征及影响因素分析[J].地质灾害与环境保护,2017,28(03):33-40.
[86] 武新宁,易俊梅,周淑丽,等.尼泊尔Ms 8.1级地震活动构造及次生地质灾害研究[J].水文地质工程地质,2017,44(04):137-144.
[87] 高广运,蒋建平,刘松玉.采空区引起的环境岩土工程问题及在公路工程中的治理[A].中国岩石力学与工程学会.第八次全国岩石力学与工程学术大会论文集[C].中国岩石力学与工程学会:中国岩石力学与工程学会,2004:4.
[88] 徐建军.煤矿老采动滑坡勘查与机理分析——以山西清徐李家楼滑坡为例[J].中国地质灾害与防治学报,2015,26(04):25-29.
[89] 叶武.含下伏采空区边坡的稳定性分析及治理[D].长沙:中南大学,2013.
[90] 王玉川,巨能攀,赵建军,等.缓倾矿层采空区上覆山体滑坡形成机制分析[J].工程地质学报,2013,21(01):61-68.
[91] 丁桂伶.采空区上方边坡稳定性及滑坡危险性分析[J].中国地质灾害与防治学报,2012,23(02):38-43.
[92] 姚伟,张照旭.浅议北京戒台寺滑坡坡体变形与地下采空区的关系[J].甘肃地质,2010,

19(03):70-75.

[93] 杨建军.古交市风峁顶挤推—反弹—挤推式滑坡形成机理及稳定性研究[D].太原:太原理工大学,2010.

[94] 万文.地下空区对边坡稳定性的影响研究[D].长沙:中南大学,2006.

[95] 张卓.人工采矿引起滑坡的防治特点——以甘溪沟滑坡为例[J].岩土工程界,2006(07):67-69.

[96] 周泽文.不同采矿方式对边坡的控制作用研究[D].太原:太原理工大学,2017.

[97] 王安福,马丽.地下采空区引起山体滑坡的机理与防治对策[J].中国地质灾害与防治学报,1998(S1):3-5.

[98] 汤伏全,梁明.地下采矿诱发山体滑坡机制的研究[J].煤矿开采,1995(03):34-37.

[99] 山西省交通规划勘察设计院.JTG-T-D31—2011 采空区公路设计与施工技术细则[S].北京:人民交通出版社,2011.

[100] 王威,张延龙,张海龙,等.东西高速公路山区桥梁基础设计方案分析[J].中外公路,2009,29(04):340-342.

[101] 王建鹏.阿尔及利亚东西高速公路施工设计文件制作流程的回顾[J].甘肃科技,2011,27(16):148-153.

[102] 王恭先.滑坡防治方案的选择与优化[J].岩石力学与工程学报,2006,25(2):3867-3873.

[103] 向章波,张家铭,周晓宇,等.基于 Slide 的某红层路堑边坡稳定性分析[J].水文地质工程地质,2015(4).

[104] 肖先国,林依平,余涛,等.Slide 软件在边坡稳定性计算中的应用[J].交通科技,2012(4).

[105] 袁丁,许强.四川省宣汉县天台乡滑坡桩前不稳定斜坡稳定性评价及治理工程措施研究[J];地质灾害与环境保护,2006,17(3).

[106] 陈明.白龙江流域大型滑坡发育特征及成因机制研究[D].成都:成都理工大学,2017.

[107] 刘水连.李家湾滑坡岩土体参数反算分析[J].吉林水利,2018(11):14-18.

[108] 薛德敏.西南地区典型巨型滑坡形成与复活机制研究[D].成都:成都理工大学,2010.

[109] 徐峰.西南地区典型巨型滑坡机制与防治工程的关系研究[D].成都:成都理工大学,2010.

[110] 张鹏元.贵州南部山区运营高速公路常见滑坡病害发育规律与稳定性研究[D].成都::西南交通大学,2018.

[111] 张文正.广河高速公路运营阶段路堑滑坡应急抢险治理分析[D].广州:华南理工大学,2014.

[112] 王勇.基于监测的滑坡稳定性分析[D].西安:长安大学,2015.

[113] 怀超,张本涛,文和鹏.巫山收费站滑坡成因机制与整治措施[J].灾害学,2018,33(S1):92-96.

[114] 李安洪,周德培,冯君.顺层岩质路堑边坡破坏模式及设计对策[J].岩石力学与工程学报,2009,28(S1):2915-2921.

[115] 马丽琴. 山区公路滑坡交通危险性评价及响应技术[D]. 重庆:重庆交通大学,2015.

[116] 李安洪,周德培,等. 顺层岩质边坡稳定性分析与支挡防护设计[M]. 北京:人民交通出版社,2011.

[117] 中交第一公路勘察设计研究院有限公司. 公路地质灾害防治应知应会手册[M]. 北京:人民交通出版社股份有限公司,2019.

[118] 陈祖煜,贾金生,胡春宏,等. 聚焦三峡[J]. 科学世界,2011(09):10-47.

[119] 孙书伟,陈冲,丁辉,等. 微型桩群加固土坡稳定性分析[J]. 岩土工程学报,2014,36(12):2306-2314.

[120] 粟缤. 浅谈高速公路高边坡的防护设计[J]. 山西科技,2010,25(06):66-67.

[121] 卢智灵. 边坡稳定与锚固洞桩加固构件内力分析方法研究[D]. 南京:河海大学,2002.

[122] 何欣达. 基于强度折减法的岩质边坡稳定性分析及加固方案设计[D]. 湘潭:湘潭大学,2017.

[123] 李燕清,蒋凌云,唐玉婷,等. 边坡加固技术与发展探讨[J]. 山西建筑,2020,46(04):58-60.

[124] 张惠凯. 陕南地区膨胀土公路滑坡治理技术研究[D]. 西安:长安大学,2008.

[125] 张燕. 斜插式桩板墙在边坡支护中的运用[D]. 重庆:重庆交通大学,2008.

[126] 陈彦峰. 高边坡加固的设计方法[J]. 山西建筑,2009,35(29):102-103.